슬픈 일본

# 들어가는 말

 필자가 일본에 온 1991년만해도 일본에 입국하는 한국인 불법 노동자가 많았다. 일본어 학교에서 간단한 회화를 배운 후에 요코하마 고투부키정橫濱市壽町에 있는 인력 시장에서 구직 활동으로 하수도 공사 현장과 산업폐기물 처리 회사 그리고 IT회사 등에서 일하였다.
 막노동 경험이 없는 필자로서는 습기가 많은 여름철 노동이 견디기 어려웠다. 약 1년간 일용직 막노동으로 일본의 밑바닥을 이해하면서 노동자들의 친구가 되었다.
 요코하마 항에 가까운 곳에 인력시장이 있고 주변에 도야戶屋라 불리는 숙박업소가 즐비하게 들어서 있는 도야가이戶屋街가 형성되어 있다. 이곳에는 재일동포들이 운영하는 다다미 세 장 반1.75평 정도의 객실 약 8,000여개가 있었다.
 한국인 노동자는 이곳에 거주하면서 항만과 건설현장에서 막노동을 하였다. 항만이 기계화되기 이전의 90년대 초반 일본인들이 기피하던 3K위험하고 더럽고 힘이 드는 노동을 주로 외국인 불법노동자들이 하였다.
 1982년 7월부터 친척 초청에 의한 해외여행의 길이 열리고 1989

년에 해외여행 자유화가 시행되면서 돈벌이를 목적으로 도항한 사람들 대부분이 여권 유효기간까지 일본에 머물면서 노동을 하였다. 일본 법무성의 1999년 1월의 자료에 의하면 한국인 불법 잔류자가 62,577명이라고 한다. 이후 잔류자의 숫자가 매년 줄어들어 2019년에는 12,766명이었다고 보고하고 있다.

아침에 고용되어 저녁에 임금을 받는 현금형 취업日払い 노동자는 도야에 거주하였고 일정기간 고용되는 계약형 노동자는 현장의 함바나 회사가 제공하는 주택에 살면서 일을 하였다. 성실하게 일하는 한국인에 대한 평이 좋았기에 일본인들은 다른 외국인에 비해 비싼 임금을 지불하면서도 한국인 노동자들을 선호하였다.

얼마전에 요코하마를 여행하면서 추억이 깃든 고토부키정에 들렀다가 변화된 모습에 깜짝 놀랐다. 그 많던 노동자들이 사라지고 도야는 여행자들을 위한 숙박업소로 변해 있었다. 30년 세월에 세상이 변하였다. 해외 불법 노동자를 양산하였던 한국이 외국인 불법 노동자의 낙원으로 바뀌었다.

빠른 속도로 변하는 한반도 정세는 한치 앞을 예측하지 못하게 되었다. 불법 노동자를 수출하던 한국이 선진국에 진입하면서 인구 절벽으로 여러 가지 사회 문제에 직면하고 있다. 30년 전에 일본인이 기피하던 노동을 한국인 불법 노동자가 하였듯이 현재 한국인이 기피하는 노동을 외국인 불법 노동자가 대체하고 있다.

전문가들은 인구 절벽에 따른 사회 문제에 대해 비관적으로 전망하지만, 박근혜 전 대통령이 지적하였듯이 '통일 대박'으로 문제 해결의 길을 열 수 있다. 극단적인 대립과 갈등을 지양하면서 불현듯 다가올 통일을 준비하고 국제적인 흐름에 맞춰 외국인을 받아들이는 다문화 정책으로 사회 환경을 바꿀 수 있다.

　필자는 30년간 한반도 통일과 일본의 역할을 생각하면서 일본 방방곡곡을 샅샅이 뒤지고 다녔다. 한반도에서 일본으로 건너온 도래인의 처절한 삶과 새로운 나라를 세우려 몸부림쳤던 도래인의 역사 기록들을 살피는 현장답사를 통해 일본인의 마음을 조금씩 이해하게 되었다.

　우리 조상들과 피와 살을 함께 나눈 후손들이 현재의 일본인이다. 그러나 얼크러진 역사로 첨예하게 대립하고 있는 현실을 보면서 안타까운 마음을 금할 수 없다. 이에 일본에 대해서 바르게 이해하고 접근하는 것이 필요하다고 생각하였다. 일본에 건너와서 그동안 일본에 대해 출판된 서적을 섭렵하였으나 갈증을 해결할 수 없었다. 그래서 전문가가 아닌 한 명의 여행자 시선으로 전승사료와 관련 기사 그리고 학자들의 연구 성과를 살피고 역사현장을 답사하면서 사족을 더해 답을 찾아 보고자 하였다. 고대로부터 현대에 이르기까지 일본과의 관계를 정리하고 재해석하여 일본에 대한 바른 이해를 돕기 위해 다음과 같은 주제로 풀어 보고자 한다.

### 히미코卑弥呼 이야기

　신라와 서진西晉의 기록에는 있는데 일본 역사서의 기록에 없는 히미코의 이야기가 있다. 일본의 역사서는 왜 히미코의 이야기를 삭제하였을까? 일본의 역사서에는 실재로 존재하지 않았던 인물을 마치 실재했던 것처럼 기록하고 그들을 위한 진혼의 기도가 현재에도 계속되고 있으나 실재했던 역사적 인물이 사서에서 누락된 것은 의도가 있었다고 할 수 있다.

히미코가 통치했다는 야마타이국邪馬臺国의 무대에 대해서 지금까지 규슈九州 설과 기나이畿內 설을 주장해 왔지만 최근에 와서 시코쿠四国 설이 등장하였다.

진무 덴노神武天皇, 이하 천황으로 표기가 등장하기 이전 왜의 통치자를 무녀 히미코라 한다. 우실하 교수는 홍산 문명에 대해서 "웅녀족은 홍산 문화의 주도 세력인 곰 토템족일 가능성이 높다"며 "홍산 문화는 모계 사회의 전통이 강하게 남아 있는 초기 부계 사회"라고 하였다. 곰을 토템으로 하는 모계 사회 집단의 흔적이 일본에 남아 있는데 구마소熊襲의 하야토隼人다. 곰을 숭배하는 집단이 대륙에서 일본 열도로 도래하였다는 주장이 있다. 일찍이 일본 열도에 도래한 모계 사회 집단은 무녀 히미코를 통치자로 하는 사회였다. 본서에서는 야마타이국 시코쿠 설을 중심으로 히미코의 이야기를 더 듬어본다.

덴손고린天孫降臨, 이하 천손 강림으로 표기은 어디로?

일본의 역사서 고지키古事記,이후 고사기로 표기와 니혼쇼기日本書紀, 이후 일본서기로 표기를 기키記紀라고 하는데 일본 열도에 전해 내려온 이야기를 모아 편찬한 열도에 대한 이야기지만, 한반도에 대한 이야기가 많은 부분을 차지하고 있다. 기키를 읽다 보면 마치 고대의 왜倭가 한반도에 존재하지 않았나 하는 착각마저 들게 한다.

기키는 일본 국토의 지배자인 천황가天皇家의 정통성을 역사적으로 증명하는 정치성이 강한 이야기이다. 국토의 창세설화와 천황의 가계를 논하는데 각 호족에 전승된 이야기를 모아서 편집한 것이다.

천황가의 정통성을 이야기 하면서도 황손이 직접 야마토大和에 강림한 것이 아니라 휴가日向에 강림하여 도세이東征, 이하 동정으로 표기하였다고 한다. 원래 야마토 지역을 지배한 통치자는 천손으로 분류되는 모노노베우지物部氏 일족이라고 한다. 그리고 기키는 천황가에 대해서 만족蠻族으로 여겼던 하야토의 조상과 형제 관계로 기록하고 있다. 타국의 건국 신화에서는 볼 수 없는 기술로 성서와 같이 여러 자료를 무리하게 편집하였다고 볼 수 있다.

기키의 핵심주제라 할 수 있는 천손 강림의 장소에 대해서 야마토 설을 비롯해 다카치호高千穗 설이 있는데 본서에서는 아와 도쿠시마阿波德島를 중심으로 풀어 보기로 한다.


### 역사 왜곡의 뿌리 진구 황후神功皇后 이야기

일본이 한반도 침략을 정당화하는 왜곡된 역사의 중심에 반드시 등장하는 인물이 진구 황후다. 기키는 그녀를 신출귀몰한 백전백승의 여제로 그리고 있다. 그녀의 이야기는 역사에서 배제되기도 하였으나 미토가쿠水戶學, 이하 미토학으로 표기에서 천황의 반열에 복권되어 침략전쟁의 중심에 서게 되었다. 그리고 메이지 정부明治政府에 의해 일본인들의 감정에 폭넓게 자리잡게 되었다.

보수 진보 관계없이 자리잡은 이 같은 인식을 바꾸는 것은 결코 쉬운 일이 아닐 것이다. 침략역사를 정당화하기 위하여 위조된 역사를 사실인양 인식하도록 교육을 받아 왔던 일본인도 피해자다.

아무리 잘못된 역사관이라 하여도 침략 전쟁기에 교육으로 그리고 현재도 계속해서 보수적인 문화와 매스컴을 통해서 사회 전반에 형성된 집단적인 의식을 바꾸는 것은 혁명과도 같다.

역사를 바로 세우는 것은 지금까지의 삶 자체를 부정하는 것과 같다고 한다. 올바른 자아를 확립하여 주체적인 인간으로 나아가기 위해서는 진실을 수용할 용기가 필요하다. 이는 개종같이 어려운 것이라서 현실적으로 벽이 매우 높다고 할 수 있다. 진구 황후 이야기를 바로 잡는 것이 왜곡된 역사를 바로 세우는 토대가 될 것이다.

### 두 명의 신라 왕자와 박제상의 진실

하리마播磨, 지금의 효고현 남쪽지역에는 신라에서 건너온 두 명의 왕자 전승이 있다. 고대 한반도와 왜의 관계에서 빼놓을 수 없는 설화가 신라 박제상의 이야기와 연오랑 세오녀 이야기다. 어느 나라나 새로운 국가가 수립되면 국가의 정통성을 세우기 위해 통치자인 왕의 신성화 작업과 더불어 충신의 이야기가 필요하다.

상나라의 비간比干과 고려의 정몽주가 있다면 신라에는 박제상이 있었다. 비간은 상나라의 인물로 주나라가 건국되면서 최고의 충신으로 받든 인물로 공자는 비간을 성인으로 추앙하였다고 한다.

고려의 정몽주는 조선의 건국과 더불어 고려의 충신으로 현창된 대표적인 충신이다. 신라의 충신 박제상에 대한 이야기는 삼국사기와 삼국유사 그리고 일본서기 등에 기록이 있는데 일본서기에 모마리시치毛麻利叱智로 등장하면서 왜에서도 충신으로 널리 알려진 인물이다. 본서에서 신라 왕자 설화와 박제상, 태양신과 관련된 신라의 연오랑과 이즈시의 아메노히보코天日槍에 대해서 알아본다.

### 모세의 법궤가 쓰루기산劒山에, 유대인 수수께끼?

메이지 초기 일본이 서양에 문을 열고 아시아를 벗어나기 위한 도구의 하나로 니찌유도소론日猶同祖論,이하 일유동조론으로 표기이 등장하였다. 더 나아가 모세의 법궤가 아와阿波의 쓰루기산에 있다는 소문이 퍼지면서 법궤를 발굴하기 위해 사람들이 모여들었다.

한편에서는 고분 발굴로 전통적인 일본인과는 달리 갓을 쓴 코가 긴 모습을 한 하니와埴輪가 발견되면서 이 하니와를 유대인 도래의 증거라고 주장하였다. 여기에다 민간신앙에서 전승되어 온 붉은 얼굴에 긴 코를 가진 덴구天狗 이야기가 이를 증명한다고 주장하게 되었다.

유대인이 유라시아 대륙에서 볼 때 해가 돋는 최동단인 관동지방에 정착하여 가토리 진구香取神宮와 가시마 진구鹿島神宮를 중심으로 제사를 드리는 나라인 히타카미노쿠니日高見国를 건설하였다고 주장하기도 한다. 유대인 도래설과 모세의 법궤를 둘러싼 쓰루기산의 의문을 풀어 본다.

일본은 가미神의 나라인가?

모리 요시로森喜朗 진 총리가 2000년 5월 신도神道 징치연맹 국회의원 간담회에서 "일본은 천황을 중심으로 한 신의 나라神の国"라고 하여 물의를 빚은 적이 있다. 그는 잦은 실언으로 총리에서 물러난 정치인으로 유명하다.

일본인들은 천황은 신이라고 믿어 왔는데 이는 무슨 뜻인가? 일본에서는 고대로부터 가미노구니神国라는 표현을 써왔다. 이는 '천황은 신으로 천황이 치리하는 나라는 신의 나라다'라는 의식을 바탕에 두고 있다. 전시에 일본인은 천황을 살아있는 신으로 믿었으며 침략전쟁을 성전聖戰이라 하였다. 당시에 천황이 사는 황거皇居 앞에 엎드려 병이 낫기를 기도하는 사람들도 많이 있었다고 한다.

제2차 세계대전이 끝날 때까지 일본인들은 이 같은 신앙을 사실인양 받아들였다. 지금도 일반인이 이에 대해서 공공연하게 말하는 것이 금기시 되어 있는 분위기다. 이따금 공중파에서 "천황이 있기에 일본이 있으며, 천황이 일본을 지켜 온 존재"라고 주장하는 이도 있다.

2009년에 MBC에서 방영된 드라마 '선덕여왕'에서 신라를 가리켜 '신국'이라는 말을 자주 들으며 가슴에 와 닿는 것이 있었다. 돌이켜 보면 고대 일본의 지배층을 구성하는 아마족海人族은 신라와 가야 계통의 도래인이었다.

일본은 한국의 속국이었나? 일본 속의 한국

한국을 가리켜 일본 고대어로는 가라쿠니로 읽는다. 고대로부터 가라쿠니韓國, 唐國라는 지명이나 신사가 전국에 산재되어 있다. 한민족의 한韓이라는 말은 종교적으로나 정치적으로 중요한 의미가 있다. 하늘, 하나, 크다라는 의미로 한은 동북아시아를 비롯한 대륙에서 사용된 칸과도 동일시 된다고 한다.

일반적으로 우리나라에서 한국이라는 말이 언제부터 사용되었을까? 국호 대한민국에서 대한의 한의 어원에 대해서 짧게는 고대의 삼한 시대에서 유래한다고 보는 이가 있다. 삼한시대 이후 한이라는 말은 어디로 갔는가? 그 흔적이 가야와 신라 그리고 백제와 교류가 깊었던 일본 열도에 산재되어 있다. 메이지 정부이래 전국에 널려 있던 가라쿠니의 흔적을 없애는 노력을 기울이기도 하였다.

한반도에서 일본 문화를 찾아볼 수 없지만 일본에서 한국 문화는 사회 전반적으로 녹아서 그 흔적을 찾을 수 있다. 메이지 정부로 인해 상처를 입은 일본인도 피해자라고 할 수 있다.

기독 왕국의 꿈은 어디로?

일본은 유라시아 대륙의 맨 끝에 열도로 구성되어 있다. 고대로부터 대륙에서 한반도를 통해 고등종교인 불교와 유교가 전해졌고 근대에 이르러 해양을 통해 기독교가 전래되었다고 알고 있다.

조선에 기독 왕국을 꿈꾸며 군사개입을 바라던 황사영 백서가 있었다면 일본판 황사영 백서 사건이 있었다. 종교개혁기 전후로 세계 선교의 불길이 일어나면서 세계의 복음화 전략이 일본에서도 결실을 맺어가고 있었다. 기독왕국을 세우려 했던 인물들의 움직임과 게이쿄景敎, 이하 경교라고 표기한다의 흔적이 남아 있는 구카이空海와 일본의 종교 전래사를 더듬어 본다.

일본인은 선천적으로 선한가?

일본인들이 자신들을 말할 때, 시양이 '죄罪의 문화'인데 빈해 일본을 '부끄러움恥의 문화'로 주장한다. 이는 일본인이 선하다고 하는 의식을 바탕에 깔고 있다고 비판하는 이도 있다.

일본인은 질서를 지키고 상대방의 입장에 서서 최선을 찾아내려는 태도를 보이는 것을 미덕으로 생각한다. 그러나 아시아에서 일본인은 '야만적이고 잔혹하다' '속마음과 겉마음이 다른 일본인을 이해하기 어렵다'거나 '호전적이지만 선량하고 무사도를 가진 신사' 등 여러 가지 시선으로 바라본다.

대륙인은 남성적인데 반해 도서인은 여성적이라고 하는 말도 있다. 일본인은 주체적이기보다는 상대적이라고 하는데 이런 관점에서 비춰보면 일본인은 자발적인 것보다 타의적인 언행이 앞선다. 어떤 상황에서 자발적인 판단과 행동보다는 사양하고 한 걸음 물러서는 태도를 취하는데 이를 상대에 대한 예의라고 생각한다. 이 같은 현실을 바탕으로 일본인을 선하다고 강변하는 이들도 있는데 과연 일본인이 선한가에 대해서 알아본다.

일본은 아름다운 나라인가 애매한 나라인가?

2006년 제165회 국회에서 아베 신조安倍晋三 수상은 "활력과 찬스와 부드러움이 차고 넘치는, 자율의 정신을 소중히 하는, 세계에 열린 '아름다운 나라. 일본'이라고 소신 표명을 하였다.

그는 '아름다운 나라. 일본'에 대해서 "문화, 전통, 자연, 역사를 소중히 하는 나라, 자유로운 사회를 기본으로 규율을 아는 늠름한 나라. 미래를 향하여 성장하는 에너지를 계속 가지고 있는 나라, 세계에 신뢰와 존경과 사랑받는 리더십이 있는 나라"라고 피력하였다.

현대 국가는 문화의 뿌리가 중요시 되고 있다. 일본의 문화를 논하는데 있어서 일본은 한반도와의 관계를 부정하고 중국과의 인연을 강조한다. 일본인들은 역사 인식이 약하다는 것이다.

일본의 정치인이 국가와 역사의 과제를 진지하게 생각하고 있지 않다는 지적이 있다. 자유로운 사회를 기본으로 하는데 있어서 정치인의 모순된 말을 부끄럽게 여겨 분노하며, 일본이 말한 것을 지키지 않는 데 대해 지적하거나 비판적인 언론에 대해 아베 정권이 재갈을 물리는 언론탄압의 의문을 지울 수 없다.

정치인과 지도자들의 망언이 줄을 잇던 시대가 있었다. "일본인은 그들의 망언을 부끄럽게 여겨 분노해야 하며, 일본이 말한 것을 지키지 않는 데 대해 지적할 줄 알아야 한다. 그래야 일본인도 미래를 위해 책임지는 사람들이라고 아시아로부터 인정받을 수 있을 것"이라고 오에 겐자부로大江健三郎는 지적하였다.

일본인은 인간의 존엄성에 대한 인식이 결여되어 있다고 한다. 일본인이 윤리적으로나 도덕적으로 자립하기 위해서 어떻게 해야 하며 이를 위해서 우리는 무엇을 할 것인가를 생각해 보았다.

현대 사회는 공의를 바탕으로 한 공생과 공영을 실천할 것을 요구하고 있다. 한국이나 일본 어느 한 나라도 근린제국을 무시하고 번영할 수 없다는 것이다. 과거 100여년간 아시아를 무시하고 착취한 일본은 한국과 중국 그리고 러시아와 더불어 살아갈 수 있는 나라가 되는 게 유일한 희망의 길이다. 그러기 위해서는 아시아에서 일본은 유해한 나라에서 필요한 나라로 인정 받아야 한다.

일본인은 불유쾌한 부분에 대하여 외면하는 희귀한 특수성을 갖고 있다. 역사의 진실을 왜곡하여 애매하게 이끌어 가는 것하고 아름답다고 포장하는 것은 다르다. 가와바타 야스나리川端康成의 아름다운 일본美しい日本과 오에 겐자부로의 애매한 일본あいまいな日本을 통해서 일본을 바라보고자 한다.

이순신을 존경하는 나라는 한국인가, 일본인가?

학교에 다닐 때 성웅 이순신이라 배웠다. 일제 강점기의 역사학자이며 언론인으로 활약한 천관우 씨가 장군을 가리켜 "성자라 하고 영웅"이라고 한 말에서 성웅으로 불리게 되었고 우리는 그렇게 배웠다.

'이순신 각서 李舜臣覚書'를 집필한 후지이 노부오 藤居信雄가 초등학교에 다니는 손자에게 이순신과 도고 헤이하치로 東郷平八郎에 대해서 물었다고 한다. 손자는 일본의 영웅 "도고 헤이하치로는 몰라도 이순신에 대해서는 히데요시를 무찌른 영웅으로 알고 있다고 하여 놀랐다"고 고백한다.

그는 도고 헤이하치로가 한국의 실업가 이영개에게 "당신 나라의 이순신 장군은 나의 선생입니다. 자신은 넬슨 제독에 비교될지 모르나 이순신 장군에게는 미치지 못합니다 お国の李舜臣将軍は私の先生です。自分はネルソンにくらべられるかもしれないが、李舜臣にはおよばない" 라는 헤이하치로의 고백으로 책을 마무리하고 있다. 의외로 도쿠시마에 와서 이순신 장군과 싸운 모리해적 森海賊의 후손들과 만나면서 그들의 선조가 얼마나 이순신을 존경하였는가를 알게 되었다.

화합과 갈등을 치유

시진핑 주석은 한중 관계를 "이사 갈 수 없는 영원한 이웃"이라 하였는데 한국과 일본은 가장 가까운 이웃으로 친선과 협력 그리고 긴장과 갈등의 역사로 점철되었다.

일본에 살면서 여러 사람과 이야기하는 가운데 도요토미 히데요시 豊臣秀吉의 조선 침략을 "고향으로 돌아가고 싶은 마음의 표현"이라고 하는 말을 들은 적이 있다. 많은 피를 흘리며 조선 민중의 삶이 파탄되어 훗날 일본의 식민지 지배의 원인이 되기도 한 임진왜란을 대하는 그들의 마음을 이해하려 하였다.

비와코 琵琶湖에 있는 햐쿠사이지 百済寺의 전망대에서 두고 온 백제 땅을 그리워하는 도래인의 마음을 읽으면서 고향 땅을 다시 찾고 싶은 도래인의 마음을 알게 되었다. 일본인은 고향에서 쫓겨난 실향민으로 언젠가 다시 고향 땅을 회복하겠다고 결의를 다지며 준비하는 삶의 연속일 것이다. 어쩌면 이는 인류의 공통된 마음으로 유대인의 가나안 회복에서도 읽을 수 있다. 잃어버린 왕국을 회복하기 위한 역사가 일본의 대륙에 대한 꿈으로 해석될 수도 있다. 그러한 숱한 역사의 사건들을 돌아보며 교류와 협력 그리고 화해와 통합의 길을 찾아보았다.

닮은 점과 다른 점에 대해 논할 때 어디에 중점을 둘 것인가에 따라 가치관이 달라지게 된다. 한국과 일본의 두 나라를 논함에 있어서도 마찬가지다. 과거사에 대해서 일본은 독일과 종종 비교되곤 한다. '독일인에 비해 일본인은 과거의 잘못을 부끄럽게 생각하지 않고 진정한 책임을 지지 않으려 한다'는 것이다. 일본인은 역사 인식에 대해서 약하다고 주장하거나 인간의 존엄성에 대한 인식이 결여되어 있는 것 같다고 지적하는 소리도 높다. 이 같은 일본을 한민족의 정신과 강한 도덕적인 양심으로 형성된 문화로 변화시킬 수 있다. 현대의 **일본과 일본인**이 되기까지의 한반도에서 전래된 신토, 불교, 유교, 가정연합과 서양에서 전래된 기독교 역사를 되짚어 보면서 우리의 가장 가까운 이웃인 일본과의 밝은 미래를 생각해 보고자 한다. 본서에서 일본어의 한글 표기는 국립국어원의 표기를 따른다.

차례

## I 유대인 미스테리

고대 문자(神代文字, 진다이모지)는 어디에서? • 24
아와 쓰루기산의 법궤 • 29
잃어버린 10지파와 일유동조론 • 32
모세의 법궤와 미코시 • 39
실크로드의 종착지 아스카교(飛鳥京) • 41
미하시라 도리이와 다윗의 별 문양 • 43

## II 가야인이 세운 야마타이국

여신의 무대 아와 도쿠시마 • 48
다치바나의 미소기(禊)와 아와의 여신 전승 • 50
야마타이국은 어디인가? • 59
가야에서 아와를 거쳐 가와치에 • 65
가야와 아마족 • 70

시베리아의 무속 서사시 천손강림 신화 • 71
진무 동정과 나가스네히코(長髓彦)의 정체 • 74
사서 편찬과 역사 왜곡 작업 • 81
히미코와 진구 황후 • 84
사슴 신화와 섬나라의 신앙관 • 89

## Ⅲ 군신(軍神) 이순신 장군

아와 하치스카의 수군이 된 모리 해적(森海賊) • 96
모리 해적의 조상신과 신라 신사 • 101
바다의 안내인에서 해적으로 • 103
이순신 장군에 대한 일본의 평가 • 105
조선 유학자 정희득과 포로들 • 108

## Ⅳ 신라방 하리마

히메지성의 비밀 • 112
하리마와 유대인의 관계 • 116
신라 왕자와 신라방 하리마 • 121
주형 토기와 진구 황후의 삼한 정벌 이야기 • 131
아메노히보코 이야기 • 136

## Ⅴ 무궁화와 사쿠라

무궁화와 사쿠라 • 144
일본은 신의 나라인가? • 148
도래인의 길이 신의 길로 • 156
인간의 모습으로 나타난 신 • 158
천황과 야스쿠니 신사 • 160
야스쿠니에서 벚꽃이 되어 만나자 • 162
천황 즉위식의 비의 다이조사이(大嘗祭) • 164
철학이 없는 일본 • 170

## Ⅵ 갈등의 치유와 화합

누가 일본을 지배하나 • 176
공산당의 주구가 된 가짜언론 • 185
아베 정권의 개가 된 아사히 • 190
날로 극단의 길을 걷는 보수와 진보의 대립 • 201
미래를 여는 역사 • 205
위안부문제의 본질 • 207
일본 유곽의 변천과 일본인이 주장하는 위안부 문제 • 209
나의 아버지는 강제 징용 피해자였다 • 220
조선고지도와 독도 교과서 문제 • 221
임나일본부설과 일선동조론(日鮮同祖論) • 224

인종과 민족주의 • 227
일본의 노동 운동 • 229
의문의 주검과 전후 일본의 처리 • 232

## Ⅶ 한국에서 던진 돌은 동포가 맞는다

오이소(大磯)에서 만난 조선 황족 • 236
다리가 없는 강(橋のない川) • 237
재일 동포와 동화지구 • 240
먹여 줄 식량이 없다 • 244
식민지 관계 청산과 재일 동포의 역할 • 247
지방 참정권과 먹고 사는 문제 • 250
한국에서 던진 돌은 동포가 맞는다 • 251
새야 날개를 빌려줘 • 253
한일 병합에 대한 논란 • 258
상대방을 알아야만 속지 않을 수 있고 다투지 않을 수 있다 • 260
일본과 어떤 관계를 맺어 나가야 하는가? • 264

## Ⅷ 슬픈 일본

21세기 인류의 새로운 패러다임 • 268
예쁜 것이 아니라 가벼워요 • 271
물속에서 불상이 뛰어나와 등에 올라탔다 • 273

스와의 아라히토가미 오호리(大祝) • 276

이삭헌제와 온토사이(御頭祭) • 279

조선 포로의 선물 • 282

기리시탄 다이묘의 세상 • 284

기독왕국을 꿈꾸던 다이묘 • 288

서양 선교사와 백서 사건 • 289

마사무네의 야망과 다다테루의 피리 • 292

바테린 추방령과 박해 • 295

동학과 국학의 출현 • 297

외래 종교 박해를 위한 예배 시설 설치 • 303

실학과 일본의 근대화 • 306

일본인의 미의식 슬픈 일본 • 308

일본인은 선천적으로 선한가? • 312

일본은 아름다운 나라? • 314

한류의 물꼬를 트다 • 318

가정연합과 공산당의 투쟁 • 325

종교 탄압 국가로 나가는 문이 열리다 • 333

아베 전 총리 총격 사건은 음모인가? • 339

## IX 슬픈 일본을 품에 안고

화와 분노 • 348

진정한 사과와 용서 • 351

로마에 가면 로마법을 따르라 • 355

무사의 잔영, 일본 문화 • 359
한국인의 치(恥)와 일본인의 치, 해한과 승원 • 362
세계의 중심은? • 367
일본의 위기는 세계 평화의 위협 • 372
아시아 태평양 시대 도래 • 377
나를 밝고 지나가라, 현대판 후미에(踏み絵) • 380
평화를 위한 새로운 패러다임 • 383
평화 세계의 동반자로 • 387
슬픈 일본을 품에 안고 • 391

# I

# 유대인 미스터리

고대 문자(神代文字, 진다이모지)는 어디에서?
아와 쓰루기산의 법궤
잃어버린 10지파와 일유동조론
모세의 법궤와 미코시
실크로드의 종착지 아스카교(飛鳥京)
미하시라 도리이와 다윗의 별 문양

## 고대 문자(神代文字, 진다이모지)는 어디에서?

시코쿠에 봄이 오면 하얀 옷을 입은 순례객들이 모여든다. 헤이안 시대平安時代의 승려 고보다이시 구카이弘法大師空海, 774년~835년가 수행하며 인연 맺은 88곳의 사찰을 순례하려는 것이다. 약 1400km 되는 거리를 40여 일간에 걸쳐 일주하는데 일생에 한 번은 체험하고 싶은 문화로 정착되었다. 최근에는 서양 순례객의 증가로 시코쿠 어디에서나 순례 복장을 한 서양인을 마주할 수 있다.

도쿠시마는 유대인 도래설과 모세의 법궤가 숨겨져 있다는 전설이 있다. 유대인 일본 도래설을 주장하는 사람들은 이 순례를 쓰루기산劍山에 숨겨진 모세의 법궤를 감추기 위한 구카이의 의도가 숨어 있다고 한다. 법궤를 감추기 위해 사람들의 관심을 88곳의 사찰에 쏠리도록 하였다는 것이다. 그럼에도 일유동조론에 도취한 사람들이 전설을 믿고 도쿠시마에 모여드는 일이 벌어졌다.

1993년 필자가 도쿠시마에 이사하였는데 '수수께끼의 문자를 풀면 1억 엔을 준다'는 이상한 광고탑을 보았다. 얼마 후에 아와정阿波町에 한글로 쓴 시비詩碑가 있다는 말을 듣고 현장에 갔다. 바쿠마

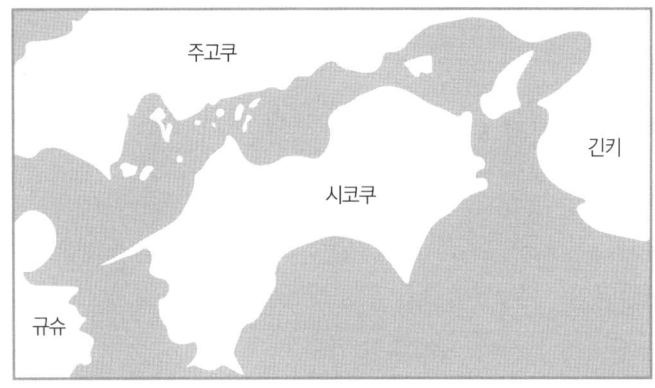

시코쿠 지도

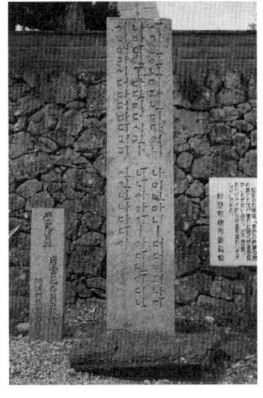

이와쿠보 하나카의
진다이 문자 시비

후나하데히메 신사(船盡比責神社)의 진다이 문지

쓰幕末에 활약한 고쿠가쿠샤國学者: 이후 국학자로 표기 이와쿠모 하나카岩雲花香 씨의 시가 새겨진 거대한 비석으로 보통 일본사람은 읽을 수 없지만 고등학교 시절 고문을 배운 사람이면 누구도 읽을 수 있는 문자였다. 대대로 하치만 신사八幡神社의 신관을 맡아온 이와쿠모 씨에게 석비와 진다이 문자에 대해서 물으니 신사에 전해오는 한글로 쓰여진 신사 관련 문서를 보여 주었다.

진다이 문자가 옛 한글이라는 사실을 알고 가미야마정神山町에 살고 있는 광고주 치나카 다카시地中孝 씨를 찾아갔다. 그는 호텔을 경영하는 한편 솔로몬의 보물을 찾는다고 하면서 독학으로 진다이 문자를 연구하고 있었다.

치나카 씨는 "고대 유대인이 솔로몬의 보물과 모세의 법궤를 가지고 도쿠시마에 왔다"고 하였다. 그는 솔로몬의 보물을 찾기 위해 그들이 쓰던 진다이 문자를 해독해야 한다고 하였다. 군국주의 시절 암호 해독병의 경험을 살려서 도쿠시마에 전해 오는 진다이 문자를 홀로 연구하던 그는 "진다이 문자가 대마도를 거쳐 한국에 들어가서 한글이 되었다"는 다소 황당무계한 신념을 갖고 있었다.

도쿠시마는 다른 지역과는 달리 여러 종류의 진다이 문자가 전해 오는 독특한 지역이다. 한글과 비슷한 아히루 문자阿比留文字, 아와 문자阿波文字 등 여러 신사에 서로 다른 고대 문자가 전해 오고 있다. 고대 문자는 신사의 의례에 사용되었는데 이를 진다이 문자라고 한다. 진다이란 신화의 세계 즉, 전설 속의 진무 천황 이전의 신들이 통치하던 시대를 말한다.

에도 중기 서양과 활발한 교류로 서양문물이 들어오자 이에 대항하는 민족주의가 발흥하여 국학이 태두 되었다. 국학은 외국에서 들여온 종교와 사상 즉, 불교, 주자학, 서학 등에 반발하여 일본 고유의 학문과 문화를 고대에서 찾으려는 흐름으로 에도시대를 대표하는 학문이 되었다.

국학은 메이지 천황의 즉위와 더불어 황국주의에 의한 침략 전쟁의 밑바탕이 되었다. 이런 경향은 문자에서도 나타나게 되었는데 국학자를 중심으로 한자나 일본 문자인 가나가 성립되기 이전인 상고 시대부터 일본 고유의 문자가 존재했다고 주장하였다.

메이지 유신 이후, 애국자나 군인을 중심으로 신봉하는 자가 있었으나 반 노부토모伴信友 등은 이를 부정하며 논쟁이 점화되었다. 진다이 문자는 한국의 언문이나 일본의 가나보다 진보된 문자라는 이유로 한일 양국의 학계에서는 부정되고 있다. 일본에 어떤 경로로 한글과 비슷한 진다이 문자가 들어오게 되었는지 정확하게 밝혀진 것은 없다. 한국이나 일본에서 이를 학문적으로 연구하는 사람에 대해 들어본 적이 없다. 생각해 볼 수 있는 것은 가림토 문자를 가진 신앙집단이 이동하면서 일본에 전래된 문자를 국학자들과 신관들이 복원하였을 것으로 추정되는데 이를 뒷받침해 줄 학문적 근거는 없다.

진다이 문자의 하나인 쓰시마 문자는 47개의 문자로 되어 있다. 쓰시마의 이까즈치 신사雷神社에서 거북이 등껍질을 보고 괘를 읽어 길흉을 점칠 때에 쓰시마 문자와 아나이치 문자天名地鎭文字를 사용하였다고 한다. 아와 문자는 도쿠시마현 사나고우치손佐那河內村에 있는 오미야하치만구大邑八幡宮의 긴누시神主 후지와리 미쓰나가藤原充長가 1779년에 저술한 '가나후미神名書'를 통해 일반에 처음 소개되었다. 동년 미야타니 리넨宮谷理然도 '가무고토노요소아리'에 수록된 아와 문자와 아히루 문자를 혼합해서 저술한 오하라에 노고토바大祓詞를 출판하였다.

아히루 문자는 고대 쓰시마의 제사 관계 씨족이며 지배자인 우라베우지卜部氏와 아비루씨阿比留氏에 의해 전해 내려왔다고 한다. 국학자들은 아히루 문자를 일본에 불교가 들어오기 전인 538년 이전부터 사용하였다고 주장하고 있다.

1819년, 히라타 아쓰타네平田篤胤가 저술한 '간나히후미노쓰타에 神字日文伝'에서 아히루 문자를 '히후미47온日文四十七音'이라고 소개하였다. 아히루쿠사 문자阿比留草文字도 신사에서 사용되는 진다이 문자의 일종이다. 이세 진구伊勢神宮를 비롯한 일본의 신사에서 진다이 문자로 쓰여진 봉납문이 사용되고 있으며 몇 종류의 서체가 있다고 한다.

도쿠시마에는 여러 종류의 진다이 문자가 전해내려 오고 있는데 지금은 흔적만 남아 있는 후나하데히메 신사는 진다이 문자로 쓰여진 선박의 깃발을 신주로 모셔 왔다고 한다. 일반인에게 진다이 문자는 널리 알려져 있지 않지만, 이를 계기로 도쿠시마에는 유대인 유적이 있다는 소리를 처음으로 듣게 되었다.

도쿠시마현 요시노가와吉野川 하류에 위치한 이와즈교岩津橋 근처에 이와쿠모씨의 메기의 시비가 있다. 이와쿠모 씨는 아와 이와즈에 있는 하치만 신사의 신쇼쿠神職 집안에서 태어났다. 열일곱 살에 집을 떠나 전국을 유람한 그는 당시의 대표적인 국학자 아쓰타네의 문하에 들어가 민족 사상을 고취하였다고 한다.

그는 당시의 정치 슬로건인 손노조이尊皇攘夷, 이하 존황양이로 표기 신봉자가 되었는데 고메이 천황孝明天皇을 알현하고 그 감동을 전하기 위해 전국을 돌며 유세하였다. 1862년, 유세중이던 시모노세키下関에서 장대한 화강암을 발견하여 자작한 시를 조각하여 고향 아와에 옮겨왔다.

석비에는 '옛날부터 이와즈의 냇가 깊은 곳에 커다란 메기가 살고 있다고 들었는데 아직 본적이 없다. 여하튼 한번 물결 사이로 그 거대한 모습을 보고 싶다'라고 쓰여 있는데 시의 의미는 '평소에는 눈에 띄지 않는다 하더라도 필요한 한 때에 사회에 공헌할 수 있는 인간이 되길 바란다'로 충군애국忠君愛國의 시로 알려져 있다.

## 아와 쓰루기산의 법궤

애굽에서 고역하던 이스라엘 백성을 가나안으로 인도한 모세의 법궤는 어디에 있을까? 기원전 722년경 신아시리아의 침략으로 가나안을 떠난 이스라엘의 10지파와 함께 법궤가 세상에서 자취를 감추었다.

1982년에 한국에서 개봉된 '레이더스'란 영화가 있다. 조지 루카스 감독의 작품으로 스티븐 스필버그가 연출한 인디아나 존스 시리즈물이다. 이 영화로 비기독교인도 법궤에 대한 관심이 고조되었다. 그런데 일본에서는 메이지 시대부터 법궤가 쓰루기산에 숨겨져 있다는 소문이 널리 퍼져 있었다. 이를 발굴하려는 사람들이 몰려들자 정부는 쓰루기산에 대한 발굴작업을 금지하였다.

일유동조론을 주장하는 사람들은 미마시美馬市를 동조론의 근거지로 하고 있다. 아나부키정에 이와사카신메이 신사穴吹町磐境神明神社가 있는데 이곳에 1500여 년 전의 유적이 있다. 이 마을 주민들 사이에는 불이 꺼지지 않도록 지키는 풍속이 구전되어 오고 있다. 이것을 출애굽 27장에서 제단의 불에 대한 계명과 비유하여 유대인의 후예임을 증명해주는 것이라고 주장한다.

미마시에 있는 야마토노오구니다마 신사倭大国魂神社의 가몬家紋이 둥근 원안에 세개의 떡갈나무 잎 모양인데 메노라촛대의 형태를 형상화한 것으로 하타씨秦氏의 도래와 관계가 있다고 주장한다.

매년 7월이 되면 쓰루기산의 혼구 마쓰리剣山本宮山頂大祭가 쓰루기산 정상에 있는 신사에서 제신을 본전에 맞이하는 전야제 요이미야마쓰리宵宮祭를 시작으로 거행한다. 하얀색 복장白装束을 한 우지코氏子 20여 명이 혼구에서 약 300미터 거리에 있는 정상을 향해 미코시를 메고 이동한다. 얼룩 조릿대가 우거진 산길을 따라 정상을 향하는 미코시 순례를 보러 구경꾼이 몰려온다.

1815년에 편찬된 아와시阿波志에 의하면 "쓰루기산의 1800미터 지점에 종유동이 있고 그 동굴안에 석실이 있다"고 기록하고 있다. 바위와 바위 사이의 동굴 입구에 고쓰루기 신사小劔神社가 있는데 동굴을 지키는 신을 모시는 신사라고 한다. 동굴 안에 유대인의 신전과 법궤가 있을 것이라고 확신하였다.

다카네 마사노리高根正教는 1936년부터 38년까지 쓰루기산 정상부분이 인공적으로 만들어져 있다고 주장하며 탐색했는데 당시의 신문은 '솔로몬의 비보를 찾아'라는 제목으로 보도하였다. 다카네는 신토의 '말에는 혼이 들어 있다'고 생각하는 고토다마言霊에 정통했다고 하는데 그는 고토다마를 이용해 구약 성서를 해석하여 쓰루기산에 법궤가 묻혀 있다는 결론에 도달하였다고 한다.

다카네는 정상부근의 쓰루이와鶴岩와 가메이와亀岩 주위를 발굴하였는데 가메이와 밑부분 약 150미터 지점에서 엄청난 발견을 하였다고 한다. 지하에 거대한 구형의 바위와 대리석으로 된 아치형의 문, 그리고 피라미드형의 공간이 있다고 하였다. 당시 신문은 이 발굴작업을 솔로몬의 보물을 찾는 발굴이라고 보도하였다.

1952년 8월 17일자 도쿠시마 신문 '백일몽을 쫓는 사람들 쓰루기산 비보발굴을 현지에서 보다'白昼夢を追う人々·剣山秘宝発掘を現地に

見る 기사에 의하면, 해군대장 출신 야마모토 에이스케山本英輔의 지휘로 벽돌로 된 회랑의 안쪽에서 100여 체의 미이라를 발견했다고 전해오나 그 진위는 불분명하다. 신흥종교 주코도宙光道에 빠진 발굴자들의 증언과 현지인 인부들의 증언이 서로 달랐기 때문이다. 그러나 발굴에 참여한 사람들에 의해 정상 부근에 유적과 같은 지하시설이 존재하며, 이를 묻기 위해 정상 부분이 인공으로 형성되었다는 사실을 확인하였다고 한다. '일본과 유대의 하모니'에서 나카지마 나오히코中島尙彦씨는 일본동화 '가고메 가고메かごめ、かごめ'는 모세의 법궤가 쓰루기산 내부에 매장되어 있다는 것을 보여주는 암호라고 주장하였다.

**가고메 가고메**

　かごめかごめ 籠の中の鳥は いついつ出やる 夜明けの晩に 鶴と亀と滑った 後ろの正面だあれ？

　가고메가고메 새장바구니 속의 새는 언제쯤 나올까 새벽에 학과 거북이와 미끄러졌다 뒤쪽 정면 누구？

| 해석 |

何を取り囲むのか？誰を囲んで守るのか？
封じて安置すべきものを取り出せ！
そして火をつけろ！燃やし尽くせ！社を根絶せよ！
造られたお守りの岩は功を奏することなく焼かれた荒れ地は見捨てられた。
무엇을 둘러싸고 있는가？
누구를 둘러싸고 지킬 것인가？
봉하고 안치해야 할 것을 꺼내라！

> 그리고 불을 질러! 불태워라! 사당을 근절하라!
> 만들어진 부적의 바위는 공을 아뢰지 않고 불에 탄 황무지는 버려졌다.

## 잃어버린 10지파와 일유동조론

메이지 시대에 스코틀랜드 출신 니콜라스 매클레오드Nicholas McLeod가 '일본 고대사의 축도 Illustrations to the epitome of the ancient history of Japan'라는 책을 출간하였다. 그는 이 책에서 일본인과 유대인의 조상이 동일하다는 일유동조론을 주장하였다. 대륙과의 관계를 청산하고 서방 세계와 관계를 맺어 일본을 개혁하려는 사조가 사회적으로 팽배하였던 시대에 일유동조론은 일본 사회에 파문을 일으켰다.

기원전 720년경 아시리아는 피정복민에 대한 가혹한 동화 정책을 실시하였다. 특히 유대인에 대한 동화 정책과 강제 이동으로 북조 이스라엘 왕국의 유대인들이 사마리아 땅을 떠나 동방으로 이동했다고 하는데 이들을 '잃어버린 이스라엘의 10지파'라고 부른다. 일유동조론을 신봉하는 사람들은 이들 유대인의 일부가 실크로드를 거쳐 일본에 왔다고 주장한다.

남조 유대에 비해 사마리아 지방에 살던 북조인들은 비옥한 땅을 이용하여 농경을 주업으로 하였다. 그들은 토착종교의 영향을 받아 전통적 유대 신앙을 버렸다는 주장이 있다. 그래서 성서에서는 이들을 이스라엘의 야훼하나님 대신 이방신인 바알 토착신을 숭배한 사마리아 사람들로 비판하고 있다.

한국에서도 일부 종교인들이 북조 이스라엘에 정착하였던 단지파의 후손들이 한반도에 들어와서 원래 정착하였던 웅족과 동화되어 단군조선을 건국하였다고 주장한다.

80년대 초반, 필자는 서울에 있는 어느 교회의 부흥회에 참석한 경험이 있다. 부흥사의 핵심 설교는 단지파와 단군조선을 연결하여 설명하는 내용이었다. 한 시간 반정도의 짧은 시간 동안 단편적이고 일방적인 주장이라 납득하는데 어려움이 있었다. 그렇지만 지식욕이 왕성했던 필자는 단군신화를 새롭게 해석할 수 있다는 생각을 하게 되었고 이를 계기로 신화와 해석에 대해 관심을 갖게 되었다.

단군신화에서 환인의 서자 환웅이 3천 명의 무리를 거느리고 태백산에 내려와 신시를 정하고 인간을 교화하였는데 곰과 호랑이가 찾아와 인간이 되게 해달라고 간구하였다. 그래서 쑥과 마늘을 주면서 100일 동안 햇빛을 보지 않고 기도하면 사람이 된다고 하였다. 21일 만에 곰은 여자로 변하였는데 호랑이는 참지 못하고 도중에 도망하였다.

환웅과 사람으로 변한 웅녀가 결혼하여 태어난 아이가 단군이다. 단지파의 후손 일부가 웅족과 결합하여 조선을 건국하고 왕을 단군이라고 하였다. 흥미로운 것은 단지파의 조상인 단은 야곱의 12아들 중 한 명으로 빌하라고 불리는 첩의 아들이다. 아브라함이나 이삭 그리고 야곱은 이스라엘 민족의 중심적인 인물로 사마리아 신앙의 관점에서 보면 신과 같은 존재였다.

야곱이 단군신화의 하나님인 환인이고 그의 서자인 단은 단지파의 조상으로 서자인 환웅이다. 신의 세계인 이스라엘 땅을 떠나 태백산으로 내려와 원주민인 웅녀와 결혼하여 왕검을 낳으니 그가 단군조선을 건국하였다고 해석할 수도 있다.

일유동조론을 주장하는 사람들은 야곱과 그의 첩 실바 사이에서 태어난 갓의 후손 일부가 일본에 도래하여 일본 황실의 조상이 되었다고 생각한다. 천황을 미카도帝, 天皇라고 하는데 존칭어인 미御와 카도갓가 결합되어 천황이라고 하는 것을 보면 고조선의 왕을 단군이라고 하는 것과 같은 논리다.

이와쿠라 사절단岩倉使節団이 2년간 서방세계를 시찰하면서 정치와 경제를 움직이는 유대인들을 확인하면서 유대인에 대한 경외와 친밀감이 고조되었던 시기였다. 이 풍조와 맞물려 일유동조론이 크게 유행하였고 유대인이 모세의 법궤를 가지고 아와의 쓰루기산에 안치하였다는 결론에 이르게 된 것이다. 쓰루기산에서 법궤를 찾기 위한 발굴작업이 정부에 의해서 중단되면서 천황가의 뿌리가 유대인이라는 주장과 맞물려 의문을 더하게 하였다.

필자가 신병 치료를 위해 한국에 3개월 정도 머물 때 치료해주던 선생으로부터 재미있는 이야기를 듣게 되었다. 토질과 풍수를 연구한 선생은 안수와 한방으로 사람을 치료하고 있었다. 필자가 일본에서 왔다는 것을 알게 되면서 자신이 몇 년 전에 꾸었다는 꿈 이야기를 들려주었다.

꿈속에서 어느 도인의 안내로 큰 다리를 건너 섬으로 가게 되었는데 그 섬이 시코쿠였다는 것이다. 선생은 필자에게 "일본에 시코쿠라는 섬이 있느냐"고 물었다. 그래서 나의 처가집이 시코쿠에 있다고 대답하니 "꿈속에서 시코쿠의 높은 산에 올라 갔는데 그곳에 모세의 법궤가 있다고 하였다"는 것이다.

일본에 가보지도 않은 사람의 이야기를 듣고 깜짝 놀랐다. 그냥 흘려 듣기에는 아쉬운 말이었다. 나도 쓰루기산의 비밀을 확인하려고 여러 번 올라가 보았다. 정말로 유대인의 전설과 관계는 있는지? 모세의 법궤가 어디에 있는지? 산에 올라 정상 주변을 찾아 보았다. 그런데 선생이 말한 지점과 법궤가 있다고 추정되는 지점이 일치한다는 생각에 놀라움을 금할 수 없었다.

아와후도기阿波風土記가 사라졌지만 아와 도쿠시마를 연구하면 야마타이국의 아와 도쿠시마설을 주장하는 여러 가지 정황들과 만나게 된다. 그리고 이 정황은 일본에 도래했다고 주장하는 유대인들의 삶이 다음과 같이 겹쳐진다.

첫째로 이스라엘의 주일대사를 지낸 엘리 코헨Eli-Eliyahu Cohen의 주장에 의하면 "고대 수메르인의 이동루트에 자연석으로 신전을 만들고 그 안에 법궤를 안치하였다"고 한다. 그런데 "이와사카 유적과 닮은 신전의 흔적이 중동의 시나이반도에 남아 있다"고 한다.

1740년에 발견된 이와사카 신메이 신사 유적은 동서로 약 22미

미마시 아나부키정에 있는 이와사카신메이 신사 유적

터, 남북으로 약 7미터의 직사각형이며 높이 1.2~1.8미터로 된 자연석을 모아 세운 유적이다. 유적의 중앙에 서서 눈을 감고 명상하는데 '야곱이 잠 깨어 일어난 후 돌단을 쌓은 것 본 받아서 내 일생 소원은 늘 찬송하면서 주께 더 나가기 원합니다' 라는 찬송가가 떠 올랐다. 코헨 대사는 이곳을 둘러보고 "유대인이 아니면 이해할 수가 없는 고대 유대인의 유적으로 모세와 여호수아의 시대에도 자연석으로 제단을 만들었는데 그 구조와 매우 흡사하다"고 하였다.

둘째로 도래인의 토착화 과정에서 변화된 신과 제사형태가 남아 있다. 출애굽으로 가나안에 들어간 유대인들은 토착화 문제에 부딪쳤다. 특히 사마리아 지방을 중심으로 한 북조 이스라엘은 가나안 신앙의 영향을 받아 세속화되었다. 동방으로 떠난 10지파중 그 일부인 갓지파, 르우벤지파, 므낫세지파가 중심이 되어 세운 나라가 현재의 중앙아시아 키르기스 지방 북방에 존재했던 궁월국弓月國이라고 한다. 궁월국은 7세기 중엽에 멸망하였는데 300여 년에 걸쳐 대표적인 도래인 집단인 하타씨 등 약 1만여 명이 한반도를 거쳐 일본에 왔다고 한다.

도래인들의 아마쓰가미天津神계가 토착화 과정을 거치면서 구니쓰가미國津神계가 파생하였다. 여기에 야마노가미山の神와 우미노가미海の神를 제사하는 흔적을 남겼다. 그들이 일본에 도착하여 남긴 신화와 신앙의 뿌리신사와 제사 형태가 아와 도쿠시마에 그대로 남아 일본신앙의 원형이 되었다.

세째로 도래 집단의 세력 교체 무대가 아와 도쿠시마였다. 스사노오素戔嗚尊가 지배하던 나라에서 아마테라스天照大神가 지배하는 나라로, 그리고 초대 천황 진무를 중심으로 한 야마토 왕권을 세우는데 역할을 한 집단도 아와 도쿠시마를 거쳤다. 아마족과 천손족의 중간에 도래한 인베씨족忌部氏族은 도쿠시마에 근거지를 두고 음지에서 천황가의 의식, 호위, 안내, 외교 등을 담당하였다. 초기에 도래한 인베씨는 아와노구니粟國의 오게쓰히메大宜都比賣 나가노구니長國의 고토시로누시事代主 등에게 문화와 농작물을 전해주는 역할을 하였다. 이 과정에서 오게쓰히메는 도태되었고 고토시로누시는 동화되었다.

필자가 일본에 온지 16년째 되던 어느 날 강의를 위해 간 고마쓰시小松市의 커뮤니티센터에서 이스라엘 주일대사를 지낸 일유동조론자 마빈 토케이어Marvin Tokayer가 저술한 '유대와 일본·수수께끼의 고대사, 1975년'이란 책을 보았다.

신토의 정점인 천황과 황실의 제례 의식, 일본 신사의 건물양식, 제례를 담당하는 신분 계급, 일본인의 풍습 등이 유대교와 흡사하다는 것이다. 유대인 도래설과 일유동조론의 관점에서 본다면 일본인과 이스라엘의 후손의 연관성이 이해될 수도 있는 내용이다.

이 책은 필사가 일본에 와서 처음으로 완독한 일본어 책이나. 이유는 알 수 없지만 그동안 일본어로 된 책을 보면 머리가 아프고 잠이 와서 읽을 수가 없었다. 현장 답사를 함께한 일행에게 일본책을 완독했다는 말을 하자 많은 책을 선물로 받았다.

이노우에 야스시井上靖, 시마자키 도손島崎藤村, 오에 겐자부로, 무라카미 하루키村上春樹 등 일본 소설과 역사서를 읽으며 일본에 대해 조금씩 이해하게 되었다. 필자는 다음해에 한국을 알리기 위해 일본어로 된 책을 쓰게 되었다.

일본은 1853년 미군함 페리의 흑선 도래를 계기로 미국과 불평등 조약을 맺고 개항했다. 통상조약에 불만을 품은 메이지 정부는 1871년 이와쿠라를 단장으로 하는 사절단을 파견하였다. 메이지 천황의 국서를 가지고 에도 말기에 유럽 각국과 맺은 불평등 조약 개정을 위한 예비교섭이 목적이었다. 그러나 서방 국가들은 일본의 금교정치기독교 탄압 정책를 이유로 일본을 강력하게 비판하며 사절단의 요구에 응하지 않았다. 사절단은 메이지 정부의 기독교 탄압이 불평등 조약 개정의 최대 장애물인 것을 확인하였다. 서방 언론도 사절단 방문을 계기로 메이지 정부의 기독교 탄압 정책을 악랄한 폭거로 규정하고 메이지 정부에 압력을 가하였다.

정부 관리와 유학생 등 100여 명으로 구성된 사절단은 약 2년간에 걸쳐 기독교 중심의 정치, 경제, 사회, 문화 등 서양 사회 전반을 조사하였다. 그리고 세계 경제를 움직이는 유대인의 존재를 확인하였다. 이는 차후 독일의 유대인 학살 정치와는 다르게 유대인을 동경하는 의식으로 나타났다. 결과적으로 일본은 1868년부터 개종을 목적으로 한 유배 정치를 폐하고 1873년 억류되어 있던 기독교인을 해방하였다. 금교령의 폐지와 더불어 1899년 기독교의 활동을 공식적으로 인정하였다.

일본은 영국의 러시아 남진을 억제하는 노선에 같이 하였고 영일동맹을 맺어 영국의 도움으로 러일 전쟁에서 승리하였다. 이후 일본은 승승장구하여 세계에서 가장 넓은 영토를 차지하게 되었다. 이러한 시대적 배경과 더불어 일유동조론은 탄력을 받아 지식인과 정치인을 움직였다.

일본인은 유대인과 같이 선민의식이 강하고 선악에 대한 이분법적인 행동의 결과로 노골적인 외래 종교 박해를 하였다. 그 결과 불교와 천주교 그리고 현대에 이르러서는 한국에서 발생한 세계평화통일가정연합이하 가정연합으로 표기을 박해하고 있다. 경제적으로는 세계를 선도하는 선진국가라고 자부하지만 상상을 초월하는 인권 탄압을 조장하고 방관하면서 종교를 탄압하는 특유의 성격을 표출하는 도덕적 후진국가다.

### 모세의 법궤와 미코시

대륙 왕족의 후손인 천손임을 증명하는 도구 산슈노진기三種の神器가 있는데 천상 세계에서 아마테라스가 니니기노미코토瓊瓊杵尊, 이하 니니기로 표기로부터 하사 받은 청동 거울과 곡옥 그리고 청동 검의 세 가지 신물이다.

단군신화도 환인으로부터 환웅이 지상세계의 통치를 위하여 하사한 천부인天符印 또는 천부삼인으로 검과 방울 그리고 거울을 일컫는데 이는 권위를 나타내는 상징물이었다.

유대인의 법궤언약궤도 모세가 하늘로부디 받은 십계명이 긱인된 석판 두 개와 아론의 지팡이 그리고 만나를 두개의 금 항아리에 넣어 보관한 세 가지 성물이다히브리서 9장. 법궤는 네 면이 모두 황금으로 덮여 있는 나무상자 위에 한 쌍의 케루빔천사이 법궤 뚜껑을 감싸는 모습으로 장식되어 있다고 한다. 법궤에는 4개의 고리가 달려 있고 여기에 장대를 끼워 운반했다. 일본의 미코시神輿는 네 면이 황금색으로 장식되어 있고 상자 안에 신타이御神体가 있으며 미코시를 옮기기 위해 두 개의 장대를 이용한다. 조선 시대의 가마와 비슷한 것으로 멋과 장식이 화려하고 크기와 형태가 지역의 신사마다 다르게 변화되었다.

일본의 3대 마쓰리의 하나인 기온 마쓰리祇園祭는 역병이 일어난 869년부터 시작되었는데 교토의 야사카 신사八坂神社를 중심으로 한 달간 펼쳐진다. 유대인의 시온 축제도 역병이 일어났을 때 시작되었는데 시온 축제의 일정과 기온 마쓰리의 일정이 동일하게 노아의 방주가 아라랏산에 도착한 7월 17일이다.

마쓰리는 미코시와 야마보코가 교토의 중심가를 행진하는 미코시 도교神輿渡御와 야마보코 쥰코山鉾巡行가 하이라이트다. 고대 무기를 장식한 수레 야마山와 호코鉾로 구성된 야마보코는 야마의 높이가 15미터로 5층 건물과 같고 무게는 1,5톤 전후다. 호코의 높이는 약 25미터로 8층 건물과 같고 무게는 12톤이다.

마쓰리에서 이삭에게 물을 주는 리브가, 바그다드의 궁전, 낙타와 사막, 피라미드와 이집트의 풍경 등 일본과 관계가 없는 그림을 야마보코에 내걸고 시내를 순례한다.

간코보코函谷鉾에 걸린 그림은 다채로운 색실로 짠 직물로 이삭과 리브가의 그림은 기독교에 대한 박해가 한창이던 16세기1718년에 당시의 무역상인 누마즈 우에몬沼津宇右衛門이 벨기에서 만든 것을 기증하였다고 한다. 유대인 도래설을 주장하는 사람들은 이 그림을 증거로 들기도 한다.

기온 마쓰리 야마보코 연합회 이사장 후카미 시게루深見茂 씨는 한 인터뷰에서 "기온 마쓰리는 그 의식과 연유가 틀림없이 유대 문명과 같은 형태로 경과와 결과를 가져오는 축제"라고 하였다. 일본과 유대인의 관계를 오랫동안 연구한 구지 쓰토무久慈力 씨도 "기온 마쓰리는 시온 마쓰리가 루트"라고 주장하고 있다. 기온 마쓰리도 헤이안 시대 초기에 교토에 만연한 역병을 물리치기 위한 것으로 유대의 시온제와 같은 유래를 갖고 있다.

여기에 소민쇼라이蘇民将来 설화로 한 치노와구구리茅の輪くぐり라는 풍습을 더해 유대인과의 관계를 극대화하고 있다. 스사노오가 소민쇼라이에게 "억새풀로 둥근 고리를 만들어 문에 걸어라"고 한 것에서 유래한 치노와구구리는 출애급시에 유대인이 재난에서 벗어나도록 모세에게 "양의 피를 문설주에 바르라"고 명하신 것을 연상케 한다. 매년 6월 30일, 억새풀로 둥근 원을 만들어 통과하는 치노와구구리는 나고시노하라에夏越の祓로 고대로부터 전해 내려왔는데 몸에 붙은 액을 터는 의식이다.

이 설화는 여행 중에 쉴 곳을 찾던 스사노오에게 가난한 처지에도 불구하고 기쁜 마음으로 맞이해준 보답으로 역병에서 벗어나려면 억새풀을 엮어 허리에 매라고 가르쳐 주었다는 이야기에서 유래한다. 이는 반유목민 전통을 가진 유대인들에게 거처할 곳을 제공해 주는 것의 소중함을 가르쳐준 전승으로 두 천사가 롯의 집에 머물렀던 소돔과 고모라의 이야기창세기 19장 내용과 흡사하다.

## 실크로드의 종착지 아스카교(飛鳥京)

일본서기에 의하면, 요메이 천황用明天皇이 왕자 시절에 부인과 함께 여러 관청에 감찰 나갔을 때 마관의 말구유厩戸에서 쇼토쿠 태자를 낳았다. 예수가 말구유에서 탄생한 것처럼 쇼토쿠 태자도 구세보살의 화신으로 강림하였다는 것에 비유하여 우마야도노미코厩戸皇子라고 한다. 이를 두고 쇼토쿠 태자가 경교도景教徒라는 시각이

다치바나데라

있다.

  필자가 현장 답사를 위해 태자가 태어났다고 하는 아스카의 다치바나데라橘寺에 간 적이 있다. 마침 주지스님 부재중이라 부인의 안내를 받아 객실에 들어서다가 깜짝 놀랐다. 객실의 중앙에 한국 작가의 그림이 걸려 있었다. 사연을 물으니 선대 주지가 가정연합과 관련된 '코리아남북회화전'에 초대받아 구입하였다고 한다.

  아와에서 아스카로 이동한 정권의 입장에서 볼 때 불교는 새로운 국가 체제를 정비하고 확립하는데 반드시 필요한 것이었다. 소가씨는 이를 간파하고 불교라는 새로운 종교와 문화를 배경으로 도래인 및 백제와 관계를 돈독히 하여 새로운 국가 체제를 세우려 한 것으로 보인다. 불교 도입으로 일본은 아스카 문화飛鳥文化가 개화되어 새로운 일본이 되었다.

  일본인들은 실크로드의 동쪽 종착점을 일본이라고 주장한다.

1972년 중국과 국교 정상화를 맺어 교류가 활발하게 진행되는 가운데 1980년, 일본의 NHK와 중국 중앙 텔레비전이 공동 제작한 실크로드シルクロード-絲綢之路가 방영되어 국민적 붐이 일어났다.

나라의 쇼소인奈良正倉院에는 한반도를 비롯한 대륙에서 들여온 보물이 보관되어 있다. 덴페이 시대天平時代에 견당사로 수행한 페르시아인이 일본에 왔다는 기록도 있다. 그래서 일본인들은 실크로드의 현관을 가와치로 종착지를 아스카교라고 주장한다.

하타씨 일족도 실크로드를 거쳐 한반도를 통해 일본에 도래했다고 한다. 만여 명이 넘는 집단이 도래하면서 가져온 대륙 문화를 계기로 일본은 문화적 개화기를 맞이하게 되었다. 하타씨 일족의 대표적인 인물인 하타노 가와카츠秦河勝는 쇼토쿠 태자를 도와 새로운 도읍지 교토를 건설하였다. 하타씨 일족의 신을 섬기는 우즈마사京都太秦에 실크 신사로 불리는 고노시마 신사木嶋神社, 하타씨를 섬기는 고류지廣隆寺, 오사케 신사大酒神社 등이 모두 경교와 관계가 있다. 가와카츠는 실각 후에 하리마의 사코시赤穗坂越에 은거하면서 여생을 보냈는데 이곳에 있는 오사케 신사入避神社도 경교와 관계가 있다.

## 미하시라 도리이와 다윗의 별 문양

고노시마 신사의 모토타다스의 연못元糺の池 상단에 미하시라 도리이三柱鳥居가 있다. 도리이의 기둥 세 개를 조합한 형태인데, 중앙에 제신의 신위祭神の神座가 있다. 미하시라 도리이는 우주의 중심을 나타내며 사방 어느 곳에서나 참배할 수 있게 만들어진 것이다.

고노시마 신사의 미하시라 도리이      후나하데히메 신사의 미쓰이시

고노시마 신사의 제신은 아메노미나카누시노가미天之御中主神다. 이 신앙은 근세 이후에 기독교에 영향을 받은 것으로 여겨지는데, 엔기시키진묘쵸延喜式神名帳에는 아마테루미무스비노가미天照御魂神가 제신이었다고 기록되어 있는데, 아마테라스와 다른 태양신이라는 이유로 메이지 이후에 의도적으로 바뀐 것으로 보인다.

쓰시마에 있는 와타즈미 신사和多都美神社의 미하시라 도리이와 지금은 흔적만 남아 있는 도쿠시마의 후나하데히메 신사와 이세 진구伊勢神宮, 이하 이세 신궁으로 표기에도 미하시라와 같은 미쓰이시三ッ石가 있다. 진무 천황의 조부모 호오리노미고토火折尊, 이하 호오리로 표기와 도요타마히메노미고토豊玉姫命, 이하 도요타마히메로 표기를 주신으로 하는 쓰시마의 와타즈미 신사가 일본 신사의 원형이라고 주장하는 연구가도 있다.

진무 천황의 조모인 도요타마히메를 섬기는 신사가 아와 이외에는 없는데 왜 일본의 출발을 나라나 규슈로 결정해야 하는가에 의문이 생긴다. 도요타마히메 신사는 고대에는 출입이 금지된 신성한 섬이었으나 하치스카 마사카쓰蜂須賀正勝가 성을 축조하면서 지금은 흔적만 남아 있다. 고대에 와타즈미도요타마히메 신사和多都美豊玉比賣神社와 와타즈미 신사가 아와에만 있던 것은 주목할 만하다. 와타즈미도요타마히메의 도요는 풍요로움을, 다마는 진주를 의미하는데 풍요로운 진주에 신령이 깃든 무녀라는 뜻이다.

도요타마히메와 호오리가 만난 곳이 아와다. 진묘초에 도요타마히메와 관련된 신사가 아와 이외에 없다는 점과 호오리가 도요타마히메와 헤어질 때에 읊은 노래에서 '가무도쿠시마賀茂德島에 갔을 때 만났던 도요타마히메를 잊을 수 없다おきつとりかもどくしまにわがいでしいもはわすれじよのことごとに'고 하는데 이를 근거로 아와가 노래의 무대라고 주장한다.

동해에 면한 교토의 단고 미야즈丹後宮津에 이세 신궁의 원궁인 고노 신사籠神社가 있다. 백제가 망하면서 신라와 전쟁을 염려한 왜국은 전쟁으로 인한 피해를 면하고자 황실의 신위를 모신 신사를 동해안에서 태평양 연안인 나라의 에바라 신사檜原神社로, 후일에 다시 이세로 전도하였다. 신사의 옥궁奧宮 마나이 신사眞名井神社에도 얼마전까지 다윗의 별 문양이 있었다고 한다. 미하시라 도리이와 다윗의 별 문양이 일본인과 유대인 그리고 경교와 신토를 연결하는 고리다.

교토에서 동양의 종교와 문화를 연구한 고든Elizabeth Anna Gordon 여사는 불교와 기독교의 뿌리가 동일하다는 불기일원론佛基一元論을 주장하였는데 구카이가 세운 고야산 신곤슈高野山眞言宗와 경교가 관계가 있다는 결론을 내렸다. 그녀는 1911년에 신곤슈의 허락을 받아 781년 당나라의 장안長安에 건립된 대진경교유행중국비大

1911년에 건립된 고야산 대진경교유행중국비

秦景敎流行中國碑의 모조품을 고야산에 세웠다. 1916년에는 금강산의 장안사 입구에도 같은 기념비를 세웠다고 한다.

헤이안 시대에 편찬된 속니혼기續日本紀에 의하면 페르시아인 의사로 이밀李密醫라 불리는 선교사가 도일했다는 기록과 736년에도 경교도가 도일하였다는 기록이 있다. 구카이도 경교도이며 신란親鸞은 매일 아침 마태복음을 읽었다는 이야기도 전해 내려오고 있다.

대진경교유행중국비는 네스토리우스파가 당나라에 널리 퍼져 유행했다는 내용을 새긴 기념비로 기독교의 동방전도에 관한 귀중한 자료로 평가되고 있다. 콘스탄티노폴리스의 대주교였던 네스토리우스는 431년 에페소서 공의회에서 파문되었다. 그를 따르는 이들이 네스토리우스파를 형성하여 그 세력이 중앙아시아를 거쳐 당나라에 영향을 미쳤는데 이를 경교라고 한다.

635년 아라본阿羅本이라는 사람을 통해 당나라에 전래된 경교는 150여 년간 조정의 보호를 받아 융성하였다고 한다. 중앙아시아 출신의 이사伊斯라는 사람이 경교의 교의와 당나라의 전래역사를 남기기 위해 대진사大秦寺에 기념비를 건립하였다. 그러나 도교에 심취한 무종武宗, 1281~1311이 즉위하면서 타종교에 대한 탄압 정책으로 대진사가 파괴되었고 기념비는 땅속에 묻혔다.

# II
# 가야인이 세운 야마타이국

여신의 무대 아와 도쿠시마
다치바나의 미소기(禊)와 아와의 여신 전승
야마타이국은 어디인가?
가야에서 아와를 거쳐 가와치에
가야와 아마족
시베리아의 무속 서사시 천손강림 신화
진무 동정과 나가스네히코(長髓彦)의 정체
사서 편찬과 역사 왜곡 작업
히미코와 진구 황후
사슴 신화와 섬나라의 신앙관

### 여신의 무대 아와 도쿠시마

구약성서의 창세기는 유대인의 조상 이야기를 담은 신화다. 자칭 기독교인이라고 주장하는 일부 광신적 신앙을 가진 사람들과 달리 현자들은 유대인의 신화를 문자 그대로 보려 하지 않고 자신들이 직면하고 있는 상황에서 숨은 뜻을 찾는 해석Midrash을 하고 있다. 신화를 해석하는데 국수주의적이거나 광신적인 자세를 지양하고 열린 자세로 접근하는 것이 중요하다. 일본 신화도 문자적으로 보기보다 숨겨진 뜻을 찾아내어 일본인의 모습을 살펴보는 것이 중요하다.

여성신에 대한 고대 국가의 형태에서 고구려에서는 곡물의 여신이나 대지의 여신으로 등장하였으나 소멸되었다. 백제도 소서노를 국모로 숭배하였으나 쇠퇴된 것으로 보고 있다. 고구려와 백제에서 여성신은 초기에만 존재하였으나 신라는 치술령 신모나 선도산 성모 설화 등으로 이어졌다. 이런 사회적 분위기로 여성에 대한 사회적 신분도 높았기에 삼국에서 유일하게 세 명의 여왕을 탄생시키는 기반이 된 것으로 평가되고 있다.

일본인은 자기의 마음을 드러내지 않는 내성적이고 조용하며 부끄러워하는 성격을 갖고 있다. 그래서 일본을 대륙의 성격과 대비하여 여성스러운 나라로 평가한다. 신화나 역사에서 여성 주인공이 등장하는 것도 이러한 생각을 받쳐주고 있는데 여신 아마테라스는 황실의 조상신이며, 신토 최고의 신이다. 초대 진무 천황이 아마테라스의 5대 직계손이라고 기키日本書紀와 고사기는 말하고 있다.

한국과 중국의 사서에는 가무야마토이와레비코神日本磐余彦, 이하 이와레비코로 표기가 동정하여 진무 천황으로 즉위하기 이전에 왜국을 지배하고 있었던 히미코라는 여성의 기록이 있다. 히미코란 제정일치 사회였던 고대 왜국의 수장으로 무녀를 가리키는 말이다. 서진의 진수가 펴낸 위지왜인전에 왜국의 여왕인 히미코가 야마타이국을 지배하였다고 한다. 후한서後漢書에도 189?년경 히미코라 불리는 결혼하지 않은 나이든 여인이 영험으로 대중을 유혹하여 지배한 것으로 기록하고 있다.

신라본기新羅本紀에는 173년 왜국의 여왕 히미코가 신라에 사자를 파견하였다고 기록한 것을 비롯하여 몇 차례 히미코의 관련된 기록이 있다. 삼국사기에도 233년에 왜국과 전투한 기록이 몇 차례 있다.

일본서기에 야마타이국의 존재는 기록하고 있으나 히미코에 대한 기록은 없다. 기키의 저자들은 왜국의 연대를 히미코의 기록이 전해 오는 삼국지 위지왜인전을 기준으로 하였다. 이를 기준으로 할 때 3세기경의 히미코를 중심한 야마타이국을 야마토 왕권의 기원으로 해야 하는데 이 부분이 없는 것이다.

주류 역사에서는 야마토 왕권이 4세기말에 긴키 지방近畿地方에 성립되었다고 주장한다. 5세기에 대륙의 송宋과 국교를 맺었다는 송서의 기록을 들어 당시 왜의 다섯 왕倭五王이 등장하는데 이를 근거로 천황을 중심으로 야마토 왕권이 긴키 지방에 성립되었다고 하는 것이다.

1970년대 후반부터 새로이 등장한 시코쿠설은 도쿠시마에 정착한 집단이 야마타이국을 건설하였다고 한다. 도쿠시마는 일본 신화의 고장이고 다른 지방과는 달리 일본 황실과 관련된 역사와 유대인의 관계를 찾아볼 수 있는 유적이 널려 있다. 도쿠시마에는 히미코를 뒷받침하는 가시와히메賀志波比賣, 오게쓰히메 그리고 야쿠라히메八倉比賣로 이어지는 무녀들의 전승과 그녀의 무덤이라 추정되는 장소인 고분군이 존재하고 있다. 고사기에 등장하는 신화의 무대가 아와 도쿠시마에 현존하지만 지금까지 숨겨져 있었기에 크게 주목받지 못했던 것이다.

## 다치바나의 미소기(禊)와 아와의 여신 전승

고사기에 나오는 다치바나 오도의 아와기하라橘小門之阿波岐原를 도쿠시마현 아난시阿南市의 동부 해안선 중앙이라고 한다. 북쪽으로 쓰노미네산津乃峰山이 있고 남쪽의 다치바나만에는 여러 섬들이 널려 있다.

이자나기가 요미노구니黃泉の國에서 귀환하여 미소기를 할 때 아마테라스와 쓰쿠요미月讀命 그리고 스사노오가 탄생하였다. 아난시 히가시우라阿南市東浦에 아마테라스의 탄생지로 불리는 가시와히메 신사賀志波比賣神社가 있다. 그리고 미소기 바위라 불리는 암벽에 오도 신사小門神社가 있는데 이곳을 다치바나 오도의 아와기하라 전승지라고 주장한다. 대륙에서 건너온 사람들이 상륙한 지점에 가시와히메 신사가 있다. 아마테라스의 아명을 가시와히메라고 한다.

고대 아와의 지배자로 음지에서 천황을 호위하던 인베우지忌部氏 일족에 의해 가시와히메는 쓰노미네 신사津乃峰神社로 천도되어 서부 도쿠시마 일대의 중심 신사가 되었다. 해발 300여 미터의 쓰노미네산 정상부근에 있는 신사에서 내려다 보이는 다치바나만과 태평양으로 이어지는 기이수도紀伊水道는 아와의 마쓰시마阿波松島로 불리고 있다. 토테미즘 신앙의 눈으로 보면 산 주변 일대의 아름다움이 신성하다고 할 만큼의 자연 환경을 갖춘神奈備山 신앙의 산이다.

고대 일본의 주식은 조粟로 오곡을 의미하는 말로도 쓰였다. 조를 일본어로 아와라고 하는데 아와의 고대인에 대해서 다니가와 겐이치谷川健一 씨는 "오키나와의 남방계통 사람들이 일본 열도를 따라 태평양을 흐르는 난류를 타고 도쿠시마에 들어왔다"고 주장한다.

고대 아와인은 달의 여신 오게쓰히메를 섬기며 조와 조개류를 주식으로 하였다고 한다. 일본에서 남방이란 인도네시아 등 동남아 일대를 말하는데 대만 오키나와 등을 거쳐 해류를 타고 이동하였다는 것이다. 그러나 동남아시아에서 출발하여 대륙의 해안선을 따라 한반도를 거쳐 일본 열도에 도래하였다고 하는 것이 설득력이 있을 것이다.

아와족은 해변가의 동굴 등에 거주하면서 조를 경작하고 강과 가까운 바다에서 어렵을 하였다. 1922년 4월 3일 도쿠시마 출신 도리이 류조鳥居龍藏를 단장으로 하는 발굴단이 도쿠시마 시내의 조야마 공원城山公園에서 조몬 시대縄文時代의 유적으로 판단되는 패총과 암굴을 발굴하였다.

아와족은 조를 재배하는 풍습에서 농경 의례에 따라 오게쓰히메 신화와 신앙을 갖고 있었다. 그런데 아와에 천손족이 도래하면서 오게쓰히메는 도태되었다. 신화에 의하면 배를 곯아 허기에 지친 스사노오가 오게쓰히메에게 음식을 달라고 부탁하였다. 오게쓰히메는 입과 코 그리고 엉덩이 등 몸의 이곳 저곳에서 재료를 끄집어내어 요리를 하였다. 그 광경을 엿보던 스사노오가 자신에게 더러운 음식을 주었다는 이유로 오게쓰히메를 죽였는데 그녀의 시신에서 오곡이 나왔다고 한다. 일본 학자들은 "오게쓰히메는 오곡신으로 살해당하면서도 사람들에게 모든 것을 주는 여성의 운명"이라고 미화하고 있다.

오게쓰히메가 죽어 그의 시신에서 오곡이 나왔다고 하는 것<sub>머리에서 누에, 눈에서 벼, 귀에서 조, 코에서 팥, 음부에서 보리, 항문에서 콩이 나왔다</sub>은 원래 있던 아와족이 쌀을 주식으로 한 농경 민족에 정복되었다는 것으로 이해해야 할 것이다. 조를 주식으로 하던 섬나라에 쌀과 오곡이 들어 오면서 조를 경작하던 집단이 몰락한 것이다. 이것은 쌀 경작 농법과 철기를 가지고 도래한 태양신을 숭배하는 집단에게 조 경작을 하던 달의 여신 오게쓰히메를 숭배하던 집단이 몰락하였다고 보는 것이 합리적인 해석일 것이다.

고사기에 쓰쿠요미와 오게쓰히메의 전승이 있는데 달과 곡물의 쓰쿠요미는 전국적인 신인데 반하여 오게쓰히메는 아와만의 신이다. 같은 이야기인데 편집 과정에서 아와를 배제하였다는 의문이 드는 부분이다.

　벼농사와 철기를 다루는 도래인 기술자 집단 문화의 영향으로 고대의 신들에 대한 신앙도 변하게 되었다. 그들은 벼농사를 위해 물을 관리하고 수전을 만들어 나갔다. 곡물을 장기간에 걸쳐 저장하고 철기로 농기구와 무기를 만들어 강력한 지배 체제가 형성되었다.

　태양신을 숭배하던 세력이 급성장하게 되면서 달의 여신 오게쓰히메를 섬기던 세력이 도태되었고 달과 조의 신화는 빛을 잃게 된 것이다. 아와에 야마타이국을 건설한 집단이 혼슈本州에 진출하여 가와치 지방河内地方을 중심으로 야마토 정권大和政権이 성립되면서 아와의 야마타이국은 흔적만 남기고 빛을 잃었다.

　오곡과 관계가 있는 지명이 아와 주변의 지명에 남아 있다고 다니가와 씨는 지적한다. 조라는 일본 말인 아와가 옛 도쿠시마의 지명인 아와阿波로, 보리라는 일본 말인 무기麦가 도쿠시마의 남쪽 지방인 무기정牟岐町으로, 팥이라는 일본 말인 쇼도小豆가 세도나이카이의 쇼도시마小豆島로 그리고 누에고치는 오카야마의 고지마児島 등으로 남아 있다고 주장한다. 아와속이 이 지역을 지배하였다고 추정하는 것이 합리적일 것이다.

　패총에서 발굴된 인골 연구 결과에서 선진 벼농사법의 전래로 조몬인과 야요이인의 평균 신장과 평균 수명이 급격하게 변화된 것을 확인하였다. 바닷가 조개와 나무 열매를 먹던 원시적인 생활로 영양이 결핍했던 조몬인의 신장이 157센티였던 것에 반해 쌀을 주식으로 한 야요이인의 평균 신장이 163센티로 변한 것이다.

　고대인들이 하늘의 산이라 생각한 쓰루기산 기슭에 위치한 가미야마정의 히간지神山町悲願寺에 히미코가 통치했다는 거성과 아마

53

성주군 수륜면 백운리 산신제단

히간지 암석 제단(高根山天禺岩)

테라스에 제사했다는 제단 전승이 있다. 거성지는 해발 700미터 지점에 양잠의 수호신인 히미코가 거주했던 야마타이국의 중심지였는데 메이지 시대에 히미코 전설의 사적이 있는 현재의 위치로 옮겼다. 아마테라스에 제사했다는 제단은 히미코가 제사를 지냈다는 넓은 바위로 히미코 전설의 사적이다.

산신사山神社에서 무녀가 신에게 제사를 지냈다고 전해 오는데, 제단 바위를 보는 순간 성주군 백운리 가야산 기슭에서 정견모주가 제사를 지냈다는 산신제 바위가 생각났다.

미나모토 미쓰나카源滿仲의 아들 비조마루美女丸가 그곳에 히간지를 세웠다고 한다. 절에는 밤새 불을 밝히는 고대 시대의 등대인 조야토常夜燈가 세워져 있다. 고대의 등대라는 것을 입증이라도 하듯이 등루에는 일본에서 쓰지 않는 고대 한자측천 문자로 추정가 쓰여져 있다.

히간지 경내에는 고대 양잠의 신으로 불리던 아마테라스를 섬기던 흔적이 있다. 그리고 가미야마정에는 "옛날에는 산 위에서 위로

부터 열어 왔다昔は山の上から上から拓けてきた"는 전승이 내려오고 있는데 다카마가하라高天原에 관계된 전승이라고 주장한다.

서일본 최대의 조몬 시대繩文時代 유적이 발굴된 고쿠분정国分町에 고대인들이 야노노가미야마矢野の神山라 불리던 기노베야마氣延山와 쓰기오야마杉尾山가 있다. 고대로부터 신으로 섬기는 200여 기의 고분이 있으며 제일 큰 전방후원분 위에 야쿠라히메 신사八倉比賣神社가 있다. 이 무덤을 히미코의 무덤이라고 하는 무덤전승이 있다.

민간의 동지 의식과 달리 황실의 진혼 의례는 태양신의 아들이자 그의 화신인 천황에 의해 거행되는 의례다. 아마노이와토天岩戶 앞에서 유방과 음부를 드러내고 행해진 아메노우즈메天宇受賣命의 강신무는 쇠약해진 천황의 영혼을 일깨우고 북돋우기 위한 궁정의 진혼 의례의 원초적인 모델을 묘사한 것으로 이해한다.

기키에 여성의 생식기가 자주 등장하는데 이를 여음 숭배라고 한다. 기키에 여음 숭배 사상이 등장하는 배경으로 남성 태양신에서 여성 태양신으로 이선뇌는 난세를 보여주는 것이다. 이는 남성 태양신 사루타히코노가미猿田毘古神, 이하 사루타히코로 표기에서 여성 태양신 아마테라스에게 지배권이 이전되는 것을 말한다. 이것이 습합의 단계를 거쳐 성기가 특별한 영력을 가졌다고 믿고 숭배하는 경향이 형성되었다.

필자가 일본에 와서 처음으로 성기 숭배를 접하게 된 것은 요코하마에 있을 때였다. 구리하마久里浜에서 페리를 타고 지바현 가네야의 노코기리야마金谷鋸山에 자주 오르곤 했다. 노코기리야마는 도쿄만이 한 눈에 들어 오는 명산으로 725년에 백제계 도래인 교키行

**일본의 도조신**

基가 세운 니혼지日本寺가 있다. 산정에 신흥 종교 규세교救世教의 창시자 오카다 모기치岡田茂吉가 계시를 받았다고 하는 기념비天啓聖蹟 근처에 남근과 여음을 상징하는 도소신道祖神, 이하 도조신으로 표기을 본 것이 처음이다. 가와사키의 가나야마 신사川崎金山神社에서 매년 4월에 열리는 가나마라마쓰리かなまら祭り는 남근을 상징하는 커다란 성물을 미코시에 태우고 시내를 순례하는 것으로도 유명하다.

일본에 널리 퍼져 있는 성기 숭배 신앙은 신토계의 도조신으로 나타나고 있다. 길을 지키는 도조신을 인간의 생식기 형태의 자연석이나 돌에 문자를 새기거나 노부부의 상을 조각하여 설치하였다. 마을 입구나 경계인 고개에 세워진 도조신은 역병이나 악령으로부터 마을을 지키는 역할을 해 왔다. 도조신은 인간과 친숙한 신으로 남녀의 인연을 맺어주는 신이 되었고 근세에 와서는 여행과 교통의 안전을 지켜주는 신으로 변하였다.

한반도의 남근과 여음 숭배는 지리산을 배경으로 남원 지방에 내려오는 변강쇠와 옹녀의 이야기가 있다. 지리산은 우리 민족의 수많은 사연이 깃들어 있는 산이다. 산을 둘러싸고 있는 지역마다 지리산과 얽힌 이야기와 문화가 남도 문화의 한 줄기를 이루고 있다.

지리산 산록에 위치한 남원은 예로부터 흥부가, 춘향가, 변강쇠타령 등의 배경이 되었다. 필자는 어린 시절 춘향전과 가루지기에 등장하는 인물이 왜 변씨인가 생각하였다. 나이가 들어서야 남원의 지방 씨족에 남원 변씨가 있다는 것을 알면서 그 의문이 풀렸다.

가루지기 타령은 왕성한 정력을 자랑하던 변강쇠가 장승을 패어서 때운 것이 원인이 되어 동티가 나서 가루지기 신세로 저승길로 가게 되는 과정을 그리고 있다. 외모는 아름다우나 사주에 상부살이 박혀 남편과 뭇 남자들을 죽음에 이르게 하여 남자의 씨를 말리는 천하의 음녀 옹녀가 동네에서 쫓겨나 남자를 찾아가게 되는 것이 주제다.

가루지기는 마을을 지키는 장승에 다산과 풍요를 기원하는 한민족의 무속 신앙에 변강쇠와 옹녀라는 인물을 등장시켰다. 가루지기의 변강쇠와 옹녀 이야기를 음탕한 이야기로 이해하는 사람도 있다. 고혈을 짜내는 관리들의 횡포 속에서 연명하던 민중들의 삶을 달래고자 했던 시절, 놀이꾼들의 고달픈 유랑 생활 속에서 표출된 것이라 사료된다.

다산과 풍요를 상징하는 성기 신앙의 형태는 동북아시아에 널리 퍼져 있는 무속이다. 성기 모양을 한 돌이나 나무를 모시는 도조신의 설화가 변강쇠와 옹녀의 이야기다. 여기에 장승신앙이 등장하여 도조신과 장승 신앙의 충돌이 일어났다는 상상을 하게 된다. 결국 성기 숭배 신앙이 쇠퇴되고 장승 신앙이 안착되면서 변강쇠가 죽음에 이르는 설화로 남아지게 되었을 것이라 추정된다.

급살을 맞거나 씨를 말린다는 험악한 표현과 가루지기라는 말의 뜻은 신력에 의한 신앙의 변화와 종교간 갈등으로 인한 싸움 그리고 신앙의 이동을 나타내고 있다. 여기에 병의 치유와 장례 관계가 더해진 이야기라고 볼 수 있다.

일본 신화는 여성신이 주인공으로 다산과 비옥 그리고 풍요를 가져다 주는 대지의 어머니로 그려지는 지모신地母神이다. 신화는 여신과 여음을 적나라하게 표현하고 있다. 일본 신화 연구자들은 여음을 여신신화의 스토리 전개 과정에서 신화적 사건의 발단 내지 반전의 중요한 계기가 된다고 지적하고 있다. 이는 천상계인 다카마가하라와 지상계인 이즈모出雲에 공통적으로 나타나고 있다.

여신 신화와 여음에 대한 대표적인 신화 이자나기와 이자나미는 일본의 국토와 신들을 낳은 지모신으로 불의 신을 낳다 여음이 타서 죽는다는 이야기다. 스사노오의 난폭한 행동에 동굴에 몸을 감춘 아마테라스를 불러내기 위해 아메노우즈메가 유방과 여음을 드러내고 춤을 추는 것으로 묘사되기도 한다. 황천에서 돌아온 이자나기의 미소기 의례에서 태어난 아마테라스가 스사노오의 난폭한 행동으로 인해 음부가 찔려 죽는 이야기도 있다. 아마테라스의 손자인 니니기가 지상으로 강림할 때 사루타히코가 길을 막자 아메노우즈메가 여음을 드러낸 채 담판을 짓는다. 음부를 찔러 자식을 낳거나 젓가락으로 음부를 찔러 죽이는 이야기 등 일본 신화는 음란 공포 소설을 읽는 듯한 착각을 일으키게 한다.

기키에 등장하는 일본 여신 신화의 두드러진 특징은 이들 여신들이 이즈모의 조신祖神과 모신母神 그리고 신처神妻로 활약하면서 이즈모의 국가 창성을 주도하는 남신을 도와준다는 것이다. 그 예로 이즈모계의 신들을 원조하는 조신적 존재로 등장하는 가미무스비

神産巢日神는 딸인 기사가이히메蚶貝比売를 파견해 오오쿠니누시大國主를 치료하여 소생시킨다. 오오쿠니누시는 스사노오의 딸 스세리비메須勢理毘賣命와 결혼한 후에 스쿠나비코나少名毘古那神와 협력하여 지상의 왕권을 성립하게 된다는 이야기다.

### 야마타이국은 어디인가?

아와 도쿠시마가 일본신화의 무대라고 주장하는 결정적인 증거로 야쿠라히메 신사를 들 수 있다. 야쿠라히메 신사의 제신은 오히루메노미코토大日靈命로 아마테라스의 다른 이름이다. 아마테라스는 여성신이고 루메靈는 신령靈女한 여자로 무녀를 뜻한다. 무녀를 미코라고 하며 아마테라스가 큰여왕 히미코로 야마타이국의 히미코라는 의미다. 신사가 고분 위에 세워져 있는데 고분의 주인공은 188년경의 여왕으로 248년에 죽었다고 전해 내려오고 있다.

다음으로 야쿠라히메 신사의 고문서에 아마테라스의 장례식에 대해 상세히 기록하고 있다. 1070년 다이조긴太政官에서 발행된 공문서에 야쿠라히메 신사에서 행하는 제례에 대해서 '매년 2회에 걸쳐 열리는 천황의 장수와 국태민안 그리고 풍년을 비는 제례는 모든 나라의 대전이 되었다八倉比賣神の祈年月次祭は邦國の大典なり'는 기록을 보면 야마토 왕권에서 야쿠라히메 신사가 매우 중요한 신사였다는 것을 알 수 있다. 일본의 모든 신사 제례는 야쿠라히메 신사의 제례를 본으로 하여 거행하라고 한 것이다.

마지막으로 대륙에서 가져온 직물 제조와 기술 보급을 주관하는 여왕의 존재와 진기의 거울 그리고 샤마니즘 신앙형태 등 모든 신사제례의 출발점이 야쿠라히메 신사라는 것이다.

왜인들의 풍습과 지리를 논한 위지왜인전에 위나라의 사자가 쓰시마와 이키壹岐를 지나 마쓰로국末盧國에 상륙하여 동남쪽으로 500리를 가면 이토국伊都國에 도달하며 이토국의 남쪽에 야마타이국이 있다고 하였다.

야마토 왕권 이전의 2-3세기에 일본 열도에 존재했다고 여겨지는 야마타이국은 히미코를 여왕으로 하는 왜국 연합의 도읍지가 있었던 곳으로 추정하는 곳이다. 존재가 입증되지 않아 지금도 소재지에 대해 논란이 일고 있다. 당시의 일본 열도는 작은 나라들로 이루어졌는데 중심적인 나라를 히미코가 통치하던 야마타이국이라고 위지왜인전에 기록되어 있다.

야마타이국의 성립배경으로 일본 열도에는 1세기 중엽에 남자왕이 지배하는 국가들이 형성되었다. 그러나 장기간에 걸친 소요로 히미코라 불리는 무녀를 여왕으로 추대하고 동생이 통치하였다. 관직으로 이키마伊支馬, 미마쇼弥馬升, 미마가쿠키弥馬獲支, 누카데이奴佳鞮를 두고 안정된 연합국을 형성하였다. 248년 히미코 사망 후에 큰여왕大女이라 불리는 무당 이요壹與가 여왕이 되었다. 이요 여왕은 266년 진나라 무제에게 조공하였다고 한다. 왜인전에는 야마타이국이 한 번, 여왕국이 다섯 번 기록되어 있다.

야마타이국은 바다 가운데 섬에 있는데 주위가 5천여 리로 여왕국과 대립하는 구메노국狗奴國이 남쪽에 있다고 기록되어 있다. 거리를 나타내는 단위인 1리里는 한자권에서 사용하고 있으나 나라마다 다르고 고대와 현재의 거리도 서로 다르다. 무엇보다도 고대에 지금과 같이 정확하게 거리를 측정하여 기록한 것이 아니기에 위치를 특정하는 것은 불가능할 것이다. 그러나 본토에 도착하여 500리에 있는 섬으로 이토국의 남쪽에 야마타이국이 있다고 한 것으로 보아 도쿠시마일 가능성이 크다. 일본 신화 자체가 아와지시마에서 시코쿠 순으로 탄생하였다고 하는 것으로 보아서도 야마토 조정은 도쿠시마에서 출발하여 가와치河内를 거쳐 나라奈良로 이동하였다는 것이 합리적이다.

야쿠라히메 신사의 고분은 순장지로, 순장 제도는 북방 유목 민족의 습속인데 한반도의 영남 지방에 한정되어 존재하는 것으로 밝혀졌다. 그런데 한반도의 순장 문화가 일본에서 밝혀진 유일한 곳이 도쿠시마. 4세기경에 조성된 기노베야마 고분군気延山古墳群은 하나의 고분 안에 여러 구의 시신이 안치되어 있는 특이한 형태를 보이고 있다.

야쿠라히메 신사의 고문서에 능의 직경은 백여 보神陵の経は百余歩라고 기록되어 있는데 위지왜인전과 일치하고 있다. 히미코가 죽자 직경이 백여 보 되는 능에 노비 백여 명을 순장하였다는 것이다 卑弥呼以死大作冢徑百餘歩狗葬者奴碑百餘人. **순장** 제도기 부여와 기야 그리고 도쿠시마에 이어진 것으로 보아 같은 문화 집단의 이동으로 보는 것이 합리적이다.

1977년과 78년에 대표적인 순장지인 고령 지산동 고분군의 발굴 조사가 진행된다는 보도를 접하고 필자는 79년에 고령을 찾아갔다. 필자는 당시 약 1년간 전국을 유람하던 중에 6개월간 옛 가야의 땅인 고령, 합천, 김해 등 경상도 각지를 둘러보았다.

필자는 1995년에 고령 출신의 대표적인 무용가 김묘선 선생을 매월 도쿠시마에 초청하여 한국 무용교실을 개설하였고 그녀가 창단

해인사 국사단의 정견모주 　　　도코노마(床の間)에 거는 아마테라스 족자

한 '발림무용단'을 초청하여 세 차례 공연회를 열었다. 김선생의 살풀이 춤에 취한 어느 스님은 "일본의 뿌리가 가야인데 대가야의 땅 고령에서 일본에 온 것도 인연"이라며 기뻐하였다. 스님의 눈에는 김묘선 선생이 하늘에서 내려온 가야 건국의 신녀 정견모주나 아마테라스로 비쳤을지도 모른다.

가야 건국의 어머니 정견모주는 신증동국여지승람에 기록이 있다. 가야산의 신 정견모주가 천신 이비가지와 사랑하여 대가야의 왕 뇌질주일과 금관가야의 왕 뇌질청예를 낳았다고 한다. 뇌질주일은 이진아시왕의 별칭이고 뇌질청예는 수로왕의 별칭이다.

민간 전승에 의하면 고령읍 장기리의 '알터마을'이라는 지명도 정견모주가 알을 낳았다는 전설에서 유래한 것이다. 정견모주가 알 하나를 낙동강에 내려 보냈는데 수로왕이 되었고 다른 하나에서 이진아시왕이 탄생하였다는 것이다.

해인사에 국사단 局師壇이라는 산신각이 있다. 필자가 해인사에 처음 방문했을 때는 가야산의 산신으로 정견천왕 正見天王이라 불리는 산신이 모셔져 있었다. 현재는 여성의 모습을 한 산신도로 바뀌었다.

메이지 시대에 아와의 고대사를 연구한 아와 출신의 국학자 고스기 스기무라小杉榲邨와 이케베 마하리池辺真榛라는 인물이 있다. 두 사람은 연구를 통해 야마타이국 아와설을 주장하였다. 이들은 기키에서 말하는 사건의 무대가 아와라고 주장하였다. 주장의 주된 근거가 아와후도기阿波風土記였는데 불행히도 그들이 의문의 죽음을 당하였고 후도기도 세상에서 자취를 감추었다.

고스기 스기무라는 아와후도기를 근거로 50여 년에 걸쳐 일본 전국을 유람하며 고문서를 정리하여 '아와고쿠초코잣쇼阿波國徵古雜抄'라는 책을 출간하였다. 이어서 1872년에 펴낸 '아와고후도기고쇼阿波古風土記考証'가 출간되자 책을 회수하는 소동이 일어났고 아와후도기 원본도 함께 사라졌다. 이유는 불분명하나 천황의 뿌리에 관한 기술이 있어서 정부가 이를 문제삼아 회수하였다는 소문이 돌았다.

이케베 마하리도 엔기시키를 연구하여 아와가 일본의 뿌리라는 확신을 갖게 되었다고 한다. 그러나 아와번에 감금되어 의문의 죽음을 당하였다. 야마다이국설의 열쇠를 쥔 중심적 인물과 그 근거가 되는 아와후도기가 사라졌다. 시간이 흘러 1976년에 발간된 '야마타이국은 아와였다邪馬壱國は阿波だった'가 소개되면서 시코쿠 설이 다시 세상에 알려지면서 정착하게 되었다. 이 책에서는 위지왜인전에 기재되어 있는 방향과 거리 등의 조건이 도쿠시마와 제일 적합하다는 것을 근거로 히미코를 아마테라스로 보았고 다카마가하라도 아와에 있다고 하였다.

야쿠라히메 신사는 아와국의 고쿠후國府가 있던 고대 사회의 중심지로 조몬 시대에서 고훈 시대古墳時代에 이르는 유적이 남아 있

**야쿠라히메 신사와 오쿠노인**

다. 전방후원분 앞부분에 사전이, 뒷부분에 오쿠노인奧の院이 있다. 오쿠노인은 제단 모양의 오각형의 돌탑인데 그 위에 남자의 생식기 모양을 한 쓰루기이시つるぎ石라 불리는 돌이 들어 있는 작은 사당祠이다. 아와 야마타이국설을 주장하는 오쓰기 히로시大杉博씨는 "제단 아래의 고분이 히미코의 무덤이며 지하에 석관이 안치되어 있다"고 한다.

도쿠시마의 고분은 2~3세기경에, 가와치의 고분은 4~6세기경에 형성되었다. 아와의 하기와라 고분萩原古墳은 2세기 말에서 3세기 전반에 축조된 것으로 야마토 고분에 영향을 주었다는 지적이 있다. 야노 고분矢野古墳의 경우 축조 연대는 6세기 후반에서 7세기 중엽으로 피장자를 안치한 현실玄室의 외부와 무덤 안에 판석을 계단 형식으로 배치하였고 토기가 맨 위의 높은 곳에 놓여있는 구조로 제사에 사용된 고분일 가능성이 있다고 한다.

기원 전후의 일본에는 30여 개의 소국이 있었다는 기록이 있다. 서력 57년에 나국奴國이 광무제光武帝에 조공을 하여 긴인金印을 받았다는 기록도 있다. 247년경에 히미코의 죽음과 266년에 야마타이국이 서진에 조공했다는 기록 이후 약 150년간은 일본의 역사에 대한 기록이 없다. 세월이 흘러 421년 남송 시대에 왜국의 5왕倭五王이 역사에 등장하는데 히미코와 왜 5왕 사이에 진무 동정 설화를 삽입하였다고 볼 수 있다. 일본에는 기록이 없는데 대륙의 사서에 구체적으로 히미코의 무덤에 대하여 기록한 것은 당시 왜국과 대륙의 교류가 활발하였으며 히미코가 통치한 야마타이국의 위상이 상당히 높았다고 볼 수 있는 대목이다.

**아와와 이세, 신사와 제신 비교**

| 이세진구에 내궁과 외궁이 있는 것같이 야쿠라히메 신사와 오오아와 신사도 내궁과 외궁의 관계로 보는 시각이 있다. | | |
|---|---|---|
| 최고 신(내궁) | | |
| 아와 | 야쿠라히메 신사 | 오히루메노미코토(아마테라스) |
| 이세 | 코우타이 진구 | 아마테라스 |
| 의식주의 신(외궁) | | |
| 아와 | 오이와 신사 | 오게쓰히메 |
| 이세 | 도요우케 다이진구 | 도요우케노오미카미(쓰쿠요미) |

## 가야에서 아와를 거쳐 가와치에

일본 신화는 가야 설화와 공통점이 있다. 가야를 세운 집단은 하늘에서 내려왔다고 한다. 하늘에서 내려온 사람들이란 외부에서 선진 문물을 가져 온 사람들을 표현한 것으로 해석되는데 이 같은 형식은 고대 북방 민족의 신화에서 왔다. 일본 신화는 토착 집단과 새로 온 집단이 결합해 가면서 새로운 국가를 형성해 가는 과정을 그리고 있다.

일본 신화의 주인공들은 가야계인 아마쓰가미天津神 집단과 신라계인 구니쓰가미國津神 집단이다. 아마쓰가미는 가야 설화와 같이 하늘에서 내려왔다는 천손 강림인데 반하여 구니쓰가미는 신라와 같이 땅에서 솟아났다는 출현 신화Emergence myth다. 가야 계통인 아마테라스가 신라 계통인 난폭한 스사노우를 굴복시킨 것은 가야계가 신라계를 평정한 것을 의미한다.

호가 토시오宝賀寿男 씨는 야요이 문화 전기부터 해상 활동을 한 씨족 집단을 아마족海人族이라 하였다. 아마족은 4세기경부터 해상에서 활동하면서 해상 수송에 주력한 씨족 집단으로 가야가 멸망한 6세기 이후에 일본 전국으로 확산된 것으로 알려졌다. 가야와 왜국은 교역을 통해서 돈독한 관계에 있었고 연합군을 형성하여 신라와 싸웠다. 가야는 4세기 중반까지 신라를 앞질렀는데 원양 교역을 위한 배를 왜국에서 건조하였다.

아마족은 가야와 연관된 씨족으로 해상 활동을 통해 세력화하여 치쿠젠筑前, 이나바, 단고, 시나노信濃등에서 야요이 전기의 문화를 형성한 것으로 보고 있다. 아마족의 후예로는 아즈미우지安曇氏, 쓰모리우지津守氏, 무나카타씨宗像氏, 아마베우지海部氏로 알려진 바다의 씨족으로 아즈미노安曇野, 아쓰미渥美, 아타미熱海, 사카타酒田등을 거점으로 해상권을 장악하였다. 이들의 이름은 아즈미에서 아쓰미渥美, 아타미熱海, 아즈미노安曇野등의 지명으로 그 흔적이 남아있다.

신라 계통의 아마족으로는 후쿠오카의 시카노시마志賀島가 대표적이다. 역사적으로 시카노시마는 아마족이 해상 교역의 중요한 위치를 점하는 출발점이었다고 제기되고 있다. 시카우미 신사志賀海神社는 와타즈미 신사의 총본산으로 와타즈미 산신綿津見三神을 제사하고 있다. 특히, 일년에 두 번 열리는 대례의 가구라神樂로 일본의 국가인 기미가요君が代를 봉납하는 신사로도 유명하다. 시가志賀, 滋賀라는 지명을 남겼는데 신라계 아마족의 해상 거점이었다.

일본은 기원전 800년경부터 한반도에서 전래된 수도작이 시작되었다. 수도작이 열도에 퍼지면서 사회 변화를 촉진하게 되었고 각지에 농경 공동체가 형성되면서 분열과 통합을 거쳐 소국이 건설되었다. 기원 1~2세기에 이르면 철제 농구가 급증하면서 큰 정치적 통합이 일어났다. 각지의 유력 수장들이 등장하게 된 것이다.

금관가야는 4세기가 전성기였다고 한다. 4세기 중엽의 가야 고분에서 바람개비와 금동 마구 등이 출토되었는데 당시의 고분은 왕 단독의 거대 분구가 아니라 백성의 고분과 한데 어울려 거대 고분군을 형성하였다. 신라 고분과 달리 지배층을 중심으로 사회 구성원들의 묘가 군집한 특이한 경관을 보여주고 있는데 이 같은 가야고분군은 가야의 태동과 함께 형성되기 시작하였다고 한다.

김해 대성동고분군은 국제 교류를 보여주는 부장품들이 출토되었다. 한경, 마구, 갑주, 동복, 통형동기, 파형동기 등이 부장 되어있는 것으로 보아 금관가야의 수장이 가야를 대표하는 세력으로 외교권을 장악하여 해상 교역을 주도했던 것으로 밝혀졌다.

오진 천황릉 고분應神天皇陵古墳의 배총인 곤다마루야마 고분譽田丸山古墳에서는 안금구鞍金具가 모즈百舌鳥의 시치칸야마 고분七觀山古墳에서는 대금구帶金具가 출토되었다. 고분 내부에 다양한 외래계 유물이 부장 된 모즈·후루이치 고분군이 일본 고훈 시대를 대표하고 있다.

고분에서 출토되는 부장품에는 5세기 전후의 한반도와 활발한 교류로 전달된 물품이 포함되어 있다. 더욱이 교류의 담당자였던 왜국의 5왕이 매장된 모즈·후루이치 고분군은 4세기 후엽부터 백여 년에 걸친 격동의 시기에 동아시아와 교류한 것을 단적으로 보여주고 있다.

고분의 형태나 규모, 축조 기술에서는 국제 교류의 흔적이 뚜렷하지 않으나 부장품으로 보아 가야 고분군의 대표성을 인정하는 것이 가능하다고 학계에서는 보고 있다. 동일한 시기에 다양한 국가 발전 단계를 고분군이 증명하고 있다는 사실은 문화 다양성의 측면에서 중요한 것이다.

일본은 기원전 800년경부터 한반도에서 전래된 수도작이 시작되었다. 수도작이 열도에 퍼지면서 사회 변화를 촉진하게 되었고 각지에 농경공동체가 형성되면서 분열과 통합을 거쳐 소국이 건설되었다. 기원 1~2세기에 철제 농구가 급증하면서 큰 정치적 통합이 일어났고 각지의 유력 수장들이 등장하였다.

모즈·후루이치 고분군은 4세기 후반부터 5세기에 걸쳐서 축조된 전방후원분으로 일본 최성기의 고분 문화를 대표하고 있다. 고훈 시대 중기에 해당하는 5세기는 새로운 금속가공 기술을 바탕으로 제작된 철제 무기와 금동 장신구 등이 다량 부장 되어 있는데 특히 한반도에서 전달된 마구와 소박한 도자기 등이 출토되었다. 이는 외교권을 장악한 왕의 권위를 드러내는 것으로 왜국의 5왕이 국제 사회에서 인식되기 시작하였음을 보여주는 증거다.

울산과학기술원UNIST 등 7개 기관 공동연구팀박종화 교수이 고대 한반도의 두 유전자 그룹을 확인했다는 연구 결과가 나왔다. 연구진은 가야의 김해 대성동고분군과 유하리 패총 두 곳에서 출토돼 박물관에 보관 중인 고대인 22명의 유골AD.300~500년을 분석하여 뼈와 치아 시료 27개에서 유전 정보가 담긴 DNA를 추출해 해독하였다. 그 중 8명에 해당하는 고품질 게놈 정보를 확인했다고 한다.[1]

분석 결과 고대인 8명 중 6명은 오늘날 한국인과 신석기 시대 한국인 그리고 고훈 시대 일본인과 유전적으로 가깝게 나타났다고 한다. 남은 2명은 상대적으로 오늘날 일본인과 조몬 시대 일본인에 가까웠다고 한다.

박종화 교수는 "삼국 시대 한반도 인구 집단의 다양성이 지금보다 더 컸고, 큰 틀에서 최소 2개의 유전자 집단이 있었던 것"이라고 설명하면서 "대륙에서 확장된 유전자 집단과 아시아 전역에 흩어져 있다가 한반도 남부 섬과 일본에만 남은 유전자 집단이 있었다"고 하였다.

박 교수는 "내륙에서 벼농사로 인구가 급증한 집단과 달리 조몬인은 수렵이나 조 농사를 하다가 티벳 고원이나 동남아시아, 한반도 섬 지역과 일본에 고립됐다"며 "삼국 시대 가야인에도 이런 조몬인의 흔적이 남은 것"이라고 하였다.

---

고분 古墳: 본서에서는 시대구분에서는 고훈으로 표기하고 그 이외에는 고분으로 표기한다.

## 가야와 아마족

고대사 연구가 호가 토시오 씨는 야요이 문화 전기부터 해상 활동을 한 씨족집단을 아마족이라 불렀다. 아마족은 4세기경부터 해상 수송에 주력한 씨족 집단으로 가야가 멸망한 6세기 이후에 일본 전역으로 확산된 것으로 알려져 있다. 가야와 왜국은 교역을 통해서도 돈독한 관계를 맺어 연합군을 형성하여 신라를 공격하였다. 가야는 4세기 중반까지 신라를 앞질렀는데 원양 교역을 위한 배를 왜국에서도 건조하였다.

가야와 연관된 아마족은 해상 활동으로 세력화하여 치쿠젠筑前, 이나바因幡, 단고丹後, 시나노信濃 등에서 야요이 전기 문화를 형성하였다고 보고 있다. 아마족의 후예로는 아즈미우지安曇氏, 쓰모리우지津守氏, 무나카타씨宗像氏, 아마베우지海部氏로, 아즈미노安曇野, 아쓰미渥美, 아타미熱海, 사카타酒田 등을 거점으로 해상권을 장악하였다. 아즈미의 성을 딴 지명이 아쓰미渥美, 아타미熱海, 아즈미노安曇野 등이 흔적으로 남아있다. 가야 계통인 아마테라스가 신라 계통의 난폭한 스사노우를 굴복시킨 것은 가야계가 신라계를 평정한 것을 의미한다고 볼 수 있다. 신화를 통해서 일본에서 해상 세력을 넓혀가던 신라와 철기 문화를 바탕으로 가야계가 주도권을 장악해 나가는 과정을 볼 수 있다.

신라계 아마족은 후쿠오카현 시카노시마志賀島가 해상교역의 출발점으로 제기되고 있다. 시카우미 신사志賀海神社는 와타즈미 신사의 총본산으로 와타즈미 산신綿津見三神을 제사하고 있다. 일년에 두 번 열리는 대례의 가구라神樂에서 기미가요君が代가 봉납되고 있다. 전국에 시가志賀, 滋賀라는 지명을 남겼는데 신라계 아마족의 해상 거점이었다.

## 시베리아의 무속 서사시 천손강림 신화

휴가 신화日向神話에 의하면, 아마테라스의 신탁을 받은 니니기가 아시하라노나카쓰구니葦原中國를 통치하기 위하여 산슈노진기三種の神器를 지니고 지상에 강림하였다. 도중에 사루타히코의 안내로 쓰쿠시의 휴가筑紫日向에 있는 다카치호에 내려왔다고 하는데 이것이 천손강림 신화다.

단군 신화에는 하늘에서 환인의 신탁을 받고 환웅이 태백산 꼭대기 신단수 아래로 내려와 신시를 열었다고 한다. 환웅이 웅녀와 결혼하여 낳은 아기가 단군 왕검으로 평양에 도읍을 정하고 조선이라 하였다. 환웅은 풍백, 우사, 운사 등 3000명의 무리를 데리고 내려왔다고 한다. 바람신과 비신 그리고 구름신 등은 신라의 6촌장같이 고 내 선국 신화에서 공동석으로 나타나는 씨쪽십난의 바닥 위에 왕권 신화가 형성되었다는 것을 의미한다. 단군 신화도 천손강림 신화로, 학계에서는 이를 동북 아시아에 널리 분포하는 고대 국가들의 건국 신화에 공통적으로 나타나는 시베리아의 무속 서사시라고 한다.

일본인은 고사기에 천손강림의 땅을 쓰쿠시, 휴가, 다카치호라는 지명을 근거로 현재의 미야자키현宮崎縣으로 이해하고 있다. 기키의 편집자가 이를 규슈의 북부 지방이 아닌 남부 지방의 미야자키라고 한다. 굳이 반란을 일삼아 야마토 왕권에 반항하던 구마소의 하야토熊襲隼人가 지배하는 미야자키로 한정한 것은 감출 수밖에 없는 어떤 사연이 있었을 것으로 추측된다. 고대 하야토는 부여계 백제인이 이동했다고 하는데 야마토 왕권에 정복당한 하야토도 단군 신화의 곰을 숭배하던 부족과 같은 신앙을 갖고 있었다.

환웅이 곰과 결혼하여 단군을 낳았다는 것은 농경인과 수렵인의 결합이듯이 일본 신화에서는 니니기의 두 아들 야마사치히코山幸彦:농경인와 우미사치히코海幸彦:수렵인로 나누고 있다. 이는 마치 구약성서에 나오는 아브라함의 자손 에서농경인와 야곱유목인을 연상케 한다.

토테미즘은 민족의 집단 논리를 말한다. 한국이나 일본에서 곰을 신앙의 주체로 하는 집단은 일본의 아이누족 외에는 없다. 곰을 조상이나 신으로 숭배하는 토템 신앙은 시베리아 일대에 분포한 퉁구스족과 고아시아족 사이에 널리 퍼져 있다. 생활 양식의 주체가 바뀌면서 신앙의 주체와 형식도 달라졌다는 것을 알 수 있다. 수렵 생활에서 농경 사회로, 조에서 쌀로 주식이 바뀌면서 신앙의 주체와 형식도 변화하였다. 일본인이 말하는 가미神는 생물학적인 곰이 아니라 고대 사회에서부터 생활 속에 녹아내려 일체화된 명칭인 것이다.

단군 신화에도 곰이 등장하고 도읍지의 지명이 되었다. 백제의 수도 웅천이나 웅진 등은 신의 마을로 수도라는 뜻이다. 부여나 백제에서는 곰을 조상이나 신으로 숭배했는데 이도 마찬가지다. 일본에서 신을 가미라고 부르나 명칭으로만 남아있지 곰의 자손으로 생각하거나 곰을 신으로 숭배하는 집단은 아이누 외에는 없다. 일본에는 소, 말, 뱀, 원숭이, 사슴, 등을 신으로 숭배하는 신사가 있지만 곰을 숭배하는 신사는 없다.

필자가 후쿠시마에 있을 때 사무실 옆에 바토칸논지馬頭観音寺가 있었다. 오가는 시민들이 들러 손 모아 기도하는 모습이 인상적이어서 역사를 찾아 보았는데 이곳이 센고쿠 시대戰國時代에 말의 훈련장이었다. 바토칸논馬頭観音은 축생의 고통을 구제하는 보살인데 말을 지키고 죽은 말들을 공양하던 것이 오곡의 풍양을 기원하는 신앙으로 바뀌고 지금은 가내 안전을 비는 신앙으로 변하였다.

숲에서 들과 하천 그리고 해안으로 이동하면서 신앙의 형태와 양식이 바뀐다. 수렵 사회에서는 동물이 농경 사회에서는 하늘과 풍우가 중요하다. 구석기에서 신석기 시대로, 수렵 사회에서 농경 사회로 바뀌면서 가미도 변하였다. 우리민족은 곰보다 호랑이가 친밀감이 있고 호랑이와 관련된 민간 설화도 많이 전해오고 있다. 우리나라에서 호랑이는 산신령이나 산신령이 부리는 수하로 신격화된 존재로 우리 민족과 친숙하다.

일본에는 예로부터 '반항적인 구마소라 불리는 사람들' 이라는 설이 있는 구마소는 곰을 신앙의 대상으로 하는 토테미즘의 독특한 문화를 가지고 있다. 구마소라는 말은 기기의 야마토다케루日本武尊 전승 등에 전설적인 기록이 나타나며 헤이안 시대 초기의 역사 기록에 다수 등장하고 있다. 일본 신화의 우미노사치히코가 아타군阿多郡의 시조이며 선조신 호데리노미코토의 후예라고 한다. 기키에서는 진무 천황의 가계와 형제 관계라고 기록하면서도 풍속과 습관을 달리하면서 빈번히 야마토 왕권에 반항하다 7세기 말경에 귀화하였다. 그 후에 조정의 호위를 담당하는 사병 집단이 되어 천황의 어전에서 노래와 춤 그리고 스모相撲를 피로하였다. 스모는 초대 하야토족의 문화를 계승하였다는 설이 있다. 구마소를 붕괴한 야마타이국의 잔존 세력으로 보는 견해도 있는데 곰 토테미즘이 없고 풍습이 다른 하야토 세력을 가리킨다.

씨름과 비슷한 일본의 스모는 바람과 물의 신 다케미나카타建御名方와 천둥의 신 다케미카즈치建御雷神가 일본을 차지하기 위해 씨름을 하였다는 신화에서 유래한다. 스모의 발상지는 가쓰라기시葛城市로 알려져 있다. 이는 후대에 진무 천황의 거점이 가쓰라기시였다는 것을 정당화하려는 것이 아닌가 한다.

호가 토시오에 의하면 하야토는 개 춤이나 개 짖는 소리를 내는 독특한 문화를 가지고 있었는데 개 토테미즘이 남아있는 대륙의 묘족苗族과 비교하였다. 하야토는 각각의 지방을 중심으로 한 부족 집단을 결성하여 서로 대립 관계를 형성하면서 통일된 국가 형태를 이루지 못하였다. 일본이 율령제에 접어 들면서 잦은 반란을 일으켰으나 결국은 복속되었다. 일본의 하야토를 보면서 가야나 초기의 신라의 정치 체제를 생각하게 한다.

## 진무 동정과 나가스네히코(長髄彦)의 정체

진무 동정설은 이와레비코가 형제들을 설득하여 동쪽으로 진군하여 나라분지 주변을 통치하던 나가스네히코를 멸하고 가시하라 궁橿原宮에서 초대 천황으로 즉위하였다는 이야기다.

진무 동정에 저항한 나가스네히코의 정체를 추론해 봄으로서 왕권 교체가 벌어진 지역이 어디인가를 생각해 보고자 한다. 이는 고대 일본의 역사, 특히 야마타이국의 소재를 밝히는데 있어 매우 중요한 증거가 될 수 있다.

한국의 학계에서는 이와레비코 집단에 대해 "한반도 남부 지방을 거쳐서 일본의 규슈에 이동한 부여나 고구려의 문화와 밀접한 관련이 있다"고 생각해 왔다. 신라에서 도래한 선주민들이 이와레비코 집단의 길을 안내한 것으로 신화에서는 말하고 있다.

이와레비코와 결혼한 히메타다라이스즈히메媛蹈鞴五十鈴媛는 야마토 지방에 살고 있던 백제 계통의 사람이다. 그녀를 잉태시킨 오모노누시大物主神를 백제계의 신으로 보기 때문이다. 야마토라는 나라를 세우기 위해서 이와레비코 일행은 선주민인 백제 계통의 집단과 혼인 관계를 통해 연합하였다.

진무 동정시에 진무 천황에 대항하여 죽임을 당한 나가스네히코는 누구일까? 어떤 역사서에서도 나가스네히코의 출신이나 계보 등의 구체적인 정보가 없다. 호가 토시오는 천손족에 반항한 행동이나 진무 천황의 부모 세대에 해당하는 세대 관계에서 볼 때에 나가스네히코는 구니유즈리國讓り에 저항한 다케미나카타와 동일인이라고 주장하였다.

구니유즈리는 아마쓰가미가 구니쓰가미로부터 영도를 넘겨 받았다는 이야기인데 호가씨는 진무 동정과 구니유즈리를 동일시하였다. 호가씨는 나가스네히코의 자손이 이즈하야오노미고토伊豆速男神로 시작되는 스와우지諏訪氏와 야호코노미고토八桙命로 시작되는 나가노구니노미야쓰코長國造, 두 계통으로 나뉘었다고 생각하였다.

진무 동정에 대해서 고사기에는 토벌의 장면이 없는데 나가스네히코의 주군인 니기하야히노미고토邇芸速日命, 이하 니기하야히로 표기가 진무 천황에 복속하였다. 나가스네히코가 진무 천황에게 물었다. "옛날에 천손이 하늘의 이와부네磐船를 타고 강림하였다. 그 이름을 니기하야히라고 하는데, 여동생 미카시키야히메三炊屋媛와 결혼하여 우마시마지노미고토宇摩志麻遲命, 이하 우마시마지로 표기를 낳았다. 나는 니기하야히를 주군으로 모시고 있다. 어찌하여 천손이 둘이 있는가? 어찌하여 천손이라 칭하는 사람이 토지를 빼앗으려고 하는가?" 이에 이와레비코는 천손의 증거로 아메노하바야와 가치유키天羽々矢·步靭를 보여주었으나 두려워 하면서도 굴복하지 않았다. 이에 기다리는 것이 무리하다고 생각한 니기하야히가 나가스네히코를 죽였다.

대륙의 왕손으로 일본에 도래한 집단을 천손족이라고 한다. 설화에서는 일본에 일찍이 정착하여 생활하던 아마족이 새로이 도래한 천손족에게 왕손인 것을 증명할 수 있는 진기를 보여 달라고 요구하고 있다.

일찍이 나가스네히코와 정치적 연대를 맺은 니기하야히 일족은 사누키讚岐, 현재의 가가와현 동부와 아와 북부 일대를 지배한 아마족으로 세토나이카이瀨戶內海를 통해 한반도와 관계를 맺고 있었다. 따라서 이와레비코와 니기하아야히는 한반도에서 도래한 동일한 천손으로 유대관계가 있었을 것으로 추정된다.

나가스네히코와 니기하야히의 정치적인 연대는 진무 천황의 출현으로 막을 내렸다. 니기하야히는 나가스네히코와 연대를 해소하고 진무 천황에 굴복하였다. 나가스네히코는 살해되었으나 진무 천황은 나가스네히코의 동족인 고토시로누시의 딸 히메타다라이스즈히메를 아내로 맞아 유대 관계를 유지하였다.

일부 학자들은 나가스네히코의 여동생인 미카시키야히메를 고토시로누시의 딸로 보고 있다. 니기하야히의 아들 우마시마지는 처음에는 나가스네히코를 따랐으나 나가스네히코를 죽이고 자신의 부족인 모노노베物部 일족을 이끌고 진무 천황의 호위직을 맡았다.

나가스네히코와 여동생 미카시키야히메, 나가스네히코군과 진무군의 전쟁터와 연관된 지명이 아와 도쿠시마에 있다. 이타노군板野郡은 도미요시富吉, 도미노 다니가와富谷川, 나카도미가와中富川 등 관련 지명을 갖는 고대 유적의 밀집 지역이다. 연구자들은 이 지역의 동쪽에 위치한 나루토시 하기와라鳴門市萩原가 진무 동정의 전장이었다고 주장한다. 270년경, 전쟁에서 패한 나가스네히코는 아와를 떠나 나라의 호케노산 고분ホケノ山古墳에 묻혔다는 이야기가 전해오고 있다.

구지혼기旧事本記에서는 진무 천황이 기이반도를 우회하여 나가스네히코와 다시 대치할 때는 이미 니기하야히는 죽은 뒤로 그의 아들이 나가스네히코를 설득하였으나 듣지 않아 죽였다는 기록이 있다.

진무 천황이 나니와국 세이운의 시라가타노스의 쿠사카노사카 전두浪速國青雲白肩之津二至リ給ヒ翌四月孔舍衙坂에서 형 이쓰세노미코토五瀬命가 사망하였다. 그 후에 야소다케루八十梟帥와 에시키兄磯城를 토벌한 동정군이 나가스네히코와 다시 싸우게 되었다. 이 때 금색의 솔개가 날아와 진무 천황의 활 위에 앉자 나가스네히코군의 눈이 멀어 싸울 수 없게 되었다고 한다.

진무 천황은 전설 속의 인물로 학계에서는 실재했던 지배자로 3세기 후반의 스진 천황崇神天皇 또는 4세기 후반의 오진 천황應神天皇으로 보고 있다. 진무 천황은 호오리火折尊의 손자 히코호호데미彦火火出見인데 일본서기에서는 이와레비코가 승리하면서 진무 천황으로 즉위하여 야마토 왕국을 건설하였다고 한다.

일본 신화는 각 지방에 내려오는 여러 신들에 대한 전승을 편집하였기에 성서의 창세기와 같이 문자 그대로 보면서 나열하는 것은 의미가 없다. 따라서 이를 편집할 당시 역사적 상황과 사관의 입장을 보면서 일본 신화와 건국 과정을 이해해야 한다.

기키는 신화에서 역사로 전환되는 사건을 진무 동정으로 규정하고 있다. 규슈에 있던 세력이 동천하여 기나이에서 야마토 왕권이 성립했다는 설이다. 그러나 덴지 천황이 죽으면서 일어난 진신노란壬申の亂을 근거로 진무 동정 이야기를 설명하는 것이 설득력이 있다. 고대 왜국 최대의 내란인 진신노란은 천황의 동생인 오아마노황자大海人皇子가 황태자 오토모황자大友皇子를 몰아내고 천황에 오른 사건이다. 현재 시가현에 있는 오미궁近江宮에 거처하던 오토모황자를 치기 위하여 거사를 일으켰다. 오아마노 황자는 나바리名張에 가서 도움을 요청하였으나 거절당하자 미노美濃, 이세伊勢, 이가伊賀, 구마노熊野 등 여러 호족들의 도움으로 정권을 빼앗았다. 도고쿠東國에서 병력을 모은 오아마노황자는 야마토와 오미近江 두 방면에 진격하였다. 미노전투에 앞서 다카이치샤高市社의 고토시로누시와 무사노샤身狹社의 이쿠이카즈치노가미生雷神가 나타나 이와레비코의 능에 말과 각종 병기를 바치면 지켜준다는 신탁을 받았다. 진신노란 후에 나바리는 후퇴하고 이세, 구마노, 미노 등의 지방 호족이 주요 세력으로 등장한 것과 황실의 여신 아마테라스를 이세로 모시게 된 것으로 보아 진무 동정 신화에 각색한 것으로 생각하면 이해하기 쉽다.

나가스네히코는 아와의 나가노고리那賀郡長邑 출신으로 오오쿠니누시의 후손으로 보는 것이 설득력이 있다. 나가스네히코와 니기하야히에서 진무 천황으로 이어지는 정권 교체의 무대는 아마족과 천손족이 함께 했던 아와 도쿠시마였다. 일본의 주요 신사의 뿌리로 대표적인 제신인 오오쿠니누시, 고토시로누시 그리고 다케미나카타와 관련된 신사가 모두 아와 도쿠시마에 있다. 도쿠시마에는 일본 신화인 고사기와 같은 신화의 무대가 현존하고 있다. 이는 아와 도쿠시마 신화를 구니유즈리 신화와 진무 동정이라는 천황가 신화天皇家神話로 편집하는 과정에서 발생한 왜곡으로 이해할 수밖에 없다.

13대 세이무 천황成務天皇 때에 가야계인 미마쓰히코이로토노미코토觀松彦色止命, 이하 미마쓰히코로 표기의 9세손인 가라세노스쿠네韓背宿禰가 나가노구니의 미야쓰코長國造가 되었다. 미마쓰히코의 아들인 다케히와케노미코토建日別命는 나가노구니노미야쓰코, 토사노구니노미야쓰코都佐國造의 먼 조상이며 미와우지三輪氏와 동족으로 신의 후예神裔로 역사에 등장한다. 그의 후손이 나가長 성씨로 세습되었는데 조소가베씨長宗我部氏가 그의 후손이라는 주장도 있다. 여기에서 미마쓰히코가 진무 천황의 동정에 저항한 나가스네히코로 그가 가라세노스쿠네의 자손이라는 설도 있다.

고토시로누시는 진무 천황의 일 세대 전의 인물이므로 진무 천황의 세대인 우마시마지를 낳은 미카시키야히메와 고토시로누시가 부녀 관계였다고 생각할 수 없으며 실재적으로 고토시로누시의 여동생이었다는 설도 있다. 이 경우에 나가스네히코는 고토시로누시의 동생이 되고 천손족에 저항한 것으로 보아 다케미나카타와 동일한 인물일 가능성이 지적되고 있다.

일본인들은 신화적 인간 관계를 혈연적 관계로 보려고 하기에 연대나 대수가 맞지 않아 혼란에 빠지고 있다. 신화적 요소를 현실에 억지로 맞추려 하다 보니 연대기가 모순 투성이다. 신화나 역사에 있어서 인간들이 하는 가장 큰 실수 중의 하나가 족보나 가계도에 대해 혈통적인 연결에 대해 맹신하고 있다는 것이다. 이런 현상은 한국인이나 일본인이나 마찬가지다.

진무 천황은 천상 세계의 후손으로 기원전 711년에 태어나 127세인 기원전 585년에 죽었다. 45세에 근거지인 규슈현, 미야자키를 떠나 야마토를 정복하여 76년간 통치하였다. 천황 즉위일이 신유년 기원전 660년 정월 경진이라 하며 건국기념일로 하고 있다. 기원전에 일어난 사건의 날짜까지 정확하게 기록하고 있는데 그 유래가 임나일본부설의 근거가 되는 일본서기에 의존한다.

일본서기에 의존한 국학자들이 주장하던 남선경영론南鮮經營論은 메이지 유신 이후 일본의 군국주의 세력에 의해 한반도 침략과 지배를 정당화하는 이데올로기로 이용되었다. 4세기 중엽에 야마토 왕권이 가야 지역을 정벌하여 임나일본부를 설치하여 지배했듯이 한국은 역사적으로 외부 세력에 의해 지배되었다고 합리화하고 있다. 이는 정체성 이론, 타율성 이론 그리고 일선동조론의 바탕이 되어 일제의 한반도 강점을 정당화하는 식민주의사관으로 귀결되었다. 일제는 한반도를 강점하여 식민교육으로 한국인의 역사의식을 마비시켜 사대주의, 자기비하, 굴종 등이 한국인의 변하지 않은 민족성이라고 강요하였다.

일제가 행한 왜곡된 식민지 교육의 영향으로 아직도 일본을 동경하고 추종하는 세력이 한국에 있는데 일본인의 의식은 어떻겠는가?

한국인도 피해자이지만 일본인도 피해자다. 필자가 노동 현장에서 만난 일본 노동자들도 한국인에 대해 우월감을 가지고 연로한 사람들은 조센징, 중장년층은 기생 관광을 말하며 한국인을 비하하는 태도를 나타냈던 것이 불과 30년전의 일이다.

고대 야마토 왕권과 관련 있는 인물 모두가 아와와 연결되어 있다. 이와레비코가 정권을 잡기 이전에 고대 일본의 권력자 모노노베씨 일족의 니기하야히도 아와와 연결되어 있으며 그 흔적이 도쿠시마에 남아있다.

가모우지賀茂氏와 하타우지波多氏의 선조인 고토시로누시를 주신으로 하는 고토시로누시 신사도 도쿠시마에만 있다. 고토시로누시를 받드는 일족이 도쿠시마에 있었던 것이다. 나가스네히코도 고토시로누시와 오오쿠니누시의 후손으로 보는 것이 합리적이다.

율령제 이전의 아와는 인베씨가 활동한 북방의 아와노구니粟國와 미와계의 바다 사람이 활동한 남방을 나가노구니長國라고 하였다. 나가노구니를 지배한 나가노구니노미야쓰코는 나가우지長氏로 용과 뱀을 숭배하던 미와씨와 동족이다. 이타노군에 있는 3세기 전반의 하기와라 분묘군의 피장자를 모노노베 일족의 조상묘라고 주장하는 설이 있다. 구니노미야쓰코는 고대일본에서 군사권과 재판권을 갖은 지방의 지배자였으나 다이카노카이신大化の改新, 이하 다이카 개신으로 표기 이후에 주로 제례를 집행하는 명예직으로 바뀌었다.

### 사서 편찬과 역사 왜곡 작업

일본 역사에서 실제 역사와 연대가 일치하는 천황은 36대 스이코 천황推古天皇인데 재위 기간은 서력 593년부터 628년이다. 일반적으로는 15대 오진 천황을 실재했던 지배자로 보나 26대 게이타이 천황継体天皇을 기준으로 추정 연대를 설정하였다. 따라서 진무 천황에서 14대 주아이 천황仲哀天皇까지는 신화의 세계다. 신화상의 천황과 오진 천황 사이에 진구 황후를 등장시켜 섭정이라는 연결고리로 대륙과 일본의 관계를 설명하고 있다.

고사기는 국내용으로 천황의 지배와 왕위 계승의 정당성을 일본서기는 당과 신라 등 국제적으로 통용되는 정사 편찬을 목적으로 쓰여졌다. 나당 연합군에 의해 백제와 왜국의 연합군이 패하면서 혼란에 빠진 정국을 지토 천황持統天皇은 부군인 덴무 천황天武天皇과 수습하였다. 백제에서 독립한 일본이 왕권을 강화하고 자주적으로 새롭게 출발하면서 지배자를 천황이라고 하고 일본서기와 고사기를 편찬한 것이다.

고대 왜국의 통치자를 오오키미大君라 하였다. 645년 다이카 개신으로 천황 중심의 정치가 시작되면서 천황이라는 호칭을 사용했다. 백제가 패하면서 동북아시아의 정세가 변한 것이다. 왜국은 7세기 후반부터 당나라를 모방한 율령제를 도입하여 701년 다이호 율령大宝律令을 편찬하였다. 당나라 풍으로 역대 천황에 시호도 부여했고 중앙집권적 천황 친정체제를 확립하였으며 710년 헤이조쿄平城京로 천도했다.

만요슈에는 천황을 나타내는 표기로 열두 가지 예가 있는데 오오키미가 일곱 번, 스메로키スメロキ가 다섯 번이다. 문맥상으로는 오오키미는 살아서 통치하는 천황을, 스메로키는 황실의 조상신을 표현하는 용어다. 천황이라는 용어가 공식적으로 쓰여진 시기는 헤이

조교 유적에서 출토된 천황 목간에 표기된 예로 40대 덴무 천황 재임 시기로 보고 있다.

백제에서 독립한 새로운 국가의 정통성을 세우려는 작업으로 국호를 일본이라 하고 신격화된 천황 아래 고사기와 일본서기라는 새로운 역사서를 편찬하였다. 헤이안 초기에 쓰여진 센다이구지혼기先代旧事本紀 등을 비롯한 과거의 역사서는 위서僞書가 되었다. 일본이 중앙 집권적 국가로 안정되면서 야마토 이하 소국의 구니노미야쓰코 소재와 수장의 이름을 기록한 고쿠조혼기國造本紀도 출간되었다. 고대의 조그만 집단도 구니國라고 불렀으며 구니의 세습제 수장을 구니노미야쓰코라고 하였다. 야마토 왕권에서 지방 장관을 임명함으로서 통일된 야마토 왕권 시대임을 강조하기 위해서였다.

메이지 정부도 역사를 왜곡하는 대대적인 사업을 전개하였다. 천황을 정점으로 새로운 입헌군주국 다이닛폰테이코쿠大日本帝國, 이하 대일본제국으로 표기를 선포하였다. 1869년 슈시노미코토노리修史の詔를 내려 이와쿠라 사절단의 일원으로 구미를 시찰하고 돌아온 구메 구니타케久米邦武를 중심으로 시게노 야스쓰구重野安繹와 호시노 히사시星野恒 등에게 국가의 새로운 정사를 편찬하도록 하였다. 그들은 다이니혼헨넨시大日本編年史 등 국사편찬 작업을 시도하였으나 고덴고큐죠皇典講究所를 거점으로 하고 있던 미토학파와 대립하여 구메 구니타케가 필화 사건에 휘말리면서 해임되었다. 이를 계기로 미토학파가 중심이 되어 대일본사를 편찬하였다.

미토번은 200여 년전부터 역사를 정리하는 작업을 해 왔는데 대일본사는 "천황을 절대화 하며 신민 각자가 적극적으로 천하 국가의 대업에 주체적으로 참여할 것을 요구"한다는 사상을 가지고 있었다. 대일본사는 고대사로부터 1392년까지의 역사를 새롭게 쓴 것이다. 이 사상은 후일 요시다 쇼인吉田松陰으로 대표되는 존황양이파의 사상적 바탕이 되었다. 존황양이에 따라 천황의 정통성을 확립하는 과정에서 야마타이국이 시코쿠의 외진 시골 아와에서 일본의 중앙 지역인 혼슈의 야마토로 바뀌었다. 그리고 야마토의 정통성을 확보하기 위하여 그때까지 와倭, 다이와大倭라 불리던 지명을 야마토大和로 통일하였다. 진무 천황에서 시작된 천황의 계보도 무리하게 혈통적 인연万世一系으로 조작되었다.

## 히미코와 진구 황후

진구 황후는 신화적 인물이고 사이메이 천황齊明天皇과 지토 천황은 일본 역사상 이름을 날린 천황이다. 율령제 국가 성립 이전의 고훈 시대에서 아스카 시대까지 역사를 보면 일본인의 내면이 보이는 듯한 기분이 든다.

아와 도쿠시마에 있던 야마타이국을 혼슈의 기나이로 이동시킨 신화 속의 주인공을 현실 세계에 접목시키면서 천황이 주거했다는 공간과 지역을 무리하게 설정하다 보니 고대 역사가 뒤틀렸다. 4세기부터 7세기까지의 중앙 조직을 야마토 조테이大和朝廷라고 하는데 왕권 국가 체제가 확립되기 이전의 왜국은 호족 중심의 나라였다. 3세기의 일본을 위지왜인전은 30여의 작은 국가가 있었다고 한다. 벼농사와 철기 문화를 가진 이와레비코 집단의 도래로 열도의 통합이 진행되었고 4세기 말에 기나이를 중심으로 통일 국가가 성립되었다.

기키의 편찬으로 일본의 정사가 완성되었으나 일본 역사의 미스테리는 역시 진구 황후 이야기다. 사가들은 기키에 신비적인 무한대의 힘을 가지고 신출귀몰하게 활약하는 진구 황후라는 인물을 역사에 등장시켰다.

주아이 천황이 즉위한 다음 해, 진구 황후가 21세의 나이로 43세인 천황과 결혼하였다. 구마소를 정벌하기 위해 시모노세키下關에 남편을 따라 종군하였다. 29세때 주아이 천황이 죽자 남편의 유지를 따라 구마소를 정벌하고 9월에 치쿠시에서 화살과 검 그리고 배와 병사를 모아 바다 건너 신라를 정벌하였는데 이에 놀란 백제와 고구려가 항복하였다고 한다.

진구 황후는 신라 정벌에 나서기 전에 기타규슈北九州의 호족들을 복속시켰다고 한다. 이 때 규슈 동북부에 있는 야마토山門를 멸망시켰으며 야마토를 지배하던 여자 족장을 히미코라고 주장하는 사람도 있다.

10월에 신라를 공격하여 항복을 받고 규슈에 돌아온 12월에 유복사를 낳았는데 그가 오진 천황이 되었다. 다음해에 주아이 친황의 장남 가고사카 오지麛坂皇子, 차남 오시쿠마 오지忍熊皇子와 싸워 천하를 통일하였다. 진구 황후는 오진 천황이 즉위할 때까지 69년간 섭정을 하였다고 하는데 그녀를 성모聖母라고도 한다.

5세기경의 15대 오진 천황 때에 백제에서 왕인 박사가 불교 경전과 논어 그리고 천자문을 비롯한 서적을 가지고 도래했다고 한다. 동시대에 백제계와 유즈키노기미弓月君, 하타씨족과 무리들을 이끌고 일본으로 건너온 귀족가 선진 문화를 가지고 도래하여 야마토 왕권의 발흥에 기여하였다.

재야연구가들은 진무와 스진 그리고 오진이 동일인이며, 아마테라스와 진구 그리고 히미코도 동일인으로 진무 천황의 어머니라는 설을 주장하고 있다. 다른 연구가는 진구 황후라는 신비적인 여제가 등장하게 된 것은 백제 패망 후에 신라에 대한 공포와 증오가 만들어낸 가공의 인물일 것이라는 주장도 있다. 백제에서 도래한 지배자와 역사가들이 자신들이 나고 자란 지역한반도을 일본의 세력 권내에 둠으로써 대륙에 대한 두려움을 극복하고 천황의 정통성을 주장하려 했다고 볼 수 있다.

일본 신화도 다른 신화와 같이 연대나 나이를 맞추는 것은 무의미하다. 그래도 일본 사학자들은 열심히 그 연대와 나이를 맞추려 한다. 그래야 삼한 정벌과 왜국의 통일을 정당화할 수 있기 때문이다. 기키는 진구 황후가 구마소를 정복하여 왜국을 통일하고 한반도를 침략하여 삼한을 정복하고 정적을 제거하여 국태민안을 완성한 여제라는 것을 강조하는 것이다.

진구에게 신령이 임하여 신탁을 내렸다는 것을 보면 야마타이국의 히미코를 보는 듯하다. 신라 정벌에 앞서 제사를 할 때에 오오미와가미大三輪神에게 제사하였는데 신탁을 내리는 신령이 오오미와가미다. 그리고 신라 정벌을 위해 규슈에 왔다는 것은 백제를 지원하기 위해 규슈에 천도한 사이메이 천황을 떠오르게 한다.

신라를 정복하였다는 것도 신라에 대해 원한이 있는 패망한 백제의 후손들의 생각이 작용하였고 백제와 고구려가 싸우지도 않고 굴복하였다는 것은 새롭게 출발한 일본이 한반도와 과거의 역사를 단절하고 새로운 관계 설정을 위한 것이었다는 것이 합리적인 생각이다.

일본의 역사에서 여성인 사이메이 천황과 지토 천황은 역사의 전환기에서 지대한 역할을 하였다. 강력한 리더십으로 백제를 돕기 위해 규슈로 천도한 사이메이 천황, 혼란한 정국을 안정시키고 현재의 일본이 설 수 있도록 사서 편찬과 체제 정비를 완결한 지토 천황은 높이 평가되고 있다.

17세기 에도 막부 시대 미토번의 2대 번주 도쿠가와 미쓰쿠니德川光圀로부터 시작된 사서 편찬 사업의 결실인 대일본사에서는 진구 황후를 제위 목록에서 삭제했다. 그러나 후대의 미토학파는 진구 황후의 실존을 적극 주장했다. 미토학파가 그들의 보도와 같이 여기던 대일본사를 부정하고 진구 황후를 복권시키는 웃지 못 할 일이 일어난 것이다.

대일본사는 메이지 시대에 이르러 도쿠가와 구니유키德川圀順 대에 완성되었다. 이 사서는 존황양이라는 일본적 형태의 대의명분론으로 일관하고 있다. 역대 천황의 계보가 현재의 형태로 개편된 것도 대일본사의 영향으로 바쿠마쓰 사상에 영향을 주었다.

진구 황후가 신라로 쳐들어오자 바사미시킨波沙寐錦이란 왕이 인질을 보내어 항복했다고 기록하고 있다. 이늘은 각각 실성마립간實聖麻立干과 미사흔未斯欣으로 추정된다. 그런데 이렇게 되면 파사이사금婆娑尼師今 ~112년과 진구 황후170~269년는 시대가 맞지 않는다. 미사흔은 눌지마립간訥祇麻立干의 동생으로 후대의 인물이다. 신라가 파사이사금 다음 왕인 지마이사금祇摩尼師今 때에 가야에 패배하고 왜국의 침입을 받았다는 일본서기의 기록과도 어긋난다.

신라로 국호를 확정하고 임금을 왕이라 부르게 된 것은 22대 지증왕503년 10월 이다. 매금이란 명칭은 일본의 진구기神功紀에 나오는 말로 신라에서는 사용하지 않았다. 바사미시킨은 신라의 5대왕

파사이사금일 것이다. 그런데 18대 왕인 실성마립간이 왕위에 오른 402년 왜국과 우호를 맺고 미사흔을 볼모로 보냈다는 기록이 있다. 당시 신라는 주변국의 잦은 침략과 약탈로 불안정한 정국에 있었다. 이에 고구려와 왜국에 왕자들을 보내 화친을 맺으려 하였다는 주장이 있다.

왜국은 한반도에서 도래한 지방 호족을 중심으로 작은 나라들이 곳곳에 세워지고 8세기에 이르기까지 500년이라는 세월이 흘렀다. 신격화된 천황이 지방 국가들을 하나의 일본으로 통일한 중심 작업의 일환으로 그때까지 각 지방의 작은 나라들의 신화들을 하나로 통합하여 하나의 혈통인 것처럼 각색하였다. 각 나라마다 구전을 통해 내려오던 전설을 한데 모아 기키로 편집되면서 마치 모세 오경의 문서설을 연상케 하듯이 천황의 혈통을 만들어 냈다. 그리고 서진과 신라의 역사서에 등장하는 히미코의 이야기가 사라지고 진구 황후의 존재를 만들어 냈다.

히미코 이래 오진 천황부터 왜 5왕의 역사가 국제 무대에 등장하였다. 한반도에서 건너와 열도 각 지역에 자리잡은 작은 세력들을 야마토를 중심으로 통합한 것이 오진 천황이다. 오진 천황릉과 닌토쿠 천황릉을 중심한 모즈·후루이치 고분군百舌鳥古市古墳群이 고대 일본 고훈 시대를 대표하는 고분으로 유네스코에 등재되었다. 닌토쿠 천황릉은 세계 최대의 왕릉이다.

열도에 흩어져 있던 작은 세력들을 하나로 통일한 야마토 왕권 시대를 열게 한 오진 천황의 부모를 주아이 천황과 진구 황후라고 신화는 말한다. 진구를 허상의 가공인물로 보는 것보다 실재 인물을 확대 포장하였다고 볼 수 있다. 소서노를 배경으로 고구려의 주몽과 백제의 온조가 왕이 되었다. 오진이 왜국의 왕이 되는데 어머니의 역할이 컸다고 볼 수 있는 것이다. 여성신의 나라 일본 건국에 여자의 역할이 중요하였다는 것은 합리적 추론이다. 대륙의 선진 문화인 철기 문화를 바탕으로 강력한 토착세력이었던 진구 황후의 어머니는 귀화한 신라 왕자 아메노히보코의 후손으로 야마토 왕권 성립에 기여한 것이다.

### 사슴 신화와 섬나라의 신앙관

주몽과 소서노에 사슴에 관한 설화가 전해져 온다. 왕의 사냥을 그린 무용총의 수렵도에도 사슴이 등장하고 있다. 사슴과 노루는 북방 민족인 고구려나 부여에서 주요한 사냥 대상이며 상서로운 동물로 생각했다.

이규보가 쓴 '동명왕편'에 흰 사슴 설화가 있다. 고구려 시조 주몽이 "사냥으로 잡은 흰색 사슴을 거꾸로 매달아 그의 애달픈 울음소리가 하늘에 미치도록 하여 뱅주권을 놓고 다투던 비류국에 큰 비를 내리도록 하였다 西狩獲白鹿 倒懸於蟹原 呪曰 天若不雨而漂沒沸流王都者"는 내용이다.

우리 민족은 예로부터 흰 짐승을 신령이 깃들인 것으로 여겼다. 신라 박혁거세 신화의 흰 닭과 천마총의 백마도 마찬가지다. 흰 사슴은 인간과 하늘을 이어주는 신령스러운 매개자 또는 하늘의 사자로 신성시되었던 것으로 이해하였다. 대륙에서는 일찍부터 흰 사슴을 상서로움의 상징으로 군주가 어질고 도를 갖추면 출현한다고 믿었는데, 왕권의 정당성을 표방하기 위한 수단으로 이용되었다고 한다.

일본 신화에서도 흰 사슴이 등장한다. 아마테라스가 자신이 부리는 사슴의 신령 아메노가구노가미天迦久神를 이즈모구니를 양보하도록 설득하기 위해서 가시마 진구鹿島神宮의 타케미카즈치에게 보냈다. 이런 연유로 가시마 진구는 사슴을 신의 사자로 믿고 있다.

가스가 다이샤春日大社에 의하면, 쇼토쿠 천황稱德天皇 재임767년 때 헤이조쿄를 지키기 위해 가시마 진구의 제신을 가스가 다이샤의 제신으로 분령分靈 해 줄 것을 청하였다. 이때에 제신인 타케미카즈치가 흰 사슴을 타고 미카사야마三笠山에 왔다는 전설에서 사슴을 보호하고 경애하게 되었다고 한다. 이 때문에 나라에 가면 사슴이 시내를 자유롭게 활보하며 다닌다. 스와인이 사슴의 머리를 제물로 바치는 온토사이御頭祭의 제물을 보면서 신라의 금관이 사슴 뿔을 형상화한 것과 대비되었다.

고대 북방 유목민에게 사냥은 생존을 위한 삶의 방식이었다. 사냥을 하면 잡은 짐승을 제물로 산신제를 올렸다. 산에서는 산신제, 바다에서는 용왕제를 올리듯이 수렵 민족은 짐승의 주요 부위를 떼어 제사를 올려 감사와 함께 평안을 기원하는 풍습이 오늘날까지 이어져 오고 있다. 그들은 산짐승을 잡는 행위를 산신이 자신의 소유물을 내어주는 것으로 이해하였다.

신화를 불안 해소를 위한 도구와 그 결과물이라고 본 레비스트로스Claude Lévi-Strauss는 원시 사회가 공통적으로 가지고 있던 신화는 '그 사회가 지니고 있는 해결되지 않는 모순을 상상적으로 해결하려는 이야기'라 하였다. 레비스트로스는 문화는 나라마다 다르지만 더 우월하거나 열등하고 야만적인 문화는 없다고도 하였다. 그의 주장은 지금까지 서구 중심적인 인종주의를 비판하고 서구의 오만과 편견을 깨는데 기여하였다는 평가를 받고 있다.

레비스트로스는 인간의 삶을 특정한 방식으로 규정하는 보편적 규칙을 신화 속에서 찾으려 하였다. 그는 신화가 인간이 절대 해결할 수 없는 문제를 자연스럽게 이야기 속에서 해결된 것처럼 말함으로써 그 문제에 대한 불안을 줄이려 했다는 것으로 보았다.

한국의 백일홍 전설이나 일본의 스사노오 설화와 같이 구렁이에게 처녀를 제물로 바치는 설화는 한일 양국에서 공통적으로 나타나고 있는데 이를 류자신앙龍蛇信仰 이라고 한다. 까마귀는 해를 상징하는데 삼족오인 야타가라스八咫烏는 일본 신화에서 길을 안내하는 신이다. 진무 천황이 구마노熊野國에서 야마토에 입성할 때 길을 안내하였다고 믿고 있다. 박혁거세의 박도 밝다는 의미이고 혁은 밝은 해와 관계가 있다.

고구려인은 국토를 창조 생육하고 지배하는 신성한 존재로 곰에서 유래한 감신이라 하였다. 신라 김씨 왕조의 시조 김알지가 알에서 태어났고 신라의 수도를 계림이라 하는 것에서 보듯이 신라왕은 닭신을 숭상하였다.

신神이나 무속巫俗을 의미하는 곰은 대지신으로 곰이 가진 성격은 농경 문화 단계에서 물산을 생산하는 자궁을 상징하였는데 주로 여성적 성격을 띠었다. 웅녀를 이런 지모신의 일종으로 해석한다. 고대 한반도에서 신앙의 대상으로 삼았던 감신, 곰신, 닭신, 밝신도 시대와 장소에 따라 변형되었지만 제사 집단의 이동에 따라 변화되었다.

우리 민족을 백의민족 또는 배달민족이라는 말도 태양신과 관계가 있는데, 부여의 동명 신화나 고구려의 해모수 그리고 신라의 박혁거세나 김수로왕 신화의 자주 빛 끈과 황금알 등 우리 역사에는 해 및 밝음과 연관된 문화들이 많다. 연오랑 세오녀의 태양 숭배 제사 집단의 밝음 신앙은 일본 열도로 건너와 일본이라는 국명을 시작으로 태양의 여신 아마테라스 신화에 나타나고 있다.

한반도의 백두산이 일본의 하쿠산白山으로 백두산 신앙과 하쿠산 신앙은 뿌리가 같은 산악 신앙으로 한민족과 왜인이 추구하던 우주의 밝은흰 산이다. 고대인들이 숭배하던 밝신은 빛 즉 광명을 뜻하는 것이었다.

오쿠니누시는 스사노오의 자손으로 오쿠니누시가 나라를 세울 때 이나바稻羽라는 하얀 토끼가 등장하여 "당신의 구혼은 성공한다"는 신령이 임하여 신의 의지를 전하는 이나바노시로우사기稻羽之素菟라는 이야기로 전해오고 있다.

창세 신화의 중요한 신화소는 천지개벽과 해와 달의 조정調整, 인간의 창조와 국조國祖의 탄생 과정 그리고 통치권 다툼 등이다. 창세 신화는 일반적으로 혼돈Chaos에서 출발하는데 한중일 삼국도 이와 동일하다. 여기에서 혼돈이라 함은 흔히 무질서의 상태를 말하는데 위계와 질서를 세워 나가는 것을 천지 창조의 의미로 해석하고 있다. 한중일의 신화를 보면 하늘의 뜻을 받드는 통치자가 무질서한 혼돈의 세계를 평정하고 새로운 세계를 건설하는데 국가에 따라 이상적인 통치자상과 민족성 그리고 통치 이념이 서로 다르게 나타나고 있다.

천손이 하늘의 뜻을 받은 신탁은 질서가 잡히지 않은 혼돈의 땅에 나라를 세워 통치권을 확립하기 위해 정복을 해야 한다는 논리를 내세운다. 일본의 경우 토착화 과정이나 기층문화 형성 과정에서 천황의 신격화는 섬나라 특유의 형태로 나타나고 있는데 커다란 힘

앞에 저항하는 것보다는 실리를 선택하는 현실주의로, 인간 중심적인 사유의 방식이다. 이 경향은 일본의 민족 문화 형성 과정에도 영향을 주었다. 일본의 기층 문화 형성에 한반도의 문화가 영향을 끼쳤고 모든 일본 신화의 원류가 한반도의 영향을 받았다.

신화를 생성하는 집단의 이동과 선주민의 신앙과 문화에 따라 토착화 과정에서 서로 다른 형태로 나타났다. 여기에 신화를 편집하는 사가의 입장에 따라 한중일 삼국의 신화가 서로 다른 형태로 나타나게 된 것이다.

일본 신화의 대표적인 존재는 여신 아마테라스다. 많은 사람들이 일본을 여성적인 국가라고 하는데, 대륙에서는 여성신이 밀려 일본에 가면서 여성신에 대한 신화는 설화가 되었지만 일본에서는 신화가 정사로 되었다.

단군 신화는 부계 혈통의 천신天神과 모계 혈통의 결합으로 단군의 모계 혈통인 웅녀가 지신地神으로 신격화된 토템의 일종으로 보고 있다. 곰을 토템으로 하는 토착 부족과 하늘에서 내려온 지배 부족의 결합으로 해석하는 것이다. 하늘에서 내려온 남신天父과 지상의 여신地母이 인연을 맺어 자식을 낳았다. 천부와 지모의 결혼으로 국조國祖가 탄생한다는 내용으로 구성된 것이다.

이승휴의 '제왕운기'에서는 신화 구조상 "단수신檀樹神이 웅녀와 동일한 위치에 있다"는 지적이 있다. "웅녀는 환웅과의 갈등 대립의 관계가 분명하며 웅녀가 단군왕검의 탄생으로 상징되는 단군 신화의 논리를 부각시키기 위해 설정된 존재"임을 시사하고 있다는 해석도 있다. 웅녀를 "곰토템을 가진 모계 중심사회의 고마족 여성"으로 보는 견해도 있다.

고대 북방인 주류의 한 갈래인 마고麻姑할미가 있다. 마고할미는 북방인에게 구원의 여인상이었다. 마고가 고대 백제에서는 고마로 불리게 되었는데 곰을 의미하고 있다. 마고할미에 관한 기록은 박제상의 징심록의 부도지에 등장한다. 근대에 마고할미는 1771년 장한철이 쓴 표해록에 다시 등장한다.

마고할미 신화는 민간 전승 과정에서 창조신의 지위를 상실하면서 전설로 변형되었다. 마고할미 전설은 산과 깊은 인연이 있는데 전승 과정에서 창세신보다 산신의 성격이 강하게 나타나고 있다. 가야의 정견모주가 대표적인 여성 산신으로 가야가 멸망하면서 일본으로 건너온 집단이 아마테라스로 부르게 된 것으로 보인다. 섬나라 일본의 신앙은 한반도에 뿌리를 두고 있는 것이다.

일본 신화에 등장하는 여성신은 신모神母나 지모地母 그리고 성모聖母 등으로 해석된다. 한반도에서는 웅녀나 마고할머니 그리고 정견모주로 표현되는 여신이 쇠퇴한 반면 일본에서는 아마테라스가 천황가의 으뜸 선조신으로 정착되었다. 일본 신화의 주인공이 된 아마테라스는 스이코 천황推古天皇과 사이메이 천황斉明天皇 그리고 지토 천황持統天皇을 배출하였다. 아마테라스에서 히미코 그리고 히미코의 아바타 진구 황후를 역사에 등장시켜 일본역사의 정통성을 확립하는데 이용되었다. 우연하게도 이 세 명의 여성 천황은 다른 남성 천황과 비교할 수 없을 정도로 역사의 어려운 고비에 등장하여 일본의 기초를 세우는데 결정적 역할을 하였다.

# III

# 군신(軍神) 이순신 장군

아와 하치스카의 수군이 된 모리 해적(森海賊)
모리 해적의 조상신과 신라 신사
바다의 안내인에서 해적으로
이순신 장군에 대한 일본의 평가
조선 유학자 정희득과 포로들

### 아와 하치스카의 수군이 된 모리 해적(森海賊)

영화 '명량'을 보면서 이순신 장군의 최후를 어떻게 그릴까 하는 생각을 해 보았다. 왜군이 쏜 총탄에 희생되었다고 하는데 일본 전국을 돌던 중에 도쿠시마에서 그 답에 접근하게 되었다. 아난시 쓰바키도마리阿南市椿泊에 아와 하치스카군의 모리 해적 거성이 있었다. 모리 해적은 아와의 수군으로 노량에서 이순신 장군과 최후의 전투를 벌였다.

도쿠시마는 영감을 주는 흥미로운 땅으로 일본 건국과 관계되는 신화의 땅이다. 일본 신화와 도래인의 흔적이 남아 있어 일본 역사를 이해하는데 도움을 주는 곳이다. 조선에서 잡혀온 포로들의 삶을 훑어 다니던 중에 이순신 장군의 최후에 힌트를 줄 사실을 발견하였다. 그러나 이 모든 것이 베일에 감추어져 있기에 도쿠시마는 일본의 역사 무대에서 숨어있는 은둔의 땅이기도 하다.

이순신 장군은 1598년 11월 19일 노량 해전에서 퇴각하는 왜군의 흉탄에 전사하였다. 당시 왜군의 개인 주력 화기인 조총의 실질적인 살상 거리가 100m정도였다. 100m는 피아 구분이 가능하기에 왜군의 입장에서 볼 때 적장의 죽음은 승패를 좌우하는 결정적인 사건이었으나 패하였다. 특히, 관음포에서 생사를 건 필사적인 싸움은 양방간 5미터 이내의 전투에서 아와 수군의 모리 해적은 해적 특유의 근접백병전 실력을 발휘하여 위기에 처한 왜군 적장 시마즈島津義弘와 다치바나立花宗茂를 구해 일본으로 도망갈 수 있었다.

1592년, 아와 수군은 모리 무라하루森村春를 선봉장으로 진해의 웅천을 점거하였으나 장군이 이끄는 조선 수군에 의해 당포 해전에서 전사하자 그의 아들인 다다무라森忠村가 15살의 어린 나이로 참전하였다. 수군의 임무는 지상군의 수송이 임무였으나 아와 수군은 독립 수군으로 참전하였기에 와키자카군脇坂安治軍 등과 상호원조하면서 직접 전투에도 참여하였다.

아와 수군의 패배는 이순신 장군의 탁월한 지휘력이 그 원인이었다. 장군은 1592년 6월2일 사량蛇梁을 출발하여 당포에서 왜적과 싸웠다. 6월 1일 당포를 함락한 아와 수군은 다음날 조선 수군의 맹반격을 받아 총지휘관 모리 무라하루를 비롯한 주요 지휘자가 전사하였다.

이순신 장군의 활약으로 제해권을 확보하지 못한 채 고전을 면치 못하던 아와 하치스카군은 거짓 강화 후에 이에마사가 귀국하였고 점령지의 수비 임무를 맡아 젊은 다다무라는 수군의 책임자로 잔류하게 되었다.

아와 수군의 기록古傳記에 1592년 12월 31일, 가토 요시아키加藤嘉明와 함께 부산해에서 조선 수군의 군선을 격파하고 다음날에는 당포에서 조선 수군의 전함과 무기를 포획하는데 하치스카군의 미마 요시치美馬與七가 공을 세웠다고 한다.

순천 해전에서 모리 무라시게森村重가 이끄는 수군은 조선 수군이 천자총통으로 쏘아 올린 불화살에 맞아 배가 불타 고전하고 있던 모리군毛利軍을 도와 대승을 거두었다. 다음해 6월 제2차 진주성 전투에서 다다무라가 이끄는 수군이 선봉에 서서 진주성을 함락하는데 큰 공을 세웠다. 1595년 당포에서 다다무라가 조선 수군의 군선을 물리친 것에 대하여 하치스카 이에마사는 그 공을 포상하여 검을 하사하였다. 아와 수군의 활약은 오랫동안 역사에 남을 것이라고 기록하고 있다.

화해 강화가 깨지고 1597년 8월정유재란에 이에마사가 제7군의 대장으로 이코마 가즈마사生駒一正, 와키자카가 함께 출정했다. 아와 수군은 와키자카 수군과 행동을 같이하여 수송의 임무를 수행하였다. 이에마사는 창원에 본진을 설치하였는데 아와 수군은 울산으로 수송 임무를 맡았다. 당시 원균이 지휘하는 조선 수군은 칠천량 해전에서 대패하였다.

7월 15일 야밤에 모리 무라시게가 이끄는 아와 수군은 도토, 와키자카, 가토의 수군과 함께 가덕도에서 거제도에 이르기까지 조선 수군을 포획하고 16일 새벽에는 전멸 타격을 가하여 전함 나포 십수 척과 침몰 백여 척의 전과를 올렸다.

조선 수군은 총지휘관 원균의 비참한 최후와 함께 거의 전멸하는 비운에 떨어졌다. 왜군은 남해안 대부분의 제해권을 장악, 진주성에서 조명연합군을 대파하여 전라도를 점령한 이에마사는 조소카베 모토치카長宗我部元親 고니시 유키나가小西行長, 시마즈 요시히로, 이코마 카즈마사군 등 총 9만여 명의 수륙 양군이 남원성을 점령한 후에 충청도 직산에서 명군과 대치하였다.

그러나 남원성 공략을 경계로 명암이 바뀌었다. 수군의 대장으로 분투했던 가토, 와키자카 그리고 아와 수군이 육지에 상륙하였을 때에 이순신 장군이 정예의 거북선을 거느리고 반격을 하였다. 9월 16일 명량 해전에서 구루시마 미치후사来島通総, 하타 노부도키波多信時 등 왜군 장수가 전사하였다. 명나라 장군 양호揚鎬의 응원으로 조선군은 12월 22일 가토 기요마사加藤清正, 아사노 유키나가浅野幸長가 있던 울산을 포위하였다.

영광의 칠산도 부근에서 아와 수군 다다무라는 정회득 등을 포로로 잡아 12월 31일 도쿠시마로 호송하였다. 가토 기요마사와 친교가 있던 이에마사는 1598년 1월 4일 기요마사를 구하기 위해 아와의 수륙 양군에 가토 요시아키, 와키자카 야스하루의 군사와 합해서 2만여 명이 울산으로 향했다. 울산에 도착한 히구찌 마사나가樋口正長를 선두로 모리 무라시게가 울산 농성군을 구하여 아와 수군의 명성을 높였다고 기록하고 있다.

히데요시의 병세가 약화되자 1598년 5월, 주시코쿠中四國군에 귀국 명령을 내렸고 8월 18일 히데요시가 사망하자 왜군의 철병을 결정하였다. 왜군은 각지에서 전투를 서둘러 정리하고 퇴로를 확보하기 위해 고심하나 삼도수군통제사 이순신 장군의 조선 수군은 명나라군과 함께 왜군을 격멸하기 위해 최후의 싸움에 돌입하였다. 그런 와중에 규슈의 시마즈군이 고니시군을 구출하여 노량으로 향하였다. 초기의 왜군은 조선군과의 싸움에서 지상전에서는 백전백승으로 사기가 충천하였으나 장군이 이끄는 조선 수군과의 전투에서는 백전백패로 장군의 이름을 듣는 것만으로도 오금이 저리는 상황이었다. 그리고 예상치도 않았던 행주산성 전투의 패배와 오랜 전투로 인한 피로감에 매우 지쳐 있었다. 여기에다 철군 길에 이순신 장군의 조선 수군과 해전을 맞이하자 왜군은 완전히 전의를 상실할 수 밖에 없었다. 절체절명의 위기에 빠진 시마즈는 하치스카 이에마사에게 구원해 달라고 요청하였다. 이에마사는 무라시게와 오제끼 尾關猪右衛門 등을 창원에 보내 장병을 수송하게 하였다. 11월 19일, 모리 수군이 임무를 무사히 수행하자 그들을 노량 해협으로 보내서 귀로를 차단당한 채 고전하던 시마즈군과 다치바나군을 도왔다. 이 전투에서 150여 척의 일본 전함 중에 100여 척이 침몰되거나 나포되었고 50여 척만이 도망하여 귀국할 수 있었다.

왜군은 센고쿠 시대를 거치며 세계 최고의 전투력을 가진 군대가 되었으나 해전에서는 그 힘을 발휘할 수가 없었다. 그러나 급류의 나루토 해협을 본거지로 활동했던 아와 수군이 시마즈군을 구원해 줄 구세주로 등장하게 된 것이다. 당시 왜군은 해상 전투력이 부족하였는데 아와 수군이 가세하여 나루토 해협에서 이용하던 고하야 小早라 불리는 빠른 배로 이순신이 지휘하는 조선 수군의 전함에 접근하였을 것으로 보인다. 필사적으로 싸우는 조선 수군에 맞서 시마즈군은 간신히 목숨을 건져 왜국으로 돌아올 수가 있었다. 봉쇄당하고 있던 고니시군도 노량 해전의 혼란을 틈타 남해도 남쪽을 지나 시마즈군과 함께 부산에 집결하여 퇴각함으로서 7년간 긴 전쟁이 끝이 났다.

노량 해전은 이순신 장군이 전사한 대 격전이었다. 1598년 11월 18일부터 이틀간 벌어진 조선 출병 아와 수군사 최후의 한 페이지를 장식하였다고 기록하고 있다. 호랑이 굴에서 탈출에 성공한 다치바나는 크게 기뻐하면서 아와 수군의 공적을 칭찬하며 이시다 미쓰나리石田三成에게 보고하였고 자필로 이에마사에게 감사장을 보냈다고 한다.

## 모리 해적의 조상신과 신라 신사

아와 수군의 모리씨 조상은 돗토리현鳥取縣 출신으로 호소카와씨細川氏 휘하로 들어가 아즈치모모야마 시대安土桃山時代 때 아와로 이주하였다. 센코쿠 시대에 묘도군 구로다名東郡黒田村에 있던 사다구로자에몬佐田九郎左衛門의 아들 모리 모토무라가 도사도마리土佐泊에 성을 쌓고 성주가 되었다. 그는 해적을 규합하여 아와 수군을 창설하였다. 모토무라는 미요시가三好家의 가신이 되어 아와 수군을 이끌고 기이 수이도와 세토나이카이 입구를 손에 넣었다. 당시의 수군은 해적을 이끌고 반독립 세력으로 활약하였는데 성주는 대대로 모리진고베森甚五兵衛라는 이름으로 세습되었다.

아와 수군은 조류의 흐름이 빨라 바다에서 공격하는 것이 어려운 천연요새 도사도마리성을 갖춘 강력한 해적으로 역대의 아와 영주들이 중용하였다고 한다.

1582년 8월, 조소카베 모토치카가 침공한 나카토미가와中富川 전투에서 미요시씨는 대패하였으나 수군은 도사도마리성을 지킬 수 있었다. 1585년에 히데요시의 시코쿠 정벌 작전에 협력하여 공을 세운 모리는 히데요시가 폐성을 명하였으나 오히려 그를 설득하였다. 나루토의 소용돌이치는 우즈시오渦潮는 지금도 도쿠시마의 관광명소로 유명하다. 효고현 아와지시마와 나루토시 사이에 있는 나루토 해협은 하리마나다播磨灘와 기이 수이도가 만나는 곳인데 조수의 차이로 인해 세계 최대 규모의 소용돌이가 일어난다.

　도사도마리에 정착한 모리는 대대로 뱃사람들의 신앙의 중심인 신라 신사新羅神社를 숭경하였다. 아와의 선조는 가야인과 신라인으로 나루토 아마족의 선조는 신라인인 것을 알 수 있다. 주민들에 의하면 신라 신사는 제신으로 신라 건국의 왕 박혁거세를 모셨다고 하는 말도 있으나 근거가 없고 신라계 아마족이 모셨던 신으로 추정된다. 메이지 정부에 들어와서 한반도와 관계가 있는 제신을 강제로 스사노오와 그의 아들 이소타케루五十猛神로 바꾸었다. 스사노오와 이소타케루는 신라의 소시머리에 강림하였지만 바다를 건너 이즈모에 정착한 신이다.

　메이지 정부는 왕정 복귀와 제정 일치를 국가 이상으로 한 신토 국교화神道國敎化 정책을 실시하였다. 이에 따라 시행된 신부쓰 분리령神佛分離令으로 그간 신토와 불교가 함께 하던 것을 분리하였

**토사 도마리의 신라 신사**

일본에서는 신라를 시라기로 읽는데 신라 신사를 시라기 신사라 부르지 않고 신라 신사라고 읽는다. 그리고 매우 친근하게 신라상이라고 부른다.

다. 그리고 강제로 도래계의 제신을 아마테라스계나 스사노우계의 제신으로 바꾸도록 하였는데 신라 신사는 스사노우로 바뀌게 되었다. 메이지 정부는 신토 이외의 모든 종교를 외래 종교로 규정하고 대대적인 종교 탄압 정치를 실시하였다. 불교와 기독교에 대한 탄압은 극에 달해 국보급의 불교 사찰을 비롯한 많은 문화재가 소실되었고 다수의 천주교인이 순교하였다.

### 바다의 안내인에서 해적으로

일본에서 수군이라 하면 무라카미 수군村上水軍을 생각하는데 요즘은 수군보다는 해적이라는 말을 쓴다. 무라카미 해적도 원래는 해적이 아니었다. 무라카미 해적의 거점인 중세 이요국伊予國의 요쇼기予章記에는 무라카미 씨에 대해서 '해상의 안내자요 배 위의 달인'이라고 기록하고 있다.

세도나이카이는 일본의 혼슈와 시코쿠 사이의 바다로 많은 섬들이 널려 있다. 이에 조류의 흐름이 빠른 곳이 많아 안전하게 배를 운항하기 위해서는 바다 안내인을 필요로 하였다. 교토에 소금을 조달하는 상인들의 안내와 경호에 큰 역할을 하였다고 한다.

고대 아마족의 후손인 이들은 대륙과 해상 무역을 통해 크게 발전하였다. 1274년 몽골연합군이 침략하여 쓰시마와 이키가 초토화되면서 고려와 명나라에 대한 신뢰 관계가 깨지면서 해적이 되었다. 모리 해적도 원래는 해상 무역을 하다가 조류의 흐름이 빠른 나루토 해협에서 오가는 선박을 안내하는 안내인이었다.

도쿠시마의 길은 어디를 가도 좁고 꾸불꾸불하여 운전하기가 매우 힘이 든다. 필자가 현장답사를 위해 쓰바키도마리에 갔다. 성터에 지은 소학교를 지나는 곳은 직각 90도 급커브의 좁은 길이 나온다. 길 양 옆에는 다닥다닥 집들이 들어서 있기에 긴장의 연속이다. 소학교를 지나 등대 방향으로 가던 도중에 허물어진 집터의 주춧돌에 펑크가 났다. 펑크가 난 뒤에야 이 길이 일본에서 제일 좁은 차도임을 알게 되었다.

불행히도 최근의 자동차에는 예비 타이어가 없어 견인차를 부를 수밖에 없었다. 너무 좁은 길이기에 견인차가 들어올 수 있을까 걱정하며 기다렸는데 업자가 경차에 예비 타이어를 가지고 왔다. 업자 왈 "처음으로 이곳에 운전하여 오는 사람들이 펑크가 잘 나기에 장사가 잘 된다"고 웃으며 말하였다. 결국 쓰바키도마리 답사는 실패하였고 견인차를 타고 돌아와야 했다.

쓰바키도마리는 외부의 적이 침입하기 어렵게 설계된 철옹성의 요새였다. 해안 끝자락에 성을 짓고 성에 이르기까지 좁고 꾸불꾸불한 길을 만들고 길 양 옆에 부케야시키武家屋敷와 조카마치城下町를 만들었다. 해안가의 급한 산등성이를 배경으로 세워진 성이라 배로 접근하는 것이 제일 편하나 이들은 태평양 연안을 주름잡던 해적이었다. 지금도 옛 성터의 길과 가옥이 그대로 늘어서 있어 일본에서 제일 좁은 도로가 되었다. 도사도마리도 거의 같은 지형으로 현재는 다리가 있으나 예전에는 배 없이는 갈 수가 없었다. 지금도 도로가 좁아 운전하기에는 불편한 곳이다. 3개월 후에 도사도마리 답사한 후에 쓰바키도마리에 갈 수 있게 되었다.

필자가 후쿠시마에서 지낼 때 일이다. 어느 영통인이 아내에게 우리 부부의 선조가 서로 원수 사이였다고 한다. 아내는 나에게 그 말을 하지 못하고 있다가 처남이 암으로 갑자기 세상을 떠나면서 고백하였다. 그 말을 듣고 웃어 넘겼으나 간단히 무시할 수 만은 없었다.

한국에 왔을 때 집에 있는 족보에서 임진왜란 당시 전사한 직계 선조의 이름을 발견하였다. 왜군을 물리친 공적을 세웠으나 젊은 나이에 전사하였다고 기록되어 있었다. 도쿠시마에 갈 때마다 그 생각이 떠나지 않았는데 전란 당시 왜군의 소굴이었던 쓰바키도마리에 가는 길이 그리 순탄하지 않았다. 아와 하치스카군은 왜란 당시 필자의 고향인 충청도를 관할하라는 명을 받아서 충청도를 차지하였고 아와 수군은 주로 우리 선조들이 살던 남해안에서 활약하였다.

## 이순신 장군에 대한 일본의 평가

이순신 장군의 전략과 거북선 그리고 대형화기 총통의 위력은 왜국의 수군을 압도하였다. 이순신 장군이 한산 해전에서 승리함으로써 임진왜란의 흐름을 바꾸어 놓았고 시상전에도 영향을 미쳐 히데요시의 욕망을 좌절시켰다. 전쟁이 끝나고 도쿠가와 정권이 들어서며 동북아 정세가 안정되었다. 조선통신사가 부활되었고 200년간 평화의 길이 열렸다. 포로로 잡혀간 유학자들에 의해 일본에 주자학이 전수되었다. 도자기를 비롯한 선진 문물의 전래와 포로가 농민이 되어 농업 인구가 증가, 안정된 기층 문화가 정착되면서 일본 근대화의 토대가 되었다.

한반도는 대양으로 진출하고자 하는 대륙과 옛 땅으로 돌아가고자 하는 열도 사이에 위치하여 수많은 침략을 받아 왔다. 불리한 지리적 입장에서도 역사를 이어올 수 있는 저력의 배경에는 나라가 위기에 처했을 때에 생명을 바쳐 나라를 구한 영웅들이 있었기에 가능하였다. 대한민국이 세계사에 유래가 없는 독립국가로써 오늘에 이르게 된 배경에는 한민족을 지키기 위한 엄청난 힘이 작용하였다고 밖에 생각할 수밖에 없다.

이순신 장군은 세계 해전사를 통틀어 충격적인 승전 기록을 세웠다. 7년간 전쟁에서 어떤 열악한 환경에서 한 번도 패하지 않고 연승하였다. 한민족 최대의 영웅 이순신 장군이 없었다면 이미 오래전에 일본에 나라를 빼앗기는 결과를 초래했을지도 모른다.

이순신 장군은 세상을 떠나 400년이 지난 오늘을 살아가는 한국인 뿐만 아니라 적으로 싸웠던 일본인에게도 엄청난 힘을 주고 있다. 이순신 장군은 한국에서는 성웅으로 일본에서는 군신軍神으로 숭배되고 있는 것이다.

조선통신사로 일본에 온 신유한의 해유록에는 오사카의 서점에서 징비록을 비롯한 조선의 서적을 보았다고 한다. 메이지 유신으로 정한론이 세력을 잡자 일본에서는 조선에 대한 연구가 활발히 전개되었다. 1853년 미국의 페리제독이 이끄는 흑선 USS Susquehanna에 충격을 받은 일본은 해군을 창설하면서 동양해전사의 영웅 이순신에 대한 연구도 진행하였다고 한다.

메이지 정부는 히데요시의 대륙 침략 실패를 거울삼아 통렬한 반성과 철저한 연구로 만반의 준비와 훈련을 하였다. 그러나 조선은 다시 일본에 침략당하는 결과를 맞이하였다. 징비록이라는 걸작을 출간하였으나 어떤 것도 교훈으로 삼지 못하였고 금서가 되었다. 반면에 일본으로 건너간 징비록은 일본을 바꾸어 놓았다. 일본은 두

번 다시 패해서는 안 된다는 집념이 형성되었던 것 같다. 그 결과 일본은 재차 대륙 침략에 도전하여 한국을 지배하게 되었다.

러일 전쟁에서 쓰시마 해전을 승리로 이끌어 동양의 넬슨이라 불리는 도고 헤이하치로東鄕平八郞는 "군신 이순신 장군과 비교되는 것을 놓고 너무나도 과분하다"고 했다. 장군의 일생은 어느 나라에서나 적용되는 해전사의 모델이었다. 그런 의미에서 해군 제독의 입장에서 본다면 군신 이순신 장군을 숭경하는 마음은 당연한 것이었는지도 모른다.

영국 해군 제독으로 역사가였던 조지 알렉산더 발라드George Alexander Ballard가 1921년에 저술한 '해양이 일본 정치사에 미친 영향The Influence of the Sea on the Political History of Japan'이라는 보고서에서 16세기에 일어났던 두 전쟁에 대해 기술하면서 이순신 장군에 대하여 말하고 있다. 이 보고서는 호머 베절릴 헐버트Homer Bezaleel Hulbert, 제임스 머독James Murdoch, 프랜시스 브링클리Francis Brinkley 그리고 윌리엄 조지 애스턴William George Aston의 영향을 받아 작성했다고 하였다.

이들은 일찍이 조선에 대한 연구서를 출판하여 서양 세계에 한국을 알린 선구적 지식인이었다. 또한 이들의 영향을 받은 일본인들도 이순신 장군에 대하여 깊이 있는 이해를 하게 되었다고 한다.

발라드는 "영국 입장에서 넬슨과 동등한 제독이 아시아에서 나왔다는 것을 인정하는 것은 힘들다. 그러나 이순신 장군은 넬슨과 동등한 제독이라는 것을 인정할 수밖에 없다"고 고백하였다.

러일 전쟁에 소위로 참전한 가와다 이사오川田功는 "쓰시마 해전에 앞서 진해만을 출항하면서 모든 장병이 이순신의 혼령을 달래는 의식을 하였다"고 증언하고 있다. 이 같은 사실을 볼 때 일본 해군이 임진왜란 때 공포의 대상이었던 이순신 장군에 대해 가르쳤다고 하는 것은 합리적 추론이다.

### 조선 유학자 정희득과 포로들

필자는 마쓰야마에 사는 지인과 오즈번大洲藩에 끌려온 유학자 강항에 대한 이야기를 나누곤 하였다. 그는 강항의 업적에 대해 상당한 자부심을 가지고 있었다. 일본 생활에서 오는 스트레스를 강항을 통해 위로를 받는 듯하였다. 그의 입에서 강항의 이야기가 시작되면 늘 상기되어 흥분된 어조로 말하곤 하였다. 필자는 그의 말에 압도되어 가만히 그의 주장을 들으며 강항에 대하여 조금씩 관심을

**후지와라 세이카 생가지에 있는 동상**

후지와라 세이카는 전국시대인 1561년 현재의 미키시에서 태어났다. 생가지의 분위기가 한국의 전원 풍경과 매우 흡사하였다.

갖게 되었다. 강항에 대해서 다시 생각하게 된 것은 한참이 지난 후였다.

필자가 고마쓰에서 일본 책을 완독하면서 언제나 어둡고 무겁게 느끼던 신사와 사찰이 새롭게 다가 왔다. 도야마에서 현장 답사를 시작하여 크고 작은 사찰과 신사를 살피면서 한반도에서 건너온 도래인들의 흔적恨과 새로운 세계를 열고자 했던 그들의 열정誠을 발견하게 되었다. 신슈信州에서 3년간 일본의 뿌리를 찾아 도래인의 한을 풀고 미래지향의 평화로운 한일 관계를 맺을 수 있는 길을 찾고자 노력했다. 히메지에 와서 미키시三木市에 있는 일본 유학의 시조 후지와라 세이카藤原惺窩의 탄생지를 가게 되었다. 승려에서 환속하여 강항으로부터 유학을 배워 일본 유학의 길을 열었던 그를 연구하면서 포로가 되었던 강항과 유학자들에 대해서 깊게 생각하게 되었다.

아와번의 모리 수군은 유학자 정희득을 포로로 잡아왔다. 정희득은 1597년 9월 27일에 칠산도에서 왜군에게 잡혔다. 어머니와 형수 그리고 아내와 누이는 정조를 지키기 위해 바다에 빠져 자결하였다. 정희득은 형을 비롯한 인척과 함께 아와에 끌려왔다.

아와번은 1585년부터 1660년까지 75년간 가쓰우라가와勝浦川와 요시노가와 하류의 간척사업을 전개하였다. 조선에서 끌려온 포로들이 동원되어 갯벌에 제방을 쌓았고 개간된 땅에 정주하여 농사를 지었다.

정희득은 송환을 위해 노력한 결과 조선으로 돌아올 수 있었다. 송환되는 정희득 일행이 떠나는 부둣가에는 동포들이 일행을 배웅했다고 '월봉해상록'은 기록하고 있다. 정희득은 당시의 왜국을 성리학적 교화가 미치지 못했다고 하였다. 일본은 종교적으로나 문화적으로 한반도의 식민지였다고 해도 과언이 아니다.

1994년 필자는 어느 종교 단체의 초청으로 조선에서 포로로 잡혀와 죽은 이들을 공양하는 행사에 참석하였다. 의식을 마치고 간쇼지觀正寺에 있는 조선인 무덤에 가게 되었다. 모리 수군에 의해 많은 조선인들이 도쿠시마에 포로로 잡혀 왔다. 양반집 여인들은 왜인의 첩이 되었다고 한다. 이역 땅에서 고역을 치르며 신세를 한탄하다 죽은 사람들이 얼마나 많았을까? 도쿠시마시의 간쇼지에는 조선에서 포로로 잡혀와 무사武市孫助의 첩이 된 여인お福의 무덤이 있었다.

필자가 조선인의 묘비를 보고 머리를 숙인 순간 갑자기 알 수 없는 강렬한 두통이 엄습해 왔다. 하루 종일 그 아픔을 견뎌내야 했다. 아마도 이국 땅에 강제로 끌려와 말로 형용할 수 없었던 고통을 조국에서 온 나에게 하소연하였는지도 모르겠다. 그 후에 이곳저곳에 조선인 포로들의 무덤이 있는 것을 알게 되었고 가와시마성川島城에 있는 조선 여인의 무덤에도 갔다. 그 날도 심한 두통으로 고생하였다. 하야시 요시카츠林能勝의 측실이 된 양반집 딸이라는 일설이 있으나 사실을 확인할 수는 없었다. 끌려온 당시에는 고통 속에 지내다가 아이 출산 후에 마음의 문을 열고 글과 예절을 가르쳤다고 한다. 후손들이 그 은혜에 보답하여 송덕비를 세웠다고 전해지고 있다.

# IV
# 신라방 하리마

메지성의 비밀
하리마와 유대인의 관계
신라 왕자와 신라방 하리마
주형 토기와 진구 황후의 삼한 정벌 이야기
아메노히보코 이야기

## 히메지성의 비밀

1993년 일본에서는 처음으로 히메지성과 호류지法隆寺가 세계문화유산에 등록되었다. 일본성의 원형에 제일 가까운 모습을 간직하고 있는 히메지성은 일본 최고의 성으로 평가되고 있다. 일본인들에게 여행 중에 본 성중에서 제일 좋았다고 생각되는 곳이란 질문에 연속 1위를 차지하기도 하였다.

에도 시대 영주의 권위를 나타냈던 성은 덴슈가쿠天守閣, 이하 천수각으로 표기의 규모에 따라 독립식, 복합식, 연결식, 연립식으로 나누는데 히메지성은 가장 규모가 큰 연립식 성으로 보는 이들을 감탄케 한다.

유네스코가 세계문화유산으로 지정한 이유로 "첫눈에 반할 여인의 아름다움 만큼이나 뛰어난 미적 외관과 내부의 목조 건물이 갖는 실용적인 구조가 걸작"이라고 하였는데 그 이유를 절감할 수 있다.

그런데 히메지성의 주인이 영주가 아니라는 것이다. 황당한 이야기일지 모르지만 히메지성은 전국에 있는 성과는 다른 비밀이 있

히메지 성과 오사카베 신사

다. 성이 건축된 이래 히메지 성의 영주는 히메지에 오래 정착하지 못하였다. 양민들의 입장에서 본다면 정해진 기간의 근무를 마치고 다른 임지로 이동하는 국가 공무원 같은 존재였다. 그래서인지 히메지에는 지역의 자랑할 만한 전통문화와 특산품도 없다. 번주가 자주 바뀌는 영향 때문인지 전통문화나 그와 관련된 산업을 찾아볼 수 없다.

히메지성의 천수각에는 오사카베 신사刑部神社가 있다. 원래 히메야마姫山에 있던 오사카베 신사는 오사카베궁小刑部宮으로 불렸다. 그런데 히데요시가 성을 새로 지으면서 신사를 마을의 구석진 곳에 있는 소샤総社에 옮겼고 성이 완성된 후에 히메지성이라 하였다. 히데요시는 자신을 따르지 않고 대항하는 사찰에 대해서 산에 불을 놓는 화공으로 살육하였다.

히데요시의 뒤를 이어 구로다 간베에黒田官兵衛가 성을 증축하고 이케다 테루마사池田輝政에 의해 완성되었다. 이케다는 미가와 요시다성三河吉田城의 영주로 있다가 세키가하라 전투関ヶ原戦闘에서 공을 세우고 히메지성의 영주가 되었다.

필자가 미가와三河에 약 4년간 살았는데 요시다성이 있던 공원을 자주 산책하면서 센고쿠 시대에 대해 많은 생각을 하였다. 테루마사는 이에야스의 둘째 딸 도쿠히메督姬와 혼인하였다. 도쿠히메는 정략결혼이 성행하던 센고쿠 시대에 히데요시의 중매로 호조 우지나오北条氏直와 결혼하였다. 그러나 호조가 몰락하면서 테루마사의 둘째 부인으로 재가한 것이다.

테루마사는 히메지성이 완성된 후에 오사카베 신사를 성안으로 옮겼다. 오사카베 신사가 있던 자리에 기념비가 있는데 시기를 알 수는 없지만 오사카베 신사를 천수각에 옮겼다고 기록하고 있다. 이에 대한 여러 주장이 있지만 유력한 이야기로 '이케다 테루마사에의 저주'라는 설이 있다. 1609년 성이 완성된 후에 테루마사에게 한 통의 편지가 왔다고 한다. 내용은 테루마사의 부인에게 귀신을 붙여 저주를 부리려고 하는데 그 저주를 풀고 싶으면 성의 귀문에 급히 핫덴토八天塔를 세워 다이하치덴진大八天神을 모시라는 것이었다.

사람들 사이에서 히데요시에 의해 히메야마에서 옮겨진 오사카베 신사의 타타리祟: 탈라는 소문이 퍼졌다. 일본에서는 전통적으로 탈을 두려워한다. 신토의 입장에서 보면 화가 난 신이라도 계속해서 숭배하면 조금씩 화가 풀려 좋은 신으로 바뀌며 좋은 신이라도 받들지 않으면 뒤끝이 안 좋아 탈이 온다고 믿는다. 이에 테루마사는 오사카베 신사를 성 안으로 옮겨 받들었다고 한다. 그러나 그 후에도 나쁜 일이 일어났고 2년 후에는 테루마사가 중병에 걸려 드러눕게 되었다.

테루마사는 그때서야 저주의 편지에 따라 주문을 풀기 위해 오사카베 신사 옆에 핫덴토를 세운 후에 병이 나았다. 그러나 2년 후인

1613년에 세상을 떠났고 그의 자녀들도 젊은 나이로 죽고 말았다. 사람들 사이에서 '오사카베의 저주가 틀림없다'는 소문이 퍼졌다. '아무도 없는 천수각에 밤마다 이상한 불이 켜지고 많은 사람이 우는 소리가 들린다'는 소문도 퍼졌다.

히메야마의 주인으로 주민들의 신앙의 대상이었던 오사카베 히메는 누구일까? 고닌 천황光仁天皇과 황후 이노에나이신노우井上內親王 사이에 오사베신노우가 태어났다. 오사카베 히메는 나라시대의 오사베신노우他戶親王의 딸 도미 히메富姬다. 황후가 남편을 저주하며 대역을 꾀하였다는 밀고에 몰려 태자와 함께 유폐되었다가 죽었다. 딸 도미히메도 대역 죄인의 딸이라는 오명을 안고 하리마로 쫓겨나 히메야마에 거주하게 된 것이다. 도미 히메가 이곳에 억울하게 죽은 아버지를 위해서 사당을 짓고 넋을 위로하였는데 이것이 오사카베궁의 출발이다.

고닌 천황과 후실인 다카노노니이가사高野新笠의 사이에 태어난 아들이 간무 천황桓武天皇이다. 간무 천황의 어머니는 백제 무령왕의 후손인 야마토노오오토쓰구和乙継의 딸이나. 신라계와 백세계의 권력 다툼에서 신라계가 밀리면서 신라인들이 살던 히메지로 오게 된 것이다.

이 전승 외에도 몇 가지 전승이 있는데 나라 시대에 억울하게 죽은 왕비와 왕자의 원령이 타타리가 되어 나타난 불행한 사건이라고 한다. 히메지는 역대의 영주들이 히메지에 정착하지 못하고 떠나야만 했던 사건과 연결하여 이 같은 전승이 생기지 않았나 생각된다. 민간 신앙에서 원한을 가진 원령怨靈에 대한 신앙을 고료 신앙御靈信仰 이라고 하는데 일본인들은 이를 풀어주는 제사를 계속하면 풀

115

Ⅳ. 신라방 하리마

린다고 믿고 있다.

히메지는 신라 왕자의 인질 전승과 더불어 조국을 떠나야 했던 가슴 아픈 사람들의 사연과 억울한 이야기가 복합적으로 융합되어 있다. 현대에는 오사카베히메가 요괴로 비유되어 게임의 주인공으로 등장하고 있다.

하리마후토기에 히메야마에 대한 기록에 보면, 오나무치미고토大汝牟遲가 품행이 나쁜 아들 호아카리노미고토火明命를 섬에 버리고 배를 타고 나왔다. 이에 화가 난 아들이 뒤쫓아와서 아버지가 탄 배를 뒤집어버렸다. 그때 뒤집힌 배와 배에서 쏟아진 여러 도구들이 모두 흩어져서 봉우리를 만들었다. 14개의 작은 봉우리들이 히메야마를 중심으로 흩어졌는데 그 중에 히메코蠶子가 떨어진 곳이 히메지오카日女道丘로 히메야마라고 불렀다. 히메지라는 지역의 성립 배경에 원한 관계가 있었던 것이다. 여기에서 히메코란 양잠업을 갖고 도래한 사람을 가리키는 말이다.

### 하리마와 유대인의 관계

스이코 천황 14년606년 7월에 쇼토쿠 태자가 도요우라궁豊浦宮에서 천황을 위해 스승인 백제인 박사 가쿠가覺架, 고려인 법사 에지慧慈, 소가 우마코, 오노 이모코小野妹子 등이 모여 대승 불교의 이상인 법화경을 강론하였다. 3일간에 걸친 강론이 끝난 밤에 연화 꽃이 그 자리에 내려 앉았다고 하는데 천황이 이를 듣고 매우 기뻐하여 이보揖保에 있는 땅을 태자에게 주었다고 한다. 태자는 이를 이카루가노쇼鵤莊라 하였는데 절을 세우고 반슈 이카루가데라播州斑

鳩寺로 명명하였다. 사찰이 있는 이카루가정은 1951년 지방 행정자치단체의 통폐합으로 태자와의 인연을 내세워 타이시정太子町이 되었다.

스이코 천황은 왜 반슈의 이보에 있는 땅을 쇼토쿠 태자에게 주었을까? 당시 하리마는 현재의 무로쓰, 히메지, 가코가와加古川, 아카시明石에 이르는 지역으로 주로 신라와 가야계 도래인들이 살고 있었다. 하리마는 고대로부터 동해와 세도나이카이를 연결하는 문화의 거점으로 번성한 곳이다. 고려에서 도래한 에벤惠便법사는 모노노베의 불교 탄압을 피하여 가코가와에 피신하였다. 쇼토쿠 태자는 그의 가르침을 받고자 가코가와에 자주 왔다고 한다. 쇼토쿠 태자는 하타노 가와카츠에게 지시하여 가코가와에 가쿠린지鶴林寺를 세웠다.

쇼토쿠 태자의 후원으로 반슈에는 많은 사찰이 세워졌는데 868년 발생한 대지진으로 대부분이 파괴되었다. 다행히 이카루가데라와 가쿠린지 게이소쿠지鷄足寺 등은 건재하였으나 후일 게이소쿠지가 히데요시군에 의해 불타고 지금은 흔적만 남아있다.

쇼토쿠 태자가 세상을 떠난 후에 당대의 실력자 소가 이루카蘇我入鹿와 대립하여 축출당한 하타노 가와카츠는 반슈의 사코시坂越로 귀향하였다. 이런 면에서 반슈는 일찍이 대륙 문물이 들어온 선진지로 중앙 권력에 대해 발언권이 강한 호족이 있었을 것으로 추정된다. 유서 깊은 나라의 호류지法隆寺를 창건할 때도 이를 지원하였다. 호류지의 원래 이름은 이카루가데라로 반슈의 이카루가데라와 깊은 관련이 있었다.

몇 해 전만 해도 텔레비전의 신년 특집 드라마로 주신구라忠臣蔵

가 방영되었다. 아코번赤穗藩의 가신 오이시 요시오大石良雄가 이끄는 로시浪士 47명이 할복한 주군 아사노 나가노리浅野長矩를 대신하여 기라 요시히사吉良義央에게 복수한다는 줄거리다. 매년 드라마의 초점을 바꿔 가면서 제작하였는데 새해에는 어떤 이야기가 펼쳐질 것인가를 놓고 화제가 되곤 했다.

주신구라에서 다루는 사건을 아코 사건이라고도 하는데 아코 사건을 대하는 일본인을 통해서 일본인의 정서를 이해할 수 있었다. 아코 사건은 1701년 에도성내의 마쓰노오로카松之大廊下에서 쇼군의 의전을 맡고 있던 기라 요시히사와 아사노 나가노리 사이에 일어난 사건이 발단이 되었다. 사건의 내막은 확실하게 알려져 있지 않으나 사건 현장인 에도성 안에서 요시히사의 칼에 나가노리가 크게 다쳤다. 쇼군 도쿠가와 츠나요시德川綱吉가 크게 노하자 나가노리가 할복하였다. 그러나 요시히사는 아무런 처분을 받지 않은 것에 불만을 품고 나가노리의 중신들이 복수한다는 이야기다. 이 사건을 일반인들이 주목하게 된 것은 아코 사건을 주제로 가부키歌舞伎 무대에 올렸는데 메이지 시대에 당대의 사실적인 표현 양식과 메이지 정부의 시대 정신이 결탁된 면이 있었다는 생각이 든다.

필자가 사코시에 가는 길에 아코의 오이시 신사大石神社와 기념관을 둘러보며 충격을 받았다. 신사 입구에 즐비하게 늘어선 아코 로시의 석상을 비롯하여 제국주의 군인들의 휘호석을 보면서 위압감을 느끼지 않을 수 없었다. 할복 자살을 해야 한다는 사실을 알면서도 '주군의 억울한 죽음 앞에 원수를 갚아야 무사의 의가 선다' 는 에도 시대의 무사 정신을 찬양하고 있다. 천황을 위해 목숨을 바치는 것이 신민의 도리로 충과 의를 지키는 것이라고 소리를 높였던 군국주의자들의 고성이 엄습해 옴을 느꼈다.

오이시 신사에서 조금 떨어진 곳에 사코시의 오사케 신사가 있다. 하타노 가와카츠가 권력에서 밀려나면서 말년을 보낸 곳이다. 지금은 작은 마을이지만 왜 가와카츠가 이곳 사코시로 왔는가 하는 의문이 생긴다. 일설에 의하면 태자의 사후에 권력을 잡은 소가 이루카의 눈 밖에 나서 사코시에 유배되었다는 설과 밤에 나니와에서 배를 타고 도망해서 다다른 곳이라는 설이 있다. 그러나 나는 사코시 주변을 살피면서 원래 가와카츠 일족이 도래하여 정착한 곳이 사코시 지역이 아닐까 하는 의문을 떨칠 수 없었다.

하리마는 불교 전래의 공헌자인 쇼토쿠 태자, 소가 일족과 하타 일족이 집단적으로 거주했던 지역이다. 신라와 가야의 도래인이 정착하였던 지역으로 신라 왕자 미사흔도 하리마에 있었다. 따라서 하리마는 다른 지역보다 불교가 빨리 들어왔으며 이 같은 지역 정서를 바탕으로 권력을 장악한 것이 소가와 하타 일족이다.

일반적으로 고대에 대륙에서 일본으로의 진출 진로는 고대 선박으로 쓰시마와 이키를 지나 규슈 그리고 세토나이카이를 거쳐 나니와에 도착한다. 이 기나긴 노정의 중간 기착지로 하리마에는 무로쓰가 있었다.

현재 무로쓰는 시골의 작은 어항이지만 당시에는 대륙에서 하리마에 들어오던 관문이었다. 신라인이 거주하던 왜국의 신라방과 같은 하리마에 들어오려면 무로쓰를 거쳐 소금의 생산지로 유명한 아코, 아이오이相生, 이루카지가 있는 이보, 미사흔 왕자가 있던 히메지, 가야인들이 세운 미끼三木의 사찰 가야인伽耶院, 에벤이 숨어 있던 가코가와 등은 당시 황실과 권력자들의 기반이었다고 볼 수 있다.

5세기경 한반도에서 집단 이주한 하타 일족은 늪지대였던 교토를 황도로 건설하여 우즈마사 일대를 고도의 선진 기술력과 양잠업을 바탕으로 강력한 경제력을 구축하였다. 쓰시마의 와타즈미 신사에서 볼 수 있듯이 '와타'와 '하타'는 고대 신라에서 바다라는 의미의 '하다'에서 온 말이다. 진秦을 한자의 발음에 유래하는 온요미音読み는 신이라 하고 한자의 의미를 나타내는 쿤요미訓読み로는 하타라고 읽는다.

　교토의 우즈마사京都太秦에도 오사케 신사大酒神社가 있는데 우즈마사는 가와카츠와 깊은 관계가 있던 곳이다. 우즈마사는 당나라에 경교가 유행할 때에 경교의 사원을 대진사大秦寺라고 불렀는데 이 말이 변하여서 우즈마사가 되었다는 설이 있다. 쇼토쿠 태자의 태太와 하타노 가와카츠의 하타秦를 따서 우즈마사太秦가 되었다는 설과 고대 히브리어의 우즈光와 마사賜物를 어원으로 하였다는 설도 있다. 이 같은 설을 근거로 하타 일족이 동방으로 이동한 유대인과 관계가 있으며 네스토리우스의 경교와 관계가 있다는 주장이 있다.

　사코시의 오사케 신사와 관계가 있는 사카키榊씨와 함께 하리마의 역사를 이해하기 위해 교토의 우즈마사에 간 적이 있다. 사카키는 신사의 제례에서 다마쿠시玉櫛에 사용되는 나무를 지칭한다. 신사와 관계 있는 사카키 집안榊家은 대대로 오사케 신사를 섬겼고 구지와 친분이 매우 두터운 사이였다.

　사카키 씨는 현장 답사의 총무로 나에게 많은 도움을 주었는데 고류지에 있는 레이호덴霊宝殿에서 하타노 가와카츠 부부상을 보고 모두가 깜짝 놀랐다. 그곳에 안치된 가와카쯔와 사카키 총무의 용모와 체구가 똑같았기 때문이다.

가와카츠는 사코시에서 여생을 보내며 수로를 만들거나 개간을 하는 토목 작업을 지도하여 지역의 산업과 경제에 많은 공헌을 하였다고 전해진다. 어느 텔레비전에서 사코시

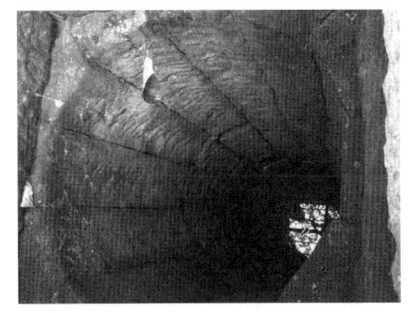
오사케 신사의 우물

의 오사케 신사를 특집으로 방송한 적이 있다. 신사에 보관되어 있는 부가쿠멘舞樂面이 현재의 일본인과 달리 높은 코를 가진 아라비아계의 외국인을 닮았다는 것과 신사에 있는 우물의 돌기둥의 수가 12개라는 것에 의문점이 있다는 것이다. 무엇보다 오사케 신사의 오사케大辟라는 한자어가 당나라에서 경교가 유행할 당시에 유대의 다윗왕을 다비데大辟로 불렀다는 점을 근거로 하타 일족이 이스라엘과 관계가 있다고 제기하였다. 일본에 널려 있는 하타 일족의 흔적이 유대인이나 경교와 관련이 있다는 것을 확인할 수 있다.

## 신라 왕자와 신라방 하리마

1582년에 덴쇼소년사절단天正少年使節團이 예수회 소속 알렉산드로 발리냐노Alessandro Valignano의 주선으로 나가사키를 출발하여 8년간의 유럽 견학을 떠났다. 사절단은 스페인과 포르투칼 그리고 이탈리아를 순례하며 로마 교황과 스페인 국왕을 알현하고 유럽인들로부터 열렬한 환영을 받았다고 한다.

사절단은 1590년에 귀국하였는데 당시 일본은 바테렌伴天連 추방

령이 선포되고 기독교에 대한 박해가 시작되었다. 일행은 히데요시를 만나기 위해 나가사키를 출발하여 교토로 가던 12월에 무로쓰에 도착하여 약 2개월간 머물렀다고 한다. 당시 무로쓰는 기리시탄 다이묘였던 고니시 유키나가의 아버지인 고니시 류사小西隆佐의 영지였다. 유럽의 선진 문물을 선물로 가지고 온 일행은 류사의 환대 속에 많은 사람과 교류하였다. 특히, 히데요시에게 새해 인사를 위해 오가던 영주들과 교류하면서 서양의 문물과 기독교를 소개할 수 있었다. 고대로부터 무로쓰는 일본과 외부 세계를 중계하는 해상 교통의 요충지로 자연스럽게 활발한 교류가 가능한 사회적 분위기가 조성되어 있었다. 조선통신사와 대륙으로부터 기나이에 들어오는 사람들도 무로쓰에 머물렀다. 규슈와 시코쿠의 영주들도 산킨고타이參勤交代를 위해 에도에 오갈 때 반드시 머물던 국제 항구였다.

박제상朴堤上, 363년~416년 추정의 다른 이름을 모말毛末이라고 한다. 신라의 대표적인 충신으로 자는 중운仲雲이고 호는 관설당觀雪堂이다. 김제상으로도 표기하는데 일본서기에는 모마리시치로 기록되어 있다.

히메지시에 게이소쿠지의 유적지가 있다. 1348년 편찬된 미네아이기峯相記에 의하면 "진구 황후가 삼한 정벌시에 인질로 데려 온 왕자가 미네아이산에 초암을 짓고 천수다라니千手陀羅尼를 염불수행한 것"이 기원이 되었다고 한다. 미네아이기는 게이소쿠지에 순례 온 스님이 노승으로부터 들은 이야기를 기록하였다고 하는데 당시의 역사를 이해하는데 중요한 사료가 되고 있다.

미네아이기에 의하면 신라의 왕자가 황후에게 "무사히 왜국에 도착하게 되면 가람을 세우게 해 달라고 하였으나 불법이 무엇인지 모르는 황후는 명확한 대답을 하지 않았다. 왕자는 히메지의 미네아이산에 초당을 짓고 천수관음의 공덕을 빌었다"고 한다.

일본 불교 전래를 아스카 시대라고 한다. 그런데 3세기에 일본에 온 신라 왕자가 초막을 짓고 관세음보살의 공덕에 감사하며 수행한 것을 절의 기원이라고 한다. 이는 신라 왕자의 이름을 빌려 히메지 불교의 정통성과 게이소쿠지의 권위를 주장할 목적이 있었다고 생각할 수 있다. 이 절을 세운 왕자가 3세기에 인질로 왔다가 비다쓰천황敏達天皇 통치 시대인 581년에 죽었다고 전해져 온다. 왕자가 300여 살을 살았다고 하는데 3세기가 아닌 5세기의 미사흔 왕자라고 추정할 때에 합리적으로 이해할 수 있다.

일본서기는 불교 전래를 552년이라고 한다. 그러나 그 이전에 한반도에서 도래한 민중 사이에서 이미 성행하였다. 불교 전래는 도래인을 통해서 크게 확산되어 있었다고 보는 것이 합리적이다.

서력 767년 당시의 게이소쿠지는 번창하여 금당, 강당, 법화당의 가람을 갖추고 승방에는 300여 명이 거처하였다고 한다. 헤이안 중기의 승려 구야空也와 쇼쿠性空가 왔었다는 이야기도 있다. 9세기에 접어들면서 쇠퇴가 시작되었다고 하는데 1578년 8월 10일 히데요시가 이끄는 주고쿠 정벌군中國征伐軍의 선봉 구로다 요시타가黑田孝高의 화공으로 소실되었다. 당시 사찰은 정치적 영향력이 상당하였는데 노부나리나 히데요시에 저항하는 사찰을 산에 불을 지르는 화공으로 소실되는 일이 빈번하였다.

쇼샤쇼닌書寫上人으로 불리는 쇼쿠는 966년에 덴다이슈天台宗, 이후 천태종으로 표기의 쇼샤잔 엔교지書寫山圓教寺를 창건하였다. 엔교지는 교토 동쪽의 히에이잔 엔랴쿠지比叡山延曆寺에 대비되는 서쪽

방위를 지키는 대형 사찰이다.

　미사흔 왕자는 충신 박제상의 기지로 일본을 탈출하여 418년에 귀국하였다. 그러나 미사흔 왕자가 인질로 지내던 장소와 박제상이 홀로 잡혀 죽임을 당하였다는 장소가 불분명하다. 박제상에 관한 이야기도 전하는 책마다 내용이 조금씩 다른데 쓰시마에서 죽었다고 주장하는 사람도 있다. 미사흔 왕자가 귀국했다는 418년은 5세기 전반으로 오진 천황의 손자인 제19대 인교 천황允恭天皇 시대다. 4세기 후반의 한반도와 일본 열도는 소규모의 부족 단위에서 왕정체제로 변해가는 격동기였다. 가야는 철기를 바탕으로 다양한 전투 장비와 조직적인 군대를 갖추어 4세기 중반까지 신라를 능가하는 군사력을 갖고 있었다. 그에 반하여 왜국은 소규모 집단의 여러 부족 국가였다. 당시 철의 주조를 위해 절대적으로 필요한 제련로를 갖지 못한 소국에게 가야가 철을 제공하는 조건으로 그들을 부추겨서 신라를 공격하도록 했다는 주장도 있다.

　당시의 왜국은 통일된 하나의 국가 체제가 아니라 조직적인 군사 지휘 능력이 없었다. 일본 열도에서 대륙을 침략할 수 있는 군사력을 갖추려면 강력한 중앙집권체제가 필요하다. 402년 신라는 백제 세력을 견제하기 위해 내물왕이 셋째 아들 미사흔 왕자를 왜국으로 보내고 412년에 둘째 아들 복호 왕자를 고구려에 파견해 군사 원조를 요청하였다고 한다. 그런데 왜국과 고구려는 이들 왕자를 인질로 하여 정치적으로 이용하였다는 주장도 있다. 신라가 왕자 미사흔을 왜국에 보낸 것은 백제와 왜국 사이의 군사 협력을 약체화 시키기 위한 외교 전략이라는 주장도 있다. 고구려와 그에 동조하는 세력으로부터 소외된 내물왕이 왜국과 군사 협력을 구축하여 백제를 견제하려고 왕자를 보냈다는 주장에 설득력이 있다.

　박제상의 사료인 삼국사기를 역사적 사실로 보아야 하는가 의문의 목소리도 있다. 새로운 나라가 건국되면 하늘이 내린 제왕王權神授으로 건국의 정당성을 확립하고 충신 열전을 만들었다. 주나라가 상나라의 비간을 충신으로 받들었듯이 신라는 박제상을 충신으로 세웠다.

　신라 왕자 미사흔과 충신 박제상의 이야기는 한일 양국에 존재하고 있다. 왜국의 기록에 의하면 박제상의 기지로 왕자의 탈출이 성공하였는데 도주를 알고 추적해 온 무리가 수군이 아닌 기병이었다. 왕자가 도주한 곳은 섬이나 바다가 아니라 육지로 왜국의 기록에서 그 위치가 어디인가 하는 의문이 드는 부분이다.

　미사흔이 왜국의 인질로 잡혀 있던 기간에도 신라는 왜국의 침입으로 곤경에 빠졌다고 기록하고 있다. 왜국은 여러 소국들이 있었기에 한반도의 국가와 복잡한 관계를 맺고 있었다. 이런 측면에서 신라에 대한 공격은 여러 소국 중의 어느 집단이 침범했을 것이다. 당시 한반도와 일본 열도에서는 여러 소국들이 시로 살아남기 위한 각축전을 벌이고 있었다. 소국간의 우호와 협력, 갈등과 대립을 거쳐 통일된 왕국을 향하던 시대였다.

　진구기 5년조神功紀五年条에 모마리시치와 미시코치홋칸微叱許智伐旱이 쓰시마에 도착하여 사히노우미鋤海의 항구水門에 머물렀다. 그 때에 신라의 사자 모마리시치 일행은 몰래 뱃사공을 매수하여 미시코치홋칸을 태워서 신라에 도망시켰다고 한다. 이는 진구기를 편찬한 집단이 일본이 하나의 중앙집권체를 이룬 통일국가로 쓰시마를 왜국이 지배하고 있다는 것을 강조하기 위한 것으로 볼 수 있다. 박제상이 왕자를 무사히 빼돌리고 자신은 잡혀서 건너편 섬에 끌려가 갈대밭에서 불에 태워 죽임을 당했다고 하는데 그 장소가 어느 곳인지 특정할 수 없었다. 그것은 왕자가 도망간 곳이 쓰시마라고 결정하고 역사를 바라보기 때문이다. 히메지에도 갈대밭이 있고 작은 섬이 있기에 히메지의 어느 섬을 특정할 수 없지만 왕자가 인질로 있던 곳이 히메지이며 도망간 곳이 무로쓰라고 볼 수도 있다. 무로쓰의 건너편인 아와지시마섬 북단에 아시하라국葦原国이 있었는데 넓은 갈대밭이 있어 갈대의 나라라고 하였다. 박제상이 왕자가 도망간 건너편에 있는 갈대의 섬에서 불에 태워져 죽임을 당했다고 하는 전승이 맞다고 한다면 왕자가 도망간 곳은 쓰시마가 아니고 무로쓰라고 생각할 수도 있다. 쓰시마에는 갈대의 섬이 없다. 히메지의 가야노사토에도 넓은 갈대밭이 있었다. 결정적으로 왕자를 수군이 아닌 기마병이 동원되었다는데 쓰시마에는 기마병이 존재하지 않았다.

고대에 그것도 국가 체제가 제대로 정비되지 않았던 시절에 중앙 정부가 있던 야마토에서 쓰시마까지는 오늘날과 같은 제대로 된 통신시설이나 교통편이 없었다. 신라가 6부 중심의 정치 체제를 중앙집권 체제로 정비하여 국호를 신라로 정하고 지배자를 왕으로 선포한 것이 6세기 지증왕 때였다.

백제가 신라에게 망한 뒤에 일본이라는 국호를 선포하고 체제가 정비된 국가로써 출발한 것이 8세기 초반이다. 미사흔 왕자가 인질로 있던 시대는 4세기 말에서 5세기 초반으로 당시 야마토 왕권은 일본을 통합한 하나의 국가 체제가 정비되지 않았던 혼란한 시대였다. 한반도의 이곳저곳에서 바다를 건너온 유민들이 정착하려고 몸부림쳤던 시대로 가와치를 중심으로 야마토 왕권이 수립되려고 하던 때였기에 쓰시마까지 지배할 수 있었다는 것은 상상할 수도 없는 일이다.

한국과 일본의 고대사에서 제기되는 임나본부설이나 쓰시마의 일본지배설은 과거 식민사관의 입장에서 바라보는 허황된 상상에 불과하다. 실제로 일본에서 한반도를 지배하기 위해 침략을 하려면 거대 군단을 태워서 이동할 수 있는 배와 전투를 지원할 수 있는 병참 부대가 험난한 대한해협을 건너 와야 한다. 그것을 가능하게 하려면 강력한 중앙 집권 체제를 갖춘 세력과 함대가 없으면 불가능한 것이다. 고대 왜인들이 대한해협을 건너 오기 위해서는 수십 명이 탈 수 있는 배가 제일 큰 배였다.

신라에서는 박제상이 화제의 중심이었다. 왜국에서도 도래인을 중심으로 박제상의 이야기는 화제가 되었다. 백제 멸망 후에 왜국의 역사를 정리하면서 쓰시마와 하리마라는 무대에 왜국이 지배하던 삼한이라는 국제 관계를 설정하여 진구 황후와 미사흔 그리고 박제상을 등장인물로 내세워 후세에 전하려는 의도가 있었다고 엿볼 수 있는 부분이기도 하다.

고대 이즈모국出雲國과 기비국吉備國 그리고 다지마국但馬國에서 야마토 왕권의 수도 가와치국을 연결하는 교통의 요충지 히메지는 일본 속의 신라로 불릴 정도로 신라에서 도래한 사람들의 정착지였다. 신라는 당과 해상 무역 활동이 편리한 지역에 집단으로 이주하였다. 이 집단 거주지를 신라방이라 하였는데 산둥성 등주山東省登州와 적산원赤山院이 있던 문등현 적산촌文登縣赤山村이 유명하다.

유사 이래 섬나라 왜국은 대륙과 교역 관계가 권력자의 사활을 건 문제였다. 신뢰를 바탕으로 맺어진 교역 관계는 야마토 왕권 확립을 받쳐주는 기초가 되었다. 신라계 도래인과 왜국의 해상권을 장악하였던 아마족은 신라인과 동족으로 밀접한 관계가 있었다. 아직 한일 양국간에 연구된 내용은 없지만 백제가 멸망하기 이전 왜국의 신라인 집성촌은 당나라의 신라방과 같은 역할을 했을 것이라는 합리적 추론이 가능하다. 그렇지 않다면 한반도의 속국이니 굳이 신라방이라 부를 필요가 없었을지도 모른다. 일본이 속국이었기에 바꾸어 임나일본부설을 주장하게 되었을지도 모르는 일이다.

　오진 천황 이래 역대 천황들이 신라인 집단 이주지 하리마를 자주 왕래하였던 것도 이와 무관하지는 않았을 것이다. 하리마에는 그와 관련된 일화가 많이 남아있다. 히메지를 중심한 하리마는 일본에 있는 작은 신라였기에 신라 왕자의 이야기나 신라 왕자를 모시는 신라 신사에 대한 이야기가 전해 오는 것이 어색하지 않다. 9세기에 활약한 장보고도 아시아의 바다를 장악하여 신라인이 해상 무역을 주도하였던 역사가 있다.

　통일 일본의 왕권을 정당화하려는 역사가들이 왜국의 신라 하리마를 왜에 통합시키는데 진구 황후를 등장시켰다. 신화로 각색된 여제를 분장시켜 무대에 올려 놓았다. 시카마군시飾磨郡誌에 아케다明田의 신라 신사에 관한 이야기가 전해오고 있다. 신라 신사라고 하지만 이곳에서 모시는 신은 주아이 천황足仲彦命, 진구 황후息長足姬命, 오진 천황譽田別命이다.

　기록에 따르면 진구 황후가 신라 정벌을 마치고 귀국할 때 신라의 포로를 이곳에 살라 하면서 갈대밭을 주면서 논밭明田을 일구어 씨를 뿌리라고 하였다. 이에 포로들이 머물러 전답을 일구고 신사를 지어 황후를 모셨다고 한다. 그래서 이를 아케다 신라 신사明田新羅神社로 불렀다고 한다.

에도 시대에 편찬된 하리마카가미播磨鑑에는 진구 황후가 귀국할 때 신라 왕자를 이곳에 머물게 하였다고 한다. 후에 주민들이 그 왕자를 제사하였다고 하는데 이를 신라다이묘진新羅大明神이라 하였다. 이외에도 히로미네산廣峯山에 있는 히로미네 신사, 시라쿠니 신사白國神社도 신라다이묘진을 모시고 있다.

데가리오카手苅丘는 데가라야마手柄山의 옛말로 제철 기술이 도입되기 전에 손으로 벼를 수확하는 모습을 보고 데가리오카라고 부르게 되었다. 왜국은 한반도를 선진국이라 한 이유는 발달된 철기 문화가 있었기 때문이다. 한반도에서 온 사람들의 눈에 손으로 벼를 베는 모습이 신기하게 보였다. 도래인이 한반도 풍의 집을 짓고 농작물을 수확하는 것에서 유래된 쇼샤잔의 남쪽에 위치한 가라무로노사토韓室里도 있다.

가야노사토賀野里는 넓은 갈대밭이 있는 마을이라는 설과 오진천황이 머물렀을 때 모기가 많아 모기장을 치고 쉬었다는 데서 온 말이라는 설이 있다. 그 흔적으로 지금의 유메사키정夢前町에 가야신사賀野神社가 남아있다. 가라비토야마무라韓人山村, 고치노사토巨智里, 쿠사가미노무라草上村도 신라에서 도래한 사람들이 살던 곳이다.

아야베노사토漢部里는 시코쿠를 거쳐 도래한 사람들이 현재의 히메지 아야베역余部駅 주변에 거주한데서 붙여진 이름이다. 히라노사토牧野里에 시라쿠니노무라新羅訓村가 있다. 신라에서 온 사람들이 이곳에서 머물렀다는 것이다.

히메지성의 동쪽 이치가와市川 하류에 시라하마정白濱町이 있다. 시라하마는 고대에 시라기하마新羅濱였다. 근처에 후쿠도마리항福泊港이 있는데 고대에는 가라도마리항韓泊港이었다.

하리마는 오진·닌토쿠 천황이 자주 행차한 곳으로 이키意伎, 호키伯耆, 이나바因幡, 이즈모, 다지마 등 다섯 곳의 구니노미야쓰코를 불러 논을 만들게 하였다는 일화도 전해내려 오고 있다.

일본서기는 진구 황후를 등장시켜 삼한을 정벌하였다고 내세워 한반도와 일본 열도의 관계를 단번에 정리하려고 하였다. 신라방이라 할 수 있는 신라계 도래인의 집단 거주지였던 히메지에 신비적인 능력의 소유자 진구 황후와 인질이 된 신라 왕자의 이야기를 편집하였다. 역사서를 집필한 집단이 패망한 백제의 지식인들로 신라에 대한 복수심의 내재에서 온 듯한 인상을 지울 수 없다. 신라가 일본에 정벌을 당하여 왕자를 인질로 데려 왔다고 하는 것을 후손들에게 심어주려고 하는 행위는 이집트에서 고통 당하던 유대인들을 구원해 주신 야훼 하나님을 자자손손 잊지 말자고 설파하는 신명기 기자의 모습을 연상케 한다.

1500년전 일본의 상황은 신화 시대로 연대 추정도 어렵고 신화와 전설 그리고 구전을 통해서 여러 가지 이야기와 전승이 전승자에 따라 변형된 사관이 횡행하던 시절이다. 특히 험난한 대한해협을 조각배와 같은 작은 배를 타고 건너온 도래인의 사정은 복잡한 심정을 가지고 있었다고 할 수 있다. 나라가 멸망하여 가재도구도 챙기지 못하고 피난선에 간신히 목숨을 의지하며 도망 나온 사람들의 입장은 참담하기 그지 없었다. 자신들을 그렇게 만든 신라인에 대해 한 서린 마음은 한 순간도 잊을 수 없는 영원한 기억으로 못박아 놓으려 하는 심정을 읽어 볼 수 있다.

필자가 비와코 동쪽에 있는 햐쿠사이지百済寺에 갔을 때 자신도 모르게 눈물을 흘린 기억이 있다. 오미近江에 살던 백제인들은 햐쿠사이지의 뒷산 언덕에 올라 들판 건너 800킬로미터 저편에 있는 고향을 그리워했다고 한다. 조국을 떠나야만 했던 한을 달래고자 전망대天下遠望喜見望郷庭를 만들고 노래하던 그들의 모습이 떠올라 눈물을 참을 수 없었다.

## 주형 토기와 진구 황후의 삼한 정벌 이야기

오사카의 나카가와치中河内는 대륙으로부터 전래되는 새로운 기술과 문물이 전달되는 야마토의 현관이었다. 도래인들이 가와치 평야에 최첨단의 기술과 문화를 가진 촌락을 건설하면서 유력 씨족으로 모노노베가 역사에 등장하였다.

가와치 지방의 고분은 4세기 말부터 6세기 전반에 걸쳐 형성되었나. 그 중 하나인 나가아라다카마와리長原高廻り 고분군에서 출토된 유물 중에 배의 모양을 한 토기埴輪, 일본에서는 하니와라고 한다가 있다. 발굴된 주형 토기 전체의 비율로 실물의 배를 상상해 볼 때에 길이 약 15미터, 폭 3미터, 총 20~30톤의 규모다. 12명이 노를 젓는 구조인데 수십 명이 탔을 것으로 추정하고 있다. 당시는 대륙과 활발한 교류로 바다를 건널 수 있는 외양선이라는 점이 주목받았다.

창원 현동의 가야 시대 고분387호에서 발굴된 주형 토기는 나무판을 조립한 준구조선이다. "배를 만들 때 사용된 쇠도끼와 끌이 함께 발굴되어 선박 제조기술이 뛰어났음"을 말해주고 있다. 당시 가야는 상당한 규모의 세력으로 청동기 시대부터 삼국 시대에 이르기까지 창원에 대규모의 주거지를 형성한 국제항을 가진 국가였다.

철은 인류가 가장 많이 사용하는 금속으로 가야는 고도의 제철 기술을 가진 철의 왕국이었다. 가야가 강력해질 수 있었던 이유는 우수한 제철 기술을 바탕으로 양질의 철을 생산할 수 있었기 때문이다. 인류가 철을 갖게 된 것은 기원전 10세기 전으로 거슬러 올라간다. 한반도에서는 기원전 7세기BC640~620의 철기 유물이 발견되었는데 기원전 1세기경부터 본격적으로 생산하게 되었다고 한다.

우수한 철을 바탕으로 철기를 이용한 무기의 발달은 정복 전쟁의 길을 열었고 농기구 제작으로 생산량이 증대되었다. 당시 권력자들은 양질의 철을 확보하기 위한 각축을 벌였는데 가야가 만든 철은 주변국과 주된 교역 상품이 되었다.

철을 생산하기 위한 정련 과정을 단야鍛冶라고 한다. 단야를 일본에서는 '가지' 또는 '가지야'라고 하며 지명이나 인명으로 남아 있는데 철의 생산과 관계 있다. 가야에서 도래한 제철 기술자들이 왜국에 정착하여 철기를 만든 씨족을 가지야미야쓰코鍛冶造라 하였다. 이들의 후손으로 오키나가우지息長氏와 오다씨織田氏 등이 있다. 오키나가우지의 후손에 오키나가타라시히메가 있는데 그녀가 진구황후다. 고대에는 철을 생산하는 씨족의 정치적인 영향력이 높았다. 더불어 철을 수출하기 위한 배를 만드는 조선 기술이 우수하였는데 가야와 신라의 조선 기술이 매우 발달하였다.

우리나라에서는 신석기 시대부터 선박이 등장한 것으로 보고 있다. 그러나 고대 선박의 유물이 발견되지 않아 그 실체를 정확히 알 수 없는 것이 현실이다. 따라서 발굴된 신라 시대의 주형토기를 통해서 간접적으로 당시의 선박을 이해할 수 있다.

선박의 발달 과정은 뗏목에서 나무토막을 도려낸 통나무 배 순으로 발전되었다. 통나무 배와 목재를 조립하여 만든 구조선과 반구조선의 단계를 거쳐 왔다. 구조선의 출현은 선박의 역사에 있어서 한 사회의 문명의 척도를 알 수 있는 중요한 단서가 되고 있다. 언양 반구대의 돌 벽에 새겨진 배 그림은 청동기 시대의 것으로 판단되는데 언제부터 한반도에서 구조선이 출현하게 되었는지 명확한 시기를 확증할 자료가 없다.

굵은 통나무 속을 깎아내서 만든 통나무 배를 만들어 이를 세로로 두 조각을 내어 중간에 판자 하나를 삽입하여 배의 폭을 넓히고 양현에 세로 판자를 붙여 배의 깊이를 늘리는 방식을 택하였다. 경주와 오사카에서 발굴된 주형 토기가 반구조선이다.

미야자키현의 사이토바루 고분西都原古墳에서 출토된 고대 주형토기는 노를 젓기 위한 12개의 돌기가 있는 구조다. 이는 방위 bearing가 많이 필요할 정도의 큰 배였다는 것을 상징적으로 나타내고 있다. 전문가들이 이 배를 수십 명이 함께 탈 수 있는 5세기 무렵의 선박이라고 한다.

호림박물관에 전시된 주형 토기는 통나무를 파내어 만든 배 모양의 토기로 높이 10.2cm 길이 28cm의 항해용 선박이다. 나가하라다 카마와리 2호분에서 출토된 5세기 전반의 주형 토기와 형태가 서로 비슷한 길이 18.0cm, 너비 10,1cm, 높이 11.5cm다. 오사카시 제정 100주년 기념사업으로 10명이 노를 젓는 배를 복원길이12m, 너비 1.92m, 높이3m, 중량 5톤하였다. 1989년 부산까지 700키로 거리를 당시 오사카 시립대 경정 선수들이 구간을 분담하여 35일간에 걸쳐 배를

 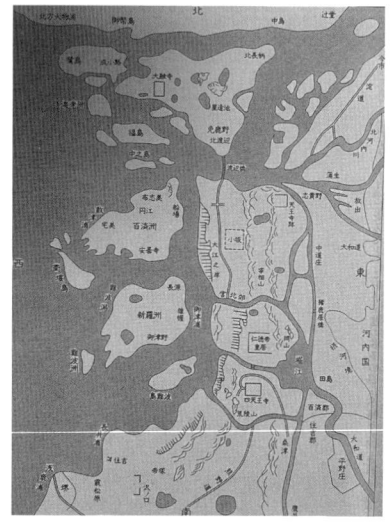

**나미하야호**
히라노구 나가하라 고분에서 출토된 5세기경의 토기를 복원하여 부산까지 항해하였다.

**고대 오사카 지도**
현재의 지명 후쿠시마, 가와나카지마, 스미요시 등의 지명이 있다. 백제인과 신라인이 살던 큰 섬이 인상적이다(新修大阪市史에서 발췌).

저어 항해하였다. 야마타이국 당시의 1일 배의 이동 거리를 10~15키로라고 한다. 지금으로부터 200년전인 에도시대에 오사카 상선의 대표격인 나니와마루浪華丸를 복원하였는데 부산에서 쓰시마까지 여덟 시간이 걸렸다고 한다.

고대인들은 사람이 죽으면 저승으로 가는 강을 건넌다고 믿었다. 이때 죽은 사람의 영혼을 싣고 편안히 강을 건너라는 의미로 배 모양의 토기를 무덤에 넣었을 것이라고 한다. 고분군에서 발견된 주형 토기는 모두 당대 최고 권력자의 무덤에서 발굴되었다. 그러기에 당시 최고의 성능을 가진 배를 모델로 한 주형 토기가 매장되었을 것으로 추측하고 있다.

5세기경의 최고 성능을 가진 배가 수십 명이 탈 수 있는데, 3세기 초에 진구 황후가 신라를 침략하기 위해서 100여 척이 넘는 배를 이용하여 험한 바다를 건너 왔다는 것이다. 전투 장비를 갖추고 삼한을 정복하려면 몇 척의 배에 몇 명의 군사가 필요하였을까? 신라를 정복하고 귀국할 때에 80여 척에 조공으로 받은 금은보화를 가득 싣고 뒤에 군사들이 탄 배가 따랐다고 한다. 실재로 3세기 초의 왜국의 배는 한없이 열악하였고 수천 명의 군사들을 지휘할 수 있는 역량이 없었다. 일본에 의한 역사 왜곡의 첫 단추가 되는 진구 황후의 삼한 정벌에 대하여 고대 선박을 연구하는 전문가들의 의견이 반영되지 않고 있다는 것이 유감스럽다.

오진 천황 즉위 31년 8월의 기록에 의하면 이즈국伊豆國에서 바친 관선 카레노枯野가 낡게 되자 그 배를 불에 태워서 소금을 만들어 여러 나라에 분배하면서 배를 바치도록 명령하였는데 제국으로부터 500여 척의 배가 헌납되었다고 한다. 헌납된 배들을 무코武庫, 지금의 西宮항에 정박 시켰는데 신라 사신이 타고 온 배에서 불이나 많은 배가 소실되었다. 신라는 이를 사죄하고 기술자늘을 보냈는데 그 기술자들이 정착하여 이나베猪名部의 선조가 되었다고 한다. 신센쇼지로쿠新撰姓氏錄에 의하면 이나베미야쓰코猪名部造가 모노노베의 동족이라고 한다. 고사기에는 이를 닌토쿠 천황 때의 일로 기록하고 있다.

오진 천황 16년에 신라의 방해로 막혔던 궁월국弓月國 백성을 도래 시키기 위해 헤구리노쓰쿠노스쿠네平群木菟宿禰와 이쿠하노토다노스쿠네的戸田宿禰가 이끄는 정예군을 파견하였다고 한다. 4세기 무렵 일본의 배는 엉성하게 뗏목 위에 기둥과 대들보를 세워 줄로 엮어 만든 원시적인 배였다. 당시 신라는 목판을 붙일 때에 못을 쓰지 않고 요철로 파내어 결합시키는 기술이 있을 정도로 발달되었다고 한다. 그 후에 이나베의 후손들 일부가 이세만伊勢湾 연안의 미에三重로 옮겨 조선 기지를 건설하였는데 현재 이나베군員辨郡에 선조를 모신 신사가 있다. 그들은 일본인에게 신라의 배 건조 기술을 가르치는 한편 일본 사신들이 당나라로 갈 때 타던 견당선도 만들었다고 하는데 열악하여 신라의 선박을 이용한 것으로 전해오고 있다.

### 아메노히보코 이야기

삼국사기에 의하면 아메노히보코의 아버지 탈해 이사금의 출신지가 다파니국이라고 한다 脫解本多婆那國所生也其國在倭國東北一千里. 다파니국에 대해서는 여러가지 설이 있다. 일본에서는 왜국 동북쪽 1천리 바깥에 위치하였다는 점을 근거로 다지마·단바但馬·丹波 지방이라는 주장이 있다.

고사기와 하리마후도기에 의하면 아메노히보코가 도요오카시 이즈시豊岡市出石에 정착하였다고 한다. 기키에서는 아메노히보코를 도래 귀화인으로 묘사하고 있으며 지금도 그 지방의 신出石神社으로 섬겨지고 있다. 한반도와 관련된 진구 황후는 아메노히보코의 후손이다.

아메노히보코가 도착한 곳이 하리마의 시사하노무라宍粟邑로 현재의 시소시宍粟市다. 천황에게 여덟 가지 예물세 개의 구술, 창, 대검, 거울, 손 칼, 곰신단을 바치면서 왜국에서 살기를 원하여 허락하였다고 한다. 그러나 여기에서 연대적으로 따지면 당시 왜국은 통일된 일본이 아니라 지방 호족들이 군웅 할거하던 시대다. 아직 천황이라는 중앙집권적 정치 체제가 성립되어 있지 않아 사가의 의도적인 편집으로 사료된다.

필자는 신라 왕자와 아메노히보코의 전승을 접하면서 연오랑 세오녀의 설화가 떠올랐다. 삼국유사에 아달라왕 4년 서기 157년, 연오랑 세오녀 부부가 영일만에서 해초를 따며 살았다. 연오랑과 세오녀는 태양신과 달신의 정령이었다고 한다. 고조선 시대부터 한민족은 태양신의 정령으로 삼족오三足烏와 달신의 정령 두꺼비를 숭배하였다.

아메노히보코는 도래계 태양신이다. 연오랑에서 오랑烏郞은 천신 신앙의 상징인 '까마귀 사나이'에 연延자는 햇빛을 천하에 뻗친다는 의미로 해석한다. '삼국유사'의 연오랑이 바다 건너 '일본서기'에서는 아메노히보코로 등장한다. 천신의 햇빛과 창을 들고 천하를 지배하는 천손 신앙을 가진 도래인 집단의 왕으로 해석된다. 삼족오는 태양신을 숭배하는 집단의 표상으로 '까마귀 사나이'는 왕을 나타내는 의미다. 세오녀의 "오녀烏女는 '까마귀 여인'이나. 세細는 비단을 전수하는 여신으로 지배자의 힘을 상징한다. 전승에 의하면 아베노히보코는 이즈시 출신의 마타오麻多烏를 아내로 삼았다고 한다. 마타오의 타오多烏는 '까마귀 여인'를 뜻하고 마麻는 비단을 짓는 여신을 상징한다. 신라의 설화에는 연오랑과 세오녀가 왜국으로 가는 바람에 해와 달이 빛을 잃게 되었는데 세오녀가 만들어 보낸 비단으로 제사를 지내니 해와 달이 빛을 되찾았다고 한다.

일본서기에 스이닌 천황이 아메노히보코에게 "스스로 지배지를 선택할 권한을 부여했다"고 한다. 아메노히보코가 스이닌 천황에게

바쳤다고 하는 구마노히모로기熊の神籬와 이즈시노가타나토호코出石の小刀と桙 즉, 곰의 신단과 무기 등은 당시 일본의 지배와 연관이 있다. 아메노히보코가 건넨 구마노히모로기는 신라계 도래인들의 신보神寶였다. 신라의 왕자가 가지고 온 신보가 일본 천황가가 모시는 신토로 안착되었다.

구마노히모로기를 고조선 개국 시대 웅족인 웅녀의 신주단지로 추정하는 학자도 있다. 도 데이칸藤貞幹은 히모로기가 후일 일본의 신사로 변천되었다고 보았다. 벼농사의 전래와 함께 태양신 삼족오 신앙과 웅족의 곰신단이 천황가에서 거행되는 니이나메사이新嘗祭가 된 것이다.

재일 사학자 김달수 씨도 "히모로기는 신사와 진구의 원형이며 곰은 성스러운 존재로 건국 신화에 나오는 곰"이라고 하면서 "아메노히보코로 상징되는 신라계 도래인 집단에 의해 전래되었다"고 하였다. "일본식 진구도 시조묘로 무녀의 큰 사당이었고 그 첫 주재자를 왕족의 여인"으로 보았다.

'신리'神籬를 '히모로기'比毛呂岐로 읽는 것도 본래 신라의 말이기 때문이라고 한다. 아메노히보코가 지니고 도래한 '구마노히모로기'는 조상님을 신주神主로 모시는 물건으로 보는 견해도 있다. 이는 쌀을 주식으로 하는 벼농사와 철기를 다루는 집단의 신앙으로 한국에도 이 풍습이 남아있다. 주로 안방에 선반을 만들어 항아리에 쌀을 가득 담아 하얀 종이로 덮은 다음 무명실로 묶어서 모신 것을 '신주단지'라고 한다. 해마다 처음 수확한 쌀을 '신주의 쌀'로 바치고 집안의 안녕과 무병장수를 빌었다.

일본의 태양신 신화로는 황실의 아마테라스 전승과 사루타히코 전승 그리고 아메노히보코 전승 등이 있다. 고사기에 의하면 신라의 아구누마阿具奴摩라는 호숫가에서 미천한 여자가 낮잠을 자고 있었다. 거기에 햇빛이 무지개처럼 음부에 비치어 임신을 하여 붉은 구슬을 낳았다. 이를 엿보던 미천한 남자가 그 구슬을 받았다. 그 남자가 골짜기에서 소를 끌고 있을 때 왕자인 아메노히보코와 만났다. 왕자가 소를 잡느냐고 책망하자 그 남자는 용서를 구하고자 구슬을 헌납하였다. 왕자가 구슬을 가지고 돌아와 마루 근처에 놓으니 구슬이 아름다운 소녀로 변하였다.

왕자는 그녀를 정실로 맞이 하였다. 그러던 어느 날 왕자가 여자에게 화를 내자 여자는 조국으로 돌아간다고 하면서 왕자 곁을 떠나 작은 배를 타고 나니와難波에 머물렀다. 나니와란 지명은 한반도에서 '험한 파도難波'를 헤치고 왜국의 수도에 도착하였다는 의미에서 붙여진 이름이다.

이 여자를 아가루히메노가미阿加流比賣神라고 하는데 나니와의 히메고소 신사比賣碁曾神社의 제신이다. 왕자는 아내가 도망간 것을 알고 바나들 선녀 나니와에 사고사 하였으나 나니하아노와타리노가미浪速之渡之神가 거부하여 만날 수가 없었다. 그래서 신라에 돌아가는 길에 다지마국에 정박하였는데 그대로 그곳에 남아서 다지마노마타오多遲摩之俁尾의 딸 사키쓰미前津見를 아내로 맞이하여 다지마노모로스쿠多遲摩母呂須玖를 낳았다고 전한다.

'붉은 옥'으로 상징되는 한민족 각국 시조들의 신비한 난생 설화卵生説話의 발자취도 한민족의 일본 열도 이동과 함께 고대 일본의 천손 신앙의 바탕이 되었다. 고조선의 "난생형 신화를 일본에 가져온 신라계 도래인 집단인 이즈시족出石族이 실제로 주보呪寶로서 붉은 옥을 가져온 자취가 있다"는 것이다.

　연오랑 세오녀와 아메노히보코 설화의 관련성은 몇 가지 근거를 들 수 있다. 우선 아메노히보코라는 이름이 연오와 세오처럼 태양을 상징하는 것으로 볼 수 있다는 것과 부부가 모두 바다를 건너 왜국으로 건너왔다는 것이다. 한국과 일본의 이 신화는 고대 한반도와 왜국의 교류와 태양신이 한반도에서 일본 열도로 이동하는 것을 보여주는 중요한 대목이다. 일본에 존재하는 태양신과 태양여신이 각각 삼국유사의 연오와 세오에 해당함을 입증하는 연구들이 있었다. 이는 한일 신화 간 영향 관계를 입증하는 가설로 평가되어 왔다. 이 가설은 태양신 혹은 일월신의 이동 양상을 중심으로 설화를 해석하는 과정에도 적용될 수 있다고 한다.

　태양신을 숭배하는 집단에서는 동지가 다가오면 기운이 쇠약해진 태양을 부활시키기 위해 재생의례를 한다. 세오녀가 짜서 만든 비단으로 제의를 행했다고 하는데 비단이 재생의 원리를 통해 태양의 기운이 부활하는 것을 수용하는 과정을 보여주는 것이라고 주장하는 이도 있다. 일본 신화의 대표적인 남성 태양신사루타히코과 여성 태양신아마테라스 이야기 중에서, 남성 태양신에서 여성 태양신으로 이행하는 태양신의 교체를 보여주는 것이 사루타히코 앞에서 여음을 드러내어 춤추는 것으로 나타났다.

　신라의 전승과 일본의 전승을 종합해보면 신라 탈해왕의 조국은 일본의 다지마이고 그의 아들 아메노히보코가 아버지의 고향 땅인 일본의 다지마에 정착하였다. 그의 후손 진구 황후가 선조의 조국 신라를 침략하여 신라 왕자 미사흔을 인질로 잡아왔다는 것이다. 설화가 비약적이고 초현실적이지만 신라에서 정치 집단의 이동과 양국간 빈번한 교류가 있었을 것이란 추측이 가능하다.

　백제에서 신라를 거쳐 하타 일족 1만여 명이 하리마를 비롯한 세토나이 해안 지역에 집단 이주한 것을 예로 들 수 있을 것이다. 그리고 진시황이 불로장생의 약초를 구하기 위해 서복徐福 일행을 일본에 보냈다는 전승도 일본으로의 집단 이동을 의미하는 것이다.

# V
# 무궁화와 사쿠라

무궁화와 사쿠라
일본은 신의 나라인가?
도래인의 길이 신의 길로
인간의 모습으로 나타난 신
천황과 야스쿠니 신사
야스쿠니에서 벚꽃이 되어 만나자
천황 즉위식의 비의 다이조사이(大嘗祭)
철학이 없는 일본

## 무궁화와 사쿠라

필자는 고대 일본에 정착한 도래인들의 마음을 위로하고 안식할 수 있는 것이 무엇이었을까? 라는 주제를 생각하면서 가와치 지방을 살피던 중에 마쓰바라시松原市에 있는 시바가키 신사柴籬神社에 가게 되었다. 경내에서 근세 문학사적으로 가장 비중 있는 작가 이하라 사이카쿠井原西鶴의 단가를 새긴 구비句碑와 무궁화나무를 보았다.

야스마쓰 마사시安松昌志 구지에 의하면 시바가키 신사는 5세기 전반, 제18대 한제이 천황反正天皇 당시에 궁으로 쓰였던 곳으로 도래인들이 고향을 그리워하며 무궁화나무를 심었다고 한다. 고향을 등지고 이국만리에 정착한 도래인이 무궁화를 보면서 향수를 달랬다는 것이다.

이하라 사이카쿠는 무궁화 피는 계절이 오면 종종 이곳에 와서 선조들을 생각하면서 '시바가키궁에서 무궁화를 보며 천황과 저녁을 맞이하는 시바가키의 황궁柴籬宮 むくげうへてゆふ柴垣の都哉'이라는 단가를 지었다.

시바가키 신사에 피어 있는 무궁화와 북을 치는 구지

가와치에 정착한 도래인의 마음을 달래 주던 꽃은 무궁화였다. 가와치에서 나라奈良를 향해 가는 끝자락에 아스카安宿라는 지명이 있다. '정말로 살기 좋은 곳'이라는 의미다. 아스카飛鳥는 이 아스카에서 유래한 말로 도래인이 정착한 가와치의 땅이 살기에 아주 좋았던 것이다. 도래인은 이 곳에 무궁화나무를 심어 꽃을 보면서 향수를 달래며 새로운 땅을 개척하였다. 시바가키의 무궁화를 보면서 도래인이 실어온 숨결을 느낄 수 있다.

현대의 일본인이 좋아하는 꽃은 일본의 국화가 된 벚꽃과 국화꽃이다. 국화는 주로 죽은 자를 추모하는 애도의 꽃으로 장례식장을 장식하지만 황실을 상징하는 꽃이기도 하다. 천황과 함께 하는 좋은 세상高天原에 고인을 보내고 싶은 마음을 담아 장식하는지도 모른다.

무사도의 잔영이 남아 있는 일본인은 벚꽃이 무사도의 정신을 나타낸다며 좋아한다. 일본 하면 떠오르는 것이 사쿠라桜와 사무라이侍 즉, 벚꽃과 무사다. 헤이안 시대가 되면서 일본에 뿌리를 내린 사람들은 한반도에서 전래된 벚꽃에 사로잡혔다.

　벚꽃의 꽃말이 아름다운 정신영혼 또는 삶의 아름다움이라고 하는데, 군국주의 시대에 그 의미를 왜곡하여 전쟁에서의 죽음으로 악용되었다. 헤이안 시대는 벚꽃이 가진 순수한 아름다움을 즐기기 위한 것이었는데 반해 신토국교화로 그 본질이 왜곡된 것이었다. 야마토다마시와 주신구라도 전쟁을 위한 도구로 변질 각색되었다.

　메이지 이후에 흔히 사용된 야마토다마시의 어원은 무라사키 시키부紫式部의 겐지모노가타리源氏物語에서 유래하였다. 주인공 히카루 겐지光源氏는 중국의 학문이 있어야만 일본인으로서 재능이 유용하다고 어머니大宮를 설득한다. "학문이라는 기초가 있어야만 일본인 독자적인 재능도 세상에 중점을 둘 것입니다."

　오에 겐자부로는 "무라사키 시키부는 아리스토텔레스가 말하는 '공통감각sensus communis'을 일본인 고유의 야마토다마시로 이해하였다"고 한다. 여기에서 "공통감각이란 인간 마음을 움직이는 근본인 지적인 힘, 감정 또는 상상력적인 것"이라고 정의하였다. 일본인으로서 고유의 공통감각이 인간의 행동을 결정한다. 그러나 그 기반에 지적인 힘을 기르는 재才가 없으면 현실적으로 유효하게 작동하지 않는다. 대륙의 학문이 기초가 되지 않으면 일본인의 공통감각이나 일에 도움이 되지 않는다. 따라서 아들夕霧을 대학에서 공부시켜야 한다고 겐지는 말하고 있다는 것이다.

　메이지 유신 후의 근대화 과정에서 일본은 서양 문명을 적극적으로 들여와서 열심히 배웠다. 서양의 '재'를 한 때 대륙의 '재'와 바꿔놓았을 뿐 기본 자세는 바뀌지 않았다는 것이다. 메이지 정부는 근대 국가 성립 조건의 하나로 국민의식의 통일을 꾀하였다. 근대화의 지도자들은 천황을 중심으로 한 일본 전통 문화의 절대성을 강조하기 위해 왜곡된 야마토다마시를 내세워 애국적인 슬로건으로 삼았다.

오에 겐자부로가 소년 시대에 체험한 것은 광신적인 일본인의 모습이었다고 한다. 그는 "야마토다마시가 있으면 과학적인 근대화 병기가 열악하다 해도 전쟁에서는 이길 것이라는 망상적인 일본인을 낳았다"고 회상하였다. 아라키 사다오荒木貞夫는 1933년에 출간된 황도유신과 아라키즘皇道維新と荒木イズム에서 황군皇軍의 정신은 황도皇道의 선양에 있으며 야마토다마시는 황도의 대본皇道の大本이라고 하였다. 그는 메이지유신은 왕정복고이며 쇼와昭和인 오늘날 황도유신이 필요하다고 호소하였다. A급 전범인 육군대신 아라키가 외쳤던 '정신력이 물질력을 이긴다'는 야마토다마시는 전시에 일본인의 심중에 각인되었다. 근대화 이후에 군국주의자들은 침략 전쟁의 전투 슬로건으로 야마토다마시를 내세웠는데 겐자부로는 "군국주의가 일본 고유의 사상인 야마토다마시와 무사도를 왜곡하였다"고 지적한 것이다.

한민족은 민족 고난사 가운데 새로운 종교를 받아들이면서 성숙한 민족 정신을 형성하였는데 이 정신을 나타내는 꽃이 무궁화라고 한다. 반면, 일본은 다른 나라로부터 침략당하는 민족 고난사를 거치지 않았다. 섬나라 일본은 천황에 대한 충성심을 나타내는 벚꽃에 비유되고 있다.

한국인은 일본인과 유전적 형질이 동일한데도 양국 관계만큼 어려운 나라도 없다고들 한다. 반도 국가와 도서 국가가 갖는 지정학적인 이유만으로는 설명하기 어려운 가슴 아픈 과거를 갖고 있다.

이사 갈 수 없는 이웃이라면 하나가 되는 것도 하나의 방법이라는 말도 있다. 평화로운 관계를 유지하기 위해서 이웃나라를 이해하는 것은 매우 중요하다.

광신적인 민족주의, 편견과 적개심이 가득 찼던 20세기를 보내고 새로운 세기를 맞이하기 위해서는 과거의 역사를 청산하고 상호 이해와 협력을 통한 평화적인 한일 관계를 후손에게 물려주려면 전후 한일 간의 복잡했던 관계를 풀어 나가야 한다. 이는 시간이 걸리더라도 서로의 시점을 이해해 가는 역사 과정이 중요하다.

## 일본은 신의 나라인가?

일본을 이해하기 위해서는 국학과 신토를 알아야 힌다. 일본을 신사의 나라라고 하는데 신사를 보면 일본인의 마음을 볼 수 있다. 메이지 정부가 아시아를 정복하는데 국학이 바탕이 되었는데 국학이 신토에 미친 영향이 절대적이었다.

일본인도 한국인과 같이 조물주나 조상신을 숭배한다. 그러나 일본에 남아있는 한국 문화로 일본에는 있으나 한국에는 없는 것이 천황과 신사다. 일본 신들의 기원은 주로 조상신인데, 일본인들은 사람이 죽은 후 일정 기간이 지나면 가족과 촌락을 수호하는 신이 된다고 믿으며 숭배해 왔다. 이 같은 조상 숭배가 '우지가미'氏神라는 촌락공동체의 수호신 관념이 형성되었고 조상신을 모시는 신앙으로 체계화 된 것을 신토라 한다.

호쿠리쿠北陸의 작은 교토小京都로 불리는 가나자와金澤, 노토반도能登半島, 고마쓰小松 등은 고대 고구려와 발해의 문화를 받아 들이는 관문이었다. 고마쓰는 고마쓰高麗津에서 온 말로 한반도와 교류가 활발하였던 항구였음을 말해주고 있다. 고마쓰시에 나다데라那谷寺라는 절이 있는데 기자키 게이센木崎馨山 주지의 안내로 절을 둘러보는 기회가 있었다. 1300년된 고찰로 산악 신앙의 하나인 하쿠산 신앙白山信仰의 중심 사찰이다.

가가번加賀藩 2대 번주였던 마에다 토시쓰네前田利常가 겐로쿠엔兼六園이 조성되기 전인 1642년경부터 본당을 비롯한 가람을 세웠다. 야요이인弥生人의 주거지였던 동굴과 조화를 이루며 조성된 정원이 매우 아름답다.

주지에 의하면 "본당에 안치된 천수관음千手観音의 뒤에 하쿠산 정상御前峰이 있어 신자들이 천수관음 앞에서 드리는 예불은 하쿠산 정상에 깃들어 있는 신들에게 올리는 것"이라고 하였다. 하쿠산은 "호쿠리쿠에 건너 온 도래인이 숭배하던 영산으로 그 뿌리는 백두산에 있다"고 하였다. 대륙에서 백두산을 숭배하던 산악 신앙이 도래인과 더불어 일본 열도로 건너와 하쿠산을 숭배하는 신앙으로 남아있는 것이다. 주지는 "하쿠산 신앙의 뿌리는 우랄산맥에서 시작하여 백두산을 거쳐 일본에 이동한 것"이라 하였다.

고마쓰시에 인접한 노미시 네아가리정能美市根上町은 일본 야구의 영웅 마쓰이 히데키松井秀喜와 전 총리 모리 요시로森喜朗를 배출한 곳이다. 모리 총리의 아버지 시게키森茂喜는 군인 출신 정치인으로 만주에서 정래혁 전 국방부장관의 상관으로 근무했다.

귀화한 니시하라 미쓰코西原光子 씨에 의하면 시게키 씨는 인격자로 재일동포의 인권과 생활에도 특별한 관심을 갖고 많은 도움을 주었다고 한다. 그는 아들 요시로를 총리로 키우기 위해 영재 교육에 힘썼다고 한다. 그런 아버지의 꿈이 실현되어 2000년에 요시로는 제85대 총리가 되었다.

총리에 취임하고 한 달이 지난 5월15일 신토 정치연맹 국회의원 간담회에서 "일본국은 바로 천황을 중심으로 한 신의 나라라는 것을 국민 모두가 확실히 알게 하기 위해 우리 신토 정치연맹 소속 국회의원들이 힘써 왔다日本の國、まさに天皇を中心としている神の國であるぞということを國民の皆さんにしっかりと承知して戴く、そのために我々が頑張って来た"는 인사말이 사회적으로 큰 물의를 일으켰다.

일본은 국가와 종교는 분리한다는 정교분리를 원칙으로 하는 국민주권 국가다. 이는 미군정이 일본을 군국주의의 망령으로부터 벗어나게 하려했던 노력의 결과였다. 정교일치는 타종교에 대한 혐오감과 박해로 표출되는데 인간의 손엄성을 파괴하여 인간의 양심과 자유를 억압한다. 인류는 이의 극복을 위해 많은 피를 흘려왔다. 그 결과 민주주의 제도로 정교분리를 쟁취하였다. 국가의 타락을 방지하기 위해 반드시 필요한 정교분리는 민주주의를 확립하는 토대로 신앙의 자유를 보장하기 위한 필수 조건이다.

천황제를 부정하는 정치인들은 물론 좌우를 가리지 않고 연일 모리 총리를 비판하여 세상을 시끄럽게 하였다. 그러나 일본은 신화와 신사 그리고 천황의 나라다. 민주주의 국가 일본이라고 생각한 필자도 일본에 오기 전에는 천황의 권위는 모두 조작된 허상에 불과하다고 생각했었다. 이것이 일본을 이해하지 못하는 사람에게서 일어나는 실책이다. 광신적인 군국주의자는 물론 반전주의자들도 신념의 원천을 천황에 두고 있다. 일본인 모두가 독특한 섬나라의 역사 속에서 체험으로 형성된 신화와 신사 그리고 천황과 분리할 수 없는 삶을 살아가고 있다.

 국학자들은 불교와 유교에 물들지 않은 고대의 문학에서 일본인의 정신세계를 찾아내어 천황을 섬기는 일본인은 선하다고 주장하며 이를 교리화했다. 그들이 말하는 선한 정신은 '각자의 자리 各其の所를 걸맞게 찾아 와和를 실현하여 사는 것'이다. 이는 천황을 정점으로 전세계를 하나의 집 八紘一宇으로 하는 새로운 질서를 세우는 것이다. 이를 위한 첫 단계로 일본은 아시아를 서양으로부터 보호한다는 명분으로 침략 전쟁을 일으킨 것이다.

 전쟁에 임하던 나치하의 독일인이나 일본제국하의 일본인이 광기에 찬 확신범이었다는 것은 같다. 그러나 극한적인 상황에서 독일인들과 달리 끝까지 악에 받쳐 싸우던 일본인은 그들이 신성시 하던 천황이 독일인이 영웅시 하던 히틀러와 달랐기 때문이다.

 한마디로 일본은 천황과 신사의 나라다. 일본인들이 한국에 다녀와서 하는 말이 "한국에는 교회가 많다"고 한다. 일본에서는 교회를 찾아 보기 어려운데 반하여 한국 교회의 십자가 네온이 인상적이었다는 것이다. 일본 밤거리의 휘황찬란한 네온은 유흥업소와 파친코가 주를 이룬다.

 일본에는 교회당은 없지만 어디를 가든지 신사가 있다. 신사는 신토라고 하는 일본 독특의 종교 시설이다. 신토라는 말은 요메이천황의 조用明天皇の条에 "천황이 불법을 믿고 신토를 존중했다 天皇神佛法尊神道"는 구절에 처음 등장한다. 이는 일본서기가 편찬된 8세기 초엽의 용법으로 간나가라노미치 隨神の道라는 말이 나오는데 '신의 길'이라는 뜻이다. 당시 신토라는 용어가 불교의 대비어로 사용된 것은 물론 일본인이 외래의 종교 문화와 대비를 통해 자기 자신을 의식하기 시작했다.

메이지 유신 이후에 서양의 문화를 받아 들이면서 근대 종교 개념에 맞추어 신토를 정의하려는 시도가 있었다. 이후에 종교학이 본격적으로 연구되면서 신토라는 말이 정착되었다.

국학은 에도 중기의 승려 게이츄契沖1640~1701년로부터 시작되어 가모노 마부치賀茂眞淵, 모토오리 노리나가本居宣長, 히라타 아쓰타네 등에 의해 전개된 국수주의적 학문 운동이다. 게이츄는 미토학의 뿌리가 되는 도쿠가와 미쓰쿠니의 의뢰로 만요슈의 이해를 돕기 위한 만요다이쇼기万葉代匠記를 편찬하였다.

신토를 시대별로 고신토古神道, 쥬카신토儒家神道, 후코신토復古神道, 국가신토로 구분하는데 고신토는 천황과 국가에 관련된 공公의 길이지 개개인의 구제 문제를 다루는 종교적 신화는 아닌 것으로 이해하였다. 후코신도는 불교와 유교가 들어오기 이전의 일본 본래의 순수한 '신의 길' 인 고대 신토로 복귀할 것을 강조한다.

강항으로부터 성리학을 배운 후지와라 세이카는 신부쓰슈고神佛習合 사상을 비판하면서 신토와 유교는 본래 하나라고 하였는데 이를 쥬카신토라고 한다. 하야시 라잔林羅山에 의해 제창된 일치사상은 뒤에 많은 유학자들에 의해 계승되었다.

라잔은 산슈노진기를 중용의 지·인·용의 삼덕으로 생각했다. 역대 천황의 마음에 청명한 가미神가 들어 있으며 가미의 덕과 힘에 의해 국가가 통치되어 왔는데 그 통치이념이 신토요 왕도라 하였다. 그는 신토와 왕도를 같은 의미로 생각하였다. 근세 이후 쥬카신토 자체는 그리 세력이 없었지만 그들이 주장한 명분론은 신토설에 영향을 주어 존황양이 사상을 확산시키고 막부 토벌의 주요 사상적 기반이 되었다.

　주자학의 거경궁리居敬窮理를 근거로 야마자키 안사이山崎闇斎에 의해 제창된 수이카신토垂加神道에서 이기일체理気一体를 대극大極에 두고 천지개벽신 구니노토코타치노카미國之常立神가 아라히토가미現人神 천황과 유일무이적 존재로 천인유일天人唯一의 리理라고 주장했다.

　후코신토가 히라타 아쓰타네 사후 지배층에 수용되어 존황양이 운동의 기반이 되었다. 모토오리 노리나가와 아쓰타네의 국학 사상은 메이지 이래 대일본제국의 체제를 정당화하는 이데올로기가 되었다. 후일 정부에 의한 사상 통제가 강요되는 과정에서 일본 정신을 뒷받침하는 것으로 선전되었다.

　후코신토는 중세의 신부쓰슈고나 근세의 쥬카신도에서 유불사상을 배제한 순수한 신토로 야오요로즈八百万の神의 중심인 아마테라스의 자손천황을 만인의 중심적 존재로 정립하였다. 이에 천황은 무궁하게 존속하며 신의 길에는 번영이 있고 사람의 길은 이것을 확인하고 경외하는 것이라고 주장하였다.

　히라타 아쓰타네의 제자들이 아메노미나카누시노가미天之御中主神라는 존재를 만들어 창조신으로 하는 단일신교 형태로 신토를 변형하는 일이 벌어졌다. 엔기시키 진묘쵸에는 아메노미나카누시노가미를 제사하는 신사의 기록이 없다. 일본 신화의 창조는 천지 창조의 신화가 아니라 일본 국토를 고정하고 개조한 조상들의 신화다. 따라서 우주나 하늘에 대한 관심이 없었기에 하늘 중앙에 신이 있다는 관념이 없었던 것이다.

　고대신토는 한국의 무속과 같이 현세 중심적으로 지연과 혈연으로 맺어진 공동체를 보호할 목적으로 형성되었다. 현대의 신토는 헤이안 중기에 고대로부터 야마토 왕권에서 제사를 지내던 신들을 중심으로 재편되었다. 여기에 불교 및 지방의 신들을 통합하여 이세진구를 중심으로 하는 하나의 통일체를 이뤘다. 신토는 율령의 실행세칙을 기준으로 편찬된 엔키시키에 근거를 두면서 종교법인 '신사본청'이 주관하고 있다.

근세에 와서 기독교를 비롯한 외래 종교의 영향과 이에 대항하기 위해 아메노미나카누시노가미를 만들어 냈다. 이는 신부쓰슈고의 영향으로 신토에서 묘겐보사쓰妙見菩薩 신앙을 받아들였다고 생각된다. 필자는 오사카 지역의 묘겐신앙을 답사하면서 가쿠레기리시탄隠れキリシタン과 밀접한 관계가 있음을 알게 되었다.

일본문화에서는 지옥이라는 개념이 거의 논의되지 않았다. 연구자들은 아쓰타네가 당시 금기시되어 왔던 기독교관계의 서적을 참고로 유메이 심판사상幽冥審判思想을 고안한 것으로 보고있다. 예수 최후의 심판과 같이 오쿠니누시가 죽은 자를 타타리가미祟り神 등으로 등급을 매긴다는 발상이다.

하야시 라잔과 야마자키 안사이의 쥬카신토설이 형성된 후에 국학이 일어나게 되었다. 그리고 기독교의 영향을 받아 종교적인 측면을 보충하여 국가신토가 시작되었다고 볼 수 있다. 후코신토가 아쓰타네 사후 신쇼쿠를 비롯한 지배층에 수용되어 존황양이 운동의 기반이 되었다. 모토오리 노리나가와 히라타 아쓰타네의 국학 사상이 메이지 이래 대일본제국의 체제를 정당화하는 이데올로기가 되었다. 그리고 정부에 의한 사상 통제가 강요되는 과정에서 일본 정신을 뒷받침하는 것으로 선전되었다.

아쓰타네의 신토설이 노리나가의 장점인 고전의 문학적 연구와 관계없이 단점인 광신적인 신화의 신앙을 이어받고 확대되어 일본의 신들에 대한 광신적인 신앙을 비대화시켰다는 비판을 받고 있다. 일본은 신이 낳은 나라로 일본인은 신의 자손이다. 그에 반하여 외국은 신이 낳은 것이 아니므로 외국에서 탄생된 가르침은 아무것도 취할 점이 없다. 아쓰타네의 사상에서 부정不淨과 청정清淨의 대립의 구도를 만들어 철저한 배불사상이 나타나게 되었다. 여기에 황천국 신화를 갖지 않는 외국을 비판하였다.

국학은 슬픔을 인간의 본질로 본 노리나가와 아쓰타네의 유메이카이幽冥界를 경계로 분노로 전개되었다. 천황제적 전체주의와 결합하기 위해 만들어졌던 '국가신토'는 메이지 유신부터 패전 사이 국가의 지원 아래에서 유지되었다. 비판론자들은 유교·불교·도교·양학의 경전과 옛 전설의 단편들을 긁어 모아 종교적 측면을 보충하여 하나의 종교인 '국가신토'를 만들었다고 일축한다. 기독교 내세관의 영향을 받았으면서도 기독교에 대항하는 민족 고유의 종교로 전환되었으며 현대에 이르러 아쓰타네의 수업이 근린 제국과 근 문제를 일으키는 계기를 제공하고 있다.

아쓰타네의 사상에서 철저한 배불사상이 나타났고 천황제적 전체주의와 결합하기 위해 만들어졌던 국가신토의 사상은 패전 후에도 천황제가 존속되고 침략 전쟁이 청산되지 않은 채 일본인의 의식 밑바탕을 지배하고 있다. 일본의 근본적인 문제 해결을 위해서는 슬픔에서 출발한 분노의 본질을 해원하고 포용과 화해를 이룰 수 있는 이타주의로 전환시켜 평화주의를 실현할 수 있는 일본이 되도록 도와줘야 한다. 이를 위해 한국은 일본에 대해서 배타적 존재로 일본을 내치지 말고 한민족의 전통 정신으로 일본을 품고 하나 될 수 있는 길을 찾아가야 한다.

### 도래인의 길이 신의 길로

일본 신화의 신은 인간과 질적으로 다른 절대타자창조신가 아니라 조상신이다. 인간을 지켜주고 복을 가져다 주며 친숙하고 현실적인 신이다. 유일신관에서 말하는 절대적인 선한 신이 아니고 도덕적인 선악에 구애 받지 않는 존재로 한반도에서 건너와 일본 열도를 개척한 선조들이다.

고구려에서 밀려난 소서노가 비류와 온조를 데리고 남하하여 백제를 건국하였다고 한다. 마찬가지로 대륙에서 밀려난 태양 숭배 신앙 집단 세력이 야마토 왕권의 핵심 세력이 되어 아마쓰가미 사상

**도다이지(東大寺), 불교도래의 길**
중앙이 인도, 양옆이 중국, 그 양옆이 한반도를 나타낸다.

을 완성시킨 것이 신토다. 나카가와 도모요시 中川友義는 일본서기의 개국 신화에서 "조선 남부의 벼농사가 일본으로 건너오면서 신라의 신토가 함께 건너왔다"고 하였다. 한반도에서 도래한 신들이 개척한 길이 일본의 신의 길인 신토로 결실되어 일본인 정신의 뿌리가 되었다.

태양의 여신 아마테라스를 천황가의 시조신으로 보는 이해는 근대 천황제 국가에서 성립된 것이라는 주장도 있다. 자연신의 으뜸인 태양신 아마테라스 신앙을 등에 업고 초월적 권력에 의한 국가 통일 과정에 신화적 표현을 부과한 것으로 보는 것이다. 여기에 야마사치히코와 우미사치히코가 편입된 것이다.

일본 신화는 고대 일본 각 지역의 다양하고 개별적인 여러 신화들이 8세기 이래 정치적 목적 아래 하나로 체계화되었다. 백제인 망명 집단이 주축이 된 기키의 편자는 아마테라스를 신토 최고의 신으로 세워서 신화의 중심에 놓고 신들이 살고 있는 하늘나라 高天原의 통치자로 만들었다. 야오요로즈의 신은 신들의 존재의 총칭으로 실제의 수를 나타내는 말이 아니라 신도의 수 많은 신을 일컫는 관용어구다.

고대인의 태양 숭배와 조상 숭배 전통인 애니미즘이나 샤머니즘이 고등 종교 불교 도입으로 도전을 받게 되었다. 불교가 민간 신앙으로 정착되면서 권력가들도 영향을 받게 되었다. 이를 계기로 기존의 신앙과 불교의 갈등이 사회적 대립 현상으로 나타났다.

모노노베 오코시가 "타국의 신을 섬기는 것은 예로부터 우리가 모셔온 신들의 분노를 사니 반대한다"고 하였다. 백제를 배경으로 권력을 쟁취하려 했던 소가씨와 황실의 제의를 내세워 기득 세력권으로 있던 모노노베씨의 권력 투쟁이 불교와 신토간 종교 전쟁 양상으로 나타났다.

우리나라도 역사적으로 새로운 종교가 창교되거나 유입될 때 기성 종교와 기득권으로부터 말로 표현할 수 없는 박해와 탄압을 받았다. 근대에 이르러 다종교 사회가 되면서 가족간 신앙이 갈리게 되면서 갈등을 겪어 왔다. 신앙간 갈등을 그린 김동리의 '무녀도'가 이 같은 사회현상을 잘 표현하고 있다.

인류 문명사에서 어느 사회나 종교를 배경으로 권력의 헤게모니를 잡으려 생사를 건 투쟁을 해왔다. 기성 종교 세력이 타종교나 신앙에 대해 배척하고 박해하는 형태는 죄인을 용서하고 사랑하라 가르친 창시자들의 의지와는 달리 권력화 되면서 기득권을 지키기 위한 도구로 쓰여진 것이 종교의 역사다.

역사상 신앙 문제로 수 많은 사람이 순교의 길을 갔고 신의 이름으로 전쟁을 일으키거나 이단 논쟁으로 처형된 숫자 또한 헤아릴 수 없이 많다. 역사는 기독교의 이름으로 죽임을 당한 사람이 제일 많고 공산당에 의해 죽임을 당한 수가 그 뒤를 잇는다고 한다. 일본사에서도 종교 간 갈등과 더불어 메이지 정부가 내세운 국가신토가 타민족에 대한 혐오와 분노로 분출되면서 천문학적인 수의 인간이 희생을 당했다.

### 인간의 모습으로 나타난 신

메이지 정부는 제정일치 국가 실현을 위해 메이지 원년 1868년에 진기칸神祇官을 설치하여 전국의 모든 신사가 진기칸의 지휘를 받도록 하였다. 정부는 천황을 중심으로 한 국가신토를 강화하기 위해서 수와의 오호리 제도를 도입하여 천황을 '아라히토가미現人神'로 신격화했다. 아라히토가미의 뿌리는 천손강림신화로 건국의 기원을 하늘에서 내려왔다고 주장하는 것은 북방 아시아 제민족에 널리 퍼져 있던 사상이다. 진기칸은 천황의 신성神性을 강조한 '아라히토가미'를 신토국교화 정책을 통해 전국민 신앙화 운동을 강력하게 추진하였다.

진기칸은 '최고신'의 자리에 아마테라스에 두고 이세진구를 아마쓰카미의 중심 신사로 그리고 기즈키 다이샤杵築大社, 후에 이즈모 다이샤로 명칭을 변경를 구니쓰카미의 중심 신사로 결정하였다. 그리고 천황을 신격화하는 제정일치 국가를 위해 제사 개혁을 실행하였고 황도皇道 선포로 국교신토화 정책을 펼쳤다. 그들에게 있어 천황은 초종교적 대상으로 천황이 없는 일본은 진정한 일본이 아닌 것으로 만들었다. 그리고 불교를 신사와 분리하는 신부쓰 분리령을 내렸다. 이를 계기로 전국에서 불교 훼손 운동이 일어나 전국의 사찰이 큰 타격을 받았다. 다른 한편 서방 제국의 압력에 굴복하여 기독교를 묵인하면서 종교 박해를 중지하기에 이르렀다.

1889년에 공포된 대일본제국 헌법 제1장에서 '천황의 신성 불가침천황의 존엄과 명예를 더럽히지 않는 것'과 황실의 혈통은 영구히 동일의 계통이 계속되어야 한다는 것을 규정하였다. 이어서 천황의 존엄과 명예를 더럽히지 않기 위해 55조에서 '국정은 국무대신이 보필하고 그 책임을 진다'로 되어 있다. 신격화된 천황에게 잘못이 있어서는 안 된다는 것으로 천황 무오설이다. 전쟁에 대한 책임이 천황에게 없다는 것도 이에 근거한다.

천황무오설은 교황무류설 Papal infallibility을 연상케 한다. 교황무류설은 교황이 세계 가톨릭의 머리로서 신앙이나 도덕에 관하여 교황좌에서 결정을 내릴 경우 ex cathedra 그 결정은 성령의 특별하신 은혜로 보증되기 때문에 결단코 오류가 있을 수 없다고 하는 교리다. 이 사상 자체는 초대 교회 이래 가톨릭의 오랜 역사적 전통이었다. 급변하는 내외 정세에 대한 로마 가톨릭 교회의 입장 표명을 목적으로 1869년, 교황 비오 9세가 주관하여 열린 제1차 바티칸 공의회에서 교황무류설을 정식 교리로 확정하였다.

교황 개인의 인품이나 행실, 또는 교황이라는 직분 자체에 대한 모든 것들을 교황무류설이 보증해 주지는 않는다. 따라서 그것이 지닌 중대함 때문에 현재까지 무류성의 선언은 손에 꼽을 정도로 적다고 한다. 이 교리에 대한 비판도 만만치 않았는데 바티칸 공의회에서도 많은 신학자들의 반대가 있었다고 한다.

천황무오설은 시기적으로 교황무류설이 선언된 20여 년 후 1889년에 헌법을 통해 확정 선포되었다. 천황무오설은 1873년 이와쿠라 사절단이 귀국하고 1878년 니콜라스 맥러드의 저서로 일유동조설이 사회적으로 팽배하였던 1870년에 선언된 교황무류설을 참고하였을 것이라는 합리적인 추론이 가능하다.


## 천황과 야스쿠니 신사

정치인들이 야스쿠니 신사 참배 이유를 "국책國策에 의해 희생된 사람들에게 참배하기 위해서"라고 주장한다. 메이지 천황이 보신전쟁戊辰戰爭에서 천황을 위해 희생된 황군을 추모하는 쇼콘샤招魂社

를 세우라고 명하여 1869년에 세웠다. 그 후, 1879년에 메이지 천황이 야스쿠니 신사라는 새로운 이름을 하사하였다. 야스쿠니 신사는 메이지, 다이쇼, 쇼와의 군국주의 침략 전쟁에서 희생된 황군과 군속만을 위한 신사다. 여기에서의 국책은 침략 전쟁을 의미하는 것이다.

국가의 정책 실현을 위해 희생된 일반 국민은 야스쿠니 신사에 합장될 수 없었다. 국가와 국민을 위해 희생된 사람들을 안장할 수 있는 국립묘지가 일본에는 없다. 이에 국가와 국민을 위해 희생된 사람을 위해 국립묘지나 위령을 위한 시설 건립 문제를 놓고 많은 논란이 있었다.

야스쿠니 신사에 A급 전범이 합사된 것이 주변국과의 문제를 야기한다고 보는 시각이 있다. A급 전범이란 동경 재판에서 침략 전쟁을 계획·준비·개시·수행한 '평화에 대한 죄'를 범한 전쟁 지도자를 가리킨다. 야스쿠니 신사는 이들을 특별한 신으로 받들고 있다. 야스쿠니 신사는 A급 전범의 합사 여부와 관계 없이 침략 전쟁에 참전하여 전사한 황군을 위한 시설이기에 참배 그 자체가 침략 전쟁의 정당성을 합리화하는 행위다.

국회의원 100여 명이 가입되어 있는 야스쿠니를 참배하는 국회의원의 모임靖國神社を参拝する國会議員の会 의원들이 매년 앞다투어 야스쿠니 신사를 참배한다. 그들은 인접국과의 우호적인 관계 개선보다 선거에서 살아남기 위한 몸부림으로 보인다. 바꾸어 말하면 국민들을 설득할 만한 큰 정치인이 없는 것이다. 정치권은 집권을 위해 강력한 정치적 기반인 일본유족회와 우익 단체들을 필요로 하고 있다.

천황과 유족회 그리고 야스쿠니 신사는 침략 전쟁을 놓고 떼려야 뗄 수 없는 관계다. 1975년 11월 21일 이후 천황이 참배하지 않는 야스쿠니 신사는 전사자 유족을 중심으로 일본의 침략전쟁을 정당화하는 군국주의자들의 성지로 보수 우익을 통합하는 본거지가 되었다. 우경화 되어가는 일본 사회의 중심에 야스쿠니 신사가 있다.

야스쿠니 신사 경내에 '유슈칸遊就館'이라 불리는 전쟁박물관이 있다. 유슈칸은 전쟁의 역사를 극우 애국주의 관점에 맞춰 전시해 놓은 곳으로 침략 전쟁을 미화하는 중심적 발신지다. 특히 도조 히데키東條英機를 비롯한 전범의 사진을 전시하는 야스쿠니의 가미가미靖國の神々라는 코너가 있다. 이들을 합사한 저의는 침략 전쟁으로 단죄한 동경 재판을 부정하려는 의도가 있다는 지적을 받고 있다. 러일 전쟁의 영웅 노기 마레스케乃木希典 대장은 천황이 죽자 현역 황군의 신분으로 부인과 함께 할복하여 일본인들로부터 추앙 받는 사람이지만 전쟁에서 죽지 않았다는 이유로 야스쿠니 신사에 안치되지 못하였다.

### 야스쿠니에서 벚꽃이 되어 만나자

꽃샘추위가 지나면 온 국민의 관심이 벚꽃의 개화 시기에 쏠린다. 각 지역마다 개화를 알리는 표본목에 다섯 송이의 꽃이 피기를 고대한다. 텔레비전에서는 표본목의 개화 수를 헤아리는 모습을 방영하며 분위기를 띄운다. 연례 행사와 같은 각 매스컴의 보도로 일본인은 벚꽃의 개화에 대한 비밀이나 정보가 전문가 수준이다.

벚꽃의 개화 예정일을 손꼽아 기다리는 도쿄의 표본 벚나무가 야스쿠니 신사에 있다. 기상청 직원이 매일 야스쿠니 경내의 표본 벚나무를 관찰하는 모습이 카메라를 통해 전국에 방영되는데 다섯 송이 이상을 확인하면 개화를 선언한다. 봄의 도래를 선포하는 것이다.

태평양 전쟁 말기에 제로선에 폭탄을 싣고 미군의 전함에 충돌하여 자살 공격한 가미카제 특공대神風特攻隊가 있다. 그들이 미군의 함정을 향해 돌진하는 모습이 벚꽃의 꽃잎이 바람에 날려 떨어지는 것을 연상하며 부르던 군가가 있다. 야스쿠니에서 벚꽃이 되어 만나자는 군가 도키노사쿠라同期の桜 마지막 소절에 '貴様と俺とは同期の桜 離れ離れに散ろうとも 花の都の靖國神社 春の梢に咲いて会おう 너와 나는 동기의 벚꽃 멀리 떨어져 흩어져도 벚꽃 피는 수도의 야스쿠니 신사 봄에 가지 끝에 피어서 만나자'라는 가사가 있다.

가미카제 특공대와 벚꽃을 말하면 가고시마 지란鹿児島知覧에서 군 지정 식당을 운영하던 어머니와 특공대원들의 이야기를 담은 아카바네 레아코赤羽礼子의 소설 '반딧불이 돌아오다'ホタル帰る에 소개된 탁경현 대위의 마지막 노래가 생각난다. 일본의 젊은이 늘은 도키노 사쿠라를 불렀지만 교토에서 대학을 다니다 학도병에 징집된 탁 대위는 도메의 권유에 "오늘이 마지막 밤이니 고향 노래를 부르겠다"며 아리랑을 불렀다고 한다. 지란 특공공원에는 '조선반도 출신 특공대 위령가비'에 11명의 한반도 출신 특공대원들을 그린 시가 새겨져 있다. 아리랑 노랫소리 멀리 어머니 나라 그리움 남기고 흩어진 꽃 꽃アリランの歌声とほく母の国に念ひ残して散りし花花. 여기에서의 꽃은 일본인들은 사쿠라를 의미할 것이다.

야스쿠니 신사는 육군과 해군이 관리했던 군사적 종교 시설로 천황에 대한 충의를 다하고 전사하여 야스쿠니의 영령이 되는 것을 최대의 미덕으로 선전하였다. 야스쿠니 신사는 침략 전쟁에 국민 전체를 동원하는 정신적인 지주가 되었다. 오늘날에는 과거의 침략 전쟁을 미화하고 정당화하는 야스쿠니 사관의 선전탑이 되었고 군국주의와 침략 전쟁을 재평가하려는 이들의 상징적인 중심이다. 국가 신토화 정책으로 야스쿠니 신사에 벳카쿠간페이샤別格官幣社라는 특별한 지위를 부여하여 국가신토의 중심 신사가 되었다.

한일 관계에 있어서 우호 관계를 판단하는 지표의 하나가 야스쿠니 신사 문제라는 지적도 있다. 한반도와 동아시아의 미래를 생각하면서 일본인의 역사 인식과 과거 청산을 어떻게 할 것인가를 물어야 한다. 일본 자체로 어렵다면 우리는 어떻게 도와주어야 할 것인가를 생각해야 한다.

## 천황 즉위식의 비의 다이조사이(大嘗祭)

천황은 매년 동지현재는 매년 11월 23일에 수확한 햇곡식을 신에게 바치는 추수 감사제 니이나메사이新嘗祭를 거행한다. 니이나메사이의 기원이 되는 태양신 아마테라스의 동굴 칩거 이야기는 자연신 태양의 기운이 가장 쇠약해지는 동지였다. 태양신의 후손인 천황도 가장 기력이 쇠하는 시기가 11월 동지로 태양신의 부활과 재생 의례를 상징하는 신화에서 유래한다.

기키에 스사노오의 악행에 노한 태양의 여신 아마테라스가 아마노이와토에 칩거하자 세상이 어두워졌다. 이에 신들이 모여 의논할 때에 아메노우즈메가 유방과 여음을 드러내고 미친듯이 춤을 추어 모여 있던 신들이 큰소리로 웃자 천상 세계가 진동하였다. 소란스러움을 이상히 여긴 아마테라스가 문을 살짝 열고 밖을 내다보자 석실 문 앞에서 기다리고 있던 아메노타지카라오노가미天手力男神가 아마테라스를 밖으로 끌어내니 세상이 다시 밝아졌다. 아마노이와토에서 벌어진 재생 의례는 남성 태양신 사루타히코猿田彦를 받들던 무녀가 여성 태양신 아마테라스를 받드는 것으로 변화는 과정을 나타내고 있다.

신들린 아메노우즈메가 석실 문 앞에서 여음과 가슴을 드러내고 춤추는 모습은 남성 태양신을 받들던 무녀에서 여성 태양신 아마테라스로 전환되기 이전의 잔영이다. 남성 태양신에서 여성 태양신으로 이행하는 태양신의 교체를 보여주는 것이 사루타히코 앞에서 여음을 드러내는 신화에 나타난다. 태양신을 받드는 무녀가 여음을 드러내는 행위는 죽은 태양신을 다시 소생시키는 동지의 진혼 의례 주술이다.

일본서기에도 아메노우즈메는 니니기가 강림할 때에도 길을 가로막은 사루타히코 잎에서 가슴과 여음을 드리낸다. 또힌 시루디히코가 천신이 강림하는 길목을 가로막고 서 있을 때에 위로는 다카마가하라를 비추고 아래로는 아시하라노나카쓰구니를 비춘다고 하는 것을 보아서도 찬란하게 하늘과 땅을 비추는 태양신이다.

사루타히코는 아메노우즈메가 여음을 들어내자 자신의 이름을 밝히고 천손 일행을 쓰쿠시, 히무카, 다카치호로 안내한 뒤에 이세의 이스즈가와五十川 상류에 가서 정착하였다. 이 부분도 야마타이국과 진무동정설의 주장과 맞지 않는다. 규수의 미야자키에 천손 일행을 안내하고 갑자기 미에현의 이세에 정착하였다는 논리는 모순

165

V. 무궁화와 사쿠라

이다.

사루타히코는 이세에서 죽음을 맞이하였고 여성 태양신 아마테라스는 이세에 자리를 잡고鎭座 황조신皇祖神이 되어 천황가의 조상신이 되었다. 이는 원시 태양신 사루타히코가 새로이 부상하는 태양신 아마테라스와 그의 자손인 니니기에게 태양신의 지위를 넘겨주고 이세 지방에 은거하였고, 여성 태양신 아마테라스가 이세진구에 정착하면서 아마테라스를 안내하였던 신으로 전락되었다.

천손은 사루타히코의 이름을 따서 아메노우즈메에게 사루메노기미猿女君라는 이름을 하사하였다. 사루메노기미는 궁중의 제사에 관여하는 여관女官의 칭호가 되었다. 사루메노기미가 남성 태양신 사루타히코를 받들었던 무녀였으며 이 무녀의 후예가 태양신의 신시이神妻가 되어 성적 의례를 거행하는 이쓰키메齋女를 배출하였다.

고대 농경사회에서 여성이 음부를 드러내고 추는 강신무에 대해서 음부 노출은 쇠약해진 생명력을 갱신하는 것으로 풍요를 기원하거나 사악한 기운을 내쫓는 주술로 이해하였다. 따라서 강신무는 약해진 태양신의 부활과 재생의 제의로 여음은 생명의 부활과 풍요의 주력呪力이 있다고 생각한 것이다.

죽음과 재생의 의례로 오게쓰히메와 스사노오의 신화는 음식을 더럽힌 후에 내어 준다고 생각하여 죽이는 이야기다. 일본서기에서는 태양신 아마테라스의 명을 받은 달의 신 쓰쿠요미月読命가 자신에게 더러운 음식을 대접했다고 하여 곡물신 우케모치노가미保食神를 살해하였다. 죽은 우케모치의 머리에서 소와 말, 이마에서 조, 눈썹 위에서 누에, 눈에서 피, 배에서 벼, 음부에서 보리, 콩, 팥이 각

각 생겨났다고 한다. 우키모치를 죽이고 돌아 온 쓰쿠요미를 본 아마테라스는 분노하여 다시는 쓰쿠요미와 만나지 않겠다고 하는데서 태양과 달이 낮과 밤으로 갈리어 뜨게 되었다고 한다.

다이조사이는 공개되지 않는 신토 최대의 비의秘儀로 고대로부터 비밀리에 전해온 천황 즉위 의식이다. 그러나 즉위 의식 중에 마토코오후스마眞床追衾에 해당하는 부분은 상징 천황이라는 새로운 헌법 체제하에서 정치적인 문제가 있다는 지적이 있다. 첫째로 상징 천황으로서 고래의 전통 의식은 행해야 한다는 의견과 전쟁 중의 아라히토가미 신앙의 부활은 반대라고 하는 의견이 대립하고 있다. 둘째로 한 번하는 즉위식을 위해 다이조구大嘗宮라 불리는 신전을 짓는데 막대한 경비가 지출된다는 것이다. 지난 즉위식에서 국가예산으로 27억 엔정도 소요되었다. 천황의 동생도 새로운 신전을 짓는 것에 난색을 표하였는데 이를 바라보는 국민감정이 좋지 않았다.

새로이 즉위하는 천황은 유키덴悠妃殿과 스키덴主基殿에서 식사를 하고 미후스마御衾에서 도킨同衾, 하나의 이불에서 함께 자는 것이라 불리는 행위를 한다. 이는 대외적으로는 새로이 즉위하는 천황이 새로 수확된 곡물을 신에게 바친 후에 자신이 취하는데 오곡 풍요와 국가 안녕을 위한 의식이라고 한다. 도킨은 황위 계승 의례로 선대의 천황과 즉위하는 천황이 하룻밤을 함께 지낸다는 설과 즉위를 위해 천황과 무녀 우네메采女가 의례儀禮적인 성교를 나눈다는 설이 있다.

고대에는 유키덴과 스키덴의 방이 나이진內陣과 가이진外陣의 2층으로 나뉘었으며 가이진에는 제사에 참가하는 시종장侍從長 등이 머문다. 천황이 제사를 드리는 신성한 공간인 나이진에는 가미가 앉을 가미쿠라神座와 천황이 사용할 미후스마御衾 그리고 사카마쿠라坂枕라 불리는 침구로 준비되어 있는데 천황과 우네메 단둘이 머문다.

구도 다카시工藤隆는 "잠자리는 여성이 주역이었던 야요이 시대의 곡물 수확 의례에서 침대라고 쓰였던 말의 잔영으로 내려 왔다"고 하였다. 이에 대해서 쇼와 초기의 민속학자 오리구치 노부오折口信夫는 마도코오후스마설을 제기하였다. 그는 1930년에 발표한 '다이조사의 본의大嘗祭の本義'에서 "일본서기의 천손강림 신화에 등장하는 니니기가 걸치고 지상에 내려왔다고 하는 마도코오후스마를 본떠서 천황이 이불을 걸치는 의식"이라고 주장하였다. 그는 천황의 잠자리는 처녀인 우네메와 성적 관계를 맺는 성적 개방설과 전임 천황과 새로운 천황이 함께 지내는 의식을 통해 천황영이 함께하여 완전한 천황으로서 자격을 얻는다는 두 가지 견해가 있다고 하였다. 그러나 이 의견에 대해서 궁내청宮内廳은 "천황이 신격을 얻는 비의가 없으며 천황이 네구라寝座에 손대는 것조차 없다"라는 부정적인 견해를 밝히고 있다.

"마도코오후스마는 왕권신수의 상징이었다. 미후스마에 머무는 천황은 마도코오후스마를 걸친 니니기가 되고 천손강림을 상징하는 의식을 통해 왕권을 계승하여 새로운 천황으로 즉위하는 것"이 다이조사이의 본질이다. 다이조사이를 새로운 천황의 몸에 천황영天皇靈을 접붙이는 행위로 본 것이다. 천황영은 외래의 혼 즉, '가미의 나라高天原에서 때를 정하여 다른 세계에 내방하는 영적 또는 가미의 본질적 존재를 정의하는 마레비토稀人의 본질'이라고 했다. 천황의 몸이 혼을 담는 모노物라고 하면 천황이 갖는 권위의 원천은 반세이케이의 천황가의 조상신이 아니라, 천황이 즉위할 때에 새로운 천황의 몸에 들어온 천황영이라는 것이다. 이를 위해서는 우선 마도코오후스마라 불리는 특별한 옷을 걸쳐야 한다. 옷을 걸치는 것이 미소기의 완료를 의미하는 것이다. 마지막으로 마도코오후스마를 벗으면 천황에게 외래 혼이 접하게 되는 것이다.

천황이 다카미쿠라高御座에서 하는 말을 '노리토祝詞'라고 하는데 천황이 가미의 말을 전달하는 것이다. 천황이 노리토로 정사를 돌보는 것을 미코토모치宰라고 한다. 노리토에 응답하여 군신은 노래를 부르며 축하하는데 이를 '요고토壽詞'라 한다. 백성이 자신의 혼을 천황에게 바치는 것을 의미하는 일종의 복종 맹세다. 천황의 노리토가 영향을 미치는 범위가 천황의 영토이며 그곳에 있는 백성이 천황의 신민이 되는 것이다.

사이고 노부쓰나西鄉信綱는 천황이 다이조사이를 거쳐 "옛날의 신분황태자에서 새로운 신분천황으로 다시 태어나는 변신의 과정을 통과해야만 한다"고 하였다. 전황의 미소기에 봉사하는 우네네가 옷을 입은 채 욕탕에 들어간 천황의 허리띠를 푸는 역할을 한다. 오리구치는 이 여인을 중시 하였는데 가미의 음성을 받는 것은 '한 명의 남자가 아니라 여자와 남자의 쌍'으로 보았다. 천황은 남계男系라 하지만 천황의 감춰진 근원에 여성적인 모노物가 있다고 하였다. 황태자가 마레비토의 천황영을 받아들이면 완전한 천황으로 부활한다. 반세이케이의 혈통이 아니라 '육체를 바꾸어서 부활을 이룬 영혼'이라는 초월적 존재의 계승이다.

고대 농경사회에서 천황가는 풍요를 상징하는 여신 아마테라스를 조상신으로 섬겨 일본의 최고신이 되었다. 즉위식에 천황과 황후가 함께 참여하지 않고 아마테라스의 대리인으로 비쳐지는 무녀 우네메와 단둘이 하룻밤을 함께하는 의식 때문에 많은 억측을 불러일으키고 있으나 그 진실을 우리는 알 수 없다. 이 애매함이 일본의 진실이다.

천황의 즉위식 때 입는 아라타에麁服를 아와 인베씨阿波忌部氏의 직계인 미키씨三木氏 집안이 준비하고 있다. 쓰루기산 기슭의 미마시 고야다이라美馬市木屋平에 약 400년된 민가에서 지금도 삼대마을 재배하고 있다. 인베씨는 초기에 도래한 유대인 그룹으로 아와노구니의 오게쓰히메와 나가노구니의 고토시로누시 등 여러 나라에 선진 문화와 작물을 전해주었다. 인베씨는 스사노오의 나라에서 아마테라스의 나라로 그리고 초대 천황인 진무 천황을 야마토에 인도했을지도 모른다. 진무 동정을 안내한 집단이 인베씨라 불리는 사람들이며 그 후예들이 현재에도 음지에서 천황을 지키고 있다. 이런 측면에서 인베씨는 아와족과 천손족의 중간 역할을 한 도래인으로 볼 수 있다.

### 철학이 없는 일본

기키에 의하면 바다의 신 용왕과 그의 딸이 한반도에서 건너온 인간과 만나서 형성된 나라가 일본이라고 한다. 일본서기에 도요타마히메는 바다의 신 용왕 와타즈미의 딸로 용궁에서 살았다. 그녀가 아들 우가야후키아에즈노미고토鸕鶿草葺不合尊를 출산할 때 남편에게 부끄러우니 보지 말라고 말한다. 그러나 남편은 그녀가 본래의 모습인 바다의 괴물로 변하여 아들을 낳는 것을 숨어서 지켜보았다. 이를 알게 된 도요타마히메는 부끄럽게 여겨 아이를 남겨두고 해신海神 나라의 경계를 닫고 용궁으로 돌아갔다. 한반도에서 바다로 건너가는 과정에 바다의 신 용왕의 딸과 결혼하여 아들을 낳고 그 아들은 어머니의 여동생玉依姬과 결혼하여 일본의 건국자 진무천황을 낳은 무대가 쓰시마의 와타즈미 신사라고 전하고 있는데 이를 바탕으로 일본인의 정체성identity에 대해서 생각해 보자.

이 신화는 첫째로 해신의 딸인 괴물과 인간의 결혼, 그리고 그 아들과 괴물의 여동생이 결혼하여 일본 민족이 출발하였다고 하는 일본 민족 탄생 설화를 만들어 냈다. 둘째로 바다의 신인 용왕의 딸과 인간의 결혼으로 대륙인이 섬나라 일본인으로 새롭게 출발하는 모습을 표현하고 있다. 셋째로 용왕의 딸인 괴물과 인간의 결합결혼 사이에 자매라고 하는 완충지대를 만들어 신화신의 세계와 역사인간 세계를 연결하려고 한다. 넷째로 해신의 도움으로 형海幸彦을 정복하여 해신의 딸과 결혼하였다는 것은 원래 일본에 살며 바다 일을 하는 사람들을 벼농사로 생활하면 동생山幸彦이 해신의 도움으로 정복하여 새로운 일본의 역사를 출발시켰다고 한다. 다섯째로 도요타마히메가 아들을 출산할 때 부끄러우니 보지 말라고 말하는데 일본인의 마음 세계를 그려내고 있다. 일본인의 마음 세계를 문화인류학적으로 부끄러움恥의 마음 세계라고 한다. 미국의 문화인류학자 루스 베네딕트Ruth Benedict는 1946년 출간한 '국화와 칼'에서 서양의 행동 양식을 죄를 기반으로 하는 '죄의 문화'에 대비하여 일본인 특유의 행동 양식을 부끄러움을 기반으로 하는 '치욕의 문화'로 정의하였다. 그녀는 부끄러움의 도덕율이 내면화된 일본인의 행동 양식을 일본인 문화의 특색이라고 지적하였다.

"나 자신이 중학생 이래 히로히토 천황昭和天皇 및 천황제에 대한 의문에 마침표를 찍었다. 이는 그 객관적 가치와 관계없이 내 자신의 인생사에 있어서 큰 전기가 되었다는데 의미가 있다. 패전 후 반년을 고뇌한 결과 천황제가 일본인의 자유로운 인격 형성에 치명적인 장애라는 결론에 도달했다. 자유로운 인격 형성이란 자신의 양심에 따라서 판단하고 행동하며 그 결과에 대해서 책임을 지는 인간으로 '달콤함'에 의존하는 반대의 행동 양식을 가진 인간 유형의 형성"이다. 천황제를 일본인에 대한 저주라고 설파한 정치학자 마루야마 마사오丸山眞男는 "저주로부터 해방은 그만큼 나에게는 쉽지 않은 과제였다"고 고백했다. 마루야마는 '대상으로서 천황제와 방법론으로서 마르크스주의'를 사신의 두개의 석으로 설성하여 싸워왔다는 자의식을 가지고 있었으나 마르크스주의에 대한 탄압에는 자유주의자로서 강하게 반대하였다고 한다.

마루야마는 "일본에는 철학이 없다"고 지적하였다. 그는 "서양의 이성 철학이 일본에 유입될 때에 로고스적 사상의 결핍은 일본 사상을 아무것도 없는 무無사상으로 격하시켰다"고 말한다. 일본인들의 삶을 지탱해주고 있던 도리道理, 더 나아가 이 도리에 의거하여 세워진 일본인의 전체적 세계상이 무엇인가? 그동안 일본인의 학문, 사상, 종교 그 모두가 인간의 통합된 총체적 삶을 지향하는 삶의 의미와 가치 근거를 향한 물음에 로고스적 도리를 모르는 일본인이라고 비판하였다. 그는 신토의 무한 포용성과 사상적 잡거성을 비판하였다.

그는 일본의 정신 상황에 대해서 "시간적 순서에 따라 들어 온 여러 사상들이 전통으로 축적됨이 없이 무시간적으로 단지 정신 속에서 공간적 배치를 바꾸며 그 중 하나가 양지로 나오는 상황"이라고 설명한다. 모든 시대의 관념 및 사상에 상호 연관성을 부여한 마루야마는 모든 사상적 입장이 그것과 연관하여 자기를 역사적으로 자리매김할 수 있는 중핵 혹은 좌표축에 해당되는 사상적 전통이 일본에 형성된 바 없다. 신념이 없는 정치가, 행동 이념이 없는 민중이 많은 사회 현실 속에서 일본은 예로부터 작금에 이르기까지 철학이 없다고 하였다.

천황이 존재하는 순간 일본의 영역에서는 유불儒佛이 설 자리가 없다고 설파하였다. 천황의 조상신이 이 세상에 생을 받은 자의 사실적 근원이자 당위로서 등장하는 순간 유불은 인간의 거짓된 마음이 만든 하나의 통치 수단 혹은 위안이 되는 것이다.

그러나 천황제를 비판했던 마루야마도 일본이 사상적으로 1930~40년대에 이르러 훌륭한 균형이 깨어졌다고 말하였는데 1930년 이전의 메이지 시대의 국가주의를 균형 잡힌 상태라고 본 것이다. 그는 군국주의의 등장으로 이를 도덕적으로 비화한 근본직으로 다른 정신적 태도를 근대성의 탈선 정도로 보았다는 것에서 한계성이 있다. 일본의 루소로 불리는 나카에 조민中江兆民도 "일본에는 철학이 없는 것이 모든 병의 원인我日本古より今に至る迄哲学無し、総ての病根此に在り"이라고 한탄하면서 자신의 손으로 철학 체계를 구축하려 했다.

# VI

# 갈등의 치유와 화합

누가 일본을 지배하나

공산당의 주구가 된 가짜언론

아베 정권의 개가 된 아사히

날로 극단의 길을 걷는 보수와 진보의 대립

미래를 여는 역사

위안부문제의 본질

일본 유곽의 변천과 일본인이 주장하는 위안부 문제

나의 아버지는 강제 징용 피해자였다

조선고지도와 독도 교과서 문제

임나일본부설과 일선동조론(日鮮同祖論)

인종과 민족주의

일본의 노동 운동

의문의 주검과 전후 일본의 처리

## 누가 일본을 지배하나

일본을 지배하는 세력을 흔히 관료 집단이라고 한다. 어느 나라나 관료의 특징이 자신들은 잘못을 하지 않는다는 의식이 있다. 그들은 자신들의 이론이니 판단에 잘못이 없다고 한다. 최근에 공문서 위조로 사회에 물의를 일으킨 모리도모가쿠엔森友學園의 재무성 문서 변조 사건과 2020년 5월에 보도된 업무 위탁 계약 문제에서 공문서의 일자를 고쳐 쓴 것을 관례라고 변명한 나가오카시長岡市, 2020년 3월의 금품 수수 문제로 처분을 받은 간사이전력關西電力의 허위공문서를 작성한 부정 사건 등 공문서 변조, 은폐, 날조는 일본에서 상습적으로 일어나는 사건이다. 관료는 목적을 위해서는 공문서의 위조改竄, 폐기破棄, 은폐隱蔽 등 불법을 아무런 죄의식 없이 자행한다.

필자가 군에 입대하여 자대에 배치되었을 때에 상급자의 입에서 민망한 말이 튀어나왔다. 고참의 실전 교육의 첫마디가 "고참은 하나님으로 예수의 동기 동창이며 성모 마리아의 기둥서방"이라는 것이었다. 군대는 상관고참이 잘못된 판단을 내리지 않는다. 어떠한 명령이라도 절대적으로 지켜야 한다는 암묵적인 철칙이 있다. 지휘부의 명령만이 아니라 사소한 일에도 절대복종을 의식적으로 강요한다. 인기리에 방영된 넷플릭스 드라마 DP에서 "국가도 잘못을 합니다. 잘못을 했으면 인정을 해야 되고요" 라고 절규한다. 마찬가지로 '관료는 강박관념과 중압감이 심해져서 관료는 잘못되어서는 안 된다'에서 '관료는 잘못이 없다'고 하는 무서운 발상으로 비약되었다. 이것이 관료 사회에 무의식적으로 전제되는 무류성의 원칙이다. 어떤 정책을 성공시키는데 책임을 진 당사자의 조직은 그 정책이 실패했을 때의 것을 생각하거나 의논하여서는 안 된다는 신념이다. '관료와 공무원 그에 따른 행정은 잘못을 하지 않는다'는 것이다.

국가 정책은 연속성을 갖고 장기적으로 실행되기에 실제로 그 영향은 수많은 사람에게 미치게 된다. 영향력이 큰 정책을 실행하는 관료 집단은 만에 하나 잘못을 저지르면 안 된다는 강렬한 압박을 받는다. 건전한 압력만이 있다면 긴장감을 갖는 의미에서는 좋을지 모르지만 반드시 그렇지 않다. 만에 하나 잘못을 인정하면 자기들뿐만 아니라 그것을 실행해 온 모든 관료가 잘못한 것이 되며 이는 역사적으로 잘못된 정책을 실행했다고 인정하는 것이 된다.

'잘못하고 싶지 않다'는 마음은 누구에게나 있다. 그것이 과잉으로 부풀어오르고 조직 안에 침투했을 때 무류성의 신화로 구현화된다. 근대사에서 잘못된 전쟁으로 시작된 불행한 역사를 갖고 있는 일본으로서는 과거의 진실이 드러나면 국가의 근본이 무너진다고 생각한다. 과거의 잘못을 변명으로 일관하면서 정당성을 확보하려고 초점을 흐리게 한다. 중요 논점을 돌리기 위해 전방위적으로 공격하는 악순환이 계속되어 일을 크게 벌려 나간다. 관료가 조직을 지키기 위해 어쩔 수 없이 하는 사과가 난국을 벗어나기 위한 형식적인 요식 행위에 불과한 것이다.

무류성의 신화는 일본의 관료 집단에 국한된 것이 아니고 전체주의와 공산주의 그리고 악을 선으로 위장해 저지르는 범죄 집단, 이념에 의해 행동하는 확신범적 정치 집단과 신앙 단체 등에서도 이루어지는 행위다. 이들의 특징도 범죄 행위를 감추기 위해 은폐, 날조, 폐기 등을 서슴지 않고 행하며 자신만이 정의의 사도인양 사과하지 않고 잘했다고 일관되게 주장하는 것이 특징이다.

관료의 나라 일본에서 관료 사회를 지배하는 세력은 소카각카이創價學会, 이하 창가학회로 표기라는 소문이 있다. 정권을 잡은 것은 자민당이지만 관료 사회는 창가학회가 장악하고 있다는 것이다. 전시하 박해와 탄압을 경험한 창가학회는 미래 일본을 지배할 인재 육성에 온 힘을 기울였고 고우메이토公明黨, 이하 공명당으로 표기를 창당하면서 정계 진출에 성공하였다.

창가교육학회창가학회의 전신는 1930년 11월18일 창립되었는데 군부가 강제적인 국가신토 체제로 돌입하자 타종교에 적대적인 창가교육학회는 군국주의와 태평양전쟁을 비판하였다. 군부와 타협한 니치렌쇼슈日蓮正宗, 이하 일연정종으로 표기의 한 승려가 창가교육학회의 마키구치 쓰네사부로牧口常三郎 회장과 창가교육학회를 모함하여 1943년 6월 마키구치, 도다 조세이戶田城聖 등 20여명의 간부가 치안유지법 및 이세진구에 대한 불경죄로 체포되었다. 이를 계기로 수뇌간부가 학회를 떠났고 마키구치가 옥사하면서 조직이 와해되었다.

1945년에 출옥한 도다가 2대 회장으로 취임하면서 창가교육학회를 창가학회로 개명하고 조직을 재건하여 1952년에 종교법인으로 등록하였다. 도다는 3000세대의 회원을 기반으로 75만 세대를 포교 목표로 하는 '샤쿠부쿠 대행진折伏大行進'을 전개하여 회원수가 급증하였는데 학회의 억지 권유 수법이 사회 문제화 되기도 하였다.

샤쿠부쿠란 창가학회가 대성인으로 받들고 있는 13세기의 승려 니치렌日蓮이 기존의 불교에 대한 비판의 목소리를 높이면서 사교를 설복시켰다는 공격적인 교화 방법이다. 이 영향으로 창가학회는 타종교에 대해서 매우 공격적이고 배타적인 태도를 취하고 있다.

1960년 이케다 다이사쿠池田大作 회장이 취임하면서 종문인 일연정종과 알력이 일자 '교의의 일탈' 등을 이유로 파문 되었다. 그럼에도 불구하고 창가학회는 포교에 성공하였다. 종교사학자 데라다 요시로寺田喜朗는 "전후 고도 경제성장기에 농촌에서 도시로 이주하는 노동자들의 장래에 대한 불안을 해소해 주는 좌담회의 성공이 학회발전의 계기가 되었다"고 지적하고 있다.

창가학회가 관료 사회를 지배하기까지 이케다 회장은 대학생으로 구성된 학생부와 고교생 이하의 학생들을 수축으로 한 미래부에 중점을 두고 인재 양성에 주력하였다. 대학생을 대상으로 구성된 '21세기신일회21世紀伸一會'는 법화경 구절인 료보구주令法久住:법을 오래 머무르게 하기 위해 미래 영원에 걸쳐 묘법이 전해져 넓혀지도록 한다와 고센루후廣宣流布:법화경의 가르침을 널리 알리고 유포시키다를 위해 일신을 바친다는 선서를 한다. 창가학회가 국가와 사회로부터 핍박 받은 역사를 교훈 삼아 어떠한 비난도 감수하면서 진실한 불법의 지도자가 되겠다는 선서 아래 수양하는 것이다. 18세 이하 학생들을 대상으로 한 미래부는 각 지구와 블록 별로 상위 대학 입학 목표를 주어 관료와 정치인 그리고 전문직 등 사회 각 방면의 지도자를 배출하였다.

공명당은 1964년 창당 이래 1965년 참의원 선거와 1967년 중의원 선거에서 의석을 확보하는데 성공하였다. 55년 체제 붕괴후의 1993년 7월에 실시된 중의원 선거에서 비자민 비공산 연립 정권에 참여하였으며, 1999년부터 자민당과 연립 정권을 구성하여 연립 여당이 되었다. 2012년에 자민당이 정권 여당에 복귀하면서 다시 연립을 형성하였다.

관료는 우수한 인재로 구성되어 정책을 입안하고 설득하는 기술이 뛰어나다. 과거 대신과 장관이 되어도 관료의 논리에서 벗어나지 못하였기에 자민당의 정책으로 국정을 운영하는 것이 아니라 관료의 논리에 밀려나 결국 관료가 지배하는 나라가 되었다.

관료의 존재 이유는 합리적 논리로 권력자를 설득하기 위해 보고서 작성에 밤을 새운다. 그러나 정치가가 관료의 합리성에 쓰러지면 정치인은 관료의 로봇으로 전락한다. 관료의 합리성 논리를 넘어 국가적 미래를 놓고 고도의 전략적 판단을 하는 것이 정치다. 지도자는 관료가 말하는 합리성이 아닌 그들의 상상을 뛰어넘어 적시에 정확한 파괴적 결단을 해야 한다. 국제상황을 정확히 읽고 국가의 미래를 위해 여야가 반대해도 그들을 설득하여 국정의 지표를 세워 지도력을 발휘할 때 정치가 움직인다. 일본의 관료 사회를 장악한 창가학회가 정부의 중요 정보를 가졌기에 결국 일본을 지배하는 것이 창가학회라는 말이 회자된 것이다.

관료 사회의 지배를 벗어나기 위해 자민당은 중진 이하 국회의원을 모든 부처에 정무관, 차관 그리고 장관과 대신이 된다. 장관과 대신이 되기 전에 정무관이 되어 부처의 모든 상황을 파악하여 관료를 장악해야만 국회가 일본을 지배하게 되는 것이라고 판단하였다. 이러한 과정을 거쳐 장관과 대신에 임명되어도 부처를 파악하지 못하고 장악에 실패하여 물러나는 경우가 종종 있다.

관료에서 정치인이 일본을 지배하는 체제로 바뀌면서 금번 아베 전 총리 저격 사건으로 불거진 자민당 국회의원과 가정연합의 정치 단체인 국제승공연합이하 승공연합으로 표기의 관계를 눈여겨볼 필요가 있다. 이미 연립 여당으로 의석을 가진 공명당의 배경에는 창가학회가 있고 자민당 의원의 대부분이 승공연합과 유착 관계가 있는데 그 배경에 가정연합이 있다는 것이 세상에 밝혀졌다. 가정연합은 주로 외교, 안보, 환경, 가정, 젠더gender 등에 정책을 제시하여 왔다.

필자가 살고 있는 간사이 지역만 해도 가정연합 회원의 기초단체장과 의원수가 100여 명이라고 한다. 아베 전 총리 저격 사건 이후에 공산당의 극렬한 언론 공격에도 불구하고 자민당을 탈당하여 가정연합 신자임을 공표하고 시의회 의원에 당선된 노구시마시의 미마 히데오美馬秀雄의원이 화제가 되었다.

아직 공산당이나 공명당의 숫자에 미치지 못하지만 일본 사회에서 300여 명의 지방 정치인이 자민당 국회의원을 지원하였고 영향력을 행사하고 있는 실정이다. 한국에서 출발한 가정연합이 일본과 미국을 비롯한 전세계에서 공산 세계의 몰락을 이끌어온 실체가 아베 전 총리의 저격 사건으로 세상에 드러난 것이다.

일본에 살면서 가장 놀라는 것은 한국산 가정연합에 일본인이 열광하였다는 것이다. 700만 승공회원 확보를 계기로 정치, 문화, 교육, 여성 등 여러 분야에 걸쳐 일반 대중은 물론 지도층으로부터 폭넓은 지지를 받아 왔다. 비도덕적인 일본이라고 자성하던 슬픈 일본인들이 가정연합의 평화 운동을 통해 도덕적인 일본으로 거듭나 세계 평화에 기여하는 일본이 될 수 있다는 희망에 열광한 것이다.

가정연합은 세계 어느 곳에서나 예배 중에 한국어로 찬송가를 부르고 한국어로 신앙 고백을 한다. 한국을 신앙의 조국으로 고백하며 한국을 동경한다. 신자 누구를 만나도 한국인을 환대하며 배우려는 자세를 취하고 있다.

과거 일본은 근대화에 성공하여 아시아를 지배하였고 한국은 식민통치를 받았다. 전후 일본인은 한국을 비하 또는 무시하였다. 동양을 버리고 서양에 기댄 메이지 이래 일본은 아시아의 일등 국민이라는 자부심을 갖고 있었다.

대륙의 도래인을 통해 야요이 문화弥生文化와 고훈 문화古墳文化가 형성되었다. 불교의 영향으로 아스카 문화가 꽃을 피면서 하쿠호白鵬, 덴표天平, 헤이안國風 문화를 거쳐 가마쿠라 문화鎌倉文化가 정착되었다. 에도 시대는 주자학의 영향으로 자연과학과 고전 연구가 시작된 겐로쿠 문화元禄文化가 대표적이라 할 수 있다. 메이지 이전에는 한반도의 종교와 사상이 일본 문화 형성에 절대적인 영향을 미쳤다.

일본에서는 메이지 시대를 서양 문명의 도입으로 제도와 습관이 크게 변화되는 문명 개화기라고 한다. 마치 아스카 시대에 선진문물의 본고장인 백제의 것이 아니면 시시하다는 구다라나이百済ない라는 말 대신 서양 것이라면 뭐든지 좋다西洋のものなら何でも良い는 풍조가 사회에 만연하였다.

필자가 자라던 시절에는 국산품 애용을 강조하는 사회였다. 일제의 식민지와 한국 전쟁을 겪으면서 한국의 전통과 문화가 무너지고 빈곤한 삶 속에서 외국에 대한 동경심과 외국 물품에 대한 막연한 동경심이 있었다. 학교는 물론 사회적 분위기가 유럽의 선진 문물을 배워야 한다는 말이 구호가 되었다. 해외에 나가려면 후진국에서 온 사람이라는 탈을 벗기 위해 소양 교육을 받아야만 했다.

바쿠마쓰幕末에 조선보다 먼저 기독교와 서양의 과학 문물을 받아들인 일본이 변하였다. 일본의 전통적 정신인 '와콘和魂'을 바탕으로 서구 기술 '양재洋才'로 개혁하자는 와콘요사이和魂洋才를 슬로건으로 일본은 근대화의 반열에 들어서게 되었다. 조선 말기 동양의 도덕과 윤리 그리고 지배 질서를 그대로 유지한 채 서양의 발달한 기술과 기계를 받아들여 부국강병을 이룩하려는 동도서기東道西器와 일맥상통한다.

문명화 과정에서 보수적인 바쿠후는 걸림돌일 뿐이며 이를 뒤집어야만 일본에서 문명화를 이룰 수 있다. 옛 것을 버리고 새로운 것을 얻는 과정에서 가장 핵심적인 것은 '아시아를 벗어나는 것'脫亞이라 보았다. 정신적으로는 아시아를 벗어났지만 조선과 청은 개혁을 생각조차 못한다고 하였다.

개화기의 사상가 후쿠자와 유키치福澤諭吉는 1885년 3월 16일자의 지지신포時事新報에 "유교적 가르침은 모두 위선적이고 뻔뻔할 뿐이다. 중국과 일본의 개혁이 실패한다면 이들은 곧 세계 열강에게 나라를 빼앗길 것이다. 서구인들은 언제나 일본, 중국, 조선을 같은 문화를 가진 비슷한 나라들이라고 생각하는데, 이는 일본에게 걸림돌이 될 뿐이다. 나쁜 친구를 사귀는 사람은 다른 사람들에게 마찬가지로 나쁜 인상을 주기 때문에, 일본은 이웃의 나쁜 아시아 나라들과 관계를 끊어야 한다"며 일본의 나아갈 길을 제시하였다. '아시아를 벗어나 유럽으로 들어간다'는 다쓰아뉴오脫亞入歐를 부르짖었다. 조선과 청에서 벗어나 서방과 함께해야 한다는 것이다. 무사들은 기술과 정신의 영역을 구분하고 일본의 주체성과 우월성을 내세우며 새로운 체제를 추구한 결과 양이론攘夷論이라는 극단적인 길로 접어 들게 되었다.

메이지 유신 이래 처음으로 일본의 많은 유식자들이 가정연합의 평화사상이 일본의 나아갈 길을 제시한다고 믿었다. 아베 전 총리를 위시하여 100명이 넘는 국회의원이 가정연합과 관계를 맺어 온 것이 아베 전 총리 암살 사건을 통해 세상에 드러났다.

가짜뉴스가 어느 시대보다 사람늘로부터 수복받는 시대가 되었다. 그동안 광신적인 일부 기독교인과 공산주의자가 지어낸 가짜뉴스로 가정연합은 사이비종교처럼 세상에 알려졌다. 어느 시대나 새로운 종교가 출발할 때 위협을 느낀 기성 종교가 퍼트리는 가짜뉴스로 인해 신흥 종교는 수 없는 박해와 순교의 길을 거쳐야만 했다.

공산당과 반대 변호사 그리고 가정연합과 적대적 관계에 있던 좌파 언론이 대대적인 공격을 하고 있다. 요미우리讀賣テレビ와 아사히는 매일같이 가정연합과 관련된 기사를 다루었다. 좌파들은 아사히가 반드시 해낼 것이라는 압력을 주었다. 그들은 가정연합을 반일로 몰아가면서 선동한다. 일본에서 한국산 가정연합을 모르는 사람이 없을 정도로 인식이 되었는데 금후 양식을 갖춘 일본인들의 동향을 주시해 볼 필요가 있다.

## 공산당의 주구가 된 가짜언론

1992년도 많은 일본 청년이 국제합동결혼식에 참가하면서 여론의 주목을 받자 납치에 의해 강제 개종된 사람이 자신을 피해자라고 주장하며 언론에 등장하였다. 강제 개종을 위한 감금상태에서 풀려나기 위한 개종의 마지막 단계가 가정연합을 상대로 피해자 보상을 요구하는 것이라고 한다. 강제 납치에 의해 세뇌로 탈퇴한 신자들은 반가정연합 활동가의 주구가 되어 국민을 선동한 것이다. 공산당과 강제 납치로 생계를 이어가는 납치브로커들이 요구하는 각본대로 거짓말을 발설하고 상업 언론은 객관적인 진실을 외면한 채 시청률을 올리기 위해 광분하였다. 강제 납치의 실상과 세뇌로 개종하는 진실을 전해야 할 언론이 영혼 없는 도구로 전락된 것이다.

좌파는 거짓 선동과 진실을 왜곡한 종교 파괴 공작으로 반대 세력을 제거하면서 사회적 악을 일소하는 정의의 수호자로 둔갑하였다. 그들은 자신들의 지지 기반을 넓혀 보도 방송에 영향을 주었다. 돈에 중독된 상업 방송은 좌파에 물들은 가짜 언론인과 영합하여 민중을 선동하였다.

현대 사회에서는 언론을 행정, 입법, 사법에 이어 책임과 사명이 중요시 되고 있다. 건강한 사회를 위해서 언론은 사건의 배후에서 진실을 감추려는 부패한 권력과 생명을 걸고 신념을 갖고 싸워야 하지만 부정부패한 돈과 권력에 영혼을 팔아 버렸다. 진실을 보도하기보다는 정치적 환경과 사회적 분위기 등 균형을 지키는 것이 중요하다고 자기합리화로 변명하고 있다.

돈과 권력의 개가 되는 것을 언론인이 가장 경멸하지만 돈과 권력의 맛에 취하면 헤어날 수 없다. 돈의 노예가 되어 진실을 은폐하는 것을 치욕으로 생각하지만 상업 언론이 돈 맛에 눈이 멀어 부패한 권력과 영합하여 진실을 알리고자 하는 많은 사람들을 욕보이고 있는 것이 일본의 현실이다.

신뢰받는 보도는 세상에 희망을 제공하는 공기가 된다. 진실을 보도하기 위해 생명을 걸고 제보하는 사람의 신뢰를 버리고 돈과 권력의 노예가 되는 것은 세상의 희망을 빼앗는 흉기로 전락되는 것이다.

공산당은 국회에서 1980년대 우익의 교과서 문제 제기의 논거를 제공한 단체의 하나로 승공연합을 지적하였다. '시사주간지 시사in 544호'의 보도에 의하면 "1974년 5월 7일 제국호텔에서 거행된 '희망의 날 만찬회' 행사의 명예실행위원상으로 기시 노부스케 岸信介 가 맡을 정도로 1970년대 승공연합의 위세는 대단했다"고 지적했다.

1972년부터 1974년까지 문선명 총재는 미국 50개주를 순회하며 정치인과 종교인을 비롯한 미국의 지도층 인사를 대상으로 희망의 날 만찬회 강연회를 개최하여 많은 미국인이 문 총재를 받아들였다. 이 날 후쿠다 다케오 장관 福田赳夫 大蔵大臣 은 "아시아에 위대한 지도자가 나타났는데 그 이름이 문선명 선생이다"라고 증언하였다.

1959년 일본 선교를 시작한 가정연합은 1968년에 승공연합을 창설하여 불과 6년 만에 일본 권력의 심장부에 도달하는 성장을 이뤄냈다. 슈칸겐다이 週刊現代, 99.2.27호 는 승공연합과 관련 있는 국회의원 128명의 명단을 보도하기도 하였다. 시사저널 1709호은 "가정연합이 일본에서 성장할 수 있도록 아낌없는 조력을 하였고 문선명 총재의 석방을 탄원하는 의견서를 당시 레이건 미국 대통령에게 보내기도 했으며, 일본 정치인들의 밀착 관계는 일부 일본 언론과 일본 가정연합이 부인하지만 그 정황 증거가 차고 넘친다"고 보도했다.

슈칸 아사히週刊朝日 2015년 10월 23일자는 "아베 정권은 극우적인 신토정치연맹, 일본회의, 그리고 가정연합이 지원하고 있다"고 보도한바 있다. 승공연합은 나카소네 야스히로中曽根康弘와 후쿠다 다케오 전 수상 등 일본 정치의 중추인 자민당 거물 정치인들과 밀월 관계를 유지하였다. 나카소네 전 총리는 문선명 총재의 방일을 성사시키는데 결정적인 역할을 하여 단독 회담을 통해 가르침을 받았다.

그러나 정치인과의 교류가 선교에 어떠한 영향을 끼쳤는가에 대해서는 의견이 분분하다. 자민당의 거물 정치인이 승공연합과 연결되어 있다는 것과 일본인이 가정연합에 입교하여 신앙 생활을 하는 것과는 다르다는 것이다. 일본 언론과 일본 가정연합은 정치인과의 관계를 공연시하지 않고 한일 안보와 공산당의 활동을 저지하는데 주력해 왔다. 가정연합과 자민당의 깊은 관계가 아베 전 총리 저격 사건을 계기로 세상에 밝혀지게 된 것도 그런 연유다.

오늘날 가정연합에 대한 공격은 일본의 좌경화를 막고 한미일 3개국의 안보 체제 확립을 위해 고군분투한 가정연합을 적대시하던 공산당을 비롯한 좌파의 합작이라고 할 수 있다. 일본의 좌경화를 우려해 공산당과 전면 투쟁을 해 온 가정연합은 승공연합을 통해 스파이 방지법 제정을 위해 자민당과 함께 싸웠다. 한국에서 출발한 가정연합이 자민당 정권과 함께 한일 안보를 위하여 투쟁해 왔다는 것이다.

극렬한 기독교계의 반대와 한일 양국 정부의 도움 없이 일본인을 위시한 세계 가정연합 신자의 헌금으로 미국에 워싱턴 타임즈를 창설 운영하였다. 워싱턴 타임즈는 가정연합의 선교 도구가 아니라 한미일을 중심한 자유 진영을 지키기 위한 최후의 보루였다. 미국 정계에 막대한 영향력을 행사하며 소연방의 해체와 자유민주주의의 가치를 지켜왔다는 평가를 받아왔다.

흥남 탈환 작전의 일선 지휘관이었던 알렉산더 헤이그Alexander Meigs Haig, Jr. 미국무장관은 "6.25 때 나는 미 육군 대위로 유엔군의 일원으로 참전하여 문선명 총재가 북한 공산당의 투옥으로 흥남 감옥에서 사지에 처해 있을 때 제가 그분을 구출하는 작전을 수행했다는 것을 뒤늦게 깨닫고 오늘 이 자리에 나와 그 분의 면전에서 이런 증언을 하게 되다니 너무나 감개무량합니다. 그런데 그때는 우리 미국이 그분을 구출했는데 이제는 문선명총재가 온갖 사상적 혼란과 도덕적인 퇴폐로 허물어가고 있는 우리 미국을 인도하고 구출해 주고 계시니 이 얼마나 오묘한 하나님의 섭리입니까?"라면서 미국을 구한 문선명 총재로 증언하였다.

1980년에 자위대 소련 정보 전문가였던 미야나가宮永幸久를 포섭하여 정보를 갈취한 소련 정보원 유리 코즐로프Yuri N. Kozlov의 스파이 행위가 드러나자 보수 정치인들은 위기 의식을 느끼게 되었다. 특히 1985년 8월에 미국으로 망명한 소련 정보원 비탈리 유르첸코 Vitaly Yurchenko는 "일본은 스파이 방지법이 없는 스파이들의 천국"이라고 증언하였다. 이를 계기로 일본은 정기 국회에서 '국가기밀과 관련된 스파이 행위 등의 방지에 관한 법률안'을 의원 입법하였으나 야당의 반대로 폐안 처리되었다.

승공연합은 기시 노부스케와 아베 신타로安倍晋太郎 그리고 아베 신조에 이르는 3대에 걸쳐 스파이 방지법을 위해 공동 보조를 취하였다. 1957년 기시가 총리에 취임하여 방미하였을 때에 미국으로부터 '비밀보호에 관한 신법제정'의 요청을 받았다. 1984년에 이르러 '스파이 방지를 위한 법률제정 촉진의원·유식자 간담회'를 발족하여 회장에 취임하기도 하였다. 이미 승공연합은 1978년에 300만 명의 서명을 받아 이듬해에 '스파이 방지법 제정촉진 국민회의'를 발족하여 전국적으로 지방의회에 청원 운동을 전개해 왔다. 그 후 국제적으로 냉전이 해체되고 소련이 붕괴되면서 스파이에 대한 의식이 약해졌다.

일본에서는 북한을 위해 활동하는 조직이나 북한의 지령을 받은 것으로 보이는 개인들이 법적 제약 없이 자유롭고 활발하게 활동하고 있다. 북한의 핵개발과 미사일 발사의 위협이 계속되는 상황에서 일본 헌법 9조를 개정해 '스파이 방지법'은 물론 '북한 제재법'을 만들어 법률을 통해 이런 활동을 금지시켜야 한다는 목소리를 높여 왔다.

그 결과 2013년 12월 5일 참의원에서 야당이 반대하는 가운데 특정비밀보호법을 통과시켰다. 2014년 10월 14일, 아베 총리는 안전보장에 관한 정보 중 특히, 은닉하는 것이 필요하다고 판단되는 정보의 보호에 관한 특정비밀보호법의 관계정령을 각의 결정하였다.

특정비밀보호법안은 방위와 외교, 안보위협스파이 활동 방지, 테러방지활동 등 4개 분야에서 기밀성이 높은 정보를 '특정비밀'로 지정하고 이를 '유출'하거나, '부정 입수'할 경우 최고 10년의 형을 선고할 수 있도록 하였다.

특정비밀보호법안은 국민의 알권리와 외교·안보 사안에 대한 언론의 감시와 견제가 약화되어 언론의 자유를 크게 위협할 수 있다고 우려하는 목소리도 있다. 법안 자체가 너무 자의적이고 편의적으로 운영될 수 있어 정부에 불리한 정보는 '비밀'로 지정해 통제할 개연성이 크다는 것이다.

보수는 자신들을 진보라고 정당화하는 좌익 세력 앞에 무기력하였다. 공산당과 좌익 세력 그리고 반대 변호사들은 가정연합을 컬트 집단, 반사회적인 단체라는 오명을 뒤집어씌워 자민당과 격리시켜 헌법 개정을 저지하고 '가정연합 파괴'라는 목표로 공동전선을 형성하여 종교 박해를 강행하는 것으로 보인다.

## 아베 정권의 개가 된 아사히

정권이 바뀔 때마다 민주주의가 후퇴하고 있다는 비판의 소리를 자주 듣는다. 집권에 실패한 정당과 정치인이 자주 입에 올리는 말이다. 국민을 위한다는 말을 입에 달고 국민 편가르기를 통해 정권 타도의 길을 찾는 정치가의 언동에 국민은 피로감을 넘어 혐오감마저 느낀다.

성공회 신부가 페이스북에 "대통령이 탄 비행기를 온 국민이 추락을 위한 염원을 모았으면 좋겠다"고 해서 국민의 공분을 산 적이 있다. 성직자의 가면을 쓰고 언어의 폭력과 증오로 선량한 국민을 선동하고 있다. 기독교가 현세의 정권을 부정하는 것이 절대선이라고 합리화 한다 해도 너무 나간 행동이라고 비난 받을 수 밖에 없다.

국익을 훼손하는 가짜뉴스를 생산하여 국민을 선동하는 편향된 언론도 문제가 있으나 그에 대해 책임을 묻겠다고 전용기 탑승 불허를 한 정부도 문제가 있다. 이를 두고 싸움만 있고 정치가 없는 것이 한국 정치의 현실이라는 비판도 있다. 그러나 집권 1년 동안 보여준 거대 야당과 좌파 언론의 행태로 한국 땅에서 정치가 사라졌다는 느낌을 지울 수 없다. 야당은 윤석열 정부가 낸 법안 77건에 대해서 한 건도 처리를 안 해주었다고 한다. 이를 놓고 합치라는 말은 노무현 대통령까지 라는 말이 나온다. 박근혜 대통령의 탄핵으로 대통령이 된 문재인 정권도 보수 야당에 대한 협치는 존재하지 않았다는 목소리가 높다.

대통령실의 행태를 놓고 다른 방법이 없지 않느냐? 이것이 최고의 선택이었는가? 대통령실의 물밑 접촉이 없지 않느냐? 협치 태도가 없었는가를 뒤돌아보아야 한다는 등 말이 많지만 진영싸움의 진흙탕 정치에서 어떻게 정치력을 발휘할 것인가? 라는 말에도 설득력이 있다.

퇴진만이 최대의 선이라고 부르짖는 좌파 세력의 전략을 모르는 사람들이 너무 많다. 자신들의 세를 불릴 때까지는 공생하면서 세가 우세해지면 가차없이 숙청을 감행하는 그들의 전술 전략에 국민이 너무 무지하다. 현재의 한국 정치를 감상적, 감성적인 태도만으로는 거대해진 좌파세력에 대항하여 진정으로 국민을 위한 협치는 불가능하다. 이 같은 갈등의 정치를 부추기는데 편향된 언론의 책임이 크다.

한국 정치의 배경에는 지속적으로 진실을 왜곡하는 편향성 보도가 더 큰 문제라고 할 수 있다. 한 언론인은 "좌파의 치어리더가 된 KBS를 우파 정권이 개혁하려면 엄청난 대립과 충돌이 발생한다" 면서 "KBS는 좌파 이념을 전면에 내세우는 대가로, 특정 정파와 특정 유권자를 방패막이 삼아 자기들끼리 아무나 누릴 수 없는 향연을 즐기고 있다"고 지적하고 있다.

'우리는 공산화로 가고 있다' 라는 글로 시작되는 '문화방송 이사의 충격적 고백'이라는 SNS가 일본에 있는 필자에게도 전달되었다. 한국의 언론사가 언론 노조, 민주 노총의 뜻에 반해서 보도를 할 수 없다는 사실을 알아 달라는 간곡한 글이었다. 글에 의하면 "방송사의 편성권은 전국의 단일 언론 노조가 행사하며 배후에는 좌경화 되어 공산화 작업을 완료한 민주 노총이 감시하고 있다"고 주장한다.

한국의 정치판과 다르지만 모리·가케森友學園·加計學園 소동과 정치후원던체櫻を見る会 등 정치직으로 매우 불리한 상황에서도 아베 전 총리는 장기 집권에 성공하였다. 이를 가능하게 했던 주요 원인은 언론에 재갈을 물리고 언론 길들이기에 성공하였기 때문이다.

자민당 정권에 가장 비판적인 언론은 아사히다. 자민당으로서는 안정적인 정권 운영을 위해서 아사히에 재갈을 물리는 것이 반드시 필요하였다. 아베 전 총리는 아사히를 자민당의 개로 만들어 장기 집권에 성공한 것이다.

아베 전 총리와 아사히의 악연은 2005년 1월 NHK의 종군 위안부 문제를 다룬 프로그램 개편 보도 사건에서 시작되었다. 당시 자민당 간사장 서리였던 아베 전 총리가 프로그램 내용이 공평하지 않다며 바꾸도록 정치적 압력을 가했다고 아사히 신문이 보도하였다. 아베 전 총리는 아사히의 보도를 부인하면서 취재를 거부하고 항의하면서 관계가 악화되었다.

제1차 아베 정권이 출범하면서 아사히는 정권으로부터 철저히 배격 당하며 냉대를 받았다. 철저히 정보를 차단당한 아사히는 정권의 공무원법 개정에 반대하던 관료 집단에 접근하여 공동전선을 형성한 아사히는 정권 비판의 정보를 입수하여 내각을 압박하였다. 아사히는 아베 정권이 무너지는데 결정적 역할을 하였다.

정국이 변하면서 아사히는 아베 정권이 부활하는 상황이 되면 고노 담화 수정과 아사히 간부의 국회 증인 환문을 두려워하게 되었다. 이에 기무라 다다카즈木村伊量 사장이 자신과 아사히의 보신을 위해 선수를 쳐서 아베 정권에 머리를 숙이게 되었다.

2012년 12월 16일, "총선에서 승리하여 26일 총리에 취임하기 전에 기무라 사장은 와케 야스시和気靖 상무와 소가 다케시曾我豪 정치부장을 대동하여 자민당 총재인 아베와 은밀히 만났다"고 전해진다. 기무라 사장은 아베 총재와 만나기 위해 자민당 정권에 대해 비판적이며 친한파로 알려진 와카미야 요시부미若宮啓文 씨와 위안부 문제를 일으킨 우에무라 다카시植村隆 씨를 조기 퇴직시켜 환경을 조성하였다.

한국과 달리 일본 언론은 총리의 1일 동정首相動静을 보도한다. 이를 피하기 위해 "총리 취임이 확실한 아베 총재와 만나기 위해 추파를 보내 취임 전에 회담을 갖게 된 것"이라고 전해진다. 이를 계기로 아사히는 아베 총리에게 굴복하여 위안부 보도에 대한 '요시다 증언'의 사과기사를 게재하게 되었다.

2013년 새해를 맞이하면서 아베 총리는 3개월간에 걸쳐 5대 언론사의 수뇌와 두세 시간에 걸친 연속 회식 간담을 가지면서 정권에 대한 비판적인 입장을 잠재웠다. 이로써 언론에서 아베 정권의 주요 정책인 소비세 증세와 헌법 개정에 대한 비판적 논조가 저하되었다고 평가한다. 그 결과 수 많은 스캔들에도 불구하고 아베는 장기 집권을 할 수 있었다.

정치 평론가들은 기시다 내각이 다음 선거 때까지 절대적으로 안정된 정권을 유지하면서 아베 전 총리의 염원인 헌법 개정을 수행할 것으로 전망하였다. 아베 정권의 개가 되었던 아사히는 아베 전 총리의 죽음을 계기로 자민당의 목줄에서 벗어나기 위해 공산당과 연합하여 자민당과 함께 걸어왔던 가정연합을 반사회적이며 반일 단체로 몰아가기 위해 혈안이 되어 움직였다. 그 결과 우유부단한 기시다 정권은 공산당을 비롯한 좌파 정치인과 반가정연합 언론에 끌려 가고 말았다.

현대 일본의 정신사에 영향을 미친 사건으로 거품 경제의 붕괴로 인한 일본의 추락과 동일본 대지진 그리고 옴진리교에 의한 지하철 차량 내에 신경가스를 살포한 사린 사건이 지적되고 있다. 그런데 동일본 대지진의 보도를 놓고 일본의 언론계에 하나의 분수령이 된 언론 보도의 정확성과 책임감이 문제가 되었던 사건을 아사히가 제공하였다.

아사히의 기무라 사장은 2014년 9월 11일, 지난 5월 20일자의 '요시다 조서'에 관한 보도를 오보로 정정하면서 사죄 회견을 열었다. 그리고 8월 5일에 있었던 위안부에 관한 '요시다 증언'이 허위라고 정정한 회견을 놓고 사죄하였다.

아사히 신문은 도쿄전력 후쿠시마 제1 원전 사고의 정부사고조사·검증위원회가 작성했던 이른바 '요시다 조서'를 정부가 비공개로 했던 단계에서 독자적으로 입수해서 5월 20일자의 조간을 통해 보도했다. 그 내용은 '동일본대진재 4일 후의 2011년 3월 15일 아침, 후쿠시마 제1 원전에 있던 도쿄전력사원의 9할에 해당하는 약 650명이 요시다 마사오吉田昌郎 소장의 대기 명령을 위반하고 10키로 남쪽의 후쿠시마 제2 원전에 철수했다'는 것이었다. 가혹했던 사고의 교훈을 보고한 요시다 조서 일부를 입수 보도하면서 정부에 전문 공개를 요구하는 내용이었다.

아사히는 사죄 기자회견을 통해 "사내에서의 세밀한 조사 결과, '요시다 조서'를 읽고 해석하는 과정에서 평가 잘못으로 '명령위반으로 철수'라고 하는 표현을 사용했기 때문에 전력 사원이 그 자리에서 도망한 것처럼 인상을 주는 틀린 기사가 되었다고 판단했다"며 '명령 위반으로 철수'의 기사를 취소하면서 사과했다. 그러나 아사히가 '요시다 조서'를 독자적으로 취재해서 보도하지 않았다면 그 내용이 세상에 알려지지 않았을 것이라며 보도의 정당성을 피력하면서 현시점에서 추측이나 기사의 체크 부족 등이 겹친 것이 원인이라고 변명하였다.

그러자 "아사히의 오보가 악조건에서 성실히 일한 원전 작업원의 명예를 훼손하였고 언론에 대한 국민의 신뢰를 떨어뜨릴 수도 있다"는 지적에 이어 오보에 대한 비판이 쇄도했다. 보수우파의 나팔수 산케이 신문이 '요시다 조서'를 별도로 입수하여 요시다 소장이 "제2 원전으로 이동한 것이 올바른 것으로 명령 위반이라고 생각하지 않았다"고 보도하였다.

논란이 확대되자 정부는 11일 '요시다 조서'를 공개했다. 이에 아사히는 자사의 보도가 오류임을 인정하고 기사를 취소하겠다고 밝힌 것이다. 기무라 사장은 한 발 더 나아가 지난 8월 5일자의 조간

특집 '위안부 문제를 생각한다'에서 한국의 제주도에서 위안부를 강제 연행했다는 요시다 세이지 씨의 증언이 허위라고 판단하여 취소한 건에 대해서 다시 사죄하였다.

아사히는 "전쟁 중 여성의 존엄과 인권 그리고 과거 역사의 극복과 화해를 주제로한 위안부문제를 직시해야 한다"면서 "이를 위해서는 이 문제에 관한 과거의 아사히 신문 보도의 잘못을 인정하고 그 위에 아시아의 근린 제국과 상호 신뢰 관계의 구축을 목표로 하는 우리의 원래 주장을 전개해 나가야 한다"고 피력했다. 그러나 기사를 취소하면서 사과의 말이 없어 비판을 받은 것에 대해서 "증거 취재가 불충분했던 점은 반성한다"고 하면서 "사실에 근거하는 보도를 취지로 하는 저널리즘으로서 보다 겸허했어야 한다며 이를 통감하고 있다"고 사죄했다.

공산당원으로 작가였던 요시다 씨는 1982년 강의에서 "전쟁 당시에 군의 명령을 받아 위안부 동원을 위하여 자신이 제주도의 젊은 여성을 강제 연행 하였다"고 증언하면서 위안부 강제 연행에 대한 출판 및 강연 활동을 하였다.

보수계의 언론작가 도키타 히로시<sup>필명은 坂東忠信</sup>는 '요시다 증언'이 허위·창작이라고 주장하였으나 아사히 신문과 홋카이도 신문은 '요시다 증언'을 진실이라고 보도하였다. 일본에서는 '요시다 증언'이 불편한 한일간 외교 문제의 커다란 원인이 되었다고 주장하고 있다.

1996년도에 요시다 씨가 자신의 증언이 창작이었다고 인정하였으나 아사히 신문은 기사의 정정을 하지 않았는데 2014년에 사죄와 함께 기사를 뒷받침할 수 있는 증거를 확보하지 못했다고 인정하면서 기사를 취소하였다. 요시다 씨는 일본의 국격을 떨어뜨린 반역자로 낙인 찍혀 사방팔방에서 공격당하는 중압감과 무엇보다도 말년에 가족의 회유가 원인이었다고 보는 시각도 있다. 요시다 씨는 한국과 미국에서도 강연을 하였고 해외 언론은 이를 보도하였다. 일본은 단편적으로 '요시다 증언'을 보도한 해외 언론을 근거로 국제 사회에서 위안부 강제 동원을 사실로 받아 들이고 있다고 국민들을 선동하였다.

일본인들이 바라보는 '요시다 증언'은 일본의 국격을 현저하게 추락시킨 사건으로 국가 기관인 군에 의해서 한국을 비롯한 식민지의 여성을 강제로 납치하여 군대 위안부로 보냈다고 하는 것이다. 일본군 위안부 문제 즉, 군에 의한 강제 동원 문제를 해결하지 않고는 실추된 국격을 회복할 수 없다고 판단한 일본은 이를 해결하기 위해 오랫동안 민관언民官言이 하나 되어 총력전을 벌여왔다. 국격 회복을 위해서 고노 담화河野談話를 재검토해야 한다면서, 이를 부정하기 위해서 위안부 강제 동원의 근거가 되는 '요시다 증언'을 보도한 아사히를 공격하여 기사를 취소해야 한다고 판단한 것이다.

대표적인 보수 언론인 이케가미 아키라池上彰 씨는 "자사의 오보를 인정은 하면서도 사죄의 말이 없다"는 '위안부 보도 검증 정정, 늦어서 잃은 것이 아닐까慰安婦報道検証訂正、遅きに失したのでは'라는 칼럼을 아사히 신문에 투고하려 하였으나 게재를 거부당하자 마이니치 신문에 투고하였다. 이케가미 씨는 이 글에서 "아사히가 1982년 9월 2일자 신문에서 요시다 씨가 제주도에서 200여 명의 위안부를 동원狩り出した했다고 보도했는데 그 증거의 공개를 거부하였다. 증언을 뒷받침하는 증거를 제시하지 못하였음에도 보도한 것이 아사히의 잘못"이라는 것이다.

　마이니치의 오가와 하지메小川― 씨는 "이 칼럼을 아사히 신문이 거부한 것이 사장의 퇴진 압박에 이른 결정타였으며 저널리즘 역사의 분수령이 될 것"으로 내다 보았다. 이 문제가 커다란 압박으로 대두되자 아사히는 제주도를 취재하였지만 증언을 뒷받침할 수 있는 증거를 찾지 못했다고 보도했다. 과거 1992년 산케이 신문 등이 아사히의 기사에 의문을 제기했었다. 보수 우익의 언론인들이 위안부 강제 동원 사실의 현장인 제주도를 직접 취재하는 작업도 병행되었다. 그들은 "제주도의 현장 취재 조사 결과 위안부 강제 연행의 사실이 없었다"고 주장하고 있다.

　한국인은 자신이나 자신의 가문 그리고 자신이 살고 있는 마을에서 어떤 불미스러운 일에 관련된 사실을 인정하려 하시 않는다. 이같은 한국인의 마음 세계를 전혀 이해하지 못한 조사 방법으로 얻은 결과로 자신들의 주장을 합리화하려는 것을 볼 수 있다.

　염치와 체면을 중시하는 한국인은 설사 자신의 집안에서 위안부로 끌려갔다는 명백한 실증이 있어도 자신의 집안이나 마을에서 위안부로 끌려갔다는 것을 인정하려 하지 않는다. 그것을 인정하는 순간 개인이나 집단은 한국 사회에서 매장된다는 것을 한국인은 너무나도 잘 알고 있기 때문이다. 일본에서 아무리 많은 재물과 인력을 동원하여 위안부 강제 동원 문제에 대해 취재하려 해도 허무하게 끝날 수밖에 없다.

　일본인들은 제주도 현지 취재의 결과를 사실로 받아들이면서 이를 근거로 위안부 강제 동원이 없었다고 국민을 선동하면서 정책에 반영시키려 하였다. 그리고 이를 토대로 아시히를 공격하여 고노 담화를 철회해야 한다고 주장하기에 이르렀다.

　기무라 사장은 정치부장 시절 북한의 납치 문제를 인정하면서 한반도의 식민지 지배를 토대로 납치 문제를 보류하고 조일국교 정상화를 추진하는 서명 기사를 주장하였다. 2014년 10월, 동경에서 개최된 한일 언론인 포럼에서 "한국은 일본의 형 같다. 한국과 일본은 자존심보다 서로에 대해서 존경심을 전면에 내면서 접근해야 한다"며 한반도에 대해 친근감을 나타낸 인물이었다. 특히, "과거 한반도의 영향 없이는 일본의 문화가 풍족해질 수 없었다. 그런 면에서 한국은 일본의 형과 같다"며 아사히의 신조는 "한국과 깊은 연대 관계를 맺어가야 한다"면서 한국과의 연대를 강조하기도 하였다.

　도쿄도 지사 임기중 불미스런 사건으로 중도 사퇴한 마스조에 요이치舛添要一는 그의 트위터에서 창가학회의 이케다 총재가 재일동포로 알려져 있는 것을 빗대어 "왜 이렇게 옹졸하고 천박하며 거짓말쟁이인가? 반쪽 조선인이 학회와 같이 벗어나지 못하고 있네 なぜこんなにもセコくて下品で嘘つきなのか？朝鮮ハーフで學會とズブズブでした2016/07/06 라며 차별적 언어로 조롱하였다.

　기무라 사장은 '요시다 조서'와 '요시다 증언'에 대한 보도를 사과하면서 사태를 수습하고 사퇴하겠다고 밝혔다. '요시다 조서'에서 '요시다 증언'에 이르기까지 기무라 사장의 사죄와 수습 그리고 사퇴를 계기로 아베 정권은 아사히에 재갈을 물려 충직한 사냥개로 만들었다. 이 사건으로 아베 내각의 새로운 정책과 이슈는 아베 전 총리의 단독 인터뷰 형식으로 아사히 테레비 뉴스를 통해 국민에게 설명하였다. 이를 계기로 자민당에서는 아베 총리에게 부정적인 말을 할 수 없게物が言えない 되었다.

윤석열 대통령은 과거 언론의 자유와 책임을 강조하면서 "진실을 왜곡한 기사 하나가 언론사 전체를 파산하게도 할 수 있는 강력한 시스템이 언론 인프라로 자리 잡는다면 공정성 문제가 없다."고 하였다.

현대 사회에서 언론은 5대 권력의 하나로 지적되고 있다. 인류의 평화와 행복 실현을 위한 정의로운 정치 체제를 위해 보도의 자유와 책임을 지는 언론의 역할이 요구되고 있다. 정권에 비판적인 언론에 재갈을 물리는 것도 정치인이 하는 일이겠지만 우선하는 것은 국민의 알 권리를 보장하는 것이 더욱 중요한 일이다. 이를 위해서 정보 공개와 더불어 국민에게 설명 책임이 더 중요한 일이다.

언론의 본령을 권력 비판이라고 하는데 그 권력은 정권만을 의미하는 건 아니다. 무소불위의 권력을 행사하는 야당, 노동 단체 등도 감시되어야 할 권력이다. 언론이 정권의 나팔수 역할을 할 때 '어용 나팔수'라 부르듯이, 특정 이념이나 진영 그리고 정파의 전위대처럼 편향된 행태를 거듭하면 '진영의 사냥개'라고 부른다.

대통령으로 재임하던 토머스 제퍼슨Thomas Jefferson이 친구인 존 타일러John Tyler에게 보낸 편지에서 "우리의 첫 번째 목표는 진실로 가는 모든 길을 열어주는 것이어야 한다. 지금까지 찾아낸 가장 효과적인 것은 언론의 자유이다. 그러므로 그것은 그들의 행동에 대한 조사를 두려워하는 사람들에 의한 첫 번째 입막음이다" 라고 하였다.

## 날로 극단의 길을 걷는 보수와 진보의 대립

　보수주의 정치인은 법과 원칙이 실현된 상식과 정의를 주장한다. 미국에서 보수는 국가 이익을 진보는 보편적 가치를 더 중시한다. 따라서 보수는 국가에 대한 충성심에서 진짜 보수 여부를 결정하는 기준이 되고 있다. 보수당의 지도자들을 보면 군인을 가계로 하는 사람이 많은 것도 여기에 기인한다. 국가에 대한 충성심은 국방과 납세로 나타나는데 보수를 자처하면서 국방과 납세에 문제가 있는 사람은 진정한 보수주의자가 아니라고 보는 것이다.

　진보는 보편적 이념을 중시하며 인권과 평등을 중요한 덕목으로 보고 있다. 진보를 자처하면서 보편적 가치를 선택적으로 적용한다면 진정한 진보라고 할 수 없다. 이를 한국 정치에 적용할 때 한국의 보수 지도자들은 국방의 의무가 부실하며 탈세 의혹에 연루된 경우를 종종 볼 수 있다. 진보를 자처하는 지도자들도 북한의 인권에 대해서 선택적 태도를 취한다. 따라서 한국에는 진정한 보수와 진보가 없이 다지 내 편 네 편만 있다.

　최근 한국 정치는 진영을 나눠 벌이는 스토킹 행위가 특징이다. 사사건건 한 사람을 목표로 정해서 벌떼처럼 공격하는 테러는 정치적 살인을 목표로 하고 벌이는 전쟁을 방불케 한다. 상식적으로 야당은 민주주의를 존중하면서 권력의 독주를 견제하고 다음 집권을 준비하는 대안 정당이다. 그래도 과거에는 군부로부터 정치를 되찾아오고 자유와 평등의 이념을 이 땅에 정착시키려 애쓰던 정치인들이 있었다. 그때 여야는 싸우면서도 대화하고, 주장하면서도 타협하고, 원칙은 끝까지 지키는 정치 신사들이었다고 평가되고 있다. 정치에는 금도가 있다고 하는데 작금의 정치인들의 행태는 늘 금도를 넘어서고 있다. 금도를 지키는 신사적인 정치인이 사라진 진흙탕 싸움이 계속되는 풍토가 심화되면서 국민들의 피로감이 한계에 이르렀다.

정치인이 말하는 국민을 위한 정치는 무엇보다도 정책의 의사 결정 과정과 결과 그리고 경비를 투명하게 공개하고 국민에게 설명하는 것이다. 정상적인 정치인들이 사라지고 정치적 의도 없이 상대방을 쓰러트리려는 한국 정치는 정책과 이념의 차이를 떠나 분노와 증오로 치닫고 있다. 요즘 한국 사회에서 집단 지성이라는 말이 자주 사용되고 있는 것도 진영 논리에 빠진 정치상황에서 진영을 합리화하기 위해 사용되는 듯하다. 인류는 지금 편가르기를 통해 진영 간 갈등을 조장하는 파국석인 국면에서 심한 고통을 당하고 있다. 국민 통합을 이끌어내고 국민의 안전과 행복 그리고 평화 세계를 지향하는 사람을 지도자라 할 수 있는데 편가르기를 부추기는 사람이 지지를 받고 있는 현실을 개탄하는 국민이 많다.

베를린 장벽이 무너지면서 과학자에서 정치인으로 변신한 앙겔라 메르켈 대통령은 대화와 설득, 타협과 인내 그리고 합의와 관용의 정치인으로 평가되고 있다. 그녀는 정치 역정에 대해서 "흥미롭고 마법 같은 시간이었다"고 회고하였는데 박수 받으며 떠나고 싶다던 그녀의 말같이 지지율 75%를 찍으며 퇴임하였다.

좌파 언론이 워싱턴 정가를 휘두르는 세력에 위협을 느낀 문선명 총재는 막대한 자금을 투자하여 보수 언론과 세력을 지원해 왔다. 가정연합이 소유하고 있는 UPI 통신사가 있지만 일반적으로 가정연합과의 관계를 모르는 사람이 많다. 미국에 대한 로비와 회유를 위해 모든 국가는 막대한 자금을 투자하고 있다. 무엇보다도 냉전 체제에서 소련을 비롯한 공산 국가에 이어 중국의 등장으로 미국과 자유 세계를 약화시키려는 공산당은 막대한 자금력으로 좌파 언론을 지원해온 것이 사실이다.

좌파 언론의 입장에서 보수 정권을 비판하는 것은 한국의 신문 세계와 동일선상에서 볼 수 있다. 한계레나 오마이뉴스가 좌파 정권의 잘못을 고발하거나 보수 정권을 옹호하는 것은 거의 불가능하다. 현대 사회에서 공정 보도라는 말이 사문화된 것은 오래되었거나 아예 없었던 것으로 하나의 이상론이 되어버렸다. 공영 방송도 정권의 나팔수 역할에 충실하도록 경영진의 임면을 통해 길들여 왔다. 언론 노조는 좌파 일색으로 구성되어 편향보도가 일반화되었다고 해도 과언이 아니다. 일본과 미국도 마찬가지로 좌파가 지성인이고 우파는 꼴통이라는 수식어가 된 것은 오래전 일이다.

좌파 언론의 눈을 통해 보이는 트럼프는 미치광이였다. 이명박·박근혜 정권 시절 일본에서 한국 언론에 비친 한국의 대통령은 매일 화를 낸나는 것이었나. 보수정권의 내통령은 대로하거나 격노하였다는 기사가 많은데 진보 정권의 대통령이 화를 냈다는 기사를 거의 보지 못한 것 같다. 일부 정치적 성향을 가진 이들에 의해 지식인이거나 문화인으로 불리는 사람은 진보적이고 개혁적이며 스마트하고 노인과 부자는 고리타분한 보수 골통이라는 주장을 확산시키고 있다. 왜곡된 주장으로 국론을 분열시키며 대중의 여론을 휘어잡아 정권에 영향력을 행사하면서 권력을 조종하려고 한다.

좌파 언론과 싸우는 우파 대통령의 모습은 처절하다. 트럼프를 미치광이로 몰아가는 세력이 있지만 트럼프를 지지하고 추종하는 보수 세력과 언론도 있다. 극단적으로 치닫는 좌우의 정치혼란기 속에서 지도자로서 국제 상황을 정확히 들여다보고 적시에 적절한 정책을 실현하는 파괴적인 결단력도 있었다. 현재 국제적으로 첨예하게 대립되고 있는 반도체 전쟁이나 중국과의 대립도 미국이 주도적으로 이끌어갈 수 있는 것은 트럼프의 정치력에서 비롯되었다.

세계정치의 심장부라 할 수 있는 워싱턴에서 보수 언론이 사라졌다. 1981년 워싱턴 스타The Washington Star가 폐간되면서 좌파 신문 워싱턴 포스트The Washington Post가 미국 정치를 세계에 전달하는 입이 된 것이다. 1982년 가정연합은 매우 중대한 결정을 하였다. 미국의 공산화 저지와 소련 붕괴를 위하여 보수 신문인 워싱턴 타임즈The Washington Times를 창간한 것이다. "자유주의 세계의 수도를 대표하는 신문사가 용공 리버럴 워싱턴 포스트 뿐이라는 것은 보도의 공정성이 결여될 뿐만 아니라 미국의 건전한 여론 형성에 악영향을 미친다"는 이유였다. 그 후 워싱턴 타임즈는 미국 정계의 주요 정치인들이 가장 애독하는 보수지로서 우뚝 서게 되었다고 레이건 전 대통령은 회상하였다.

가정연합은 워싱턴 타임즈에 천문학적인 자금을 투입하였다. 교회의 선교가 아닌 "소련과 공산주의로부터 미국과 세계를 구하기 위해서"였다. 특히 북한과 대치하고 있는 "한국과 일본을 지키기 위해서"였다고 한다. "6자 회담을 비롯한 한미·미일 관계에 영향력을 행사하여 미국의 한반도 정책과 대아시아 정책을 수립하는데 도움을 주었다"는 것이다. 특히 노무현 대통령의 방미시에 워싱턴 타임스의 역할은 미국 정가의 전설이 되었다고 한다.

공산 적화를 위해 구소련과 중국을 배경으로 워싱턴 정가는 좌파 언론이 장악하였다. 이에 대항하여 한국의 문선명 총재가 보수 언론인 워싱턴 타임즈를 창간하여 스타워즈 계획으로 소련붕괴의 길을 열었다는 것이다. 가정연합 신자들의 막대한 헌금이 소련 공산당의 몰락과 미소 냉전을 종식시켰다고 평가되고 있다.

## 미래를 여는 역사

필자가 군을 전역한 다음 해에 조선일보에 연재되었던 최인호의 대하소설 '잃어버린 왕국'을 읽으며 백제와 일본의 관계에 관심을 갖게 되었다. 야마토 왕권이 백제 망명 국가였다는 것이 하나의 충격이었고 일본에 대해 새로운 시각을 갖게 되는 계기가 되었다. 일본 전역을 답사하면서 도래인들의 삶의 흔적을 보았다. 한반도에서 역사적 사건이 일어날 때마다 일본으로 집단이동이 일어났고 이를 계기로 일본이 한 차원 높이 변화되어 간 것을 확인하였다. 이 소설은 "한반도에서 도래한 선인들이 새로운 왕국으로 건설한 일본의 역사적 비밀을 파헤친 명작"이라는 평가를 받는다.

1979년 박정희 대통령 시해사건을 계기로 새로운 한일관계를 놓고 힘겨루기가 시작되었는데 1982년 일본에서 내어놓은 카드가 역사교과서 왜곡 파동이다. 그동안 박정희 정권하에서는 한일관계를 위협하는 사건은 없었다. 물론 일본과 관계된 김대중 납치사건과 육영수 여사 암살 사건이 있었으나 양국간 민족감정을 불러 일으키는 일은 없었다.

1978년 센카쿠 열도尖閣列島 주변 수역에서 중국 어선이 일본 영해를 침범하는 사건이 일어나면서 일본의 영토문제의 하나로 독도가 언급된 것을 제외하고는 한일관계는 매우 우호적이었다. 그런데 1982년 7월, 신학기에 사용될 일본의 역사 교과서에 한국관계사를 왜곡 기술하는 도전을 결행하였다. 처음에는 한일 양국의 언론이 일제히 일본 정부 당국의 처사를 강력하게 비판하면서 시정을 촉구하였다. 이에 일본 관리들이 한국의 역사교과서에도 오류가 있다는 식의 맞대응으로 한국민들의 감정을 악화시키는 결과를 초래했다.

한국에서는 대대적인 반일 운동이 전개되었고 정부도 일본교과서의 왜곡을 시정할 것을 요구하며 강경 대응하였다. 그 결과 8월26일, 문부상 오가와 헤이지小川平二의 사과와 문제가 된 부분에 대해 시정하겠다는 각서를 한국정부에 전하고 새로 개정된 '교과서 검정기준'을 확정 발표하면서 일단 마무리 되었다.

일본의 역사의식이 만족할 만한 수준으로 이행되지 않고 문제가 계속되던 중에 2012년, 일본의 독도영유권 주장이 교과서에 실리게 되었다. 이를 계기로 교과서 왜곡 문제를 해결하기 위해 한중일 3국 역사 공동편찬위원회가 '미래를 여는 역사'를 공동 집필하게 되었다. 이 책의 취지는 각국의 국수주의를 배제하고 서로를 존중하며 공존할 수 있는 미래 역사의식을 함양하기 위한 것이었다. 그러나 보수 우익단체의 반발로 공동 역사서를 반영한 교과서는 발행되지 않고 있다.

러시아가 우크라이나를 침략하면서 일본과 러시아의 문제를 놓고 토론하는 텔레비전 방송을 보게 되었다. 주로 우익성향의 인사들이 출현하는 방송そこまで言って委員会NP, 거기까지 말해 위원회NP에서 일본의 북방영토를 정략적 차원에서 끊임없이 주장해야 한다는 본심을 들었다. 전 외교관 미야케 구니히코宮家邦彦 씨가 "마치 형사처

벌의 공소시효가 지나지 않도록 법적 절차를 밟듯이 불법 점거임을 끊임없이 주장하지 않으면 안된다"는 그의 주장을 들으면서 그간 그가 한일관계에 대해 억지 주장하던 모습이 연상되어 쓴웃음이 나왔다.

일본의 역사교과서 파동을 계기로 독립기념관 건설 사업이 시작되어 4년간의 공사 끝에 1987년 8월에 개관하였다. 독립기념관의 일제침략관에서 인간에 대한 분노와 혐오감을 불러 일으키게 하는 리얼한 모형물에 충격을 받았다. 세계인에게 보여줄 수 있는 기념관, 그를 통해 과거의 역사를 이해하고 반성과 화합 그리고 평화를 이끌어 낼 수 있는 기념관은 어려운 것일까? 하는 마음은 필자만의 생각일까? 일본인이 보았을 때 혐오감보다는 자연스럽게 과거의 잘못을 반성하고 새로운 미래를 열어 나갈 수 있는 동반자의 관계를 맺게 도와주는 기념관이 되었으면 한다.

### 위안부문제의 본질

한일 간 국교정상화를 위한 예비 회담이 1951년에 시작되어 우여곡절 끝에 14년 만인 1965년에 체결되었다. 친일 세력이 정권을 잡고 미국의 적극적인 개입에 힘입어 이뤄진 결과다. 미국과 일본에 안보와 경제를 기대면서 민감한 역사와 영토 문제는 선반에 얹어 두었다는 평가가 있다.

박정희 대통령 서거 후에 한일 간의 역사 문제에 알력이 생기기 시작하였다. 양국정상의 상호 방문으로 경제적으로는 친밀하고 정치적으로는 긴장감이 맴돌았다. 90년대 냉전의 종결과 한일 간의 정권 교체로 위안부와 역사 문제가 부상되면서 새로운 국면을 맞게 되었다.

21세기에 들어서면서 월드컵 공동 개최와 한류 붐으로 우호 관계를 형성하는 듯했으나 2005년 시마네현島根縣에서 다케시마의 날 조례 제정으로 영토 문제가 언제 폭발할지 모르는 뇌관이 되었다. 결국 이명박 대통령이 독도를 방문하면서 한일 관계는 최악의 상태로 떨어졌다.

박근혜 정부가 합의한 위안부 문제를 문재인 정부가 파기하는 이념에 따른 정책 변화가 한일 관계의 악화 배경으로 지적되기도 하였다. 무엇보다도 중국의 팽창 정책, 북한의 핵개발과 미사일 발사로 동북아 정세가 급변하면서 양국 관계 개선이 요구되고 있다. 이런 상황에서 이념이나 징치적 상황에 구애 빋지 않는 MZ세대가 여론을 주도하면서 양국 간의 관계 개선 가능성을 보여주었다.

한일 간 관계 개선을 위한 최대 쟁점으로 위안부 강제 동원 문제를 들 수 있다. 역사적으로 패전국 백성의 운명은 노예로 전락되었다. 일제 시대 한반도의 젊은 남성은 징용되어 강제 노역에 시달리고 징병되어 전쟁의 총알받이가 되었다. 젊은 여성은 정신대로 소집되어 군수공장에 투입되었고 위안부로 강제 동원되어 성 노리개로 전락하였다.

일제의 식민지가 된 한반도에서 1938년에 시행된 전시통제법에 의해 강제 징용, 강제 징병, 정신대 소집 그리고 위안부 강제 동원을 위한 국민총동원령이 발령되었다. 유엔의 보고서에서는 이미 강제 동원 위안부를 성노예로 규정하였다. 그런데도 일본의 우익 세력은 일관되게 위안부는 강제 동원이 아니라 자원하였다고 주장한다.

노예란 폭력에 의한 강제로 자유 의지가 구속되어 부림을 당한 인간을 뜻한다. 폭력에 의한 강제와 강요없이 자유 의지로 살아가는 사람을 노예라고 부르지 않는다. 1943년부터 총력 전시 체제에 돌입하면서 식량 공출과 위안부 강제 동원이 시행되었다. 위안부는 강제적으로 일본군의 기만에 의해 징용 또는 인신매매범, 매춘업자에게 납치, 매수되는 등 다양한 방법이 존재하였다고 한다.

혈기 왕성한 어린 병사들이 패색의 어두움이 드리워진 전장에서 언제 죽을지 모르는 극도의 공포심과 불안감에서 벗어나지 못하여 사기가 땅에 떨어졌다. 사기가 저하된 병사들을 위안하려 한 군부의 최대한의 배려가 위안소였다. 여기에다 성병으로부터 병사들을 보호하여 군사력을 보유하려는 차원에서 국가가 관리하는 위안소가 절대적으로 필요하였다.

### 일본 유곽의 변천과 일본인이 주장하는 위안부 문제

위안부 문제를 논하는데 있어서 일본인의 성의식과 유곽의 변천 그리고 법제화를 이해하는 것이 중요하다. 일본도 원칙적으로는 인신매매가 금지되었으나 현실적으로 대기근이 생기거나 가정이 파탄될 때마다 인신매매가 성행하였다. 이때에 매매된 사람은 비인도적인 노예 취급을 받았던 것이 사실이다.

일본 각지역의 향토사를 살피면서 외면하고 싶은 사실을 만나게 되는데 그 하나가 빈곤으로 인해 어린 딸을 판매하는 행위였다. 메이지 정부가 들어서는 격변기에 농촌에서는 딸을 매매하는 일이 성행하였다. 어린 여자 아이를 매매하는 광고가 신문에 실릴 정도였다. 가족의 생계를 위해 어린 딸들이 매매되어 유곽에 팔려가는 서글픈 역사가 있었다.

일본에 공권력에 의해 유곽이 성립된 것은 도요토미 히데요시 시절이다. 바쿠후가 들어서자 에도의 요시하라江戸吉原, 교토의 시마바라京島原를 시작으로 공인된 유곽이 성행하였다. 에도 시대의 공인된 유곽은 장소에 영업허가를 내주었던 반면 근대 일본에서는 쇼기娼妓,이후 창기로 표기라 불리는 개인등록제로 변하였다.

당시 창기가 손님을 맞이하는 연령은 16세로부터 10여 년간으로 28세가 되면 퇴물이 되었다. 퇴물이 된 창기는 유곽을 벗어나지 못하고 호객행위나 유곽의 잡일을 하는 경우가 많았다. 일본 학계에서는 공창제를 '빈곤으로부터 여성과 아이들을 구제하지 못하여 생긴 계급 수탈'로 보고 있다.

근대를 봉건제하의 여성 해방 과정이라 할 수 있는데 근대 공창제의 계기를 1872년 10월 2일의 '창기 해방령' 부터라고 한다. 당시 창기를 우마牛馬와 같이 신체가 구속되어 매매되는 상품으로 여겼다. 이에 시호세이司法省의 통지1872년 10월 9일 선포된 제22호로 창기의 기존 가불을 무효로 선포하였다. 인신매매로 포로가 되어 노예로 전락된 여성들을 해방하라는 지시였다. 창기의 인권 해방을 위한다고는 하나 매춘 금지가 아닌 인신의 매매를 금지하는 것이었다. 따라서 창기가 다시 가불계약을 맺어 매춘행위로 변제하는 것은 묵인되었다. 그리고 유곽을 가시자시키貸座敷로 바뀌었는데 장소를 제공하는 명목으로 매춘 행위를 허락하였다. 결국 성매매의 폐지가 아니라 국가의 체면을 세워다테마에 유곽을 허락하고 성매매를 묵인혼네 하였다. 그리고 특정 지역을 지정하여 매독의 확산을 억제하기 위해서 매춘을 국가가 관리하는 것이 국가의 해방령이었다. 일본 정부는 심각한 사회 문제인 매독에 대해 창기를 국가가 관리하면서 검사 체제를 강화하는 것이 필요하였다고 판단한 것이다.

근대적 법체제가 정비되지 않아 민법도 형법도 성립되지 않은 상태에서 창기등록 가능 연령을 15세를 초과하는 자로 정하였다. 15살 이상으로 16세의 어린 여자아이에게 자유 의지에 의한 계약이라는 것은 다테마에적인 행태라고 볼 수밖에 없다. 이미 메이지 정부는 다이조칸 포고太政官布告,1876년를 통해 만 20세를 성인이라 선포한 바 있다.

공창제를 인신매매가 아니라 자유 의지에 의한 등록제라고 하는 다테마에는 세웠으나 실제적으로 자유롭게 계약하거나 말소되는 것은 아니었다. 이후 법령이 변하여 18세 미만이라고 하나 실제적으로는 통제가 불가능하였고 아이가 팔려서 창기등록이 가능해질 때까지 유녀 수업이라는 명목으로 사창에서 손님을 접대하는 것이 상식이었다.

위안부에 대한 일본측의 입장은 크게 3가지로 볼 수 있다. 첫째로 위안부는 자발적으로 참가했다. 둘째로 위안부는 정당한 대가를 받았다. 셋째로 문서상의 근거가 없다는 것이다.

과연 위안부가 자발적으로 참가했을까? 필자는 일본 문화를 이해하기 위해서 영화관을 찾아 다녔던 시절이 있었다. 특히 식민지 시절을 배경으로 하는 영화와 전쟁 말기에 만들어진 영화를 찾아서 보았다. 그 중에 와타나베 준이치가 발표한 소설을 배경으로 1989년에 개봉된 '벚꽃나무 밑에서桜の木の下で'라는 영화를 보았다. 영화에서 윤락가에서 일하던 유녀가 중국의 위안소로 간다는 대사가

나온다. 유녀가 자유 의지로 위안소에 간다는 것이다. 나이가 들어 국내에서 인기가 떨어지자 대우가 좋은 군위안소를 택할 수 있는 자유가 허락된 유녀였다.

역사적으로 윤락가에 자발적으로 종사하는 여성들은 극히 제한적이라는 견해가 지배적이다. 일본 전국을 돌아다니며 향토사를 연구하는 과정에서 바쿠마쓰에서 메이지 정부에 이르는 전환시대에 민중들의 삶이 얼마나 피폐하였는가를 체감할 수 있었다. 생활고를 견디지 못해 부모가 어린 딸들을 판매하는 것이 당연시 되었다. 심청전의 이야기도 아닌데 어린 소녀들을 팔고 사겠다는 신문 광고가 범람하였다. 심지어는 외국으로 팔려 나가는 경우도 허다했는데 이를 배경으로 한 영화熊井啓 감독의 望郷, 2017년도 보았다.

빈곤으로 매매되어 노예로 전락된 철없는 어린 아이들이 유곽에 떨어져 윤락녀가 되는 과정은 오랜 역사의 흐름이다. 위안부도 이같은 전통에 의해 이뤄졌다는 것이 일본인의 상식이다. 피해 여성들은 "수집 방식에 상관없이 전장에서 군대 때문에 자유를 빼앗기고 성행위를 강요당했으며 폭격과 폭력에 겁을 먹고 성병과 불임 등 후유증에 시달렸다"고 증언하고 있다.

일본 정부는 1993년 1월부터 군과 조선총독부 그리고 위안소 경영 관계자들을 대상으로 공청회를 거듭했다고 밝혔다. 외무성은 2월경 자신의 의사에 반하는 형태로 종군 위안부로 분류된 사례가 있는 것은 부인할 수 없다는 내부 문건을 작성했다.

3월의 참의원 예산위원회에서 다니노 사쿠타로谷野作太郎 외정外政 심의실장이 "강제는 단지 물리적으로 가하는 것 뿐만 아니라 위협해서 겁에 질리게 하여 본인의 자유로운 의사에 반했을 경우 등

넓게 포함한다"고 답변 하였다. 그러나 관계자는 관헌에 의한 '인습적'인 이른바 '협의의 강제 연행'을 부정하였다. 그리고 한반도에 대한 자료는 발견되지 않았다고 주장한다. 자료는 일본 정부에 의해 발견될 수가 없다. 발견되었다고 해도 폐기될 수밖에 없다. 여기에서 '인습적'이라는 표현에 주목할 필요가 있다. 이는 역사적으로 어린 소녀들을 윤락가에 제공해 온 업자들의 행태가 습관화되어 위안부들이 동원되었다는 것이다. 위안부 동원이 얼마나 비참한 모습이었던가 짐작할 수 있는 표현이다.

고노 담화에서는 '강제 연행이 아니라 여성들이 자유 의사를 빼앗긴 강제성을 문제 삼았다'고 지적하고 있다. 한국 정부도 위안부 문제에서 가장 중시하는 것은 전직 위안부들의 많은 증언이라고 주장한다. 위안부 강제 동원 문제는 일본이 비인도적으로 어린 소녀를 납치하여 강제적으로 성폭행하고 윤락녀로 전락시켰다고 하는 한일 양국민의 자존심을 자극하는 극히 민감한 사안이다. 언론도 좌우로 갈리어 피해자를 '윤락녀'로 떨어뜨려 자국의 명예를 지키려는 일부 논조가 한일 양국의 내셔널리즘을 자극하여 문제를 꼬이게 하는 원인을 만들고 있다. 물론 현대 일본의 사회 문제가 되는 18세 이하의 여고생이 금품 등을 목적으로 엔조고사이援助交際와 매춘이 성행하고 있다. 그러나 미성년자가 자발적으로 성을 상품화하는 것은 극히 제한적인 상황이다.

두 번째로 문서상의 근거가 없다는 것이다. 일본은 패색의 기운이 드리우자 전쟁 범죄에서 벗어나기 위한 작전에 돌입하였다. 전쟁 범죄와 관련된 문서의 파기와 관련자를 살상하고 관련 시설을 파괴하여 흔적을 없애는 것이 전쟁의 상식이다. 그 대표적인 것이 731부대와 위안부 문제다. 특히 일본에서는 공적 문서의 위조와 파기는 허다하다. 최근에 아베 전 총리와 관련된 모리도모 학원 사건으로 관계자가 유명을 달리하면서 사회적으로 커다란 사회 문제화 되기도 하였다.

세 번째로 정당한 대가를 받았다고 주장한다. 당시의 기사 보도에 의하면 월 300원에서 최고 3천원 이하의 수당을 준다고 보도하고 있다. 당시의 보수나 수당은 당사자에게 직접 현금으로 지급되는 경우가 거의 없었다. 앞에서도 언급한 것과 같이 위안부는 노예 계약으로 위안부가 현금으로 지급되는 대가는 손님을 맞이하기 위해 필요한 경비 정도였다.

위안부 문제를 다루는데 있어 국민총동원령에 의한 강제 소집 이전과 이후를 나누어 보아야 한다. 눌본 여성의 인권에 대한 침해는 용서받을 수 없는 인류의 범죄이지만 일본과의 사건 해결을 위해서는 중요하다. 일본인들은 군에 의한 강제가 아니라 충분한 대가를 지불한 자발적 행동이라고 물고 늘어진다. 일그러진 남성 위주의 비뚤어진 사고에 의한 일방적인 주장이다.

전쟁 말기 이전에는 일본군 병사들을 위한 위안소가 병영밖의 일반업자에 의해 성행하였던 것이 사실이다. 1931년 9월 만주사변 당시부터 군용 공창가公娼街가 고정화되어 일본군이 가는 곳마다 위안소가 생기게 되었다. 그리고 최전선 수비대를 위해서는 출장 위안부가 파견되기도 했다. 이때부터 위안부를 본격적으로 조달하게 되었다. 그러나 전술한 바와 같이 매독을 비롯한 성병 방지를 위해 국가가 관리하였다.

필자가 어린 시절에 들은 이야기인데 총각 귀신과 처녀 귀신이 제일 무섭다는 말이 있었다. 어린 나이에 징집되어 언제 죽을지 모르는 총각들의 불안을 해소하고 전투력을 증강시키기 위해 세워진 것이 군대 위안소였다.

오사카에서 만주군 장교 출신 아버지를 둔 일본인을 인터뷰하였다. 도야마 대학의 전신인 다카오카 고등상업학교를 거쳐 육군항공사관학교를 졸업한 그의 아버지는 장교로 임관되어 만주에 배속된 후에 선배의 강압으로 한국인 위안부와 관계를 가졌다고 한다. 아버지는 아들에게 사랑하는 아내와 첫날밤을 갖고 싶었는데 그것이 되지 못한 것이 일생의 오점이 되었다는 말을 하였다고 한다. 일본에 후데오오로수筆を下ろす라는 말이 있다. 글자나 문장을 쓰기 시작하다는 의미로 새로운 출발을 의미한다. 당시 군대에서 동정을 통과하는 은어가 후데오오로수라는 말이었다고 한다.

일제의 잔재가 남아있던 군시절에 동정남이 배속되는 것은 재수가 없다는 인식이었다. 한국 군대의 고질적인 일제 잔재의 하나로 신병이 자대에 배치되면 신고식의 첫 번째 질문이 동정 여부였다. 고참이 동정남인 신병을 데리고 윤락가로 데려가는 것이 과거 한국 군대의 나쁜 습관이었다.

초기의 위안부 모집은 공개 모집과 광고 등을 통한 모집이었다. 위안부는 군과 결탁한 매춘업자가 제공하거나 보급 장교가 모집하기도 하였다고 한다. 이때까지는 강제성은 띄지 않았다는 주장도 있다. 그러나 전쟁 말기로 접어들면서 전장이 확대되고 각 병영에 위안소가 건설되면서 위안부 조달에 강제력을 발동하기 시작하였다. 군부는 위안부 동원을 '도라지꽃 보급작전トラジの花普及作戰'이라 명명하고 이를 실행하였다.

위안부의 강제 동원을 부정하는 보수계에서 부차적으로 제기되는 것으로 아사히 신문의 보도를 들고 있다. 아사히 신문에 보도된 요시다 증언에 문제가 있었다는 것이다. 이들은 아사히 신문의 오보로 고노 담화에서 위안부 강제 동원의 근거가 되었다고 주장한다. 그리고 국제 사회로부터 일본의 명예가 더럽혀지게 된 원인을 제공하였다는 것이다. 반대론자들은 아시히 신문의 '요시다 증언'을 무너뜨리는 것에 중점을 두고 총력을 기울였다. 정부에서 '요시다 증언'이 영향을 미치지 않았다고 밝혀도 막무가내다. 모든 것이 '요시다 증언'이라고 강제하면서 다른 말에 귀를 기울이지 않는다.

아사히 신문의 오보로 제기되는 것으로 위안부와 정신대를 혼동하여 기사를 작성 보도하였다는 것과 제주도에서 위안부 사냥을 하였다는 '요시다 증언' 기사의 팩트 체크가 되지 않은 상태에서 일방적으로 보도하였다는 것이다.

1992년 1월 11일, 아사히 신문 기사와 관련해 단문의 용어 설명에서 위안부에 대해 '주로 조선 여성을 정신대 이름으로 강제 연행했다. 그 인원수는 8만이라고도 하고 20만이라고도 한다'라고 기술한 것을 놓고 '정신대'와 '위안부'를 혼동했다고 비판한다. 위안부에 대한 용어로 현재 관계 법령에서는 '일본군 위안부 피해자'를 사용하고 있다.

한국에서 정신대라는 말을 위안부의 의미로 쓰는 사례는 1946년 신문 기사에서도 찾아볼 수 있다. 1944년 7월 국무회의에서 결정된 조선총독부 관제 개정 설명 자료에는 미혼 여성이 징용되어 위안부가 된다는 황당한 유언이 확산되고 있다는 기술이 있다.

그리고 정신대로 동원된 일부 소녀들이 여러 가지 사정으로 위안부로 전락된 예가 있었다고 보고 되었다. 넓은 의미에서 정신대를 일제의 강제 동원으로 피해를 당한 여성을 의미하였다. 과거에는 피해자들이 자신을 위안부라고 내세우기보다는 정신대로 동원되었다고 할 수밖에 없는 사회적 환경이었다.

반대자들은 정신대와 위안부의 혼란이라고 몰아가고 있다. 자료에 의하면 정신대는 1944년 8월 여자정신근로령으로 국가총동원법에 근거한 제도가 됐지만 그때까지도 학교와 지역에서 조직되었다고 한다. 조선에서는 종전까지 국민학교나 고등여학교의 학생 등 약 4천명이 내지 일본 본토 군수공장 등에 동원되었다고 한다. 그러나 위안부 문제가 클로즈업된 1991년 당시 아사히 신문은 한반도 출신 위안부에 대해 "2차대전 직전부터 '여자정신대' 등의 이름으로 전선에 동원돼 위안소에서 일본군을 상대로 성매매를 당했다" "태평양전쟁에 들어가면서 주로 조선 여성을 정신대 이름으로 강제 연행했다. 그 인원수는 8만이라고도 하고 20만이라고도 한다"고 게재하는 등 양자를 혼동했다는 것이다.

아사히 기사가 참고로 한 소선 알기 사전 朝鮮を知る事典은 위안부에 대해 "1943년부터 여자 정신대의 이름으로 20여 만 명의 조선인 여성이 노무 동원되어, 그 중 젊고 미혼인 5~7만명이 위안부가 되었다"고 설명했다. 집필자이자 조선 근대사 연구자인 미야타 세츠코 宮田節子는 "위안부의 연구자는 보이지 않아 기간 既刊의 문헌을 인용할 수밖에 없었다"고 변명하였다.

1992년 1월 미야자와 총리 방한 직전 한국 통신사가 국민학교에 다니는 12세 조선인 소녀가 정신대에 동원되었음을 보여주는 학적부가 발견됐다는 기사를 내보냈다. 이것으로 대일 감정이 악화되기도 했다.

1998년 유엔 인권소위원회 특별 보고관의 보고서에서는 '일본군 성노예Japanese Military Sexual Slavery'라는 용어를 사용하면서 세계적인 흐름이 '성노예'로 변화되었으나 지금도 피해자들은 이 표현에 대해 부정적이다. 일본 정부는 공식적으로 '종군위안부'라는 말을 사용한다.

다음으로 아사히 신문의 '요시다 증언' 보도가 고노 담화와 해외 언론에 영향을 미쳤을까? 하는 문제다. 이들은 '요시다 증언'의 오보를 근거로 한 고노 담화를 대체할 새로운 관방장관의 담화를 요구하고 나섰다. 그러나 일본 정부는 고노 담화 작성 과정에서 요시다 씨를 청문회 대상으로 삼았지만 증언 내용을 담화에 반영하지 않았다고 주장하였다. 담화 작성의 근거가 된 것은 군과 조선총독부 그리고 위안소 경영 관계자의 증언 외에 일본 관계 부처와 미 공문서관 등에서 수집한 대량의 자료였다고 발표했다.

다음으로 피해자 보상의 주체가 누구인가? 라는 것이다. 배상 문제를 놓고 일본 정부는 원래 1965년 한일청구권협정 등으로 청구권에 관한 문제는 해결됐다는 입장이다. 이에 따라 정부의 보상이 아니라 민간 기금에 의한 배상안을 제시하고 실행하였다. 정부가 보상하게 되면 한일청구권협정을 부정하는 결과를 초래하며 더 나아가 국가가 적극 개입하였다는 것을 인정하기에 민간 기금으로 배상하려는 소극적 자세를 취하고 있는 것이다.

고노 담화는 다수 여성의 명예와 존엄을 깊이 훼손했다고 인정하면서도 그 주체가 누구인지 명기하지 않고 있다. 한국에서는 여성 인권을 침해한 군과 일본 정부의 책임이 모호해졌다고 비판한다. 일본 정부는 위안부 피해자에 대한 보상은 한일청구권협정으로 법적으로 해결됐으며 여성 기금으로도 대응해 왔다고 주장한다. 나머지는 미래지향이 중요하다고 주장하는데, 마이크 모치즈키Mike Mochizuki는 "미래지향을 말할 수 있는 것은 피해자이며 가해자는 잊지 않겠다고 계속 말해야 한다"고 지적한다.

위안부 문제에 대해서는 일본의 책임을 인정하지 않으려는 언론이 지금도 일정한 지지를 받고 있다. 어느 나라나 밑바탕에는 자국의 자긍심과 명예를 지키고 싶은 의식이 강하다. 그러나 위안부 문제 해결을 위해서는 일본 정부가 여성 인권 침해를 한 주체가 군과 정부임을 분명히 인정하고 사과와 보상 그리고 교육에도 반영해야 한다.

마지막으로 '평화의 소녀상' 문제다. 2011년 12월 위안부 지원 단체가 매주 서울 주재 일본대사관 앞에서 벌여온 항의 집회가 1천 번을 기록했다. 기념으로 이곳에 이 문제를 상징하는 소녀상을 건립하게 되면서 일본 내 여론이 급격히 악화되어 갔다.

일본은 소녀상이 일본인의 명예를 훼손하고 자긍심에 상처를 준다는 인식 아래 정부를 비롯해 반대자들이 적극적으로 대응하고 있다. 한국도 위안부 강제 동원의 외교적 목표와 전세계 각지에 소녀상 건립을 통해 얻고자 하는 목적이 무엇인가를 재검토해 볼 필요가 있다.

역사 인식을 둘러싼 한일 간의 대립을 넘어 화해를 향한다는 점과 불안정한 동아시아의 안보 환경을 고려하여 이웃나라인 일본과 미래지향의 안정된 관계를 구축해야 한다는 넓은 시야가 필요하다고 지적하는 목소리가 크다.

## 나의 아버지는 강제 징용 피해자였다

첨예하게 대립하고 있는 징용 문제에 대해서 국제법적 해결 절차를 통해 국내법과 국제법 간의 충돌을 해소하는 방안을 강구해 나가느냐가 관건이다. 양국 간에 아무리 논리적으로 정당한 법적 해법이라고 내어놓아도 서로에게 양보하거나 타협하려는 태도가 보이지 않는다. 이 문제를 바라보는 국민의 감정은 논리적 해결보다는 자신들의 이권과 자존심을 지키기 위한 감정 싸움이기 때문이다. 날로 심각해지는 미중 관계 속에서 동아시아 세력 구도를 주도적으로 풀어나가야 할 한일 양국의 관계 개선은 필수적이다.

필자의 아버지는 1943년 청진의 벌목공으로 강제 징용되었는데 징용공에 대한 보수 지급은 명목에 불과하였고 당사자에게 직접 지급하지 않았다. 어린 시절에 서랍에서 아버지에게 지급된 적금 통장과 연금 증서 등이 집에 있는 것을 보았는데 식민지 시절 당시에는 무용지물이었다고 한다.

아버지는 과묵한 성격이라서 과거에 고난 당한 일에 대해서 말씀을 하지 않았지만 필자에게 한번 청진에서의 경험담을 들려주신 적이 있다. 청진에서 배고픔에 지쳐 바닷가의 해조류를 날로 먹었다고 한다. 노무자들에 대한 처우가 매우 열악했던 것이다.

아버지는 장티푸스에 걸려 집으로 송환되었다. 장티푸스로 인해 우리 마을에 두 분이 송환되었는데 아버지는 살았고 한 분은 유명을 달리하였다. 당시 장티푸스는 무서운 병이었다. 장티푸스는 수인성 전염병으로 열악한 상황에서 발생했을 가능성을 추측해 볼 수 있다.

아버지는 선비 집안의 3남으로 외가는 대지주였다. 일제 치하의 징용전에는 물질적으로 부족함이 없었으나 징용에서 얻은 병치레로 가산을 탕진하여 집을 팔고 단칸방에 세 들어 살아야 했다. 그로 인해 큰형은 국민학교 2학년을 중퇴하고 장돌뱅이가 되었으며 큰누나도 학교에 가지 못하고 집안 일을 도왔다. 강제 징용이 아니었다면 아버지가 무엇 때문에 가족을 떠나 청진에 갔으며, 정당한 보수를 받았다면 왜 집안이 어렵게 되었겠는가? 그런데 집으로 돌아온 아버지가 읍내의 병원에 갈 때마다 일본인들이 나라를 위해 징용되어 병을 얻게 되었다고 편의를 봐 주었다고 한다. 그래서인지 모르지만 부모님은 일본인에 대해 원한이 없었다. 필자가 일본인과 결혼할 때도 전혀 반대하지 않았다.

### 조선고지도와 독도 교과서 문제

일본은 매년 봄에는 외교청서外交青書와 교과서 문제, 가을에는 방위백서 출간으로 한국을 비롯한 주변국과 갈등을 일으키고 있다. 어느 나라에도 보수와 개혁 세력이 존재하듯이 일본에도 대립과 갈등이 있다. 특히 천황이 있기에 극렬한 우익 세력이 힘을 발휘하고 있는 것이 다른 나라와 다르다고 할 수 있다. 한국은 북한과 대립하고 있기에 북한과 연결된 극렬한 좌파 세력이 개혁의 탈을 쓰고 활동하는 것과 같은 양상이다.

일본 정부의 일관된 공식입장은 '다케시마竹島는 역사적으로 국제법적으로 일본 고유의 영토'라는 것이다. 교과서 문제와 방위백서 출간으로 해마다 반복되는 일본측의 주장에 우리 정부의 태도와 국민적 관심이 어떠했는가? 일본의 움직임에 휘둘려 한국은 반일을 외치며 냄비같이 들끓는 짧은 기간을 반복적으로 보내고 있다. 좌파 정치인은 반일을 외치며 정부를 압박하며 정쟁을 일으키면서 세를 불리려고 한다. 정부의 형식적인 대응과 며칠간 들끓어 오르는 국민 여론, 정부의 무지와 안일한 정책이 더 큰 과제라고 할 수 있다. 일본의 태도에 일희일비하면서 시간을 허비하면서도 정부나 국회에서 외교 안보와 분리하면서 구체적인 대응책을 논의해 본적이 없다.

　방위백서에 '고유 영토'라는 표현이 포함된 것은 2005년부터다. 방위성은 홈페이지에 1970년 이래 방위백서를 공개하고 있다. 독도가 처음으로 방위백서에 등장한 것은 1978년으로 센카쿠열도 주변 수역에서 중국 어선이 일본 영해를 침범했다는 내용과 함께 엉토 문제의 하나로 '독도 문제'가 언급되고 있다. 그러나 1979년부터 '독도'는 언급되지 않았고 1997년부터 다시 언급되기 시작하였다.

　필자가 쓰시마 현장 확인 여행 중에 우연히 일본인이 그린 조선의 고지도를 볼 수 있는 기회가 있었다. 시마즈번 가로家老를 지낸 가와카미 히사쿠니川上久國가 열여덟 살이던 1598년, 가신 20여 명을 거느리고 사천성 전투와 노량 해전 등에 참전하였다고 하는데 그가 조선에서 그린 조선의 고지도를 보게 되었다. 그가 그린 조선 전도에 울릉도와 독도가 조선의 영토임이 명확하게 그려져 있다. 조선 시대에 한양을 경도京都라고도 하였는데 이를 근거로 어떤 지도를 참고하였는지 추론하는 방법도 있겠다.

　1598년도에 일본인이 그린 조선의 고지도에서 독도가 조선의 영토임을 명확하게 증명하고 있었다. 일본에는 이 같은 조선의 고지

가와카미 히사쿠니(川上久國)가 그린 조선전도

도가 많이 있다고 하는데 고지도를 근거로 감정을 배제한 대화를 한다면 독도를 둘러싼 영도 분쟁은 어느 정도 해결될 것이리 생각한다.

1995년 히로시마廣島에서 식민지 시절 부친이 궁내청에서 근무했다는 오모리大森 씨를 만난 적이 있다. 오모리 씨는 그의 부친이 남긴 유물을 나에게 보여주었다. 부친이 식민지 시절 경성의 대한제국 황실에서 근무할 때 일본 구나이초에서 지시한 여러 가지 문서들을 볼 수 있었다.

조선의 예언서, 족보와 성씨에 대한 자료, 민간에서 전승되어 내려오는 신화와 설화, 고지도 그리고 종교와 민간 신앙을 수집하여 보고하라는 문서들이 있었다. 그런 자료를 일본의 황실이나 여러 기관이나 단체 그리고 개인 등이 보관하고 있을 것이다. 그런 자료가 빛을 보게 되면 한일 관계 개선에도 많은 도움이 되리라 생각된다.

### 임나일본부설과 일선동조론(日鮮同祖論)

과거 한반도와 일본 열도의 상호 교류가 가장 왕성했던 시기는 삼국 시대다. 한반도의 문화가 도래인 집단의 이주와 무역으로 선진 문물이 전래되었다. 철기 마구와 무구가 일본 열도에 들어오면서 야마토 왕권의 패권이 확립되었으며 첨단 기술을 지닌 장인 집단의 이주로 고대 국가 성립의 기반이 되었다.

6세기 후반의 왜국은 가야가 멸망한 후에 신라와 교역한 흔직으로 제기되는 유물이 일본 열도 각지에서 다수 출토되었다. 후쿠오카, 오사카, 나라, 군마 등의 고분에서 권력의 상징으로 여기는 금동 마구와 장신구류 그리고 도검이 출토되었다.

일본의 양심적인 지식인들은 선진 문물이 한반도에서 일방적으로 들어왔다고 주장한다. 물론 금관총이나 천마총 등에서 일본산 곡옥이 출토된 것에서 볼 수 있듯이 신라와 왜국의 활발한 교역을 증명하고 있다.

도쿠시마에 사나고우치손佐那河内村이라는 산골 마을이 있다. 지금은 외진 곳이지만 고대에는 나가노구니에 속하여 사나노아가타 佐那縣로 불렸다. 나가노구니의 조상신이며 구니노미야쓰코國造 가라세노스쿠네韓背宿禰가 소국을 지배하던 행정의 중심지였다. 그곳에 조상신 미마쓰히코히로토觀松彦色止命를 섬기는 미마쓰히코 신사御間都比古神社가 있다.

전승에 의하면 미마쓰히코의 쓰都를 'の'의로 미마御間를 미마나任那로 해석한다. '任'은 '님'으로 군주를, 히코比古는 남자를 의미하므로 군주였던 남자를 모시는 신사로 이해할 수 있는데 5대 고쇼 천황孝昭天皇을 모시는 신사라고 한다. 일본에서는 옛 가야의 땅을 미마나任那라고 부르는데 고대 도쿠시마의 도래인은 가야와 밀접한 관계가 있음을 추정해 볼 수 있다. 미마나는 군주의 나라로 왜국의 식민지가 아니었다.

1980년대 이후, 한일 간 역사 연구의 교류와 진전으로 임나일본부가 6세기 전반 아라가야阿羅伽倻에 파견된 왜의 외교 사절이 체류한 아라왜신관安羅倭臣館임이 밝혀졌다. 미마나라는 말은 한반도의 역사에 없는 표현인데 단지 일본에 의해 변형되었다고 의문시 되는 광개토대왕비414년에 있다. 송서의 왜 5왕에 관한 기록에 임나가야任那加羅라는 기록이 있다. 일본서기의 미마나라는 기록으로 기원전에 있었다고 주장하는 스진 천황崇神天皇에 대한 조공 기록이다. 이를 강조하는 일본인은 4세기경의 시간이며 모순되는 주장을 하고 있다.

오진 7년 9월에 고려인, 백제인, 미마나인, 신라인이 래조朝來했다고 한다. 박수천 교수에 의하면 "임나일본부에 관한 기록은 긴메이 천황欽明天皇 때에 신라와 백제에 영토를 잃어버린 미마나가 왜국에 도움을 요청하여 아라에 거점을 둔 것을 기록한 것"이라고 하였다. 김태식 교수는 아라가야가 왜인 관료를 맞이 했던 외무관서라고 하였다. 일본에서도 일본이라는 국호는 7세기 이후라는 것이 정설이기에 긴메이 천황 때인 6세기에 임나일본부가 존재했다는 것은 의문시 되어 왔다.

왜국은 백제가 망하자 신라에 대한 적대적인 감정이 팽배하였고 신라의 침공에 대해 방어 준비를 하였다. 도래한 사가들은 신라에 대해 부정적인 면을 부각시켰고 기키 집필을 위한 기초 자료로 백제삼서와 송서 그리고 제국에서 전해오는 구전을 텍스트로 삼았다.

일본 국학자들이 주장하던 '남선경영론南鮮經營論'은 메이지 유신 이후 일본의 군국주의 세력에 의해 한국 침략과 지배를 정당화하는 이데올로기로 이용됐다. 4세기 중엽에 야마토 왕권이 가야 지역에 임나일본부를 설치하여 지배하였듯이 역사적으로 한반도는 외부 세력에 의해 지배되었다는 것이다.

일부 식민지 사관들은 4세기 후반부터 중앙 집권 체제를 구축하였다고 하거나 왜국이 한반도 남부 지역을 장악하여 철기를 포함한 물자를 공급하였다고 하나 고고학적으로 증명하지 못하고 있다. 그럼에도 불구하고 이들의 인식이 변하지 않는 것은 한국과 일본의 고대사서인 삼국사기와 일본서기에서 신라와 왜국을 적대적 관계로 묘사하였기 때문이라는 주장이 지배적이다.

일선동조론은 근대 일본 사회에서 넓게 유포된 사상으로 고대로부터 한반도에 대해 우위에서 바라보려는 일본인의 몸부림이라 할 수 있다. 이는 식민지 지배를 거쳐 지금도 일본인들의 의식 속에 뿌리 깊게 자리잡고 있다. 일본의 한반도에 대한 식민지 지배가 이민족에 의한 침략이 아닌 같은 동일 민족·국가의 병합이며 천황의 은혜를 받는 잃어버린 고대 관계의 복구라는 명목으로 내선일체 운동이 전개되었던 것이다. 이를 합리화하기 위해 천황가의 우수성과 천손족이 우수한 민족이라는 민족론 그리고 일본이 한반도를 지배했다는 미마나 임나일본부설이 커다란 역할을 하였다. 천손족은 여러 민족을 통합하는 우수한 정치력을 가졌기에 천황을 중심으로 아이누족, 부락, 조선인 등을 통합하는 천손족 통합시스템을 구축하려 하였다. 이를 위해 구메 구니다케, 호시노 히사시, 도리이 류조, 기다 사다기치喜田貞吉 등이 중심이 되어 식민지 침탈과 황국 신민화, 동화 정책과 민족말살정책을 정당화하는 이론적 바탕을 제공하였다.

## 인종과 민족주의

제국주의는 신기술을 내세워 자원과 시장을 확보하기 위해 신대륙을 찾아 나섰다. 제국주의는 아프리카와 아시아의 국가를 정치, 경제, 문화적으로 '미개하다'고 규정하였다. '문명화'라는 미명 아래 무력으로 침탈하면서도 개화시켰다고 정당화하고 있다.

18세기 신대륙 발견으로 새로운 식물과 동물이 발견됨에 따라 이를 분류하고 조사해야 할 생물이 증가하면서 자연학에 대한 지식이 팽창하였다. 이 시대에 등장한 린네 분류법linnaean taxonomy은 분류학이 하나의 학문으로 자리 잡는 데 크게 기여하였다는 평가가 있다.

목사의 아들로 태어나 의학을 공부한 식물학자 린네Carl von Linné는, 처음으로 피부색의 다른 점을 놓고 학문적인 분류를 하였는데 백인과 다른 인종을 낯선 타자로 보았다. 피부의 색깔에 따라 사람을 분류하여 인류의 병폐인 인종 차별을 합리화하는 길을 열어 놓았다.

메이지 이후 일본은 서구 사회의 인종 분류에 의한 차별을 참고로 민족이라는 새로운 개념을 만들어냈다. 같은 피부색을 가진 한국과 중국인에 대해 일본인과 구별하는데 민족이라는 말을 만들어 '민족주의' '국민주의'라는 개념을 설정하였다. 일본은 민족이라는 새로운 개념으로 소속감, 연대감, 애착심을 강조하여 내셔널리즘이 고양되었고 타민족에 대한 배타적인 성격이 강하게 나타났다. 오늘날 다종교 사회임에도 불구하고 다른 종교나 민족에 대한 차별과 박해를 자행하는 현상을 놓고 혐오가 인류 문명에 내재되어 있다는 주장도 있다.

피부나 종교색을 기준으로 사람을 분류하여 차별적 대우를 하는 것을 인종 프로파일링ethnic profiling이라고 한다. 특정 인종 집단을 우선적으로 용의 선상에 올리거나 특징 종교 집단에게 불이익을 주는 경우 등 부정적 의미로 쓰이고 있다.

인종과 성별에 상관없이 공평한 교육 기회를 제공하는 대학으로 유명한 오벌린 대학Oberlin College에서 벌어진 사건이 세상을 시끄럽게 하였다. 2016년 11월 당시 오벌린대 학생이던 흑인 조너선 알라딘Jonathan Aladin이 백인이 운영하는 깁슨 베이커리에서 와인을 훔쳐 달아나다 잡혔다. 알라딘이 절도 사실을 인정하고 인종적 이유로 체포된 것이 아니라는 입장을 밝혔다. 그럼에도 불구하고 오벌린대 학생들이 빵집을 '인종 프로파일링' 등 차별 행위를 했다고 규탄하는 전단지를 뿌렸고 메러디스 러몬드Meredith Raimondo 총장도 깁슨 베이커리가 '인종 차별 시설'이라고 비판하면서 불을 지폈다. 깁슨 베이커리는 2017년 오벌린대와 러몬도 총장 등을 상대로 명예훼손에 대한 손해배상 소송을 제기하여 6년간의 소송 끝에 3천650만 달러를 배상하라는 판결을 이끌어냈다.

역사를 통해 신분, 피부색, 종교, 인종과 민족에 따라 같은 사람으로 생각하지 않고 도구로 보았다. 특히 종교에 대한 적대감은 눈에 잘 띄는 특성 혐오의 대상이 되었다. 인종이나 민족이라는 차별적 개념의 언어를 만들어 유색 인종에 대한 편견을 조장하여 지배를 정당화 해온 역사를 갖고 있다. 인종주의가 나타난 배경으로 제국주의의 신대륙 발견과 식민지 지배를 정당화하기 위한 지배 이데올로기라 지적할 수 있다.

### 일본의 노동 운동

한국에서 벌어지는 교사, 의사, 공무원 등 국민생활의 근간을 이루는 사람들의 집단 파업과 투쟁을 보면서 이상한 생각이 들었다. 이런 현상을 들어 현재의 한국이 해방 후 정국과 같은 상황이라는 말을 한다. 필자는 일본에 살면서 한국과 일본을 비교하는 버릇이 생겼다. 한국 진보세력의 한 축을 형성하는 노조의 파업과 일본의 노조를 비교하면서 한국이 선진국에 들어서게 된 발전의 원동력이 무엇인가를 생각하곤 한다.

일본에 봄이 되면 슌토春鬪, 이하 춘투로 표기 조정 기간이 있다. 춘투란, 노동자의 임금 인상과 노동 시간 단축을 중심으로 노동 조건의 개선을 교섭하는 노동 운동이다. 노사간 기본 급여에 대한 승급액과 승급율을 조정하여 합의 하는데 한국과 같은 총파업이나 폭력 투쟁의 모습을 본 기억이 거의 없다.

한반도를 중심으로 한 대륙과 해양 세력의 갈등은 오래전부터 있었다. 메이지 유신 이후 해양 세력인 일본이 주도권을 잡고 국제 무대에 등장하였고 오늘날 중국도 국제 정세의 주역으로 등장하였다. 대륙 세력인 중국과 해양 세력인 일본의 충돌의 장이 된 한반도에 산물로 남은 것이 좌우익의 대립이다. 대륙이 서양과 대립하면서 좌경화되었고 섬나라 일본이 미국과 영국의 도움으로 우경화되면서, 보수는 친일 개혁은 친북이라는 구도가 정착되어 한반도에서 충돌하고 있다.

　보수나 개혁층이 지지하는 전·현직 대통령에 대한 추종은 신흥 종교의 교주에 대한 추종을 능가한다. 정치인이나 추종자들 대부분이 고등 종교인 기독교나 불교의 신앙을 갖고 있다고 하나 성현들의 가르침을 따르는 이는 없고 종교를 이용하여 일신의 욕망을 채우려는 모습이 아닌가 의문이 든다.

　성현들의 가르침은 편협한 사고에 갇혀 이치를 깨닫지 못하는 불쌍한 민중타락한 인간을 깨우쳐 자유롭게구원 하는 것인데, 현대의 종교인들은 도그마에 갇혀 자신을 합리화하며 상대방을 심판하고 저주하여 세상의 분단과 혼란을 야기하고 있다. 종교인의 탈을 쓴 정치가의 패악은 더 심각하다.

　종교 철학자 황필호 교수는 "현대 사회에서 예수와 부처가 서로 만나면 어떨까?" 라는 질문을 자주 던지곤 하였다. 적이 되어 싸울 것인가? 대화를 통해 협력할 것인가? 고등 종교에 속한 사람들은 '종교 간 화합과 일치'를 내걸고 대화를 하곤 한다. 어찌 보면 종교를 가질 수 없는 일본의 정치인이 종교를 이용하는 것보다 양심적으로 더 불량한 정치인들이 한국에 많이 있는 것 같이 보인다. 아니면 종교의 탈을 쓴 극단적인 이념을 가진 정치인이 한국에 많다는 의구심을 갖게 된다. 정치인의 종교관과 신앙은 표를 얻기 위한 하나의 도구로 변질된 느낌이 된다.

최근 일부 권력층이 국민을 가재·게·붕어라고 표현하는 '가붕게'라는 말이 유행어가 되었다. 분열을 조장하는 최악의 언어를 내던져 갈등을 조장하는 세력이 있다. 무조건적으로 자신을 추종하는 사람들이 마치 세뇌되어 의식이 마비된 미물로 보일지도 모른다. 주인이 보내는 신호에 맞춰 하루살이같이 춤을 추는 가붕게의 모습을 보면서 이권을 챙기고 즐기는 정치인들이 차고 넘친다. 민주주의에 대한 회의가 사람들을 피로하게 하고 있다. 자기 진영이나 자국 우선주의의 대두로 내 편과 네 편으로 갈리어 투쟁하는 양극화 현상이 심화되어 가족과 공동체가 분단 또는 파괴되는 혼란상을 노출하고 있다.

일본의 민주주의를 예로 들면 현대판 골품제라 할 수 있는 세습제로 민의를 대변하는 의회가 일족의 세습을 유지하기 위해 민의를 조종한다며 심각한 문제로 제기되고 있다. 한국 사회에서는 공장 노동자도 투쟁을 통하여 부리하게 자식에게 세습되는 귀속 노소가 탄생되는 현상이 일어나고 있다고 한다.

동물들의 집단 생활에서 소통과 통합은 생명과 직결된다. 인간도 소통과 통합이 매우 중요하다. 특히 정치인은 국민과의 소통이 중요하다. 여기에 국가 운영을 책임지는 자리에 있는 지도자는 국민과 소통하는 국민 통합이 요구되고 있다. 패전 후 일본 천황의 역할은 국민 통합의 상징으로 자리잡았고 일본 사회에서 편가르기를 하는 극단적인 대립과 투쟁이 사라졌다. 한국과 달리 노사 간의 갈등으로 인한 스트라이크가 없고 안정된 노동 환경이 보장되어 있다.

## 의문의 주검과 전후 일본의 처리

초대 GHQ 외교국장 조지 앳치슨George Atcheson Jr.은 일본에 대해 강경한 자세를 취했다. 1947년 7월 26일, 아시다 히토시芦田均 외무상은 앳치슨 외교국장에게 대일강화조약 관련 9개 항목의 일본 정부 요망안을 제출했지만 7월 28일 아시다 외무상을 불러 접수를 거부했다.

충칭重慶에 있을 때 임시정부의 김구, 조소앙 등과 친분을 맺은 그는 임시정부 사정을 알고 있었다. 앳치슨의 갑작스런 사망을 계기로 연합군 최고 사령부내에 대륙 전문가 대신 일본 전문가 윌리엄 시볼드William Joseph Sebald가 득세하였다. 그 후 미국의 대일 정책이 징벌적 정책에서 온건한 현상 유지로 변하였다. 무엇보다도 일본에 대한 민주화와 비군사화 정책에 역행하는 움직임이 나타나기 시작했다.

GHQ가 발포했던 공직추방령과 점령 목적 저해 행위 처벌령과 같은 명령들은 원래 민주화와 비군사화 정책을 추진하기 위한 것이었으나 사회주의 운동을 단속하고 감독하기 위한 목적으로 바뀌었다.

요시다 내각吉田茂內閣과 GHQ가 영합하여 보수 세력이 영향력을 키워 나갔다. 전후 미국은 반공 정책을 실시하여 공산주의의 영향력을 제한하려 하였고 특히, 일본의 공산화를 저지하기 위해 미군정의 정책을 변경할 수밖에 없었던 측면이 있었다. 이런 변화를 '역코스reverse course'라고 하는데 특별고등경찰을 공안경찰로 변경하고 후일 자위대로 변경된 경찰예비대를 창설하였으며 군국주의에 협력한 재벌 해체를 중지하고 전범들을 석방하였다. 이 정책 변화가

미일 동맹의 토대가 되었으며 오랫동안 보수 정권이 집권하게 되는 계기가 되었다.

필자는 이 부분을 조사하면서 앳치슨의 죽음에 의문을 품지 않을 수 없었다. 일본의 운명과 미래를 결정하는 역할을 담당했던 그의 주검에 거대한 음모가 숨어 있지 않았을까? 하는 생각을 떨쳐버릴 수 없다. 시볼드는 태평양 전쟁의 책임을 일본의 정치, 경제, 사상의 구조적 문제가 아니라 극소수 '군국주의자'들에게 있다고 주장했다. 시볼드는 1927년 영국인 변호사인 아버지와 일본인 어머니 사이에서 태어난 일본인 2세 여성과 결혼했다. 그는 자신의 친일적 입장을 일본의 공산주의화를 저지한 반공주의로 정당화하였다.

1952년까지 일본주재 미국 대사 지위로 일본을 섭정하면서 친일 관련 입장을 견지한 그는 대일평화조약 미국 6차초안 작성 과정에 1949년 11월 14일 버터워스 Walton Butterworth 미 국무부 극동담당 차관보에게 독도의 일본측 주장을 편들며 기상관측소와 레이다 기지를 설치하는 안보적 고려가 바람직하다는 왜곡된 보고를 하였다. 11월 19일에는 국무상관에게 "한국과 관련해 이선에 일본이 소유했던 섬들의 처리에 대해 리앙쿠르암은 초안 제3조에 일본령으로 넣을 것"을 건의하였다. "이 섬에 대한 일본의 주장은 오래됐고, 타당한 것으로 보이며, 이 섬을 한국 근해의 섬으로 간주하기는 어렵다"고 보고했다. 그 결과 독도의 역사적 근원과 무관하게 안보적 필요성에 따라 미 국무부는 1949년 12월 29일, 제6차 초안에서 기존 1~5차 초안에서 독도가 한국 영토였던 것을 일본 영토 다케시마리앙쿠르암으로 변경하였다. 독도의 영유권 분쟁의 원인을 제공한 장본인이기도 하다.

# VII
# 한국에서 던진 돌은 동포가 맞는다

오이소(大磯)에서 만난 조선 황족
다리가 없는 강(橋のない川)
재일 동포와 동화지구
먹여 줄 식량이 없다
식민지 관계 청산과 재일 동포의 역할
지방 참정권과 먹고 사는 문제
한국에서 던진 돌은 동포가 맞는다
새야 날개를 빌려줘
한일 병합에 대한 논란
상대방을 알아야만 속지 않을 수 있고 다투지 않을 수 있다
일본과 어떤 관계를 맺어 나가야 하는가?

## 오이소(大磯)에서 만난 조선 황족

 가나가와현神奈川縣 오이소에 살고 있던 을사오적신의 한 사람인 이지용의 딸 우에다 요시코上田佳子씨를 인터뷰 하였다. 식민지 시질 일본에 유학하여 일본인과 결혼하기까지의 달콤했던 연애와 결혼 그리고 신혼 시절의 이야기를 들려 주었다. 대한제국 황실의 피가 흐르는 귀족의 여식이었기에 일본 황실과도 교류를 하며 남부럽지 않게 살았으나 해방이 되면서 그녀의 삶은 일변하였다고 한다. 해방이 억압받던 민중에게는 행복한 순간이었으나 일제에 의해 혜택을 받던 일부의 지배층에게는 불행의 출발이었다.

 취미로 하던 그림 그리기가 가계를 책임져야 했던 그녀의 직업으로 변하였다. 만주군에 근무했던 부군은 경제적 능력이 없었다. 모형 전차를 만드는 것이 취미였던 그는 작업실에 나를 안내하여 자신이 만든 작품과 만주에서 그린 시화집을 보여주었다. 그녀는 사람과 교류하지 않던 남편이 전차를 보여주며 즐거워하는 모습을 처음 보았다고 하였다. 장남은 장성하여 유명 일간지의 총무국장이 되었다.

 오이소는 한글에서 온 지명이라고 한다. 초기 율령제 국가의 형태를 갖추어 가던 왜국은 716년에 고구려 보장왕의 아들 쟈코 왕자若光王子를 고마군高麗郡의 통치자로 보냈다. 왕자를 중심으로 고구려인이 집단 거주하였는데 배를 타고 와서 내린 곳이 오이소다. 오이소는 '오세요'를 의미한다. 고구려인들은 오이소에 내려 사가미相模와 무사시武蔵를 거쳐 고마군현재의 지명은 히다카을 중심으로 정착하였다. 사가미는 사가私家에서 온 말이고 무사시는 모시麻에서 온 말이다.

고구려인들은 오이소의 고마신사高來神社을 비롯하여 그들의 거주지에 신사高麗神社를 짓고 고구려 왕을 제신으로 모셨다. 내가 살고 있는 오사카의 야오시에도 고마신사許麻神社가 있다. "야오시에 도래한 고구려 사람들이 정착하면서 고구려 왕을 제신으로 하였으나 메이지 시대에 와서 스사노오로 바뀌게 되었다"고 데라니시 구지寺西宮司는 말해 주었다.

## 다리가 없는 강(橋のない川)

필자가 처음 일본에 왔을 때 도쿠시마 현청에 부라쿠部落, 이하 부락으로 표기 차별을 없애자部落差別を無くそう 라는 커다란 광고판이 세워져 있었다. 그래서 운전하던 장모에게 그 광고판에 대해서 물어보았다. 공무원을 했던 장모의 말을 듣고 일본에서 지금도 현재형으로 진행되는 부락민에 대한 차별이 있다는 것을 알게 되었다. 필자가 요코하마에 정착하고 1년이 지난 1992년 5월 말, 우에노上野에서 지인을 만나고 돌아오던 길에 수미이 수에住井すゑ의 소설을 영화화 한 '하시노나이가와'를 보았다.

일본 영화관에서 처음 본 작품이 우연히도 부락 차별을 소재로 한 영화였다. 나라현 고모리奈良縣小森라는 작은 마을에서 벌어지는 피차별 부락 문제를 다룬 영화로 메이지 말기인 1922년 부락 해방 동맹의 전신인 전국 스이헤이샤가 결성되기까지의 이야기였다.

10여 년이 지나 이시카와현 고마쓰에서 일본어가 보이면서 지인이 보내준 일본 소설을 읽었다. 그 중에 하나가 시마자키 도손島崎藤村의 '하카이破戒'였다. 하카이는 1905년 신슈의 고모로信州小諸에서 영어 교사로 재직하면서 쓴 장편소설로 부락 문제에 대해 리얼하게 묘사한 작품이다. 도손은 고모로에서 현실 문제에 대한 관심이 고조되었다고 한다.

하카이는 도손이 시인에서 소설가로 전향한 처녀작으로 일본 자연주의 문학의 길을 개척한 작가로 평가되는 소설이다. 나쓰메 소세키夏目漱石는 소설 하카이를 "메이지의 소설로 후세에 전할 명작"으로 평가하였다.

도손은 기소의 나카센도 마고메주쿠中山道馬籠宿에서 히라타 아쓰타네를 스승으로 하는 히라타파 국학자였던 마사키島崎正樹의 넷째 아들로 태어났다. 메이지 정부에 의해 신분이 해방되었으나 부락 차별 문제가 사회적인 이슈로 확산되기 이전 임에도 불구하고 노골적으로 부락 문제에 접근한 것에 충격을 받았다. 그래서 소설의 배경이 된 이노飯野, 치쿠마가와千曲川, 고모로와 근현대에 일본에 많은 지도자를 배출한 고모로기주쿠小諸義塾가 있던 기념관을 둘러보았다.

일본에서 부락 차별을 도와同和, 이하 동화로 표기 문제라고 하는데 1920년대에 들어서 전국적인 조직 '부락해방동맹'을 결성하여 천황제도를 부정하는 것을 필두로 부락에 대한 차별철폐 운동을 전개하였다. 부락이라는 말은 일본 사회의 특정 계층을 가리키는 불가촉 천민으로 일반적으로 사용할 수 없는 금기어다. 식민지 시절 우리의 마을을 부락이라 부르고 차별하였는데 아직도 한국에 그 흔적이 남아있다. 한반도에서는 ~골, ~곡이라는 접미어가 붙은 일부 지역에 불가촉 천민이 살고 있었는데 일제는 한국의 마을을 부락이라고 한 것이다.

부락민을 '부정이 많다' 라는 의미로 에다穢多라 하는데 일본의 신분 제도에서 최하위층에 위치했던 천민을 일컫는 말이다. 원래는 사형 집행인이나 도축업 그리고 장의사 등 부정하다고 여기는 직업과 관련 있는 사람들을 격리시켜 생활하게 한 지역을 부락이라고 했다. 에다라는 표현은 가마쿠라·무로마치 시대부터 '천한 사람과 결혼하지 않는다. 피는 한번 더러워지면 깨끗해지지 않는다. 에다의 자손은 언제까지도 에다이다'는 차별 의식이 기록된 사료가 발견되는데 그 혈통적인 차별의 기원은 오래된 것으로 보고 있다.

아마도 왕권이 성립되면서 혈연관계 내지 혈연 의식에 의한 동족 집단이 등장하여 지배 계급이 형성되었고 피지배 계급인 베민部民과 노비를 예속하였다. 베민은 그들의 직업에 따라 왕권에 복속되어 호족의 통솔을 받았다. 여기에 특정의 직업을 가진 피차별 집단으로 베민과 차별된 부락이라는 계급이 형성되었다.

1869년, 메이지 이전의 신분 차별 철폐를 선포하여 시민뵤도四民平等가 실현되었다. 그러나 실재적으로는 가조쿠華族, 시조쿠士族, 헤이민平民, 이후 평민으로 표기의 새로운 신분 제도가 제정되었다. 1938년에 호적에서 평민이라는 단어가 말소되었으나 1947년까지

이 제도가 존속되었다. 부락이 폐지되면서 평민으로 편입되었기에 일부 평민의 반발이 심화되면서 부락출신자를 신평민新平民이라 하여 차별이 사라지지 않았다.

## 재일 동포와 동화지구

식민지 시대 대륙에서 일본으로 건너온 동포들이 동화지구에 붙어 사는 예가 많았는데 대표적으로 오사카 동화지구의 경우 주민의 13.8%를 재일 동포가 점유하였다. 미국과 일본 그리고 한국 사회에서 느끼는 이민족의 차별과 세대 간 갈등을 그린 이민진 작가의 소설 '파친코'에서 주인공 선자가 오사카에 처음 살던 곳이 이카이노猪飼野다. 돼지와 조선인만 사는 곳이리고 차별 받던 지역 이가이노는 1600년전에 이카이쓰猪甘津로 불렸는데, 나니와의 나루터에서 돼지를 사육하던 고대 관직의 하나인 이카이베猪飼部가 살던 지역이다.

고대 닌토쿠 천황 시대에 도래인들이 이 땅에 정착하였다. 도래인이 돼지를 키우는 풍습이 있어 이 지역을 이카이노로 부르게 되었다. 여기에서 키운 돼지는 도축되어 황실의 의식에 사용되었다. 이곳에 일본에서 제일 오래된 다리인 이카이쓰노하시猪甘津橋가 있었는데 에도 시대에 쓰루노하시鶴橋로 부르게 되어 현재 쓰루하시라는 지명이 되었다. 이 지역은 고훈 시대부터 아스카 시대까지 모노노베 씨의 세력하에 있었는데 소가 씨에 패한 후에 시덴노지四天王寺의 영지가 되었다. 백제 멸망 이후 백제인들이 살게 되면서 그 일대를 구다라노百済野라 불렸다. 나라 시대부터 헤이안 시대까지

구다라노고오리百済郡가 설치되면서 이카이노쇼猪養野莊라 불렸다.

공업화에 따른 시가지 구획정리가 실시되었으며 1922년에 오사카와 제주도를 오가는 정기 여객선 기미가요마루君が代丸가 취항하여 제주도민이 정착하였다. 이들이 공장에 취업하여 노동자를 중심으로 인구가 급증 되면서 코리아타운이 건설되었다. 지금은 한류의 세계화에 힘입어 돼지와 조선인이 산다고 차별 받던 지역이 연간 2백만 명이 방문하는 곳으로 변모하였는데 누구도 예상하지 못했던 일이다.

1925년에 오사카시로 편입되어 주택과 공장의 밀집 지대로 변모되었다. 이 같은 사정으로 동일한 처지에서 차별 받던 집단인 재일 동포와 부락민이 함께 사회 활동을 하게 되었다. 그 한 예로 80년대에 이르기까지 부락민 출신은 노골적으로 차별 받는 일이 다반사였고, 특히 전시하의 일본 사회에서 극우 세력으로부터 '화풀이' 식으로 차별당하는 경우도 빈번했다. 이런 환경에서 차별 받던 부락민의 상당수가 좌익 운동과 조직 폭력단에 투신하게 되었다.

피차별 부락에 대한 편견으로 폭력단 조직원의 대부분이 재일 동포와 피차별 부락 출신자다. 사회적으로 차별 받는 부락민과 재일 동포들이 다른 세계로 진출할 수 있는 길이 막혀 있던 사회적 환경에서 폭력단에 들어가게 된 것이다. 현재도 부락민은 류큐인, 아이누인, 재일 한국인, 중국인 등과 더불어 사회적 소수자들로 결혼과 취업에서 차별을 당하며 인간 관계에서 배제되거나 기피 당하곤 한다. 부락이라는 말이 차별과 비하 발언으로 쓰이고 있는 것이다.

1957년 인권주간에 아사히 신문이 연재기사 '부락 3백만 인의 호소'를 게재하였는데 동화 관계 인구를 3백만 명으로 보았다. 당시

부락해방동맹도 부락민은 전국 6000지구에 약 300만 명인구 비율 2.38%에 달한다고 주장하였다.

부락민은 주로 식육업, 장의업, 피혁업가방·신발제조업 등, 농업 등에 종사하고 있다. 지금도 관사이 지방은 피혁 산업의 주축인 가방, 구두, 허리띠를 생산하는 제조업에 종사하는 사람들이 많이 있는데 이 일에 재일 동포들도 관련되어 있다. 그 외에 토목업을 중심으로 일용직과 공무원청소, 분뇨 처리업, 공원 정비을 주업으로 하고 있다.

70년대 중반, 부락 해방을 호소하는 단체의 조사에 의하면, 피차별 부락의 지명이나 소재지를 작성한 부락 리스트가 존재하며 이 리스트가 기업에 통째로 팔리는 것이 발각되어 사회 문제가 되었다. 대기업의 대부분이 이 리스트를 근거로 취직 희망자를 체로 걸러냈다. 실제로 기업의 인사 담당자들이 시립탐정 사무소에서 비밀리에 발간되어 유통되는 '특수부락지명총람'을 구입하여 지원자의 출신지를 가려내어 사용하는 문제가 있었다.

특수부락지명총람의 존재는 일본에서는 일종의 도시 전설로 여겨졌으나 1975년에 최초로 언론에 드러나면서 실체가 드러났다. 최소 9종류의 책자가 채용과 결혼 문제 등으로 고민하는 사람들을 위해 시대의 정서에 역행함을 알고도 발간되고 있음이 확인되었다. 게다가 부락민 차별 철폐 운동이 진행될수록 색출 작업도 고도화되어 행정서사들에 의한 부락민 의심자 족보 구매 사건과 사립 탐정소가 기업으로부터 차별 신원 조사를 의뢰 받는 사건이 발생하였다. 이 리스트는 과거에는 기업이 취직 희망자의 신원 조사에 사용되었으나 현재에는 결혼 전에 가족이 상대자를 조사하기 위해 구입하는 케이스가 많다고 한다.

부락민의 종교는 조도신슈浄土真宗가 압도적으로 많은데 부락 사원을 에지穢寺라는 지위로 차별하였다. 필자는 에지의 옆집에서 3년간 살았다. 조도신슈와 조도슈는 모든 인간은 죽은 후에 부처가 된다며 죽은 사람에게 법명을 부여하였다. 그런데 부락민의 법명에 동물의 명칭을 붙여서 차별하여 왔다. 부락민은 부락에 대한 차별이 불교를 기반으로 한 인종 차별로 이해하고 있다.

자본 시장의 급성장에 따른 정부 주도의 처우 개선 노력으로 1960년대부터 부락 지역 차별 해소를 시정하기 위한 주거 환경이나 생활 수준의 향상을 도모하여 동화대책 사업에 엄청난 예산을 투입하여 왔다. 1969년에 동화대책 사업 특별조치법 법률 제 60호가 제정·선포된 이래 대체법을 제정하여 2002년까지 33년간 약 15조엔의 국가 예산을 투입하였다.

그 후 2012년, 민주당 정권에서 '인권위원회 설치법안'을 각의 결정하였다. 이 같은 사업의 결과로 부락민 거주지의 주거 환경이 상당 부분 개선되었다. 이 사업에 부락해방동맹을 비롯한 여러 단체들이 부락인 차별 해소를 명분으로 정부 보조금을 받고 있는데, 이 과정에서 비리가 발각되어 사회적 문제로 대두되기도 하였다.

어떤 이익을 얻기 위해 동화 문제를 구실로 기업과 행정기관 등에 부당한 압력을 가하는 범죄행위를 사이비 동화えせ同和 행위라 한다. 정부의 정책으로 실시되는 행정 사업을 전개하는 과정에서도 막대한 부락민의 이권이 개입되어 있다. 필자도 약 3년간 부락에서 그들과 함께 살아 보았다. 부락 문제는 역사적으로 오랜 기간 동안 직업과 혈통으로 연결된 사람들이 모여 살고 있다. 여기에 지역에 대한 차별, 재특위와 부락의 과잉 활동, 이권 사업에 대한 이해 관계

가 복잡하게 얽혀 있어 실재적으로 부락민의 신분 철폐와 해방에는 아직도 많은 어려움이 있다는 것을 알게 되었다.

## 먹여 줄 식량이 없다

재일 동포는 해방 후 오늘에 이르기까지 일본땅에서 민족적인 정체성을 소중하게 여기며 살고 있다. 조국의 분단으로 한국민단과 조선총련이 대립하고 있지만 일본 사회에서의 정치 사회적 차별을 견뎌내면서 조국의 혼을 지키려 노력하고 있다. 그들이 지키려고 하였던 것이 무엇인가? 정치적 차별의 포인트는 황민화 정책아래 황국 신민으로서 보상받았던 참정권을 빼앗긴 곳에서부터 시작된다. 하루아침에 일본 국적이 삭탈되고 외국인으로 쫓겨나 진시 보성 등의 권리에서 내동댕이쳐 버렸다. 재일 동포 대부분이 자신의 의사에 의해 일본에 왔다고 해도 식민지 정책에 떠밀려 일본에 건너왔고 그들의 전쟁 수행에 동원되어 병역을 비롯한 일본의 신민과 똑같은 의무를 다해 왔다.

재일 동포는 역사적 사정으로 볼 때 단순히 일본에 사는 외국인이라고 말할 수 없다. 전후 처리 과정상 어쩔 수 없는 '이상한 사회적 분위기'의 흐름 속에서 벌어진 일이라고 변명하기에는 그들이 누리고 있던 권리를 합리적인 설명도 없이 박탈당했다. 게다가 민족의 정체성을 위협할 수 있는 상황에 떨어진 것은 인간의 보편적 권리 즉, 기본적인 인권을 침해 당한 것과 같다.

양식 있는 일부 일본인들은 "식민지 사람들의 권리를 아무런 거리낌 없이 자신들의 기분에 맞추어 시원스럽게 빼앗아 버리고 다른 외국인과 같은 취급을 하는 것에 대하여 받아들일 수 없다"고 한다. 마치 과거의 역사적 사정을 무시하고 손바닥 뒤집듯이 취한 일본 정부의 자세는 세계적으로도 없는 몰상식한 처사라고 비판한다. 강압에 의한 면도 있지만 전쟁 수행의 정국에서 생명을 바치며 일본의 편의에 따라 일본 국민의 의무를 다한 재일 동포를 한순간에 타국인으로 내동댕이쳐서 누려야 할 정치적 사회적 권리를 박탈당한 것이다. 이러한 문제에 직면한 재일 동포들의 고뇌에 찬 역사가 있다. 이러한 난폭한 정책을 일본 정부는 GHQ의 일본 통치에서 온 특수 상황이라고 변명하면서 외면하여 왔다.

일본 입장에서 볼 때 재일 동포는 정치적으로나 사회적으로도 더이상 일본에 남아 있어서는 안되는 인간으로 변했다. 재일 동포에게 선거권을 주면 골치 아프다고 멋대로 생각한 망상과 그렇지 않아도 일본인들이 먹기에도 부족한 전후의 식량 사정 때문에 재일 동포를 먹여줄 식량이 없었다고 변명하였다.

GHQ를 내세운 미국의 관심은 일본을 반공의 방패로 세우는데 있있고 재일 동포들의 정치적 권리는 이 틀안에서 볼 수밖에 없었다. 미국은 재일 동포들에게 편견을 가지고 있었다. 재일 동포를 공산주의에 물들은 자들로 판단하고 있었다. 그렇기때문에 미국은 재일 동포의 정치적 요구에 대해서 일본 정부와 협력하여 탄압 정책을 실시했다. 조선학교의 조선어 교육과 관련해 발생한 한신교육사건阪神教育事件은 이 같은 정책에 불을 붙였다.

> **한신교육사건**
>
> 재일 한국인과 일본 공산당이 1948년 4월 14일부터 오사카부와 효고현에서 벌인 민족교육투쟁이다. 이 사건으로 연합군 최고사령부는 전후 유일하게 비상사태를 선언했다. 1947년 GHQ는 재일 한국인을 일본의 교육기본법, 학교교육법에 따르도록 지령하고 1948년 1월 문부성은 조선학교 폐쇄령을 내렸다.
>
> 이에 반발하여 3월1일에 맞춰 민족교육을 지키기 위한 투쟁을 전국에서 전개할 것을 호소하면서 오사카부와 효고현을 중심으로 투쟁운동을 전개하였다. 그 결과 1948년 5월5일. 조선인 연맹의 교육대책위원장과 문부대신 사이에 "교육기본법과 학교 교육법을 준수한다", "사립학교의 자주성의 범위 안에서 조선인 독자적인 교육을 인정하고, 조선인 학교를 사립학교로서 인가한다"라는 내용의 가서가 교환되어 종결되었다.

일부 일본의 식자들은 재일 동포들이 당한 것은 후손들에게도 면면히 영향을 주고 간단히 해체될 수 없다고 한다. 일본은 재일 한국인을 정면으로 마주보고 자신들이 재일 한국인에게 지금까지 행해 온 것을 깊이 있게 생각해 볼 필요가 있다는 것이다. 그렇지 않으면 서로의 민족을 이해할 수 없다고 말하기도 한다.

일본은 전후 70년간 평화로운 사회를 일구어 안전한 나라라는 자부심을 갖고 있지만 일본 특유의 공기를 벗어나는 목소리를 내지 못하는 분위기 때문에 인권재일, 부락, 여성과 자연 생태계 등에 대한 배려와 힘이 형편없다.

## 식민지 관계 청산과 재일 동포의 역할

　신성수장神性首長인 천황 숭배와 천황 중심 한 일본의 신분 제도가 깊이 뿌리 박혀 있기에 천황에 대한 일본인의 의식이 조선의 왕실과는 전혀 다른 신앙관으로 자리잡고 있다. 이 같은 신분 제도 속에서 재일 동포는 일본 최하위 계층인 부락민 밑에 존재함에도 불구하고 차별 받지 않았다고 주장하는 사람과 차별 받았다고 말하는 두 종류의 사람이 있다. 차별 받지 않았다고 부정하는 동포들의 심리도 생각해 볼 필요가 있다. 일부 동포들은 자신의 정체성을 포기하고 친일파로 전락되어 일본에 동화되어 일본 정부의 특혜 속에서 우대 받았던 사람도 있었다. 따라서 이들은 일본인으로부터 차별을 받지 않았고 또 차별을 받아도 이를 표현하지 못하고 자신들의 삶을 정당화할 수밖에 없었다.

　관동지진 당시 일본인이 조선인을 집단 학살한 쓰라린 아픔의 역사가 있다. 국가가 치바현千葉縣의 도쿄 해군 무선전신소 후나바시 송신소船橋送信所를 통해 조선인이 방화와 폭탄을 소지하고 우물에 독약물을 뿌렸다는 허위 사실을 광범위하게 유포하였다. 또한 사이타마현청埼玉縣聽이 각 행정 계통으로 민간인이 자경단을 조직하여 경계 태세를 취한 것이 민간인에 의한 조선인 학살자경단 사건을 일으키는 요인이 되었다고 한다. 일본인의 집단 학살이나 현재의 집단 이지메는 섬나라 일본인의 특징의 하나다.

　일본 정부의 자료에 의하면 1940년에 124만명이던 재일 조선인이 1945년에 220만 명으로 급증하였다. 예를 들어 원자 폭탄이 투하된 히로시마는 대륙 침략의 전진 기지로 군사적 전략 도시였다.

**오도마리댐 한국·조선인 희생자 위령제**

매년 오도마리(王泊)댐 공사에서 희생된 사람들의 위령제를 거행하는 히로시마 평화통일연합 회원들(평화통일연합 제공, 한국민단, 조선총련, 일본인이 함께 참석하는 유일한 위령제)

군시설의 전력 공급을 위해 오도마리王泊, 고보高暮댐 건설이 진행되어 한반도에서 많은 청년들이 강제로 징용되었다. 전시 동원 체제에서 강제성과 폭력성 그리고 민족 차별 속에서 노동에 동원된 젊은이들이 오도마리댐 건설 현장에서 화약 폭발1934년로 25명조선인 14명이 사망하는 사건이 일어났다. 고보댐 건설에는 2천여 명의 동포들이 강제 동원 되었는데 100여 명이 희생되었다고 한다.

히로시마에 원자 폭탄이 투하되어 피폭자 42만 명 중 16만 명이 사망하였는데 그 중에 동포 피폭자가 5만 명으로 3만 명이 사망하였다고 한다. 일본이 내선일체의 황국 신민이란 미명 아래 전쟁수행의 도구로 강제 동원되어 황국 신민의 신분으로 피폭되었다. 1956년에 '일본피해자단체협의회'가 결성되면서 피폭자에게 피폭자 건강 수첩을 교부하였으나 동포 피폭자는 대상에서 제외되었다. 피폭자 원호법은 국적에 관계없이 의료비 보조를 인정하나 한일간에 국교가 없다는 이유로 교부 받을 수 없었다. 국교 수립 후에도 조선총련계의 조선인은 대상에서 제외되어 차별을 받아왔다. 그로부터 20여 년이 지난 1975년 8월에 '조선인 피폭자협의회'가 결성되어 피폭자 원호법 적용 실현 운동을 전개한 결과 76년에 재일 조선인도 피폭자 건강 수첩을 교부 받게 되었다.

1947년 5월 2일, 제국헌법의 칙령으로서 발포된 외국인 등록령에 옛 식민지 출신으로서 여전히 일본 국적을 가지고 있었던 재일 동포에 대해서 '당분간 외국인으로 간주한다'는 규정이 있다. 이에 재일 동포는 일괄적으로 조선으로 국적이 바뀌었고 재일 동포에 대한 차별이 노골적으로 드러나게 되었다.

한일 병합에서 보듯이 일본은 합병 전에 공식적으로 대한 제국이라 칭하였는데 갑자기 차별적 언어인 조선을 국적으로 한다고 규정하였다. 일본에서 재일 동포의 인권은 차별 받는 입장에서 출발되었다.

한일기본조약 체결을 계기로 재일 동포의 법적 지위와 대우가 빛을 보게 되는 역사적인 첫걸음을 내딛게 되었다. 이 조약으로 재일 동포의 상당수가 한국 국적을 취득하게 되었고 조선총련계의 동포들은 그대로 조선 국적을 유지하였다.

식민시 관계 청산은 한일 병합의 불법적 성격을 명확히 규정하고, 그 책임에 따른 보상을 의미한다. 그러나 한일 회담은 청구권 교섭에 밀려 과거사 청산이라는 본질은 접근조차 하지 못했다. 한일 회담은 미국의 압력과 쿠데타 정권이 미국과 일본으로부터 합법적인 정권임을 인정받으려는 면이 강하게 작용하였다고 지적되고 있다. 따라서 한일 회담 성격 자체가 식민지 청산을 제기할 만한 구조적 기반을 갖추지 못했다. 당시 한국 정부는 과거 청산에 관한 국민적 합의를 도출할 능력이 없었다. 일본도 일본 내에서 과거를 반성하지 않고 침략을 정당화하는 세력의 영향으로 과거사 반성을 토대로 회담이 진행될 수 없었다. 무엇보다도 미국의 대아시아 정책에서 반공 전선을 형성하려는 의도 아래 진행되었기에 한국민이 기대하는 조약으로 체결될 수 없었다.

지구촌 시대를 맞이하여 정치 경제적으로 세계의 리더에 서게 된 일본이 재일 동포들에게 가해 온 차별적 대우는 금세기에 남긴 뼈아픈 상징적 과제로 남게 되었다. 최근에 소설과 드라마로 소개된 '파친코'를 통해 일본인 본모습의 일부분을 세계인에게 알리게 되었다. 아직도 과거를 그리워하며 일본의 잘못된 역사를 정당화하려는 세력들에게는 논리적 이론을 제시하는 것 만으로는 변하지 않는다. 그들이 품고 있는 의식의 뿌리는 매우 깊으며 이성적인 면보다 감정적인 면이 강하게 작용하고 있기 때문이다. 이를 극복하기 위해서 한일 간의 역사에 대한 포괄적인 이해와 너불어 다방면에 설친 교류로 관계 정상화를 위한 시도가 요구되고 있다. 이런 면에서 재일 동포들의 역할이 매우 중요시 되고 있다.

한국은 재외 동포에 대한 인식의 변화와 더불어 한민족과 세계인들의 연결고리 역할을 재외 동포 디아스포라가 담당하는 화합과 통합의 시대를 열어야 한다는 지적이 있다. 윤석열 대통령도 일본을 방문하여 "일본 동포 사회는 한일 관계의 가장 탄탄한 버팀목으로 성장"하였다고 하면서 재일 동포들에 대한 강한 기대를 내비치기도 하였다.

### 지방 참정권과 먹고 사는 문제

보통 사람들은 잘 먹고 잘 사는 것을 바란다. 정치는 보통 사람들이 원하는 잘 먹고 잘 살기 위한 행위다. 제13대 대통령 선거에서 노태우 후보는 '보통 사람의 위대한 시대'를 정치 슬로건으로 하여 대통령이 되기도 하였다.

재일 동포 3세인 일본 오사카시립대학의 박일 교수는 동포들을 위한 한 강연에서 "요즘 재일 동포들의 관심은 지방 참정권과 먹고 사는 경제 문제"라고 하였다. 먹고 사는 문제를 해결한 재일 동포들의 욕망의 다음 단계는 정치에 참여 하여 환경을 바꾸는데 있다. 80년대 후반 일한인협회가 주체가 되어 일본 사회에 재일 외국인의 참정권 문제가 뜨겁게 달아 올랐다. 한국민단은 94년 이래 최고 중점으로 영주 한국인의 '지방참정권운동'을 전개하여 98년에 영주 외국인 지방자치제 선거권 법안을 국회에 제출하였다. 그러나 재일 외국인의 참정권에 호의적이던 자민당이 노골화 되는 중국의 팽창주의에 대항하여 재류 외국인의 참정권에 대하여 부정적으로 변화되었다.

일본에서 재일 동포는 매우 복잡한 과정을 거치며 오늘에 이르렀나. 선생 중에는 내선일체로 황국 신민이 되어 전쟁에 동원되있다. 패전 후에는 이방인으로 내몰려 그동안의 모든 권리를 빼앗기고 외국인으로 차별 받았다. 상호주의에 입각하여 한국이 재한 일본인에 대해 참정권을 부여 하였듯이 일본도 재일 동포에 대한 참정권이 실현되기를 갈망하고 있다.

## 한국에서 던진 돌은 동포가 맞는다

북한의 도발적인 폭력 행동을 볼 때마다 드라마 '역적'에서 길동이 왕에게 "폭력은 겁쟁이가 쓰는 것이다"라고 일갈하는 장면이 떠오른다. 일본에서 북한 미사일 발사를 계기로 일부 극우 혐오주의자들의 조선총련계 학교와 학생에게 행하는 폭력적인 행동이 사회 문제화되고 있다.

한반도의 사정에 따라 동포들이 정신적으로 물질적으로 엄청난 피해를 입고 있다. 한국민단 여건이 단장은 "한국에서 일본 욕을 하고 반대한다고 말하면 기분이 후련하겠지만, 그 피해를 누가 받을까 상상해본 적이 있는가? 현해탄 건너편에서 던진 돌은 일본인에게 가는 게 아니라 재일 동포들이 맞는다"는 인터뷰 기사가 이를 잘 표현하고 있다.

일본에서 3세 또는 4세로 사는 동포를 대하면서 이들이 한국인으로서 삶을 고집하면서 어렵게 살고 있는지 많은 생각을 해보았다. 필자가 소속해 있는 지부에 한 달에 한 번씩 방문하여 3세 동포들과 교류를 하는데 능숙하게 우리말을 할 줄 모른다. 아내가 지방 본부의 어머니 합창단에 한 달에 서너 번 참여하지만 우리말을 할 줄 아는 어머니는 많지 않다고 한다. 그렇지만 우리 문화를 배우고 지키기 위해 치마저고리에 우리 노래를 연습하여 발표하는 것을 자랑스럽게 생각하고 있다.

한때는 일 년에 만여 명의 동포가 일본으로 귀화하였지만 한국에서도 제대로 대접받지 못하고 일본에서도 차별 받으면서도 당당하게 사는 동포들이 있다. 한반도 사정으로 위협받는 일이 있어도 한국인이라는 자부심을 갖는 동포들을 대할 때마다 가슴이 뜨거워지는 감동을 느낀다.

동포들에게 한국의 선거권이 주어졌지만 한국의 정치에 대해서 특히, 정치인에 대해서 잘 알지 못한다. 물론 뉴커머들은 한국에서 나고 자라 한국의 사정을 알지만 3세나 4세는 전혀 모르고 있는 실정이다. 그래서 선거 때마다 어떻게 해야 할지를 묻는 동포도 있다. 정당에 소속되어 있지 않아 선거 운동을 할 수 없는 필자로서는 정치는 우리의 삶을 평화롭고 행복하게 하는 것이라는 말밖에 할 수가 없다. 그러나 과거의 선거를 뒤돌아볼 때 재일 동포들의 선거 결과는 우호적인 한일 관계를 지향하는 정당보다 적대적인 한일 관계를 지향하는 정당의 지지율이 훨씬 높은 것으로 나타났다. 우호적인 한일 관계가 일본에서 살아가는 동포들에게 좋은 환경을 제공하지만 적대적인 한일 관계를 지향하는 정당의 지지율이 높다는 것은 매우 아이러니컬 하다고 할 수도 있다. 투표하는 재일 동포 3, 4세보다 뉴커머의 투표 결과가 영향도 있겠지만 동포들의 마음속에 자리 잡고 있는 일본에 대한 적대적인 감정이 선거를 통해 나타났는지도 모른다.

### 새야 날개를 빌려줘

현장 답사로 전국을 돌아보면서 곳곳에 북송 동포들이 일본인에게 감사를 표하는 기념물이 있는 것을 보았다. 재일 조선인 북송 사업은 일본 공산당을 중심으로 재일 조선인 귀국협력회가 조직되었고 조일협회와 조선총련 등 귀국3단체가 중심이 되어 1959년 12월 13일 첫 배가 출항하였다.

이들은 북송 사업을 위해 북한을 지상 낙원으로 선전하였다. 일본 생활에 지친 동포들이 그 말에 속아 북송선을 탔다. 물론 동포들

가미이나군 다츠노정(上伊那郡辰野町)
북송동포가 감사의 정을 담아 벚꽃을 심었다.

과 결혼한 일본인도 함께 북한에 갔다. 북송된 인원이 93,000여 명인데 일본 국적자가 6,800명으로 그 중에 일본인 처가 1,830명이라고 한다.

필자가 속해 있는 민단 지부 좌영자 의장의 증언에 의하면 교사를 하던 언니 가족이 니이가타新潟에서 북송선을 타고 북한에 갔다. 언니와 헤어지는 열차 안에서 울면서 나눈 마지막 말이 일본에 남은 가족의 북송 문제였다. 북한에 도착하여 가족에게 편지를 보낼 때에 큰조카 이름으로 오면 북한으로 오고 둘째 조카 이름으로 오면 절대 오지 말라는 약속을 하였다. 언니 가족은 지상 낙원으로 간다는 꿈을 안고 일본을 떠났지만 도착한 조국은 지옥의 땅이었다.

가정연합은 1974년에 문선명 총재의 뜻에 따라 여성 회원을 중

심으로 '일본인 처 자유 왕래 실현 운동 모임'을 결성하였다. 이 모임은 일본인 처의 귀향과 자유 왕래 그리고 안부 조사를 위한 조사단의 파견 등을 위하여 일본 정부와 적십자사 그리고 조선총련 본부에 촉구하는 운동을 전개하였다. 1985년에는 계몽과 홍보를 위해 유명 배우가 출연하는 '새야 날개를 빌려줘鳥よ翼をかして'라는 영화를 제작하였다.

이 모임은 "일조日朝간 국교가 없음에도 동포들이 북한에 돌아갔기에 인도주의적 관점에서 왕래가 가능하다"고 주장하였다. 북한에 귀국한 동포들의 일본인 처를 인도주의적 관점에서 일본인의 귀향 운동으로 전환하는 계기를 마련하였다.

1970년대부터 80년대에 걸쳐 일본인이 행방불명 되는 사건이 다수 발생했다. 일본 정부는 망명한 북한 공작원의 증언 등을 근거로 북한의 납치 가능성을 갖고 조사하였다. 1991년 이후 일본 정부는 기회 있을 때마다 북한에 대해 납치 문제를 제기했으나 북한 측은 완강히 부인해왔다.

1985년 이후 집중적으로 벌어진 납치 사건은 북한의 의도가 있었다. 신광수와 김현희의 예에서 보는 것과 같이 북한이 납치라는 미증유의 국가적 범죄 행위를 한 배경에는 남파 공작원의 일본인화를 위한 교육 목적이 있었다. 북한은 자신들에게 우호적인 사회당을 중심으로 1956년 조일의원연맹을 결성하고 다음해에 조일 무역 협정을 체결하여 만경봉호가 왕래할 수 있도록 하여 납치를 위한 환경을 조성하였다.

1965년 이후 파견된 대외연락부 소속 정보원들이 일본을 거점으로 대남 공작을 해도 일본에는 스파이 방지법이 없으니 공작원에 의한 납치를 수사할 수 없었다. 당시에 승공연합은 스파이방지법 추진을 위해 좌파 공산당과 피를 흘리는 치열한 투쟁을 하였다. 한편으로는 총련계 동포 지도자 미국 연수 교육을 실시하여 모국 방문을 설득, 1974년에 네 차례에 걸쳐 625명이 한국을 방문하여 재일동포 모국 방문 사업의 길을 열었다. 이 사업으로 총련계 동포들이 북한과 조선총련을 버리고 한국민단으로 대거 입단하는 대전환기를 맞이하였다.

2002년 9월의 북일수뇌회담에서 북한은 납치를 인정하고 사죄하였다. 이 회담을 전후하여 일본인의 납치 문제 전반에 걸쳐 아베 전 총리가 북한과 교섭하여 10월에 다섯 명의 납치 피해자가 24년 만에 일본에 귀국하였다.

대한항공기를 폭파한 김현희의 일본어 딤딩 요코타 메구미橫田めぐみ 씨의 아버지 시게루橫田茂 씨가 '납치 피해자 가족연락회'의 대표를 오랫동안 맡아왔다. 납치 문제 해결은 아베 전 총리의 중요한 정책으로 납치 피해자 가족과 관계를 맺었다. 남편과 함께 납치된 일본인의 송환운동에 생을 바친 메구미 씨의 어머니는 아베 전 총리의 서거를 맞아 "아베 총리는 납치 문제를 해결하고 싶다는 얘기를 항상 들려줬다. 미국을 비롯한 전 세계의 협력을 얻어낼 수 있었다. 가슴을 찌르는 고통이다." 라는 추모의 말을 남겼다. 아베 전 총리가 일본인의 납치 문제 전반에 걸쳐 책임을 갖고 북한과 교섭하여 국제적인 관심을 갖도록 노력하였기 때문이다.

북송과 납치된 일본인 문제는 아직도 해결되지 않은 아픈 사건으로 북일 관계의 걸림돌이 되고 있다. 일본인의 납치를 부정해온 북한이 납치를 인정하고 사죄하면서 납치 피해자를 일본에 보낸 것은 북한과 일본의 노력에 의한 것보다 그렇게 할 수밖에 없었던 피치 못 할 사정이 있었다. 북한은 자신들의 종주국인 소련과 중국이 적대적 입장에 있던 한국과 국교 정상화를 맺자 국제적으로 고립될 수 밖에 없는 상황에 처하게 되었다. 이로 인해 북한이 일본, 미국과의 국교 정상화는 피할 수 없는 선택이었다.

1990년의 한소 수교를 맺게 되는데, 소련이 샌프란시스코에서 노태우 대통령에게 한소 수교를 타진한 배경에는 소련 공산당 담당자의 발언과 문선명총재의 자서전을 근거로 문선명 총재가 고르바초프를 설득한 결과였다. 그리고 문선명 총재는 김일성과의 회담에서 북일, 북미 수교를 조언하였다. 이에 1991년부터 북한은 북일 국교 정상화를 위한 협상을 시작하였는데 일본이 북한의 납치 문제를 사죄하고 일본에 보내줄 것을 요구하자 납치 문제를 인정할 수밖에 없었던 것이다. 그 뒤로 일본 정부는 '조일 평양선언'에 근거하여 모든 납치 피해자의 조속한 귀국을 실현하고 불행한 과거를 청산하여 국교 정상화를 실현하려고 노력하였지만 전혀 진전되지 않고 있다.

북한에 의한 납치는 납치 피해지 등의 증언에서 한국인과 일본인을 비롯하여 중국, 태국, 루마니아, 레바논에서도 북한으로 납치된 가능성이 있는 사람들이 존재한다는 것이 밝혀졌다.

북한이 대외적으로 납치 행위를 인정하고 사과한 것은 대한민국이 소련에 이어 중국과 국교를 수립하면서 북한이 일본, 미국과 국교를 맺을 수밖에 없는 환경권이 조성되면서 일구어 낸 성과였다.

## 한일 병합에 대한 논란

세지마 류조瀨島龍三는 일본 육사와 육군대를 졸업한 쇼와의 참모로 한일 관계의 막후 실력자로 지목되는 대표적인 우익이다. 만주군 장교 시절 박정희 전 대통령의 직속 상관이었던 그는 회고록에서 대동아 전쟁을 자위 전쟁으로 규정하였다. 새로운 역사 교과서를 만드는 모임의 후원자였던 그였지만 실은 시베리아 억류 중에 일본인 앞에서 '천황제 타도! 일본 공산당 만세!'를 외치며 절규했다는 증언도 있다. 연약한 지식인이었던 전쟁 범죄자의 자기 변명이 우익의 길을 재촉하였다는 목소리도 있다.

전후 한일 관계의 막을 연 한일기본조약은 4개 협정과 25개 문서로 되어 있다. 일본과 조약의 대상자를 제3조 "대한민국 정부가 한반도의 유일한 합법 정부임을 확인한다"는 확정에서 시작되었다. 제2조의 '1910년 8월 22일 및 그 이전에 대한 제국과 일본 제국 간에 체결된 모든 조약 및 협정이 이미 무효임을 확인한다'는 문구를 놓고 양국간 해석 차이로 대립하고 있다. 부칙에서 양국의 해석이 다를 경우 영문본에 의한다고 정하나 '이미 무효'는 영문본에서 'already null and void'인데, 이를 놓고 한일 양국의 해석이 서로 다른 것이다. 한국은 병탄 자체가 불법으로 원천 무효라고 주장하는 반면 일본은 병합 조약은 합법이었으나 해방을 기점으로 무효가 되었다는 것이다.

일본은 러일 전쟁 이후에 한국을 병합하기 위한 범죄 계획을 세워 이를 실행하였다. 1932년 일본 외무성 아세아국의 비밀 보고서 '러일 전쟁 이후의 한국 병합까지의 한일 조약 관계의 고찰日露戰役

以後韓国併合迄ニ於ケル日韓条約関係ノ考察이라는 비밀 문서에는 한일 병합에 이르기까지 8단계를 거쳐 완성되었다고 하는데 이를 조약에 의한 지배의 8단계라고 한다.

> **8단계 한일 병합 조약**
>
> 1932년5월. 외무성 아시아국에서 출판한 러일전쟁이후 한국병합까지 한일조약관계의 고찰에서 조약체결을 통해 한국지배에 대해서 8단계의 과정이 있었다고 기록하고 있다.
>
> 第1段階 : 한일의정서(日韓議定書, 1904.2.23)
> 第2段階 : 제1차 한일협약(第1次日韓協約, 1904.8.22)
> 第3段階 : 제2차 한일협약(第2次日韓協約, 1905.11.17)
> 第4段階 : 제3차 한일협약(第3次日韓協約, 1907.7.24)
> 第5段階 : 한국의 사법 및 감옥사무위탁에 관한 각서(韓国ノ司法監獄事務委託ニ関スル覚.書, 1909.7.12)
> 第6段階 : 한국중앙은행에 관한각서(韓国中央銀行ニ関スル覚書, 1909.7.26)
> 第7段階 : 한국의 경찰사무위탁에 관한 각서(韓国ノ警察事務委託ニ関スル覚書, 1910.6.24)
> 第8段階 : 한일병합조약(韓国併合条約, 1910.8.22)

한일 병합은 일본이 일관되게 주장하듯 한국이 원한 것이 아니라 치밀한 계획 가운데 한국을 식민지로 만들기 위해 강압적인 무력으로 체결된 비합법적인 범죄 행위로 법적 정통성이 없는 조약이었다. 과거, 일본도 과거 구미제국에 의해 체결된 각종조약이 강제에 의한 조약이라며 이와쿠라 사절단을 보내어 조약의 무효와 파기를 주장하였던 역사가 있었다. 제국주의 시절에 맺어진 모든 조약은 무력에 의한 불평등한 조약의 역사였다.

### 상대방을 알아야만 속지 않을 수 있고 다투지 않을 수 있다

적대국도 아닌데 잇따른 일본 초계기의 저공 위협 비행에 말려든 것도 문제다. 무엇보다도 저공 근접하는 초계기의 위협 비행에 추적 레이더 조사로 적극 대응하라는 지침을 문재인 정부에서 만들었다고 한다. 한일간 정권은 이 문제를 키워서 국민을 선동하여 극단적 대립을 키웠다.

문재인 정권은 "우리 정부가 달라진 것은 전혀 없다. 달라진 것은 일본이다. 일본이 우경화 되면서 태도가 달라졌다"고 한다. 아베 정권의 우경화를 합리화하기에 앞서 전정권에서 맺은 한일 위안부 합의를 뒤집은 문정권의 정책이 갈등의 원인을 제공한 것은 틀림없는 사실이다. 문정권의 반일 정책 기조는 이후 일본의 우경화에 기름을 부어 한일 간 갈등이 심화되었다. 잘못된 이념 정책이 빚은 결과로 역사적 교훈으로 남게 되었다.

지구촌 시대를 맞이하면서 세계인이 한국 문화가 어떤 변화와 발전을 만들어 낼 것인가에 주목하고 있다. 겐자부로는 "지금은 한류를 비롯한 새로운 교류도 일어나고 있는데 일본인이 윤리적으로나 도덕적으로 자립하기 위해서는 아시아와 화해해야 한다"고 지적하였다.

일본 지도자들이 과거의 잘못을 부끄럽게 생각하지 않고 진정한 책임을 지지 않은 채 60년이 흘렀다. 이러한 배경에는 일본인의 맹신 맹종이 실패의 원인이라는 지적이 있다. 일본인은 역사 인식이 약하다는 것이다. 인간의 존엄성에 대한 인식도 결여되어 있다고 한다. 미시마 유키오三島由紀夫가 천황 국가의 문화를 높이 평가하면서 자위대에 쿠데타를 요구하면서 자결하였다. 그의 언행은 완전한 범죄임에도 일본인들은 그를 추앙하는 문화가 있다.

한일 양국 간 갈등이 쉽게 풀릴 것이라고 생각하는 사람은 없다. 정치인들이 이 문제를 가지고 자신들의 이익을 추구한다는 사실을 모르는 사람도 없다. 정치가는 진영 논리에서 주도권을 빼앗기지 않으려고 서로 이용하는 실정이다. 이런 연유로 정치가들의 철학이나 신념이 평화 세계를 이루는데 중요하다.

진영 논리가 다르다 하여도 국가 운영에 중요하거나 가치 있다고 판단되는 사안이 있다면 반대하는 자기 진영의 사람들에게도 인내를 갖고 설득할 수 있어야 한다. 그리고 반대 진영의 의견을 경청하고 설득할 수 있는 이성과 논리로 지도력을 갖춘 사람이 정치를 해야 한다.

필자는 한일 간의 정치인들을 대하면서 왜 이런 사람이 정치를 하는가에 대해서 의문을 가지며 성장해 왔다. 많은 종교인과 접촉하면서도 왜 이런 사람들이 종교인이라는 가면을 쓰고 사는 것일까 많은 생각을 했다. 폭력적인 언어와 행동, 야바위꾼 같이 선동적인 행태로 사람의 마음을 움직이려는 이들에게 얼마나 많은 사람이 고통을 당하고 있는가? 어느 날 친구가 필자에게 글을 하나 보내 주었다. "하느님을 말하는 이가 있고 하느님을 느끼게 하는 이가 있다. 하느님에 대해 한 마디도 하지 않지만 그 존재로써 지금 우리가 하느님과 함께 있음을 영혼으로 감지하게 하는 이가 있다."

하나님을 알고 느끼게 하는 이에 대한 그의 글을 보면서 역사에 등장하는 일본인들이 가장 존경하는 세 명의 위인에 대한 비유가 생각난다. 두견새를 어떻게 울게 할 것인가를 두고 오다 노부나가와 도요토미 히데요시 그리고 도쿠가와 이에야스의 성격에 대한 비유다. 두견새가 울 때까지 기다린 도쿠가와 이에야스가 결국은 천하를 얻었다는 비유를 떠오르게 한다. 정치인은 반대자의 숙청이 아니라 인내와 설득이 덕목이요, 종교인은 강요하고 심판하는 사람이 아니라 죄인을 품고 용서하는 사람이다.

갈등 관계에 있는 한일 관계의 해결 방안으로 흔히들 에도 시대의 외교가였던 아메노모리 호슈의 세이신가이코誠信外交, 이하 성신외교로 표기를 말하는 이들이 있다. 호슈의 성신 외교가 한일 관계의 미래 지향적 가치라고 지적하는 사람도 있다. 호슈는 "상대방을 정확하게 알아야만 속지 않을 수 있고 다투지 않을 수 있다"고 지적하였다. 그런데 정확하게 안다는 것이 얼마나 어려운 것인가? 진영 논리에 사로잡히면 사물을 보는 각도와 그 이해도 정반대의 결론에 이를 수 있다.

개인의 이익을 위해 살던 사람이라도 가정을 이루면 가정을 위한 개인으로 변하듯이 사회의 일원이 되면 사회를 위한 가정의 역할을 찾아내야 한다. 가족 만의 이익을 위해 사회를 이용하면 사회가 파괴되기 때문이다. 정치를 하려면 국가와 세계를 생각하는 그릇이 있어야 한다는 말이다. 필자는 지자체가 발달되었다고 자부하는 일본에서 인생의 반 이상을 살아 오면서 수 많은 정치인을 만났다. 한일 관계에 대해서 껄끄러운 말을 하면 국회의원들의 한결같은 대답이 "국익 우선"이라는 것이었다. 국회의원은 국익을 우선하고 현의원은 현민을 위한 정치를, 시의원은 시민을 위하여 봉사한다는 상식적인 이야기였다.

호슈의 성신 외교에 대해 대립적 상대로 아라이 하쿠세키新井白石가 있다. 동시대에 조선에 대한 외교 정책을 놓고 서로 라이벌 관계였는데 한국인은 호슈를 친근하게 생각하고 있다. 호슈는 1668년 시가현伊香郡 高月町에서 의사를 가업으로 하던 집안에서 태어났다. 호슈의 조선에 대한 사상과 외교 대책은 그가 지은 고린데이세이交隣提醒에 집약되어 있다. 그 서문에서 호슈는 조선과 교제를 함에 있어 조선의 풍속이나 관습을 아는 것이 중요하다고 지적하고 있다. 호슈는 상대국을 정확하게 아는 것을 외교의 출발점으로 보았다. 그리고 마지막에서 "많은 사람들이 성신은 진실된 마음이라는 뜻으로, 서로 속이거나 다투지 않고 진실을 가지고 교제하는 것"이라 하였다.

하쿠세키는 근세 일본과 조선의 외교 관계에서 부정적인 인물로 평가되고 있다. 그는 조선 통신사를 접대하는 비용이 바쿠후 재정을 압박한다는 이유로 조선 통신사의 대우를 간소화하였다. 그리고 조선에 보내는 외교문서에 쇼군將軍의 칭호를 다이쿤日本國大君에서 고쿠오日本國王로 바꾸게 하였는데 이에 호슈는 조쿠쥬산슈俗儒三種를 지어 하쿠세키를 난폭무비한 유학자로 비난하였다. 그러나 조선과 일본의 관계에서 드러난 긴장과 갈등을 놓고 호슈의 자세를 지적해 볼 수도 있다. 외교에 있어서 자국의 이익을 우선시 하는데 호슈가 견지했던 성신은 이상적인 것이기 때문이다.

## 일본과 어떤 관계를 맺어 나가야 하는가?

귀를 의심하는 뉴스가 들려 왔다. 한국이 국가 부도 위기에 처해 IMF에 구제 금융 요청을 한다는 일보였다. 그로부터 20년이 지난 2021년 7월, 유엔무역개발회의가 설립 이래 최초로 한국이 개발도상국에서 선진국 지위를 인정받은 나라로 변경되었다는 소식이 들려왔다. 혹자는 한국이 일본을 앞서게 되었다고도 한다. 한국이 일본보다 경제가 발전하여 군사력으로 우위에 선다 해도 한일 관계를 청산하기는 쉽지 않을 뿐만 아니라 양국 간의 갈등을 공유하기도 어려운 것이 현실이다.

한일 간의 갈등 원인을 백제 멸망 당시 도래계 백제인의 원한과 분노에서 시작되었다고 보는 시각이 있다. 일본인의 분노와 원한에 비하여 근대사 이전의 숱한 왜적의 침략에도 불구하고 한민족은 주변 국가에 대해서 분노나 원한에 사무쳐 그것을 배타적으로 표출한 적이 거의 없다.

아시아의 평화를 이루기 위해서는 한반도의 지정학적 입장을 이해하지 않으면 안 된다고들 한다. 러시아의 태평양 진출을 억제하고 잃어버린 만주를 회복하기 위해서는 러시아와 중국에 대해 그들의 탐욕을 인류 평화를 위한 욕망으로 전환시키는 것이 과제다.

해양 진출을 통해 평화 세계를 위한 역할을 실현하기 위해서는 일본과 갈등을 극복하여 일본을 품고 함께 나아가야 한다. 도래할 평화 세계를 위해서는 러시아와 중국 그리고 일본과 함께 나아갈 수 있는 21세기의 새로운 패러다임이 필요하다.

오에 겐자부로는 한 언론과의 인터뷰에서 "세계에서 일본이라는 국가에 대해서 그리고 일본인이 어떤 사람인가를 가장 잘 아는 나라가 한국이며 한국인이다. 재일 동포는 일본과 일본인을 속속들이 알고 있다. 한국에는 매우 오래된 문화가 인간 속에 생생하게 살아 움직이고 있습니다. 일본의 다도茶道나 화도華道와는 다릅니다. 한국 민족의 문화는 역사보다 강하다고 생각합니다" 라고 말한적이 있다.

중국에도 만주 지역에는 재중 동포들이 삶의 터전을 이루어 생활하고 있다. 그들은 중국인이 어떤 사람인가를 속속들이 알고 있다. 한국과 일본이 태평양 도서 국가와 연합하여 아시아 태평양 공동체를 이루기 위해서 한국 민족의 문화가 아시아를 변화시켜 하나로 묶을 수 있다고 내다 본 것이다. 한국과 일본은 동일한 혈통과 피부를 가지고 있지만 백제가 멸망한 후에 서로 갈라져서 대립과 갈등의 관계를 형성해 왔다.

과거에는 경제적 환경이 불편하여 한국인과 재외 동포간 차별적인 면이 부각되었지만 미래는 아시아 태평양 문명 시대를 열어 나가는 윤활유 작용을 하여 세계 평화의 선노석 억할을 남낭할 것이라고 본다. 외국에 나가 살면 누구나 애국자가 된다는 말이 있다. 과거 한국의 경제 발전에 지대한 공을 세운 것도 재외 동포다. 지금과 같은 글로벌 세계, 지구촌 사회에서 재외 동포의 역할이 더 중요하다.

대한민국의 주변국인 일본, 중국, 러시아 그리고 미국은 한반도의 안전과 세계 평화에 밀접한 관계가 있다. 우리가 어떻게 주변국들과 함께 평화 세계를 구현해 나갈 것인가? 국내에 있으면 지엽적인 애국으로 국내의 안전을 우선적으로 생각하지만 외국에 나가 살면 국제 관계를 먼저 생각하면서 세계 평화를 생각하는 것 같다. 이런 의미에서 재외 동포들과 함께하는 네트워크를 통해서 한반도의 안전과 국제 관계 그리고 세계 평화를 논의하는 것도 국가의 역할이다. 국적을 포기하고 귀화를 선택하면 편안하게 사는 길도 있다. 그러나 불편하고 힘들지만 대한민국 국적을 지키며 살아가는 동포들을 보면서 그 자체가 애국이라는 생각이 든다.

# VIII

# 슬픈 일본

21세기 인류의 새로운 패러다임
예쁜 것이 아니라 가벼워요
물속에서 불상이 뛰어나와 등에 올라탔다
스와의 아라히토가미 오호리(大祝)
이삭헌제와 온토사이(御頭祭)
조선 포로의 선물
기리시탄 다이묘의 세상
기독왕국을 꿈꾸던 다이묘
서양 선교사와 백서 사건
마사무네의 야망과 다다테루의 피리
바테린 추방령과 박해
동학과 국학의 출현
외래 종교 박해를 위한 예배 시설 설치
실학과 일본의 근대화
일본인의 미의식 슬픈 일본
일본인은 선천적으로 선한가?
일본은 아름다운 나라?
한류의 물꼬를 트다
가정연합과 공산당의 투쟁
종교 탄압 국가로 나가는 문이 열리다
아베 전 총리 총격 사건은 음모인가?

### 21세기 인류의 새로운 패러다임

필자는 조선 시대 팔도를 유랑했던 김삿갓을 동경하던 시절이 있었다. 고등학교를 졸업하고 '한국은 어떤 나라이며 나는 누구인가'라는 의문을 품고 방방곡곡을 찾아다녔다. 1년간 많은 사람들을 만났다. 일본에 건너와 '일본을 어떻게 하면 좋을까' 하는 마음으로 훗카이도에서 오키나와까지 샅샅이 둘러보았다.

일본에 살면서 늘 생각하는 것은 '일본을 어떻게 할 것인가'라는 문제 의식이었다. 어떻게 하면 일본을 화해와 협력의 대상자로 세워 아시아의 평화에 기여할 것인가를 고민하며 전국을 살폈다. 일본인은 과거 한반도를 통해 전달된 불교와 유교라는 공통적인 가치관을 가졌기 때문에 서로 통할 수 있다. 과거의 문제를 풀어내고 미래 지향적인 유대 관계를 맺어 나갈 수 있는 가능성을 가지고 있다. 상호 간에 혐오와 극단적 대립을 피하고 인류의 새로운 문명권을 함께 열어갈 수 있는 동반자의 자리에 있다.

현대 일본인의 정신적 공황기인 거품 경제 붕괴로 인한 패배감과 동북의 대지진 그리고 사린 사건 등을 함께 경험하였다. 세계 1

등 국민이라고 자부하던 시절이 지나 고난의 길에 접어들기 시작한 일본을 이대로 방치하면 평화를 위협하는 위험한 걸림돌이 될 수 있다.

일본인은 한반도를 거쳐 온 역사를 회피하려고 한다. 한국과의 관계를 부정하려 하고 중국과의 관계를 강조한다. 이 같은 일본에 대해서 함께 대립하고 싸우는 것은 미래를 놓고 매우 우려되는 결과를 초래하게 된다. 일본을 이해하고 품으면서 새로운 아시아 태평양 시대를 꿈꾸며 많은 생각을 하게 되었다.

덴신岡倉天心은 인도에서 영문으로 출판된 그의 저술 '동양의 사상The Ideals of the East'에서 "아시아는 하나다Asia is one"라고 주장하였다. 덴신은 아시아 민족의 공통 사상을 "보편적인 것을 추구하는 사랑"으로 정의하면서 중국의 유교와 인도의 불교를 일본 문화의 기초로 전제하고 유교와 불교의 사상을 기반으로 하는 아시아를 하나라고 하였다.

덴신의 사상은 마치 서양이 기독교헤브라이즘와 그리스 철학헬레니즘으로 하나 되어 있는 것과 대비하여 아시아를 비니 하나의 통합적인 존재로 본 것이다. 서양 사상과 서양 미술을 대조하여 동양 사상과 동양 미술 세계를 논한 그의 영향을 토대로 조선화, 중국화, 일본화를 통합하여 동양화라고 불렀다. 그러나 이는 무시당하던 일본화를 조선화나 중국화와 동등한 반열에 올리려 한 것이라고 지적하는 비판의 소리도 있다. 그리고 '아시아는 하나'라는 그의 말이 침략 전쟁에 이용되면서 그의 사상이 왜곡 당하는 치욕을 겪기도 하였다.

20세기를 통해 인류는 여러 시행착오를 통한 각성과 지혜를 얻게 되었다. 100년의 세월을 거치며 평화 세계를 갈망하는 인류는 하나의 지구촌을 향해 점진적으로 발전해 나왔다. 가정연합에 흥미로운 가르침이 있다. 한국과 일본을 부모 국가라고 한다. 그리고 남한과 북한은 형제 관계로 본다. 여기에서 "한반도 통일에 일본의 역할이 중요하다"고 하면서 "한반도 통일이 세계적 난제를 해결하는 열쇠를 쥐고 있다"고 지적한다. 이에 "한반도를 둘러싼 미국과 일본 그리고 러시아와 중국이 참여하는 6자회담을 후원하였다"고 한다.

1988년 역사적인 사건이 일어났다. 한국에서 올림픽이 열렸고 주최국인 한국이 4위에 빛나는 결실을 맺은 것도 중요한 사건이지만 한일 간 교차 결혼이 주축을 이룬 6500쌍 국제합동결혼식이다. 필자가 사는 오사카에 민단 지부의 단장을 비롯하여 많은 간부들이 가정연합의 축복 결혼을 통해 일본에 온 한일 국제 가정이다. 재일 한국민난의 중션 산부로 활약하고 있는 가정연합의 지도자가 100명이 넘는다고 한다. 일본 사회와 동포들 사이에서 신뢰를 쌓아 간부가 되었다. 한국에서 최고 학부를 졸업한 유능한 인재들이 일본과 동포 사회에서 인정받고 있는 것이다.

국제 결혼을 한 여성들이 한일 양국에 생활하면서 한일 간 갈등을 해소하고 있다. 이들은 재일 동포 사회는 물론 지역 주민과의 신뢰로 양국간 관계 개선에 희망을 주고있다. 지난번 오사카에서 열린 8.15 경축식에서 정홍 의장은 민단의 앞날을 진단하면서 새로 일본에 온 뉴커머들에게 기대를 건다는 인사말을 하기도 하였다. 가정연합은 한일간 문제를 해결하기 위한 교차 결혼과 자매 결연이 열매를 맺어가고 있는 것으로 보고 있다.

### 예쁜 것이 아니라 가벼워요

　필자가 요코하마에 정착한지 1년이 지난 어느 날 요코하마역 근처의 카페에서 일본인과 차를 마시고 있었다. 창밖에 신호가 바뀌면서 젊은 여성들이 도로를 건너오는 모습이 보였다. 내가 일본의 여성은 예쁘네요日本の女性は綺麗ですね라고 덕담을 하자 예쁜 것이 아니라 가벼워요綺麗ではなく軽いですよ라는 말이 돌아왔다.

　대학에서 종교학을 공부한 그는 일본인의 종교심에 해박한 지식과 일본인의 정신 세계에 깊은 관심을 갖고 있었다. 그는 나에게 "일본인은 도덕적 관념이 희박하고 자기중심적"이라고 말하였다. 일본에 대한 필자의 탐구는 그가 나에게 한 말이 사실이라는 것을 확인하는 작업이기도 하였다. 일본은 야오요로즈를 섬기는 다신교의 나라다. 다신교를 섬기는 국가 중 유일한 경제적 선진국이기도 하다. 경제적 선진국이라고 말하는 이유는 경제적으로는 잘 살지만 그에 비례하여 도덕적으로 부도덕하기 때문이다.

　필자가 일본에 간다고 할 때에 스승은 나에게 "일본 문화는 문화가 아니다"라고 강하게 강조하였다. 식민지 시절 일본에 유학하면서 일본의 깊은 내면을 들여다보고 느낀 것을 가르쳐 준 것이다.

　문화란 어느 국가나 민족 사회상의 주요한 행동 양식이나 상징 체계를 말한다. 문화는 시대의 세계관이나 가치관 등 사상을 기반으로 형성되는데 종교적 가르침에서 파생되는 다양한 이론적 기반에 근거하여 정의될 수 있다. 이런 면에서 문화는 종교를 바탕으로 형성되어 체계화 되었다고 할 수 있다.

　한국 문화는 삼국 시대의 불교 문화와 조선 시대의 유교 문화 그리고 현대의 기독교 문화인데, 이 문화는 '하늘을 공경하여 널리 세상을 이롭게 하라'는 건국 신화의 평화 사상을 바탕으로 하고 있다.

일본인은 서구 사회와는 이질적인 구조의 사회임을 적극적으로 긍정하려는 섬나라 특유의 성격에서 오는 자국 문화의 '시스템의 독자성'을 강조한다. 헤이안 시대의 구니부리國風나 에도시대의 겐로쿠元祿 문화에서 볼 수 있듯이 외부의 사상과 문화 유입에 반발하면서 자국의 문화를 정당화하려는 국수주의적 형태를 띠고 있다.

일본의 국수주의적 사상과 문화는 타를 부정하고 정복하려는 폭력성과 침략주의로 나타나는데 이 때에 천황제를 전면에 내세운다. 이것이 일본 보수의 핵심으로 도덕성이 상실된 일본인은 자신의 이익을 극대화하여 정당화시키려 한다.

천황은 일본 국가신토의 정점으로 일본인의 신앙은 기독교를 비롯한 고등 종교에서 나타나는 타에 대한 희생과 봉사가 국체國體 즉, 천황을 위한 전체주의로 변질된다. 개인의 신앙에서도 고리야쿠ご利益로 신사나 절에 가서 타인을 위한 기도가 아니라 자기의 이익만을 위한 기도가 일본인의 자연적인 현상이다. 일본인의 신앙을 한마디로 말하면 자기중심의 고리야쿠로 이는 신부쓰神佛에 기도하여 얻게 되는 은혜나 행운을 뜻한다. 이것이 일본에서 출발한 종교가 자국의 범위를 벗어나지 못하는 이유다. 따라서 일본인에게는 세계 평화 사상이 성립되지 못하고 침략주의가 나올 수밖에 없는 문화적 한계를 가지고 있다. 일본의 문화는 예쁘게 보이나 폭력성을 포장한 것으로 언제든지 변할 수 있는 가벼운 것이다.

## 물속에서 불상이 뛰어나와 등에 올라탔다

나가노현을 아스카 시대부터 메이지 초기까지 신슈信州, 또는 시나노信濃로 불렀다. 신슈는 호쿠신의 젠코지北信善光寺와 난신의 스와다이샤南信諏訪大社로 대표되는 신앙의 땅이기도 하다. 필자가 신슈에 3년간 살면서 나가노시의 젠코지와 스와시의 스와다이샤 그리고 역사적 인물 마쓰다이라 다다테루松平忠輝를 통해서 일본인의 신앙과 정신 세계를 볼 수 있었다.

필자가 고마쓰에서 일본어를 이해하면서 일본인의 마음에 관심을 갖게 되었다. 우연하게도 호쿠리쿠에서 신슈로 이사하였는데 신토의 스와다이샤에서 일본 신토를, 젠코지에서 일본 불교를 그리고 다다테루를 통해서 일본 천주교를 보게 된 것이다.

왜국에 도래인이 늘어나면서 자연스럽게 불교가 들어와 도래인 집성촌에 사원이 건립되었다. 일본서기에 의하면 552년 백제의 성왕이 아미타삼존과 경전을 보냈다고 한다. 아미타삼존은 인도에서 백제로 들여 온 귀한 불상인데 이를 일본으로 보낸 것이다. 성왕이 일본을 어떻게 생각하였는가를 보여주는 대목이다.

젠코지의 유래에 의하면, 혼다 요시미쓰本田善光가 나니와의 운하浪速堀江 주위를 걷고 있는데 물속에 있던 불상이 뛰어 올라와 그의 등에 앉았다. 요시미쓰는 그 불상을 자기의 고향인 이다信州飯田로 모셔와 사당을 짓고 예불을 드린 것이 젠코지의 시작이라고 한다. 젠코지는 요시미쓰의 이름에서 온 것이다.

어느 나라나 지방 간 갈등이 있지만 나가노도 호쿠신과 난신은 오랜 기간 숨겨진 갈등 관계가 있다. 스와에 3년간 살면서 이 갈등이 아스카 시대에 연유한다는 작은 결론을 내렸다. 데이비노란으로 모노노베씨物部氏가 몰락하고 소가씨蘇我氏가 권력을 장악하면서 불교는 급속히 전파되었다.

왜국에 불교 문화가 들어오면서 기존에 형성된 문화와 충돌은 피할 수 없었다. 새로운 종교와 그에 따른 문화로 기성 종교와 정치인의 반대는 피할 수 없는 현상이다. 역사 이래 외래 종교의 유입이나 종교 개혁 그리고 신흥 종교의 출현은 많은 박해와 억압을 받는 고난의 길을 걸어야 했다. 새로운 종교의 출현은 기성 종교와 사상의 한계에서 나타나는 사회적 현상이다. 새로운 가치관이 필요하다는 사회적 요구가 팽배할 때에 새로운 종교가 등장하였다.

불교 도래로 가장 충격적인 사건은 금동불상의 등장이었다고 한다. 지금까지 조상신과 자연신에 기반을 둔 신토 문화에서 황금빛을 발하는 불상은 충격 그 자체였다. 고대 일본인은 자연이나 사물 속에 신이 깃든다고 생각하였다. 산이나 바위 그리고 나무 등을 고신타이ご神体라 하였으며 그 상징으로 신전에 거울을 비치하여 예를 올렸다.

조정에서는 불교 도입을 놓고 찬성하는 소가씨와 반대하는 모노노베씨와 나카토미씨中臣氏 그리고 인베씨가 있었다. 이들은 당시 조정의 실력자였으며 정략결혼으로 서로 복잡하게 얽힌 인척 관계에 있었다. 그래서 실제 집안 생활에 있어서는 불교와 신토가 혼재해 있었다고 생각할 수 있다.

587년 데이비노란 최후의 전투衣摺の戦い에서 쇼토쿠 태자의 소가 우마코蘇我馬子가 이끄는 숭불파에 의해 모노노베 모리야物部守屋가 패하였다. 이때 모노노베씨의 두 아들이 동쪽으로 피난하였는

데 큰아들 오기미雄君는 기소木曽에 둘째 아들 다케마로武麿는 스와로 도망하였다. 스와에 온 다케마로는 성을 모리야守矢로 바꾸고 제례와 정치를 담당하는 진초칸神長官이 되었다. 후손들은 메이지 시대에 들어와서 자신들이 모노노베씨의 후손임을 밝혔다.

전쟁에서 이긴 쇼토쿠 태자는 모리야의 목을 벤 하타 가와카츠의 공을 높이 평가하여 아들 히로구니秦廣國에게 신슈의 영지를 하사하였다. 히로구니가 정착한 곳이 시나노의 사라시나信濃國更級다. 전쟁에서 이긴 하타씨는 호쿠신에서 불교를, 패한 모노노베씨는 난신에서 신토를 지킨 것이다. 이런 연유로 스와에서는 오랫동안 불교 도입에 반발하였다. 원래의 젠코지가 있던 이다는 신토와 불교를 따르는 사람들이 하천을 경계로 살고 있다.

모노노베 사후, 쇼토쿠 태자의 적극적인 지원 아래 한반도에서 많은 승려들이 일본에 도래하였다. 고구려 승려 혜자慧慈는 약 20년간 일본에 체재하며 쇼토쿠 태자의 스승이 되어 최고지위인 산보노 도료三宝の棟梁로 불렸다. 혜자는 백제에서 도래한 승려 혜총慧聡과도 교류하였다고 한다. 백제의 승려 관륵観勒은 최초의 승려 관직인 승정僧正이 되었다. 고구려 승려 혜권慧灌은 산론슈三論宗를 열어 시조가 되었고 의연義淵은 산론슈의 대표적인 승려로 이름을 날렸다. 신라의 승려 심상審祥은 게곤슈華厳宗의 기초를 닦았으며 고구려의 승려 담징曇徴은 호류지法隆寺의 금당벽화를 그려 불교 문화 진흥에 힘썼다.

승려에서 환속하여 하리마에 와 있던 혜변惠便을 소가 우마코가 이시가와노쇼자石川精舎에 초빙하였는데 많은 사람이 불법에 귀의하였다고 한다. 시바노 다치도司馬達等의 딸善信을 제자로 삼아 일본 최초의 비구니가 되었다. 부여의 고란사에 세 여인善信·禅蔵·惠善이 백제로 유학 왔다는 전승이 내려져 오고 있다. 우마코는 백제에서 귀국한 젠신니善信尼 등 세 비구녀를 이 사찰에 머물게 하였다.

불교에 귀의하는 사람이 늘어나고 도래한 승려들의 교육으로 일본인 승려들이 배출되었다. 이에 승려를 교육하면서 감독할 직제의 필요성으로 승정·승도僧都·법두法頭라는 직제를 두었다. 조정은 백제에서 온 관륵観勒을 승정에 고구려의 덕적德積은 승도 그리고 백제의 연충連充을 법두에 임명하였다. 혜총·영근令斤·혜식惠寔은 직접 수계의식을 집행하여 승려를 배출함으로써 일본 불교의 중흥을 꾀하였다. 한반도의 불교가 일본 문화에 커다란 영향을 주었다.

### 스와의 아라히토가미 오호리(大祝)

스와로 도망간 다케마로는 가미샤上社의 진초칸神長官이 되었다. 다케마로는 스와코諏訪湖 남단에 사당을 짓고 다케미나카타建御名方神를 스와묘진諏訪明神으로 모시고 신격을 부여하였다. 당시 여덟 살이던 구마코神子라 불리는 남자 아이 아리카즈有員에게 제의를 입혀 오호리大祝라 하였다. 상징적 존재인 오호리를 스와의 신이라고 하였으나 실제로는 진초칸 다케마로가 정치와 제례를 주관하였다.

오호리는 스와의 우지비토氏人 위에 군림하였는데 씨족의 구성원을 이루는 씨족장 지배 아래 씨족신氏神을 제사하는 마쓰리를 거행하게 하였고 그 밑에 노역과 군역에 종사하는 베민을 거느렸다.

전승에 의하면 구마코는 '나에게는 몸이 없으나 오호리를 몸으로 한다'는 주문 의식을 거쳐 오호리의 시조가 되었다. 오호리란 '이 세상에 인간의 모습으로 나타난 신'으로 아라히토가미를 뜻한다. 오호리직은 메이지 정부에 의해 폐지되었고 아라히토가미는 국가신토의 천황만을 위한 말이 되었다.

아리카즈가 가미우지神氏로 등극하면서 스와는 새로운 체제가 출발하였다. 가미우지神氏 집안에서 내세우는 오호리가 수장이 되고 모리야우지守矢氏는 제례권을 갖는 진초칸이 되는 이중 체제를 만들었다. 오호리는 여섯 살의 어린 나이에 직에 올라 10여 년간의 임무를 마치고 은거해야만 했다. 결국 제례를 집행하는 진초칸이 모든 실권을 갖는 체제가 된 것이다.

일찍이 모노노베 일족은 고대로부터 조정을 비롯한 신사의 제례를 담당한 집안이었다. 황실의 제례는 물론 제례 집단의 지배적 위치에서 그들을 주관하였다. 스와에 도착한 다케마로가 제일 먼저 행한 일이 나이 어린 아리카즈를 오호리로 세우고 스와의 제례를 담당했을 것이라는 합리적 추론이 가능하다.

불교 세력이 중앙 권력을 장악하면서 신사에 대한 억압이 시작되었다. 불교와 대립하다 몰락한 모노노베 집안이었기에 불교의 파급이 스와에 미치게 되자 위험에 빠지게 되었다. 국태민안과 왕실의 안녕을 위하여 전국적으로 불교 사원을 건립하려는 중앙정부의 정책으로 갈등 관계가 두드러지게 나타났던 스와는 가마쿠라 시대鎌倉時代에 이르러서야 불교를 받아 들였다. 불교를 받아들이는데 적지 않은 어려움이 있었던 것이다.

아리카즈를 간무 천황桓武天皇의 아들이라고 내세우면서 조정의 압력으로부터 벗어나려 하는 한편, 오호리는 마에미야前宮에 불교를 받아들이지 않으려고 구와하라桑原에서 거주하면서 고대로부터 내려오는 스와 씨족의 미샤쿠지가미 신앙 전통을 지켜냈다. 한편으론 스와의 가미를 지키기 위해서 오호리 불교화에 앞장서면서 중앙 정부에 동화되었다. 스와의 신앙을 지키면서 겉으로는 불교를 받들었던 것이다.

714년 겐쇼 천황元正天皇의 칙령으로 다이초泰澄가 창건한 진구지神宮寺를 계기로 헤이안 시대에 모든 지방 정부의 신사 경내에 진구지를 건립하도록 하였다. 진구지란 신사의 경내에 건립한 사원으로 신사에서도 불교를 환영하였는데 신사의 제례를 불교식으로 거행하였다. 이를 계기로 신부쓰슈고神佛習合 사상이 뿌리를 내려 9세기 이후에 전국적으로 확산되었다.

**스와다이샤 하루미야**

진구지 건립을 계기로 스와국洲羽國은 위기에 처하게 되었다. 나라 시대에 불교 문제를 놓고 중앙 정부와 갈등을 빚게 되면서 스와국은 폐국731년이 되어 시나노국信濃國에 편입되었다. 741년 쇼무천황聖武天皇이 전국에 고쿠분지國分寺를 세우고 국태민안을 기원하도록 하였다. 불교가 확산되면서 신토와 불교가 융합된 일본 독특의 신앙 체계인 신부쓰슈고사상이 팽배해지면서 혼지수이자쿠론本地垂迹論이 완성되었다. 혼지수이자쿠론이란 여러 종류의 부처와 보살이 임시적으로 모습을 바꿔어 일본의 신으로 나타났다고 합리화하는 이론이다.

> **스와다이샤**
>
> 네 개의 신사로 구성되어 있는데 마에미야(前宮)와 혼미야(本宮)를 가미샤(上社), 하루미야(春宮)와 아키미야(秋宮)를 시모샤(下社)로 나눈다. 스와코 남쪽에 마에미야와 혼미야, 북쪽에 하루미야와 아키미야가 위치하고 있다.
>
> 주신으로 마에미야는 야사카도메노가미(八坂刀賣神), 혼미야는 다케미나카타(建御名方神), 하루미야와 아키미야는 다케미나카타, 야사카도메노가미, 야에고토시로누시노가미(八重事代主神)다.

## 이삭헌제와 온토사이(御頭祭)

스와에 다케미나카타 집단의 이동으로 고대 수와의 가미는 동화되어 다케미나카타가 스와묘진諏訪明神이 되었고 미샤쿠지가미는 시모샤 진쵸칸의 우지가미氏神로 전락되었다. 다케미나카타의 스

스와다이샤 온토사이

와 토착화 과정을 스와의 모리야 일족이 쇠사슬을 가지고 다케미나카타의 등나무 줄기에 대항하였다는 설화가 전해 내려오고 있다. 이 설화의 쇠사슬과 등나무 줄기를 주술로 해석하고 있다. 조몬 시대 수렵의 신 모리야가미는 다케미나카타의 등장으로 농경 문화인 야요이 시대를 열었다. 세월이 흘러 모노노베 모리야의 차남 모노노베 다케마로가 스아의 모리야로 개명하여 진쵸칸이 되었다.

고대 수렵인의 신앙 전통이 동화된 후에도 수와의 마쓰리로 계승된 대표적인 것이 시모샤의 가제마쓰리風祭り와 가미샤의 도리노마쓰리 온토사이다. 스와의 대표적인 봉오리인 기리가미네 하라야마霧ケ峰原山의 미사야마 신사御射山神社 일대를 가노神野라 불렀는데 오호리가 사냥御狩을 하여 제사를 드렸던 곳이다. 미카리御狩는 태풍의 피해가 없이 풍요를 기원하는 가제마쓰리風祭り다. 가마쿠라 바쿠후를 연 미나모토 요리토모源頼朝도 부하를 거느리고 5일간 숙영을 하면서 가제마쓰리에 참석 하였다고 한다.

14세기에 시모샤下社의 오호리를 지낸 가나사시 모리히사金刺盛久는 가인歌人으로 무예에도 정통하였다. 신사의 제례 중에 달리는 말에서 과녁에 활을 쏘는 야부사메流鏑馬의 명수였다고 한다.

오랫동안 스와는 사냥을 하는 수렵 민족의 전통을 가진 사람들이다. 그들에게 산은 생활의 터전이었고 사슴은 제사에 바치는 제물이었다. 수렵 민족의 전통이 농경 문화와 결합되면서 오곡의 풍요함을 기원하는 미카리 마쓰리로 변형된 것이다. 스와는 고대의 수렵 생활에서 농업으로 현재는 고산지역의 특성을 살린 첨단 정밀 기계와 고랭지 농산물이 주요 산업이다.

스와코의 수면이 해발 759미터로 스와는 산악 지대다. 육식이 금지되었던 에도 시대에도 스와는 사슴을 먹을 수 있도록 특별히 허락되었다. 지금도 야밤에 자동차로 기리가미네를 운전하다 보면 어김없이 사슴들과 마주친다. 자동차의 불빛에도 도망을 가지 않아 한눈을 팔다 종종 사슴과 부딪히는 사고가 일어난다.

매년 벚꽃이 필 무렵인 음력 3월 첫 번째 닭의 날酉日에 가미샤에서 온토사이를 거행한다. 예전에는 사슴 머리 75개를 제물로 바쳤는데 현대에는 박제된 사슴 머리 2개를 바친다. 이 제사를 구약 성서에 나오는 이삭 헌제라 주장하기도 한다. 고대에는 온토사이에 15세 이하의 동성남을 고노노神使라 이름을 붙여 의식을 거행하였다.

고도노는 30일간 진초칸의 집에서 목욕재계의 정성을 드리는데 사냥꾼 차림을 한 사환들이 시중들었다. 고도노 대신에 사슴을 헌제하는 것을 보면서 이삭 대신 숫양을 헌제창세기22장13절한 구약 성서를 연상케 한다. 그리고 신라의 금관이 사슴 뿔을 형상화한 것과 비교되면서 고대 북방의 유목 민족과 연관성을 연상하게도 한다.

고대 근동 지역에서는 언약이나 동맹을 맺고 지키겠다는 표시로 짐승을 잡아 이등분한 후 고기 조각을 두 줄로 늘어놓았다. 그런 후에 동맹을 맺은 당사자들이 그 쪼개진 고기 사이로 손을 잡고 걸어갔다. 자신들이 맺은 약속은 짐승들이 죽는 것 같이 죽음을 각오하고 꼭 지키겠다는 표시였다. 목숨을 걸고 지키겠다는 의식은 약속을 이행하지 않을 경우 쪼개진 제물처럼 쪼개짐을 당해도 좋다는 상징적인 의미를 나타내는 행위였다.

구약 성서에 여호와가 아브라함에게 세 가지 제물을 쪼개어 바치라는 것과 이삭을 제물로 바치라고 지시하였다. 횃불이 쪼개진 고기 사이로 지나갔다는 것은 횃불은 하나님의 임재를 상징하는 것으로 하나님 자신이 아브라함과의 약속을 지키겠다는 표시였다. 이삭을 바치라는 것은 자신의 목숨을 바치는 것과 같은 의미로 하나님과 아브라함이 주인과 종의 계약을 맺은 것을 보여주는 것이었다.

## 조선 포로의 선물

왜란으로 이요 오즈번伊予大洲藩에 잡혀온 유학자 강항이 일본의 역사를 바꾸었다. 강항과 후지와라 세이카藤原惺窩의 만남으로 일본에 주자학이 자리잡게 되었다. 약 2년6개월의 짧은 체류 기간이었지만 그가 일본에 남긴 업적은 엄청난 사건이었다. 당시 일본은 중세에서 근세 사회로 전환되는 과도기로 조선의 주자학이 바쿠후의 지배 이념이 되면서 근세 일본의 문을 열었다.

강항과 세이카 그리고 이에야스의 운명적인 만남이 일본에게는 행운이었지만 조선은 엄청난 희생을 치뤄야 했다. 이들의 만남으로 근세 일본 주자학이 성립되어 닫혀 있던 일본인의 '양심의 문'이 열리기 시작하였다. 이런 의미에서 왜란은 일본을 정상국가로 살리기 위해 조선의 뼈와 살을 떼어내야 했던 희생이라고 표현할 수 밖에 없다.

필자가 오사카에 와서 제일 먼저 받은 선물이 '李眞榮·梅溪父子一代記'라는 책이었다. 진주성 전투에서 포로로 잡혀와 고역을 하던 이진영은 부모를 죽이고도 양심의 가책을 느끼지 않고 개돼지같이 살아가는 일본인을 보고 일본에 남아 인간으로서 지켜야 할 최소한의 도리를 가르쳤다.

일본 근세 교육의 기초를 마련한 이진영은 기슈번紀州藩의 도쿠가와 요리노부德川賴宣에 유학을 강의하면서 일본인에게 효와 인륜을 가르친 스승이 되었다. 그의 아들 바이카이梅悔도 농민을 위한 교쿤조教訓状와 효에 대한 후보조父母状를 만들어 인륜을 지도하였고 후손들은 대대로 기슈번의 스승이 되었다. 메이지 정부의 교이쿠초쿠고教育勅語가 선포될 때까지 후보초가 기슈의 교육 헌장이 되었다. 지금도 이진영 부자의 이야기는 와카야마현和歌山縣내 초등학교 교재에 소개되고 있다. 바쿠후의 대표적인 8대 쇼군 도쿠가와 요시부네德川吉宗노 기슈에서 교육을 받고 성장하였나.

포로로 잡혀온 조선 유학자들에 의한 성리학의 전래는 일본 근대화의 밑바탕이 되었다. 바쿠마쓰에 요시다 쇼인이 동북 지방을 여행하고 하기萩藩에 돌아와 아이즈번의 닛신칸会津藩日新館과 미토번의 고도칸水戸藩弘道館을 모델로 하여 쇼카손주쿠松下村塾를 개설하여 메이지 유신을 주도한 인물을 배출하였다.

근대에 이르기까지 농촌에서는 지주와 소작인 간의 합의된 간통인 요바이夜這い가 성행하였고 부모가 어린 여자아이를 매매人身賣買하거나 장애아를 죽이는異兒遺棄 것이 다반사였다. 생산 능력이 없는 어버이를 깊은 산에 버리는 오바스테姨捨와 어버이를 죽이고도 전혀 죄의식이 없었다. 당시까지 일본은 인간 사회를 유지하는 근본적인 윤리가 없는 짐승과도 같은 생활을 하고 있었던 것이다. 조선 포로의 선물로 일본인이 인간으로 성장하는 계기를 마련했다.

## 기리시탄 다이묘의 세상

후쿠시마를 답사하면서 말로만 듣던 기리시탄 다이묘와 가쿠레 기리시탄의 역사를 접하게 되었다. 아이즈번의 기초를 닦은 가모 우지사토蒲生氏郷도 기리시탄 다이묘였다.

후쿠시마는 고대부터 비교적 중앙 정부에서 조금은 자유로운 지역이다. 산악 지방이라서 원주민인 아이누인이 도래인 세력에 쫓겨나 동북 지방으로 이동하게 되었다. 현재는 소수의 아이누인이 홋카이도에 살면서 명맥을 유지하고 있지만 대부분 동화되어 그 외의 지방에서는 그들의 언어와 문화를 찾아볼 수 없다. 동북 지방은 에도 시대에 와서야 평정되었지만 도망가서 사는 사람들도 많이 있었다고 한다. 특히 히데요시로부터 에도 초기에 이르기까지 천주교에 대한 박해로 많은 기리시탄이 동북 지방으로 도망하였다.

기리시탄 다이묘였던 우지사토의 영지였기에 가신을 비롯하여 백성들이 자연스럽게 세례를 받았다. 오슈왕奧州王이라 불렸던 센다이번仙臺藩의 다테 마사무네도 선교사와 친밀한 관계에 있었기에 세례를 받는 사람이 빠른 속도로 늘어났다.

아이즈시 고자시정會津市神指町에 나미다바시涙橋라는 다리가 있다. 형장에 끌려가는 죄인이 마지막으로 가족과 헤어지면서 눈물을 흘리던 장소였다. 다리 건너편의 형장에서 많은 신자들이 순교를 당했다고 전해진다. 다리를 건너기 전에 배교하면 죽음을 면할 수 있었다. 최후의 순간에 예수를 가리키며 신앙을 지켰던 순교자들의 모습과도 일치하는 고자시정神指町이란 지명이 인상적이었다.

후쿠시마에서 기리시탄 다이묘 우지사토를 만나면서 1986년도에 상영되었던 영화 '미션'을 떠올렸다. 과거 일본도 기독 왕국이 실현될 수 있는 기회가 있었다고 하는 생각이 들면서 일본 역사와 기독교에 대한 관심을 갖게 되었다.

2013년 연말 필자는 아내와 함께 '리큐에게 물어라利休にたずねよ'라는 영화를 보았다. 우에키상植木賞을 수상한 야마모토 겐이치山本兼一의 시대 소설을 그렸는데 가부키 광대 이치기와 에비조市川海老蔵가 리큐를 연기하였다.

방탕한 생활을 하던 센노 리큐千利休가 조선 여인을 만나는 것으로 영화가 시작된다. 포로로 잡혀 온 조선 여인의 고귀한 아름다움에 마음을 빼앗긴 리큐는 그녀를 빼내어 도망친다. 그러나 조선 여인이 죽으면서 사랑을 이루지 못하게 되었다. 조선 여인과 아름다운 사랑의 열정이 일본인의 미적 감각으로 승화되어 다도茶道로 결실된다는 것이 영화의 줄거리이다. 이루지 못한 사랑이 차를 통해 미로 승화되어 일본의 정통 다도의 길을 열었다는 영화를 보면서 눈물을 흘렸다.

일본인은 매일 차를 마신다. 함께 차를 마시다 보면 다도에 대해 한국과 상이점이 화제가 되고 자연히 리큐와 우콘으로 화제를 옮기게 된다. 이시카와에서 현장 답사를 하면서 다카야마 우콘高山右近과 리큐를 진지하게 생각하게 되었다. 이시카와는 우콘이 일본에서

천주교인이 숨어서 신앙을 지킨 혼교지(本行寺)에 있는 제우스 탑

고사키주지와 다카야마 우콘의 묘를 관리한 사키노 에이코씨

다카야마 우콘의 손가락을 모신 묘지

다카야마 우콘의 투구와 갑주(高野山福智院 소장)

마지막 선교를 하던 곳이다. 우콘이 바쿠후의 금교령으로 필리핀으로 추방되어 마닐라에 도착한 40일 후에 선종하였다. 그의 손자가 우콘의 손가락 하나를 일본으로 모셔와서 그가 선교하던 시카정志賀町에 묻었다.

　기리시탄 다이묘들은 바테렌 추방령과 금교령으로 신앙을 버렸지만 우콘은 히데요시의 설득을 거부하고 신앙을 지킨 대신 영지를 몰수당하였다. 신앙의 동지였던 고니시 유키나가小西行長의 배려로 쇼도시마小豆島의 산속에 은거하던 중에 그를 아끼던 마에다 도시이에前田利家의 청원에 한 명이라도 더 많이 전도를 할 수 있다면 하는 다짐을 받고 시카정 일대를 영지로 받았다.

도시이에와 그의 부인 그리고 가신들이 세례를 받고 노토반도에 신앙의 불길이 타올랐다. 우콘이 국외로 추방되고 신분이 높은 부녀자들은 노토반도의 혼교지本行寺로 들어가 신앙을 지켰다.

1549년 예수회 선교사인 프란치스코 하비에르Francisco Javier가 시마즈 다카히사島津貴久 지배하던 사쯔마번薩摩藩에 상륙하면서 일본에 복음이 전파되었다. 1563년 다카야마 도모테루高山友照와 열 살 된 아들 우콘이 세례를 받았다. 리큐와 유력한 영주들이 세례를 받으면서 기리시탄 다이묘 시대가 열렸다. 혼란한 센고쿠 시대가 끝나고 통일되는 전환기에 리큐와 우콘의 인품과 예수에 대한 그들의 열정으로 선교가 성공하였다. 혼란하던 전국 시대에 기독교를 배경으로 새로운 일본을 꿈꾸던 영주들이 그들과 차를 마시면 세례를 받는 기적이 일어났다.

오다 노부나가로부터 시작하여 도요토미 히데요시 그리고 도쿠가와 이에야스에 이르기까지 수 많은 영주의 가족과 측근들이 세례를 받았다. 그러나 포악한 욕망의 소유자 히데요시와 기독교의 만남은 순탄치 않았다. 기독교를 탄압하고 선교사를 추방하면서 불행한 역사가 시작 되었다. 수와에 와서 마쓰다이라 다다테루松平忠輝를 만나 기독 왕국을 꿈꿨던 한 사람의 기리시탄 영주의 삶을 대하면서 일본 기독교의 한 면을 이해하게 되었다.

## 기독왕국을 꿈꾸던 다이묘

조선에 천주교가 들어오자 박해가 시작되었다. 신유박해로 인해 피신해 있던 황사영이 북경교구 주교에게 서신을 보내는 계획을 세웠다. 서신은 조선 천주교의 재건과 복음화를 위해 외국군대의 파견을 요구하는 내용이었다. 그러나 사전에 발각되는 바람에 황사영이 처형되었는데 이를 황사영 백서 사건이라고 한다.

조선보다 200년전에 일본에서 기독 왕국을 꿈꿨던 사람들이 있었다. 다다테루와 그의 장인인 마사무네의 이야기이다. 다다테루는 이에야스의 여섯 번째 아들이고 마사무네는 에도 바쿠후를 여는데 커다란 공을 세운 도자마다이묘外樣大名 중의 한 사람이다. 호쿠리쿠의 마에다 도시이에, 규슈의 시마즈 요시히사, 오슈의 다테 마사무네가 3대 도자마다이묘인데 그들은 기독교와 깊은 관계를 맺고 있었다.

바쿠후는 도자마다이묘가 두려운 존재였다. 혼란했던 전국 시대를 가까스로 통일한 바쿠후의 안녕을 위해 3대 쇼군 히데타다德川秀忠의 딸 다마히메珠姬를 마에다 도시쓰네前田利常에게 시집을 보내 정략결혼 하였다. 도시이에의 장남 도시나가는 도시이에의 뒤를 이어 나나오에서 가나자와로 성을 옮기고 일본 최대의 120만고쿠의 영지를 확보하였다. 도시나가는 아들이 없어 이복동생인 도시쓰네를 양자로 들여 상속하였다. 도시나가가 동생에게 번주를 상속하고 다카오카에 은거하다 생을 마감하였는데 도시쓰네는 이복형을 공양하기 위해 즈이류지瑞龍寺를 세웠다.

즈이류지는 도야마현 유일의 국보로 도시나가의 공양을 위한 사찰이다. 사찰 지붕에 납판으로 만든 기와를 사용하였는데 이는 가가번加賀藩의 성곽 양식에서 볼 수 있는 특이한 방식이다. 다마히메와 결혼한 도시쓰네도 바쿠후를 두려워 한 나머지 유사시에 납판으로 총알을 만들기 위해 준비하였던 것이다.

오슈의 센다이 번주 마사무네도 바쿠후군과 천하를 걸고 싸우게 될 결전에 대비한 도상 훈련을 하였다고 한다. 이탈리아 출신의 예수회 선교사 안제리스Girolamo de Angelis가 본국에 보낸 서신에는 마사무네가 바쿠후에 대해 반란을 꾀하기 위해 스페인 국왕과 로마 교황에게 사절을 파견했다고 하는 내용을 담고 있다.

## 서양 선교사와 백서 사건

동양이 잠자던 시절, 서양은 기지개를 펴고 일어나 유럽의 땅이 좁다고 바다로 나가 신항로를 개척하면서 격동의 시대를 맞이하였다. 문예 부흥기를 거쳐 종교 개혁과 산업 혁명의 바람은 해외 선교에 눈을 뜨고 식민지 쟁탈전으로 이어졌다. 조선이 일본에 통신사를 보낼 때 일본은 규슈를 통해 선교사와 서양 문물을 받아들였다.

조선인은 먼 바다를 세상의 끝으로만 여겼을지도 모른다. 그러나 바다 사람들에게는 신세계로 나가는 문이었다. 바다를 지배하는 자가 세계를 지배한다는 말이 있듯이 바다를 지배한 서양이 근대 세계를 지배하였다. 대표적 해양국가인 영국, 스페인, 네덜란드, 포르투갈은 식민지 쟁탈을 위해 대서양을 건너 대항해 시대를 열었고 식민지 국가들이 독립될 때까지 무자비한 착취로 막대한 국가적 부를 축적하였다.

조선과 일본을 비교할 때 조선이 일본의 식민지가 된 이유 중에 하나를 유럽 문화의 수용 여부라는 지적을 한다. 센고쿠 시대에서 아즈치모모야마安土桃山 시대까지 난반 문화 시대南蠻文化時代라고 하는데 포르투칼을 통해 조총이 전래1543년 되었고, 스페인 선교사 사비에르의 도래1549년로 기독교가 들어 왔다. 일본은 쇄국1639년 되기까지 100년 간에 걸쳐 예수회 선교사와 난반 무역으로 유럽 문화를 수용하였다. 1582년 오토모 요시시게大友義鎭를 비롯한 규슈의 기리시탄 영주들이 일본의 미래를 생각하며 소년 기리시탄 4명을 포함한 사절단을 유럽에 파견하는 결단을 내렸다.

그로부터 30년후에 동북지방 센다이번의 다테 마사무네는 자체로 제작한 배로 태평양을 건너 유럽에 사절단을 보냈다. 멕시코에서 배를 갈아타고 스페인과 로마에 가시 황제와 교황을 만나고 돌아왔다. 1582년 소년 사절단을 시작으로 1613년 게이초 사절단慶長遣歐使節은 1872년 이와쿠라 사절단으로 연결되었다. 그 결과 일본은 서양 열국과 함께 한때 역사상 가장 넓은 제국을 건설하였다. 서양에서는 영국이 동양에서는 일본이 세계를 지배하는 형국을 만들어 바다를 제하는 자가 세계를 지배하게 되었다.

두 차례 전란을 치른 조선은 그 후유증을 치유할 때에 일본의 지방 정부는 대서양과 태평양을 건너 신세계에 나아갔다. 조선은 통신사를 일본에 파견하며 우쭐댔지만 일본은 로마 시민들의 열렬한 환영을 받으며 무사 복장을 한 사무라이들이 로마 시가를 행진하였다. 그것도 중앙 정부가 아닌 변방인 규슈와 동북의 작은 지방 정부의 힘으로 당당하게 문을 열었던 것이다. 청일 전쟁과 러일 전쟁의 승리는 해군력에서 결정됐다고 한다. 섬나라 일본인은 새로운 문명에 대한 동경심과 스스로를 낮추는 학습열로 개화의 문을 열어 나갔다.

조선의 정치가들은 바다를 중요하게 생각하지 않았다. 울릉도에 살고 있던 주민들을 뭍으로 강제 이주시킨 결과 오늘날 일본과 독도에 대한 영토 문제를 불러일으키는 단초를 제공하였다. 1627년 벨테브레Jan Jansz Weltevree가 제주에 표류하였다. 네덜란드 동인도 회사의 직원이었던 그를 강제로 귀화 시켜 박연이라는 이름을 주었다. 그로부터 25년 후인 1653년에 하멜Hendrik Hamel도 조선에 왔다. 그러나 조정은 서양에 대한 생각과 문화 그리고 과학 기술에 대한 호기심이 없었다.

중국과 일본 사이에서 수 없는 침략과 압력을 받았음에도 먼 세상을 바라보는 혜안을 갖지 못하고 끝없는 당파 싸움에 빠져 선교사를 박해하고 과학 문물을 무시하는 우를 범하고 말았다. 조선 위정자들의 눈에 비친 바다는 왜구들이 침입하는 경로이며 죄인들이 도망가는 피난로 정도로 여겼을지도 모른다. 그들의 눈에는 선교사가 정학인 유학을 배격하고 민중을 혼란케 하는 사학이며 예의 나라 조선을 어지럽히는 요물로 보였다. 선교사들과 함께 들어온 서양의 과학 문물은 사회 질서를 문란시키고 파괴하는 술수로 보였다. 당파 싸움에서 밀려난 정객들에게 서학이라 불리는 기독교와 서양 문물은 조선을 개혁할 수 있는 새로운 배경으로 보았으나 역부족이었다.

다테 마사무네는 당시 센다이에 와 있던 세바스티안 비스카이노의 협력을 받아 스페인의 갤리선Galleon 규모의 산 후안 바우티스타호를 건조했다. 전문가의 지도를 받았지만 자체적으로 선박을 건조하여 180여명을 태워 대항해 시대의 일원이 되었다. 이 항해는 마사무네가 기대한 성과를 얻지 못하였지만 그의 결단은 후일 일본이 해양 국가로 크게 성장할 수 있는 밑거름이 되었다는 것은 숨길 수 없는 사실이다. 대서양을 넘어 세계를 일주한 유럽인들에 비하면 1세기나 늦었지만 태평양과 대서양을 건너 멕시코와 스페인까지 간 하세쿠라 쓰네나가支倉常長 일행은 1615년 11월 로마에 도착하였다. 교황 바오르 5세는 지구 반대편에서 달려온 일본의 사무라이 하세쿠라 일행을 반갑게 맞이하였던 것이다.

## 마사무네의 야망과 다다테루의 피리

다다테루는 영지를 몰수改易 당하고 이세 아사쿠마朝熊岳金剛證寺로 유배되었다. 그러나 바쿠후는 바다와 면한 이세가 선교사를 비롯한 반대 세력과 접촉하기 쉬운 환경이라고 생각하였다. 그래서 첩첩 산중인 히다 다카야마飛驒高山로 유배지를 바꿨다. 얼마 후 다카야마도 외부와 고립된 지역이라 바쿠후에서 관리하기 어렵다고 판단하였다. 결국 다다테루는 바쿠후와 두터운 신뢰 관계를 맺고 있던 시나노의 스와로 유배되어 생을 마감하였다. 바쿠후는 다다테루가 서양 선교사를 비롯한 외부 세력의 접촉을 두려워하였던 것이다.

사무라이는 영주의 지위가 박탈되면 할복을 하는 것이 미덕이었다. 그러나 다다테루는 유배지를 바꿔가면서 여생을 보냈다는 것은 일본사에서 매우 특이한 점이다. 이는 다다테루가 영지를 몰수당할 정도의 죄를 범하지 않았거나 바쿠후의 다른 음모가 숨어 있었을 것이다. 바쿠후는 서양이 군대를 동원하여 공격해 올 것을 대비하여 다다테루를 협상 테이블에 세우기 위해 살려 두었다고 보는 이유가 여기에 있다.

마사무네의 야심이 열매 맺기 위해서는 서양 세력과 군사 동맹이 필요하였다. 교황청과 스페인에 사절단을 보낸 다테마에建前는 선교사 파견과 통상 협정이었지만 혼네本音는 군사 동맹에 있었다. 천하를 얻기 위해서 스페인과 군사 동맹을 맺어야 했고 서양 세력의 신뢰를 얻기 위해서 선교사 파송을 조건으로 교황의 도움을 받으려 하였던 것이다.

섬나라 일본에서 소가 우마코가 백제와 불교를 배경으로 당시 조정의 실력자 모노노베를 타도한 것과 같이 마사무네도 외국의 세력 군대과 선진 문화종교의 힘을 빌려 천하를 얻으려 했던 것은 자연스러운 일이다.

소테로Luis Sotelo도 스페인의 귀족 돈 로드리고Don Rodrigo와 의논하여 국왕에게 서신을 보냈다. 서신에서 "일본에는 주민이 많고 성곽도 견고하기 때문에 군대의 힘으로 정복하기는 어렵습니다. 복음 진도로 일본 국민이 진하의 군신이 되도록 유도힐 수밖에 없습니다." 그는 스페인이 일본을 통치하는 것이 바람직하지만 군사력보다 포교의 힘에 의해 일본을 굴복시키는 것이 바람직하다고 보고하였다.

마사무네가 교황에게 보낸 친서에서 "우리나라에 프란시스코회 소테르 신부가 선교사로 온 뒤로 기독교로 개종된 신도들을 보면서 데우스의 가르침을 들었습니다. 기독교 선교에 고민하면서 그 가르침이 소중하고 참다운 길이란 것을 받아들이게 되었습니다. 나도 기리시탄으로 개종하기를 원하나 지금은 사정이 여의치 않아 아직 실현되지 않았습니다. 그러나 우리 나라의 모든 백성들이 기리시탄이 되기를 원하니 선교사를 파견해 주셨으면 합니다. 누구보다 교황전하가 소중한 분이라고 생각합니다. 선교사를 파견해 주시면 온 힘을 쏟아 교회를 세우도록 하겠습니다. 우리나라에 귀한 데우스의 가르침을 전파하기 위해 필요하다고 생각되는 것을 결정하고 저에게 의지하십시오. 그리고 주교에 해당하는 인물 한 분을 함께 파견해 주시길 바랍니다" 라고 하였다.

박해받던 기리시탄도 로마 교황에게 "올해가 되면서 새로운 박해가 쇼군에 의해 발생했습니다. 위대한 교부시여, 하나님이 오슈의 왕을 부르시어 그를 비추고 때가 되어 큰 문이 열렸다는 것을 의심하지 마십시오. 우리는 그가 앞으로 가능한 한 빨리 지배자가 될 것으로 기대하고 있습니다" 라고 긴청하였다.

일본의 기독교 탄압에 대한 새로운 정보가 있었기 때문에 스페인과 바티칸의 귀족들은 오슈왕이 다음 쇼군의 자리를 확실히 노리고 있는지 의심을 갖게 되었다. 사절단이 로마를 향해 출발한 뒤에 일본의 상황이 급변하였던 것이다. 바쿠후는 기리시탄 금교령과 기리시탄의 국외추방령을 내렸다. 교황청은 우콘의 추방소식을 접하고 충격을 받았다. 이에 겉으로는 소테로와 사절단을 환영하면서도 속으로는 소테로와 사절단을 불신하였다. 교황이 마사무네의 요구를 거부하면서 사절단의 교섭은 실패하였다.

어느 정권이던지 3대가 지나면 안정기에 들어 간다고 한다. 바쿠후도 3대 쇼군에 이에미쓰가 즉위하면서 정치적으로 안정되었다. 기리시탄 다이묘들의 변절과 바쿠후에 대한 충성 결의로 주변환경이 바뀌었다. 무엇보다도 바쿠후가 인내를 갖고 마사무네를 배려하였고 다다테루와 마사무네가 노쇠하면서 이에미쓰에 굴복하였다.

기독왕국을 꿈꾸던 다다테루와 마사무네. 다다테루가 바쿠후와 대립할 수 있는 상황마다 마사무네는 다다테루를 설득하여 그 위기를 넘겼다. 마사무네는 도쿠가와 이에야스의 아들 다다테루를 앞세워 기리시탄 다이묘를 규합하고 기리시탄과 서양 세력을 배경으로 바쿠후를 타도하려 하였으나 좌절되었다.

다다테루는 이에야스로부터 전국시대를 풍미했던 오다 노부나가, 도요토미 히데요시, 도쿠가와 이에야스의 손을 거친 노카세乃可勢라 불리는 피리를 상속받았다. 천하 통일을 꿈꾸던 영웅들이 지녔던 피리는 고난의 세월을 달래 주던 벗이었는지 모른다. 이에야스가 임종하기 전에 어머니 자아노쓰보네茶阿局를 통해 유품으로 상속받은 것도 역사의 아이러니이다. 영지를 몰수당하고 유배지를 떠돌던 다다테루, 그의 아들은 충격으로 방황하다 자결하였다. 유배지에서 밤마다 흐르는 눈물을 멈추게 하며 그를 위로하던 것은 아마도 노카세라 불리는 피리였는지도 모른다.

### 바테린 추방령과 박해

1949년 선교 이래 포르투갈 선교사 루이스 프로이스Luís Fróis가 오다 노부나가의 허락 아래 교토를 중심으로 포교활동을 시작하여 1582년경에 전국에 약 15만 명의 신자가 생겼다. 시대가 바뀌어 1587년 도요토미 히데요시는 하카타에서 기리시탄 추방령을 내렸다.

규슈에서 기리시탄을 목격한 히데요시는 6월 19일 규슈 원정에 동행한 예수회 선교사 가스파르 코엘료Gaspar Coelho를 책망하면서 따지듯 물었다. 왜 이렇게 열심히 일본인을 기리시탄으로 만들려고 하는가. 왜 신사 불각을 파괴하면서 승려를 박해하고 그들과 융화하려 하지 않는가. 소와 말은 인간에게 유익한 동물인데 왜 먹는가. 왜 포르투갈인은 다수의 일본인을 노예로 사서 국외로 데려가는가? 라는 네 가지 질문을 던지면서 코엘료에게 추방령을 내렸다. 선교사들은 1452년 교황이 포르투갈인에게 이교도를 노예로 삼아도 좋다는 허가를 내주었기 때문 일본인을 노예로 판매하는 것에 대해 방관적 협력자였다.

 1596년 8월, 선원 이외에 7명의 사제가 승선한 스페인 선적의 산휘리페San Felipe호가 고치에 표착하였다. 마티아스Matias de Randecho 선장은 2명의 부하를 후시미에 파견하여 히데요시와 프란시스코 수도회의 선교사와 만날 것을 지시하였다. 히데요시는 만남을 거부하고 조소카베와 친분이 있던 마스다 나가모리增田長盛를 고치에 파견하였다. 마스다는 "스페인 사람은 해적으로 페루, 멕시코, 필리핀 등을 무력으로 제압한 것 같이 일본도 제압하기 위해 측량하러 온 것에 틀림없다"고 하자 항해장 프란시스코Francisco de Olandia가 분노하여 세계 지도를 펼치며 "스페인은 광대한 영토를 가진 나라로 일본이 얼마나 작은 나라인가"를 말하였다. 이에 마스다는 "왜 스페인이 광대한 영토를 갖게 되었는가" 물으니 "스페인 황제는 선교사를 세계에 파견하여 포교와 함께 정복 사업을 하고 있다. 먼저 백성을 교화하여 신도와 내통하여 병력으로 병합한다"는 대답을 하였다. 이에 그들이 천주교 포교로 일본을 침략한다고 생각한 히데요시는 기리시탄에 대한 박해를 더해 갔다고 한다.

본격적인 기리시탄 박해가 시작되자 일본인은 숨거나 포기한 사람이 많이 있었으나 조선인은 신앙을 지키는 사람이 많았다. 조선인 포로의 상당수가 천주교에 귀의하였던 것이다. 나가사키시 이세정長崎市伊勢町과 야하타정八幡町을 연결하는 다리를 고마교高麗橋라고 한다. 포로로 끌려와 노예와 같은 삶을 살던 조선인들은 선교사에 의해 해방되어 이곳에 정착하였는데 고마정현재의 鍛冶屋町이라 하였다. 노예에서 해방시켜준 선교사에 감동하여 세례를 받고 신자가 되어 예배당박해로 인해 철거되고 지금은 신사가 들어섰다을 세웠다. 그들은 박해 속에서도 추방을 당하거나 순교로 신앙을 지켜냈다. 추방당한 사람들은 손길이 닿지 않는 고도나 외진 지역으로 숨어 들어가 그들의 신앙을 지켜냈다. 이들을 가쿠레기리시탄이라고 한다. 그들의 후손들은 신앙 공동체와 관계가 끊어지면서 겉으로는 불교도인양 행세하였다. 사제와 관계가 끊어진 상황에서 선조들이 생명을 걸고 지키려 했던 신앙의 흔적을 지켜온 사람들을 센부쿠기리시탄潜伏吉利支丹이라고 한다.

### 동학과 국학의 출현

"땅끝까지 복음을 전하라"는 예수의 말씀에 따라 새로운 선교지가 필요했던 신부들은 스페인의 이사벨 여왕을 설득하여 콜럼버스의 항해를 지원하였다. 1492년, 콜럼버스가 대서양을 건너 아메리카 대륙에 도착하면서 유럽은 대항해 시대를 열었다. 기독교의 세계화 전략과 제국들의 식민지 쟁탈로 세계는 격동의 시기를 맞이하였다. 서학의 전래는 사상과 풍속이 다른 조선과 일본에 커다란 파장을 일으켰다. 이에 민족 자체의 전통 사상으로 서학에 대항하고자 조선에서는 동학, 일본에서는 국학이 등장하였다.

1860년 최제우 선생의 신비 체험<sub>계시라고도 함</sub>을 바탕으로 '천주 강림의 도' 동학이 일어났다. 선생은 조선 왕조의 몰락과 폭정으로 신음하던 민중을 구하기 위해 천주의 뜻을 알아내는 것이 유일한 희망이었다고 한다. 선생이 한울님<sub>이하 하느님으로 표기</sub>께 정성을 드리면서 시작된 구도의 노력 끝에 하느님을 만나는 신비 체험을 하였다.

하느님의 계시로 선생은 제세 구민의 뜻을 품고, 1860년 서학에 대립되는 민족 고유의 신앙운동을 일으켰다. 동학은 종래의 풍류 사상과 유·불·선의 가르침을 바탕으로 '인내천 人乃天: 사람이 곧 하늘이요, 모든 사람은 전대나 멸시를 받으면 아니된다'과 '전심즉인심 天心卽人心: 하늘의 마음이 곧 사람의 마음이다'의 사상을 가르쳤다.

선생은 "가령 하느님이 이스라엘 민족은 무조건 사랑하고 용서하면서도 팔레스타인 사람은 다 죽인다고 하자. 이런 식의 사랑에는 조작성이 들어가 있다. 조작성이 있는 하느님은 불공정한 하느님이다"고 하였다. 하느님의 본질 즉, '무위이화 無爲而化'는 조작되지 않은 자연의 신령한 변화와 생명력을 '큰 하느님' 또는 "조작성이 없는 하느님"이라고 한다. 그리고 천주교에 대해서도 "진리는 하나이니 동학의 하느님과 서양의 천주는 같은 것"이라고 하였다.

서학은 신을 인간과 분리시켜 절대적 위치<sub>절대 타자</sub>로 상정하는 교리인데 반해 한민족은 인간과 함께 생활하는 존재로 모든 인간 속에 신이 내재하는 존재로 보았다. 동학은 자연과 인간과 하느님이 혼연일체가 된 이상향으로, 단군 신화의 천지인 天地人 사상을 떠오르게 한다. "단군 신화의 천지인 개념은 홍익인간弘益人間과 재세이화在世理化의 인본 사상으로 나타나는데 동학은 인권적 측면에서 남자와 여자, 귀하고 천함의 차별이 없는 사회적 계급을 타파하는 혁명 사상으로 주장하는 사람도 있다.

단군의 천지인 개념은 부여·고구려·삼한 등 고대 국가의 제천 의식으로, 하늘을 모시고 섬기는 태도가 사상적으로나 생활 문화적으로 삶 속에 녹아져 내려왔다. 동학은 인간 속에 내재하는 절대자를 잘 모셔야 하는데, '인간다움'의 가치를 회복하기 위한 운동으로 평가되고 있다. 동학 사상을 지탱하는 중요한 축인 하늘을 모시는 '시천주侍天主'와 사람을 하늘같이 여기고 섬기라는 '사인여천事人如天'을 평화 사상이라 볼 수 있다.

인내천은 인간의 주체성을 강조하는 이상 세계지상천국의 이념이다. 모든 사람이 '사람답게' 사는 새로운 세상을 실현하자는 이념으로 모든 사람이 평등하다는 것이다. 이는 비록 서학의 유입으로 일어난 19세기의 동학이지만 우리 민족의 시원에서부터 출발한 단군 신화의 천지인에서 밀하는 이싱향이다.

오랜 역사를 통해 민족을 지탱해 온 민족 정신이 유불선의 이상을 발현한 화랑도와 풍류도에서 유교와 만나 선비 정신으로 나타났고, 기독교 전래로 동학으로 승화되었다. 그러나 동학의 가르침이 불교와 기독교의 사상을 품었으나 천도교로 정착되면서 하나의 민족 종교로 머물렀다. 그 후 민족 종교 천도교가 불교, 기독교와 연합하여 3.1 독립 만세 운동으로 승화되었다.

3.1 운동은 세계사적으로 비폭력 운동의 효시가 되는 대표적 평화 운동으로 압박 받던 국가의 평화 운동을 촉진시킨 중요한 사건

이 되었다. 이는 근대 한민족의 정신 운동이 세계로 전개되어 인류 정신 운동사에 커다란 영향을 준 획기적인 사건이었다. 조선말 폭정에서 해방되고자 일으켰던 무장 시위 농민 운동에서 무저항 독립 만세 운동으로 승화된 3.1 운동은, 한민족의 정신 운동이 인류 평화 운동의 주인이 될 수 있다는 가능성을 보여준 사건이었다. 한민족의 평화 사상이 세계를 바꿀 수 있다는 것을 보여준 것이다.

수운 선생은 "동학은 유교, 불교, 도교가 합일된 것이다. 그러나 도는 같으나 이치는 다르다"고 하였다. "우리의 도는 무위이화이고 그 마음을 지키고 기운을 바르게 하여 그 성품을 거느리고 가르침을 받으면 저절로 그러한 가운데에서 화할 수 있다. 세상의 운수와 돌아가는 것, 해가 되고 덕이 되는 것은 하느님에 있으며 나에게 있지 않다"고 하였다. 이는 하늘을 모시는 것, 서학의 천과 같이 외새화 된 천과의 차이를 내 안에 모시는 행위로 천을 내재화하여 '하늘적 가치를 지닌 나'로 재탄생 된다는 것이다.

'시侍'라는 것은 안에 신령이 있고 밖에 기화가 있어 온 세상 사람이 각각 알아서 옮기지 않는 것이요 '주主'라는 것은 존칭해서 부모와 더불어 같이 섬긴다는 것이라 가르쳤다. 서학의 천天 개념은 천이 우리 바깥에서 인간사를 일일이 보고 듣고 관여하는 외재주의적 인격신의 개념이라면, 수운 선생의 상제천은 하늘을 모시는 행위를 통해 인간의 주체적 자각과 결합되어 있다고 하는 외재주의의 내재화란 것이다.

국가신토에 바탕을 둔 의식이 남아 있는 한 일본인의 한반도 침략에 대해 진정한 반성은 없다. 전후 민주주의 하에서도 일본의 파시즘 일탈은 러일 전쟁1905년 이후일 뿐 그 전까지 일본은 훌륭했다고 생각하는 일본인이 주류를 이루고 있다. 예로부터 일본에는 철학이 없다고 비판하면서 천황제를 부정하고 자유민권론과 평등주의를 주창한 대표적인 진보 정치학자 마루야마 마사오도 만주사변 1931년 이후에 일본이 잘못되었다고 인식했다. 그러나 메이지 유신은 출발부터 잘못되었다. 메이지 정부의 이념인 국학이 잘못되었다. 메이지 신정부의 배타적인 성격은 보신 전쟁에서 혐오와 분노로 민간인에 대한 살육도 정당화하였다. 일본인의 배타성과 타인에 대한 혐오와 분노는 메이지 정부의 이데올로기를 뒷받침하는 국가신토에서 나왔다.

한반도에서는 유불선도 삼교를 신라 시대에 풍류風流로 통합하여 민족 고유의 신앙으로 승화시켰다. 한민족은 고대로부터 이미 불교나 유교를 꽃피울 수 있는 정신 세계를 갖고 있었다. 분노에서 출발한 국학은 침략 전쟁을 일으켜 무차별 학살을 벌인 이론적 기초가 된 반면, 동학은 서학의 천주를 같은 하나님으로 보았고 포용과 이타적인 사상이 바탕을 이루고 있다. 동학은 평화와 인권에서 출발하여 비폭력 평화 운동의 효시가 된 3.1운동의 전개로 인류에게 희망을 안겨주었다. 동학은 인간관에 있어서 사랑, 용서, 화합, 통합, 평등을 통한 평화 운동인데 비해 국학은 분노, 증오, 배척, 광기의 출구로 침략주의가 나타났다.

국가신토가 된 국학은 지상에 유일하게 살아있는 가미, 천황을 섬기는 강한 선민의식을 가진 나라를 만들었다. 일본은 타민족을 혐오하였는데 동학은 모든 인류가 하느님이므로 타민족에 포용적이었나 천도교라는 종교로 정착하면서 국가의 벽을 넘어서지 못하는 민족 종교로 고착되었다.

동학의 하느님은 아브라함교와 같은 초월적 절대자의 성격을 인정하여 천지 만물의 근원으로서 잠재한 신격이 인간의 내면에 있다고 가르친다. 조작된 신과 조작되지 않은無爲而化 자연의 신령한 변화를 생명력으로 동양의 모든 신성함과 신령함을 포섭할 수 있는 사상으로 평가되고 있다.

국학은 일본인에게 있어서 인간다운 삶은 어떤 것이며, 이 세상의 질서와 죽음의 문제를 어떻게 풀어갈 것인가? 에 대한 궁극적인 질문에 대한 답을 일본의 고전과 역사에서 찾으려 하였다. 학자들은 역사적으로 일본인 고유의 신이 끊임없는 외래 사상의 도래에도 불구하고 습합 혹은 배척을 통해 일본인의 심성 속에 남아 있다고 보았다. 일본인은 불교의 도래에 대해 혼지수이자쿠설로 유교에 대하여는 스이가신토설로 불교나 유교의 노리가 신토의 도리와 다르지 않다고 주장하였다.

오규 소라이荻生徂徠, 1666~1728가 고분지가쿠古文辭學에서 고전에 대해 후세의 주석에 의한 해석을 비판하면서 고어의 의의를 귀납적으로 연구하여 직접 고전의 본뜻을 알아야 한다고 하였다. 이 가르침에 영향을 받은 모토오리 노리나가는 일본의 고전인 기키를 새롭게 연구하여 외래 사상을 철저히 배제한 신토론을 주창하였다. 그는 '신사에서 모시는 신은 평범하지 않고 뛰어난 곳德이 있어 외경의 대상'이라고 주장하였다. 이 같은 노리나가의 주장에 대해서 마루야마 마사오는 "신에 대한 합리적이고 윤리적인 평가가 배제되어 있다"고 비판하였다.

초기의 미토학은 주자학을 바탕으로 출발하였으나 주자학을 "억측에 근거한 망설妄說"이라 비판하면서 경험과 실증을 강조한 오규

소라이의 사상에 영향을 받아 후기 미토학이 성립되었다. 국학의 주류가 된 미토학에 의해 신부쓰 분리 정책으로 불교 사원과 승려들이 받고 있던 특권을 무너뜨렸다. 사원과 불상을 훼손하는 운동廢佛毀釈이 전국적으로 일어났고 침략 전쟁으로 혐오와 분노의 실체가 세계적으로 드러났다.

## 외래 종교 박해를 위한 예배 시설 설치

일본신화에 등장하는 신의 기원은 조상신이다. 고대 일본인은 사람이 죽은 후 일정 기간이 지나면 가족과 촌락을 수호하는 신이 된다고 생각했다. 이 같은 조상 숭배 신앙에서 이른바 '우지가미氏神'라는 촌락 공동체의 수호신 개념이 형성되었고, 우지가미를 모시는 예배 시설이 신사다.

일본의 가정집에 부쓰마佛間와 가미다나神棚라는 일본 특유의 예배 시설이 있다. 부쓰마는 가정 불단이 설치된 예배 공간이고 가미다나는 집안에 설치된 작은 신사다.

백제의 멸망과 친백제계인 덴지 천황의 사후에 즉위한 덴무 천황은 정치 방침으로 대륙과의 관계를 끊고 새로운 일본 건설을 위한 미코토노리詔를 내렸다. 685년, 조정은 지부쓰도持佛堂를 건립하고 "제국은 불사를 세우고 불상 및 경전을 안치하여 삼보를 공양하라 諸國家毎に仏舎を設け佛像及び経巻を安置し以て三寶を供養すべし"며 불사를 장려하였고 호족도 우지가미를 모시도록 하였다.

헤이안 시대에는 귀족에게, 가마쿠라 시대에는 서민 계급까지 집안에 가정 불단이 일반화되었다. 도쿠가와 바쿠후가 들어선 후,

가정 불단과 가미다나

1608년에 모든 집은 절에 소속하도록 규정하였다. 모든 가정에 불단을 설치하는 것이 의무화 되어 다섯 가구 단위로 서로 감시하는 단카제도檀家制度로 기독교를 탄압하였다.

덴무 천황은 국정 의식을 정비하고 국가적 제사를 거행하면서 민간 습속을 적극적으로 장려하였다. 대륙과의 관계를 끊고 천황가의 지배를 정당화하기 위해서 일본서기를 비롯한 각종 사서를 편찬하였다. 이세 지방에서 모시던 태양신과 천황가의 신을 통합하여 아마테라스라는 천황가의 시조신을 만들어 냈고 고래의 각 신에 대한 제사를 중시하면서 신토의 진흥을 꾀하였다. 신사와 제사를 통해 통치 체제를 강화하는 고대 국가신토를 형성한 천황으로 평가되고 있다.

또한 덴무 천황은 불교 보호 정책을 강화하기 위해 천황으로 즉위하기 전에 출가하거나 천황에서 물러난 뒤에도 승려가 되어 전국에 불사를 건축하도록 하였다. 이는 개인이나 가족의 구제보다 천황가와 호국을 목적으로 하였다. 그의 이런 정책은 국가신토 같이 전국의 절과 승려를 국가가 통제하는 국가 불교라는 비판을 받기도 한다.

덴무 천황은 천황을 태어나면서부터 하늘의 자녀로 백성을 통치할 자격을 가지고 있다고 하였다. 이는 곤고묘교金光明経의 경전에 아마데라스의 후예를 결합하여 천황의 통치권을 정당화하는 이론적 바탕을 제공하였다.

일본에서는 지금도 오래된 호적을 확인하려면 선조들을 공양하는 보다이지菩提寺에 가야한다. 바쿠후는 모든 사람은 반드시 사찰에 소속하여 호적을 등록하고 절에서 증명해주는 데라우케쇼몬寺請証文이 없으면 취직과 결혼을 할 수 없었다. 절에서 증명의 발행이 거부되면 장부에 등록이 없는 조하즈레帳外れ나 무라하치부村八分라 불려 차별 당하였고 심지어는 자슈몬邪宗門이라 하여 죽음에 이르는 가혹한 형벌이 가해지기도 하였다. 장례식도 소속된 사찰의 지도를 받아 반드시 승려를 불러야 했는데 부르지 않으면 기리시탄으로 의심을 받아 극형에 처해지는 공포에 시달려야 했다.

단카 제도는 바쿠후의 봉건제도를 확립하여 민중의 자유를 박탈하였고 가정 불단은 기독교 박해의 상징이었다. 그렇기 때문에 가정 불단은 선조가 안식하여 후손들의 공양을 받기보다는 토착영과 원한영이 틀어 앉아 일본인을 이상하게 만들어 갔다고 하는 편이 나을 듯하다.

메이지 정부는 신토국교화의 상징으로 각 가정에 가미다나를 설치하도록 하였다. 가미다나는 기독교를 비롯한 제종교를 박해하기 위해 메이지 정부가 이용한 도구였다. 결론적으로 가정에서 예배하는 가정 불단은 한반도와 관계를 끊어 놓은 상징이 되었으며, 가정 불단 안에는 기독교를 탄압하여 원한을 봉인하였으며, 가미다나는 대륙 침략 전쟁의 길을 닦아 놓은 것이다. 가정 불단은 기독교를 박해하기 위해 도쿠가와 바쿠후가, 가미다나는 외래 종교를 배격하고 신토국교화의 상징으로 메이지 정부가 각 가정에 설치하도록 강요한 일본 특유의 예배 시설인 것이다.

### 실학과 일본의 근대화

19세기 후반, 유럽은 르네상스와 시민 혁명 그리고 산업 혁명을 거쳐 세계 지배 구도를 구축하여 아시아를 압도하던 때였다. 프랑스 혁명으로 구미에서 시민들의 참여가 선행되면서 인권 운동이 전개되었다. 인권이 보편적인 사회적 요구와 현실로 받아들여진 것은 르네상스에서 17세기에 이르는 기간으로 보고 있다.

"철학은 신학의 하녀"라고 주장한 아퀴나스Thomas Aquinas의 윤리학에 기반한 정치학, 근대 헌법의 토대가 된 마그나 카르타, 영국의 절대주의를 종식시킨 영국의 권리 장전 등은 미국의 독립과 프랑스 혁명에 영향을 주었다. 이 같은 움직임은 결국 "모든 사람은 태어나면서부터 타인에게 양도할 수 없는 고유한 권리를 가지고 있다" 는 천부 인권 사상을 반영하고 있다. 천부 인권 사상은 국가의 모든 권력이 국민에게서 나온다는 주권 재민의 사상으로 귀결되었다.

근대 지향적 개화 사상으로 발전한 서양은 산업 혁명으로 시민 계급 사회가 형성되었고 민주주의로 발전하였다. 민주주의의 가장 중요한 가치는 인권과 자유 그리고 책임으로 규정된다. 이런 원칙은 기독교의 원리와 부합되기 때문에 민주주의 사상의 원천을 성경과 기독교라고 한다. 산업화와 시장 경제로 중산층이 증대되면서 시민 사회가 형성된 것은 성서의 사상이 토대가 된 서양의 기독교 문화권에서 이뤄졌다는 것은 부정할 수 없는 사실이다.

일본에서는 기독교 문화권과 근대화에 이르는 르네상스와 시민 혁명 그리고 산업 혁명이 없었다. 그래서 서양의 실용주의를 인용하여 실학이라는 말을 만들어 시민 사회 이전의 현실 개혁적 사상이라고 주장한다. 도쿠가와 바쿠마쓰의 봉건적이고 계급적인 질서의 근거가 되는 유학에 반발하여 난학蘭學에 몰두한 후쿠자와 유키치 福沢諭吉는 실학을 "실증적인 진리를 해명해가는 과학적인 자세"라고 하였다.

미국에서 돌아온 그는 미국의 독립 선언문 서문에 '하늘은 사람 위에 사람을 만들지 않고 사람 아래에 사람을 만들지 않았다고 말하나 夫は人の上に人を造らず人の下に人を造らず、と言へり'를 인용한 그의 인간론은 서양의 인간 평등에 비해 노력에 의한 신분 상승을 강조하였다. 하급 무사 집안에서 태어나 소질이 있음에도 능력을 발휘하지 못하고 신분 상승을 얻지 못한 아버지를 보고 자란 그는 인간 세계에서 사람의 차별이 있으나 인간 각자의 노력으로 이를 극복할 수 있다고 역설하였다.

존황양이를 이루는데 공헌한 후쿠자와는 일본의 산업화에 결정적인 역할을 하였다. 그는 신분제도 폐지론을 주장하고 실학을 중용하여 근대화의 길을 연 인물로 평가되고 있다. 후쿠자와는 조선의 근대화에도 협조하였으나 갑신정변 후에 조선에 대한 그의 태도가 변하였다.

일본은 바쿠마쓰에서 메이지에 이르는 단기간에 산업화를 이루었다는 자부심이 강하다. 서양이 아닌 동양에서 처음으로 제철, 제강, 조선 그리고 석탄 산업에 이르는 중공업 분야의 발전을 중심으로 한 역사적인 건조물과 토목 구조물 등 역사 유적을 물적 증거로 보존하고 있다. 군칸지마軍艦島를 시작으로 하는 규슈 일대의 유산군 전체를 2015년 7월 세계문화유산에 등록하였다. 근대화 산업 유산으로 1867년 사쓰마번의 가고시마 방적소가 문을 열어 근대식 방적산업에 진입하게 되었다. 유네스코가 기술 교류와 기술 혁신을 보여준 집합체로 높이 평가한 군마의 도미오카 제사장富岡製糸場과 면 산업 유산군이 근대화 산업 유산에 등록되있다.

일본은 '서구화가 근대화'라는 명제로 메이지 유신을 일으켰다, 한학에 의한 봉건적인 동양 사회를 버리고 서양의 근대 지향적인 개화 사상을 바탕으로 새로운 세계를 만들었다. 후쿠자와의 탈아론脫亞入歐이 일본 근대화의 토대가 되었다. 그 결과 서양이 아닌 다른 곳에서 유일하게 근대화를 이뤄냈다고 자부한다. 서양이 산업 혁명으로 시민 계급 사회가 형성되었고 민주주의로 발전한 것같이 일본도 봉건사회를 무너트리고 서양과 같이 산업 혁명과 시민 사회를 거쳐 민주주의를 실현하였다고 주장하는 것이다.

### 일본인의 미의식 슬픈 일본

모토오리 노리나가는 "감성의 부드러움과 유연함은 와카和歌나

고전과 친밀해지면서 성숙해진다"고 하였다. "와카나 겐지모노가타리의 남녀는 유교적 가치관으로 볼 때 음란한 것처럼 보일지 몰라도 언제까지나 당시의 품행을 잘 이해할 수 있는 것으로 그 때의 사람들의 마음으로 보아야 한다"고 하였다. 그는 "와카나 겐지모노가타리는 유불에서 말하는 선악과 관계없는 것으로 선악 이전의 모노노아와레인간의 정를 사람에게 가르치는 것"이라 하였다.

노리나가는 "감정을 형성하는 아와레는 깊은 마음으로 느끼는 것이 중요하다"고 하였는데 그의 눈에는 사람들이 인식과 도덕에 사로잡혀 감성이 희미하게 마모되어 있는 것으로 보였다. 인간의 욕망을 하늘의 이치 즉, 인간의 본질로 본 것이다. 그는 "유불의 길에서 어긋나게 표출되는 인간의 욕망을 싫어하는 것을 이해할 수 없다"면서 사랑의 노래로 시작되는 국학은 결국 인간의 본질적인 성찰에서 유불과 대치하게 되었다.

헤이안 시대의 모노노아와레를 미적 이념에 대한 노래라고 하는데 노리나가는 외적 세계인 모노物와 감정을 형성하는 아와레哀れ가 일치하는 곳에서 일어나는 조화된 정취의 세계를 이념화 시켰다. 그는 겐지모노가타리가 고뇌에 찬 헤이안 시대 여성의 마음에서 생기는 미적 관념을 잘 표현하고 있다고 하였다. 모노노아와레란 쉬운 말로 애수라 할 수 있는데 일본 문화의 미의식과 가치관에 영향을 주었다. 일본인들은 모노노아와레가 헤이안 시대의 왕조 문학을 아는데 중요한 문학적·미적 이념이라는 것이다.

일본인들은 일상 세계에 은폐된 심부의 삶을 모노노아와레라는 정취론을 기치로 복원한다. 국학자들은 불교의 번뇌와 애욕 그리고 유교적 인륜 세계에서 부정되는 사적 심정 즉, 기쁜 일에 접하면 기뻐하고 슬픈 일에 접하면 슬퍼하는 마음이 인간이 태어나면서부터 지닌 진실된 마음이라 주장하고 있다. 사람은 움직이는 마음을 지닌 존재이기에 심정이 깊고 절실할 때는 아하! 하고 탄식을 하는데 사물을 접했을 때 느끼는 아와레정를 아는 존재로서의 인간이 있다는 것이다.

히라타 아쓰타네의 대표작 다마노미하시라靈能真柱에서 "고사기는 하늘과 땅이 성립된 상태에서 이야기가 시작"된다고 하였다. 그는 일본서기의 진다이칸神代卷에서 옛날에 천지가 아직 열리기 전의 음양이 혼란스러울 때, 그냥 혼돈한 것이 아니라 예정되어 있던 것으로 징조가 있었다고 하였다. 혼돈한 상태에서 하늘과 땅이 모습을 드러내며 그와 동시에 신들이 탄생되어 세계가 생성되었다는 것이다.

히라타 아쓰타네는 서양인은 항해술을 발달시켜 대지와 바다에 대한 지식을 발전시켰다. 그 결과 지구가 둥글며 허공에 떠 있다는 천문학의 이론을 확립했다. 하토리 나카쓰네服部中庸의 산다이코三大考에서 보이는 천지의 생성 과정은 그같은 최신의 지식에도 부합되는 것이라면서 창조신이 천지를 창조하고 아담과 이브가 등장하는 구약 성서와 이자나기와 이자나미의 이야기가 유사하다고 하였다.

다마노미하시라의 중요한 또 하나의 주제는 '영의 행방과 안정에 대한 문제'다. 히라타 아쓰타네는 "학문을 위해서는 자신부터 야마토고코로大倭心를 안정시켜 견고한 것으로 하지 않으면 안 된다"고 하였다. 그 마음가짐을 위해서 중요한 것은 자신이 죽은 후에 어떻게 되는가에 대해서 확실한 지식을 얻는데 있다고 판단했다. 세계의 생성 과정을 자세하게 논하는 것과 사후의 혼이 가는 유메이카이幽冥界의 위치를 제대로 확인하려 한 것이다.

히라타 아쓰타네가 유메이카이를 고찰하면서 사후의 세계를 주재하고 있는 존재를 일본서기의 오쿠니누시라 생각했다. 그래서 인도조시印度蔵志에서 "오쿠니누시가 그 사람의 생전의 품행을 심사하여 상벌을 내린다"고 하였다. 아쓰타네는 당시 금서로 되어있던 천주교서의 내용을 소개하는 '혼교가이헨本教外篇'을 썼는데, 비평가들은 아쓰타네는 기독교의 영향을 받아 오쿠니누시가 사후를 심판한다는 발상을 갖게 되었다고 일축한다.

국학에서 주장하는 현대판 겐지모노가타리는 와타나베 준이치의 소설 '실락원'이다. 일본인은 와타나베의 소설에 열광했다. 실락원은 베스트셀러가 되었고 영화로도 제작되어 배급 수입 23억 엔을 기록했다. 인륜 도덕에 대항하여 격렬한 불륜을 극대화한 작품에 대해 일본의 비평가들은 남녀의 본질을 다룬 연애 소설이라고 찬미하였다.

2003년 초 필사가 아이즈에 있을 때의 일이다. 사무실 옆의 주차장에서 지인과 대화를 나누는데 하교하던 여학생 세 명이 우리에게 다가왔다. 한 여학생이 갑자기 내 하체를 손으로 만지면서 "아저씨도 했지요?"라며 말을 걸어왔다. 갑자기 당한 일이었기에 피할 수도 없었다. 침착하게 무슨 말이냐고 하였더니 "아저씨도 했잖아요. 아저씨 나랑 함께 할래요" 라며 압박해왔다. 나는 학생들을 사무실로 안내하여 다과를 내어주고 이야기를 들어보았다. 근처 중학교에 다니는 2학년 학생이었다. 혹시 순결과 정조라는 말은 아느냐고 물으니 모른다고 하였다. 학교에서 윤리나 도덕을 가르치느냐고 물어보니 배우지 않는다고 대답하였다. 성에 대한 관심이 고조되는 과정에서 한 번 거쳐야 하는 성장통으로 고민하던 모습이었다.

갑자기 당한 체험으로 일본 학교의 현실과 어린 여학생의 당돌한 행동에 놀라움을 금치 못했다. 현재 일본의 학교에서는 GHQ의 영향으로 애국이나 충·효·열 등 윤리나 도덕에 관한 교육이 없는 현실에 대한 안타까움과 함께 두려움을 갖게 되었다.

### 일본인은 선천적으로 선한가?

'일본인 개인은 선한데 국가는 악하다' 라는 말을 듣는다. 마치 라인홀드 니버Karl Paul Reinhold Niebuhr가 '도덕적 인간과 비도덕적 사회'에서 말한 "개인은 이성이나 종교에 의해 어느 정도 도덕적으로 변할 수 있으나 집단의 일원으로서 죄를 지을 가능성이 더 높다는 것이다"는 구절을 상기시키는 말이다.

모토오리 노리나가는 "고전을 보면 고대 일본인의 정신이 순수하다는 것을 볼 수 있다"고 하였다. "손을 대지 않는 자연의 심정과 태도야말로 인간 본래의 바람직한 모습"이라는 고도설古道説을 확립했다. 그는 "신의 명령에 따라 솔직하게 사는 것이 고대 일본인이 살아온 길"이라며 일본인은 순수 소박한 정신을 무겁게 받아들였다고 주장하였다. 고대인이 이렇게 살아온 길을 신학적인 수사로 신비화한 것이 존황론의 기반이 된 것이다.

가모노 마부치賀茂眞淵는 고쿠이코國意考에서 "일본인은 원래 솔직한 심정을 지녔기에 유불의 복잡한 가르침을 필요로 하지 않았고 아주 기본이 되는 틀 만을 잘 지켜 천지의 운행에 따라 행동해 왔다.

그래서 특별한 교화 없이도 세상은 평온하게 잘 다스려졌다"고 주장했다. 고쿠이란 일본의 정신을 말하는데 외래 사상인 유교나 불교를 비판하고 고대의 풍속이나 가도歌道의 가치를 통해서 일본 고유 정신에로의 복귀를 말한다. 이 같은 그의 주장에 대해 "서민의 습속 속에 숨쉬는 윤리 의식의 연결고리를 지적한 것"이라고 평가하기도 한다.

국학자들의 노력에 의해 일본과 일본인을 외래 종교와 단절시켜 천황과 국가신토로 사고를 고정화하였다. 오에 겐자부로가 지적하였듯이 인간 개개인의 무한한 사고력과 상상력에 자물쇠를 걸어 일본과 일본인을 고대 세계로 향하게 하여 세계로 나가 함께 통할 수 있는 회로를 차단하였다.

일본의 전통적인 사상과 문화에서는 악의 개념을 찾을 수 없다고 하였다. 근대에 이르러서는 모토오리 노리나가의 낙관적인 선악관에 입각한 '선악의 피안'에서 세상을 움직이는 원동력을 찾으려 하였다. 일본에서 악을 찾을 수 없게 된 것이다. 선불교를 기초로 하는 인격 실현을 선으로 이해한 니시나 기타로西田幾多郎의 사상은 순수 경험을 자각하는 것으로 자기를 발전시켜 나간다고 주장하였다. "절대적인 선도 없고 절대적인 악도 없다"는 그의 주장은 전시하 학생들의 필독서가 되면서 일본인의 사상형성에 커다란 영향을 주었다.

국학자들에 의한 국가신토는 그들이 말하는 선한 일본인을 조작洗腦하여 신의 뜻이라는 미명 아래 악을 실천하는 도구로 만들었다. 지금도 미토학의 전통을 이어받은 교육 기관國學院大學, 日本大學, 近畿大學 등을 터전으로 국가신토와 과거의 침략 전쟁을 반성하지 않고 정당화하는 세력이 일본인의 정신 세계를 지배하고 있다.

## 일본은 아름다운 나라?

한때 아베 전 총리가 '아름다운 나라, 일본美しい國、日本'을 정치 슬로건으로 내 건 적이 있다. 아베 전 총리는 2006년 제165회 국회 연설에서 "활력과 기회와 부드러움이 넘치는 자율의 정신을 소중히 하고 세계를 향해 열린 아름다운 나라, 일본"을 열어 나가겠다고 하였다. 그러나 1년 후 참의원 선거 패배 후에 이 슬로건은 사라졌다.

메이지 정부에서 국학의 정립으로 신토국교화가 안착되었다. 이로써 "서양에 대항하는 새로운 일본"이 동양의 중심으로 등장하여 국수주의적인 국민성이 열매 맺있다. 일본인이 말하는 동양은 서양과 대립되는 개념으로 출발되었다. 문학적인 면에서도 메이지 이후의 일본 문화론에서 서구 문화에 대항하는 움직임이 일어났다. 가와바타 야스나리川端康成가 노벨 문학상 수상 기념강연美しい日本の私-その序説에서 모노노아와레를 역설한 것이 대표적이다. 그는 일본문화를 서구와는 근본적으로 다른 전통적인 '심성의 특질'을 갖고 있다고 하였다.

야스나리는 '일본인의 마음'을 "묘에쇼닌明恵上人, 1173~1232이 선당을 오가는 길에 비취는 겨울 달을 보면서 단가三十一文字를 따뜻하게 부르는 마음"이라고 하였다. 야스나리의 노벨 문학상 수상 강연은 일본 지성에 파장을 일으켰다. 시미즈 후미오清水文雄는 묘에쇼닌이 가졌던 '일본인의 마음'을 세상을 향해 거론한 것을 높이 평가하였다. "야스나리가 자연과 인간을 대하는 따뜻하며 깊고 부드러운 마음 빛, 마음 속 깊이 스며드는 부드러운 일본 사람의 마음을 말한 것에 접하면서 그 마음은 모노노아아레의 마음과 다르지 않다"고 하였다. "모노노아와레는 여자의 마음에 피는 꽃이다"라고 강조한 와쓰지 데쓰로和辻哲郎의 말을 인용하며 이는 "고뇌에 빠진 왕조 여성의 마음에서 태어난 생활 이상이며 미적 이념"이라고 하였다. 모노노아와레의 마음을 나타내는 것이, '인간 평가의 표준'이며 모노노아와레의 마음을 가지지 않은 사람은 '왕조 귀족 사회에서 인간이라 할 수 없다고 낙인 찍히는 것과 같은 것'으로 이해하였다.

노벨상 위원회는 야스나리의 미의식을 평가하며 "일본인이 가진 심정의 본질을 그린 몹시 섬세한 표현에 의한 서술의 탁월함"이 수상평이다. 야스나리의 자세에 대해 '일종의 쇄국화'로 경계한 오에 겐자부로는 '애매한 일본의 나曖昧な日本の私'에서 그를 비판하였다. "야스나리의 주장은 일본인의 움직임을 자국이 갖는 문화 시스템의 독자성을 자각하여 서구 사회와는 이질적인 구조의 사회임을 적극적으로 긍정하려는 섬나라 특유의 성격에서 오는 현상"이라고 비판하였다.

노벨상 수상식에서 오에 겐자부로는 '애매한 일본의 나'라는 제목으로 강연하였다. 강연에서 야스나리는 불유쾌한 부분에 외면하는 일본과 그 일원인 자기자신의 한 면만 보려 하였다면, 겐자부로는 인류를 구성하는 한사람으로써 지구시민으로 열린 자세가 필요하다고 하였다. 일본에는 아름다운 전통도 있지만 불유쾌한 과거가 있기때문에 좀 더 다면적으로 보아야 한다고 지적하였다. 애국 정신에 포로가 되지 말고 지구 시민으로서 일본을 '양의적兩意的인 것'으로 파악하는 시선이 필요하다고 하였다.

필자가 도쿠시마에 살던 1994년, 겐자부로의 노벨 문학상 수상 강연문을 눈물을 흘리면서 읽었다. 일본에 온지 3년이 조금 지나 일본어 독해 능력이 어려웠지만 그가 말하고자 하는 의미는 알 수 있었다. 겐자부로는 에히메현의 산골 마을 오세무라大瀬村에서 나고 자랐다. 그의 연설문을 읽으며 필자의 어린 시절 모습이 떠올랐다.

마크 트웨인의 톰 소여의 모험과 허클베리 핀의 모험, 셀마 라겔뢰프의 닐스의 신기한 여행 등은 어린 시절의 필독서였다. 중학교 1학년 때 국어 선생님이 '나의 얼굴'에 대한 작문을 지어 오라는 숙제를 주었다. 선생님이 읽어준 급우의 글을 들으면서 돌로 머리를 얻어맞은 것 같은 큰 충격을 받았다. 얼굴 하나하나에 대한 그의 표현은 필자의 상상을 초월한 형용사로 다이아몬드같이 빛나는 눈동자, 시베리아같이 울창한 머리숲 등 50 년선의 일들이 지금도 내 머릿속에 선하게 남아 있다.

고등학교 2학년 때 숙제로 써낸 시를 보고 선생님이 필자를 지적하며 인상적인 시라고 칭찬해 주었다. 유신 독재 치하에서 고뇌하던 필자의 자화상을 그린 시였다. 한 시대를 풍미하였던 시인 김소영 선생님이 필자의 마음을 처음으로 이해해 주었다. 신문 기자를 그만두고 무작정 일본으로 건너와 지금까지 글과는 거리가 먼 생활을 해왔다.

겐자부로는 소년 시절에 세계 문학을 통해서 자신이 서양의 문학과 연결되어 있다는 것을 자각했다고 하였다. 그래서 일본인으로써 야스나리를 이은 두 번째 수상자가 아니라, 야스나리보다 71년 전에 상을 받은 예이츠 William Butler Yeats의 혼에 친근감이 있다고 하였다. 자신을 일본인보다는 인류의 일원이라고 하는 아이덴티티

Identity를 강조하였다.

겐자부로가 인정하듯이 이 기념 강연의 타이틀은 야스나리의 '아름다운 일본의 나'와 대비된다. 야스나리는 일본이라고 하는 희귀한 특수성을 주장하며 자신이 그 나라의 일원이라고 강조하지만 타국인과 커뮤니케이션 회로를 차단하고 있다고 지적하였다. 그래서 겐자부로는 자신이 일본인이라는 특수성을 고집하기보다는 인류를 구성하는 한 사람임과 동시에 지구 시민으로서 열린 자세를 취하고 싶다는 것이다.

야스나리의 '세계를 향한 자폐적인 자세'를 겐자부로는 '회로를 닫은 일본인이 아닌 回路を閉じた日本人でなく' 이라는 제목의 강연에서도 비판하였다. 이 강연에서 겐자부로는 야스나리가 아름다운 일본을 상징하는 묘에쇼닌의 선체험을 꺼내어 소개하지만, 그것은 일본인도 이해하기 어려우며 외국인으로서는 거의 이해 불가능할 것이라는 것이다. 그것을 자신의 의견으로 표명할 수 있지만 자신으로부터 커뮤니케이션의 회로를 닫고 있다고 비판하였다. 겐자부로 자신은 세계의 사람들과 커뮤니케이션을 소중히 하고 싶다는 것이다.

야스나리가 인용한 묘에쇼닌은 신라 화엄승 심상을 스승으로 하여 수학하였다. 심상은 일본 화엄종을 연 개조로 추앙되고 있는데 교토의 고잔지京都高山寺에 묘에쇼닌이 제작한 에마키絵巻, 게곤엔기華厳縁起가 있다. 그는 신라의 원효와 의상을 '화엄종의 종조'로 추앙하여 두 사람의 전기와 설화를 소재로 에마키를 제작하였다. 야스나리가 세계인을 향해 묘에쇼닌이 겨울 달을 보며 따뜻하게 부른 마음을 일본인의 마음으로 주장하였으나 묘에쇼닌의 마음을 말할 때 일본이 아닌 신라의 불교와 심상을 떼어 놓고 말할 수는 없는 것이다.

무엇보다도 모노노아와레가 사물이 갖고 있는 비애를 느끼게 하는 아픈 정취나 정서적 교양이라고 하는데, 이는 사물을 동정심을 갖고 대할 때 느낀다는 것이다. 한마디로 인간의 미묘한 사정이나 사물에 대한 회고의 감정 또는 계절의 변화를 이해하는 정취를 말한다. 사람이 보고 듣고 만질 때 사물에 의해 촉발되는 정서와 애수, 일상과 유리된 사물 및 사상과 접했을 때 마음의 깊은 곳에서 흘러나오는 적막하고 외로우면서 어딘지 모르게 느끼게 되는 슬픈 감정이다. 문학에서 말하는 모노노아와레란 조화가 잘된 섬세하고 우아한 아름다운 정취의 세계를 이념화 한 것이라고 한다. 에도시대는 유교의 영향으로 권선징악이라는 개념에 의해 헤이안 시대의 문학을 평가하는 경향이 있있다. 모노노아와레는 유교적 기준을 부정하고 일본 고유의 미의식을 재발견하는 목적에서 제시된 개념이다.

## 한류의 물꼬를 트다

재일동포의 신앙은 불교나 일본의 신흥종교인 창가학회, 천리교이고 뉴커머는 개신교나 가정연합이 주를 이루고 있다. 일본에서 개신교 선교사에 의해 전도된 일본인은 극히 제한적이다. 한국 개신교의 일본 선교 대상은 유학생과 뉴커머로 일본인은 제외된 느낌이다. 반면에 한국인 선교사에 의해 시작된 가정연합은 국제합동결혼식에 참가한 일본 젊은이만 해도 10만 명이 넘는 숫자다.

가정연합에 의하면 "현재 오사카에는 13명의 한국인 선교사가 교회를 맡고 있다"고 한다. "오사카의 반수 이상의 교회오사카부에 25개

교회에 한국인 선교사가 시무하면서 일본인 신자를 대상으로 신앙의 전통과 심정 문화 그리고 한국어교사들을 지도하고 있다"고 한다. 일반적으로 일본인은 한국인과 달리 일 년에 한두 번 이상 종교행사에 참석한다. 교회에 적을 두고 각종 행사에 참석하는 신자 5만여 명의 대부분이 일본인이라고 한다.

가정연합에서는 일주일에 세 번 이상 교회에 나와 봉사하는 신자를 중심 식구실천신자라고 부른다. 오사카에 삼천여 명의 중심 식구가 구역 예배로 불리는 소규모 집회에서 신자들을 지도하고 있다. 오사카에서 평일에 일반 기독교회를 방문해 보면 사람이 없는데 비해 가정연합의 교회는 실천 신자와 새신자들의 활기찬 모습을 볼 수 있다. 지난 2017년 11월 21일, 오사카에 한학자 총재를 맞이하여 오사카 중심식구 1만 명 대회를 개최하기도 하였다.

국가와 민족성 형성에 종교의 영향이 제일 크다고 한다. 일본을 이해하려면 한반도에서 전래된 신토, 불교, 유교, 가정연합과 서양에서 전래된 기독교가 어떠한 과정을 거치면서 일본인의 의식에 영향을 미쳤는지를 알아야 한다.

한국은 불교와 유교 그리고 기독교가 어느 국가보다 화려한 꽃을 피우며 옛 문화와 어우러지면서 발전해 왔다. 지구촌 시대를 맞이한 오늘날 세계인은 한국 문화가 세계를 어떻게 변화시킬 것인가 주목하고 있다. 필자가 일본에 왔을 당시 재일 동포들을 통한 한국 문화가 일본 사회에 미치는 영향력은 미미하였다.

요즘은 한일 합작 드라마와 영화를 자연스럽게 대할 수 있으나 예전에는 그러지 못했다. 지금은 고인이 된 극작가 신봉승 씨가 일본의 요미우리 TV와 최초의 한일 합작 드라마를 제작한 것이 1980

년이다. 일본에서는 방영이 되어 25%의 높은 시청률이 있었지만 한국에서는 일본인이 등장하는 드라마를 방영할 수가 없었다. 1981년 5월 필자는 신봉승 씨가 제작한 '여인들의 타국女たちの他国, 愛と炎の山河' 시사회에 참석하여 처음으로 일본인이 등장하는 드라마를 보았다. 신봉승 씨는 강연에서 1965년에 한일 기본조약이 체결되면서 일본과 문화 교류를 해야 한다는 신념을 갖고 오랜 노력으로 드라마가 결실되었지만 끝내 한국에서 방영되지 못한 당시의 심경을 토로하였다.

가정연합이 운영하는 위성방송 UNIVERSAL ONE TV이 1980년대부터 한국 드라마를 방영하였다. 일본에 한국 문화를 소개하기 위해 시작된 한국 드라마가 일본인의 마음의 문을 열었다. 필자의 아내도 당시 '회진목마' 대본을 번역하는 일에 참여하였다. 그 후 KNTV가 생기면서 한국의 뉴스와 드라마 그리고 예능 프로그램 등을 하루 종일 일본에서 볼 수 있게 되었다. 2000년대에 들어와서 NHK에서 방영된 '겨울연가' 이후 한류가 일본인의 마음속에 커다란 파문을 일으켰다.

그동안 일본인의 정신 세계를 지배해 왔던 것은 한반도를 통해 일본에 전해진 신토와 불교 그리고 유학이었다. 그러나 섬나라 일본에서 토착화 과정을 거치면서 한반도와 다른 형태로 변형되었다. 개화하기 이전의 일본의 사상과 문화의 통로는 한반도였다. 당나라를 통한 직접 교류도 있었지만 신토와 불교 그리고 유교가 한반도에서 전래된 사실은 부정할 수 없는 역사적 사실이다. 일본에 서양 선교사를 통해 천주교가 전래되면서 메이지 유신 이후 서양 문화가 일본을 통해 한반도에 들어왔다.

한일 간에 국교가 수립되면서 한반도에서 출발한 종교가 일본의 문을 두드렸다. 한국의 순복음교회를 비롯하여 개신교의 일본 선교는 유학생과 재일 동포를 중심으로 자리를 잡았지만 일본인들에게 영향을 끼치거나 마음을 움직이지는 못하였다.

한국의 대표적인 신흥 불교로 불리는 원불교도 일본 선교에서 성공할 수는 없었다. 필자가 살던 요코하마 집근처에 원불교 시설이 있었지만 내왕하는 일본인을 볼 수 없었다. 원불교는 1966년 일본 선교를 시작한 이래 오사카, 오카야마 그리고 나라를 시작으로 포교해 나갔지만 수확을 거두지 못했다.

1987년에 요코하마에서 한국어와 김치 등의 문화 교실을 열었다고 한다. 한국 본부의 지원으로 교당을 구입하여 법회를 열었으나 일본인 신자수는 없었다. 주자학 전래 이후 한반도의 정신 세계를 일본인이 받아들인 것은 가정연합 뿐이다. 가정연합이 선교로 이룬 세계적 기반은 놀라움을 감출 수 없다.

일본은 1867년의 메이지 유신에서 1988년까지 120년간이 축복의 기간으로 동양의 떠오르는 태양이 되었다. 1902년, 영일 동맹을 맺고 영국을 대신하여 러시아의 남진을 막아낸 일본은 거침없이 주변국을 집어 삼켰고, 아시아에서 처음으로 근대화에 성공하면서 한때 동북 아시아와 태평양 연안을 지배하는 세력이 되었다. 패전 후에도 한국 전쟁 특수로 경제 발전의 기틀을 마련하였고 베트남전으로 비약적인 경제 성장을 이뤄냈다. 80년대에 들어오면서 일본에서 이상한 징후가 나타나기 시작했다. 갑자기 땅값이 오르고 투기의 바람이 일어나면서 일본인의 정신을 혼란케 하였다.

거품 경제의 절정기를 1986년 12월부터 1991년 2월까지로 본다.

3월부터 거품 경제가 붕괴되면서 경기가 후퇴하기 시작하였다. 1차 거품 경제 붕괴기를 93년 10월까지라고 한다. 거품 경제가 붕괴되면서 나라 전체가 지진을 만난 듯이 흔들리며 경제가 무너지기 시작했다. 지가가 하락되고 불량 채권이 폭증하면서 주식이 폭락하였다. 기업의 파탄으로 은행과 증권회사도 파산되었다. 실직자가 증가하여 국제적으로 일본의 신용도도 하락되었다. 안전한 일본이라고 자랑하던 '안전신화'도 무너졌다.

허탈에 빠진 대중은 분노를 표출할 희생양이 필요했다. 희망을 상실한 대중은 인민재판식 와이드 쇼에 열광하였다. 상업 방송은 십자가에 매달을 순교자를 찾기 위해 마녀 사냥에 광분하였다. 한국에서 출발한 종교라는 이유로 가정연합은 좋은 표적이 되었다. 대중은 매스컴의 와이드 쇼를 통해 십자가에 달린 가정연합을 보면서 흥분했다.

1988년 한일 국제 합동결혼식에 참가한 일본인이 한국에서 세계일보 봉사 활동을 하는 것이 일본 사회에 충격을 주었다. 매스컴은 연일 혁신 좌파와 공산당 그리고 반대 목사들을 동원하여 젊은이들을 강제 세뇌한다고 선동하여 사회 문제가 되었다. 일부 언론은 젊은이들이 마인드 컨트롤과 영감상법에 의해 세뇌되었다는 대대적인 보도로 가정연합을 압박하였는데 배후에는 혁신 좌파 변호사와 공산당 그리고 기독교 목사들이 있었다. 매스컴의 대대적인 가정연합 공세에도 일본 정부는 가정연합이 일본에 필요하다고 판단하였다.

언론을 선동하여 가정연합을 박해하였음에도 불구하고 1992년의 국제 합동결혼식은 일본 사회를 다시 한번 놀라게 하였다. 유명 연예인을 비롯하여 수만 쌍의 한일 국제 가정이 탄생한 것이다. 이어서 1994년부터 세계 선교사 파송을 위한 일본 여성 16만명이 참가하는 수련회를 한국에서 실시하였다. 수료한 젊은 여성들을 160개국에 세계선교사로 파송 하면서 일본 가정연합은 세계 선교의 전초기지가 되었다고 한다.

1987년에 여성 지도자들을 중심으로 창설된 아시아평화여성연합 현 세계평화여성연합은 한국의 유명 연예인을 초대하여 순회 공연을 하였다. 조용필의 노래에 감동한 여성 지도자들이 한국어를 배워 조용필과 말하고 싶다는 열풍이 전국적으로 일어났다. 가정연합에서 운영하는 위성방송을 통해 한국의 드라마와 문화가 소개되면서 일본 사회에 한류 바람을 점화시켰다. 가정연합에서 결혼한 한국인들이 주축이 되어 전국에 한국어 교실을 개설하여 한국어와 한국 문화를 확산시켰다. 이에 일본은 좌우파를 넘어서 일본을 지킨다는 명분을 내걸어 가정연합 반대파들과 결탁하여 1966년 이래 오늘에 이르기까지 신자 4300명을 납치·감금하는 반사회적 활동을 해왔다고 한다.

도쿠시마시 7선의 미마 히데오 시의원은 1979년도에 납치되어 도쿄에 있는 정신 병원 구루메가오카 병원久留米ヶ丘病院에 87일간 감금되었다. 교회측이 병원을 상대로 한 재판에서 승소하여 미마씨는 병원에서 해방될 수 있었다. 이를 계기로 공산당이 주도되어 운영하던 가정연합 신자를 강제로 개종 시키던 '수용소 군도'에서 맨션에 감금하여 개종하는 방향 전환을 하였다. 그 후 40년간 신자 4000여 명이 납치되었다고 한다.

2008년 2월, 충격적인 사건이 공개되어 세상을 놀라게 했다. 신앙

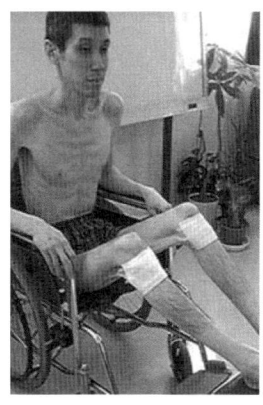

**납치에서 해방된 고토 도오루 씨의 야윈 모습**

감금에서 해방된 3일째 입원한 병원에서 르포라이터 요네모토 가즈히로 씨가 촬영.
고토 도오루 씨 제공

을 이유로 12년 5개월간 납치 감금되었다가 탈출한 사건이 세상에 알려졌다. 이 사건으로 강제 탈회 직업 전문가인 미야무라 슌宮村峻 씨는 위법성이 인정되어 최고재판에서 2200만 엔의 벌금형을 선고 받았다. 탈출시에 고토 도오루後藤徹 씨는 182 cm의 장신임에도 39kg의 상태였다. 그는 담당의로부터 전신 근력저하, 폐용성 위축, 영양 실조, 빈혈 등의 진단을 받았다. 그는 현재 전국 납치 감금·강제 개종 피해자회 대표를 맡아 납치 피해자의 권익과 재발 방지를 위해 활동하고 있다.

　반대파 기독교 목사, 반대 변호사 등의 지도와 협력 가운데 자행되는 가정교회 회원에 대한 납치, 감금, 세뇌의 불법적인 행동은 탈회할 때까지 외부와 연락을 단절한채 강압적으로 이뤄지는 반인권적 행위다. 그럼에도 불구하고 가족간 문제라는 이유로 공권력이 작동되지 않는 가운데 납치 감금이 이뤄졌다.

　동쪽에 미야무라 슌, 서쪽에 다카자와 마모루高澤守로 불리는 개종 장사꾼改宗屋이 이름을 떨쳤다. 다카자와 목사는 2003년 열린 법정에서 약 500명을 납치했다고 증언했고 미야무라 씨는 약 1000명의 신자를 강제 설득했다고 한다. 2009년, 다카자와 목사가 시무하던 고베 마고토교회神戸真教會에 세무 조사가 있었고 납치 감금 사건에 관련된 형사 고소가 원인이 되어 다카자와 목사는 자살하였다. 공산당원의 아들 아리타 요시후有田芳生 씨는 텔레비전에 출연하여 이름을 알리면서 유명세를 바탕으로 참의원에 당선되었다. 그는 미야무라 씨를 가정연합 문제의 동지라며 친밀도를 과시하기도 했다.

　금번의 아베 전 총리의 암살 사건에서 납치문제가 사회적 이슈로 등장할 기회를 제공하였다. 반대파와 공산당이 주장하는 대로 반사회적 컬트 집단에 세뇌된 가족을 보호한다는 명목으로 납치가 정당화되었지만 반인권적 행위임에는 틀림없는 사실이다. 세계적 종교로 성장한 가정연합 신자에 대한 불법적 납치는 용서할 수 없는 인류의 범죄라는 목소리가 높다. 현대 사회에서 신앙인에 대한 불법 납치 행위가 존재하는 유일한 국가가 일본이다.

　납치 문제에 대해서 일본 정부의 애매한 태도에 대해 유엔을 비롯한 세계의 많은 종교인이 나서서 불법 납치 개선을 권고하고 있으나 위안부 문제와 같이 쇠귀에 경 읽기였다. 이런 측면에서 볼 때 일본을 민주주의 국가 또는 선진국이라 말할 수 없다는 우려의 목소리가 크다. 이 같은 와중에도 가정연합은 크게 성장하면서 한국인 지도자가 일본 가정연합을 지도하고 있다. 한국의 대학가에서 운동권과 대립했던 86세대의 선교사들이 일본적인 가정연합을 정상적인 교회로 바꿔가고 있다고 한다.

## 가정연합과 공산당의 투쟁

　1959년 10월 2일, 신주쿠에서 4명의 신자가 참석한 예배를 시작으로 출발한 가정연합은 한국 종교임에도 불구하고 비약적인 성장을 하였다. 가정연합에 의하면 전국 8개소의 수련소에서 1주일간의 기초 교육을 마치고 지바현에 있는 중앙수련소에서 21일간 실천 교육을 수료하고 입회한 신자가 100만 명을 넘었다고 한다.

가정연합은 1968년 4월, 정치 단체 국제승공연합을 창설하여 700만 명의 회원을 확보하였다. 1975년 일간 세계일보를 창간하여 보수와 혁신계가 혼전하던 70~80년대에 보수층을 결집하여 일본 공산화를 저지시켰다는 평가를 받고 있다. 한국보다 14년전에 일간지를 발행한 것도 일본이 공산화될 위험이 그만큼 높았고 일본이 공산화 되면 한국도 적화 될 위험에 있었기 때문이었다고 한다.

1970년에는 세계반공연맹 세계대회 World Anti-Communist League를 개최하였고 1972년 공산당에 공개 이론전을 요구하며 승공연합과 일본공산당은 극한 대립을 하였다. 무엇보다도 승공 회원의 확보와 교육으로 혁신계의 정치 활동을 저지하면서 1986년의 중참의원 동시 선거에서 응원한 134명의 당선자를 내는데 결정적 역할을 하였다.

기관지 '사상신문'에 의하면 선거 후에 승공 추진 의원들이 승공 이념 연수에 참가하여 승공 이념을 이해하고 각 지역의 승공연합지부와 밀접한 관계를 맺게 되었다고 보도하였다. 이 같은 승공연합의 활동은 교토에서 공산당 지방 정권을 몰아낸 것이 하나의 전설로 남아 있다고 한다. 교토는 1950년부터 28년간 혁신계가 지방 정권을 장악하였는데 자민당은 이를 두고 '독재 암흑시대' 로 비판하였다.

1950년의 선거는 전교토민주전선통일회의가 추천하는 혁신계가 교토 지사, 참의원, 교토 시장에 당선되어 공산당이 지방 정부를 장악하였다. 혁신계의 니나가와 토라조 蜷川虎三 지사는 사회당이 동화 문제를 무리하게 요구하자 이에 반발하여 공산당과 동행하면서 공산당이 교토 전체에 급속히 세력을 확대하는 계기가 되었다.

1978년 교토지사 선거에서 후계자로 나선 스기무라 토시마사杉村敏正가 자민당 추천의 하야시다 유키오林田悠紀夫에 패하여 28년간 계속된 혁신계 정부가 무너졌다. 일본 공산당 시이 가즈오志位和夫 위원장은 아베 저격 사건 이후의 투쟁을 '공산당과 가정연합의 최후의 전쟁'으로 선포하였다. 그는 엑스x에서 "오랜 투쟁이었다. 그들이 반공의 첨병으로 최초로 송곳니를 드러낸 것은 1978년 교토 지사 선거였다. 2000년의 중의원 선거에서는 막대한 양의 반공·모략 삐라가 뿌려졌다. 이번에는 결착이 될 때까지 밀고 나갈 것이다" 라는 각오를 다졌다.

일본의 지방 의회 의원 숫자는 공산당이 가장 많은데, 이에 맞서 싸우는 유일한 정치 단체가 승공연합이다. 신을 부정하는 공산당의 입장에서 이론적인 힘을 바탕으로 반대하는 승공연합이 철천지원수일 것이다. 아베 전 총리 암살 사건을 계기로 일본 공산당이 눈에 가시처럼 여기던 가정연합을 해산시키기 위해 좌파가 총력을 기울이는 극단적 투쟁이 현재 일본에서 벌어지고 있다.

아베 전 총리 암살 사건이 발생하기 전에 각 언론사는 금번의 참의원 선거를 '일본의 안전보장'에 중점을 둔 선거라고 보도하였다. 북한의 미사일 도발과 러시아의 우크라이나 침공을 계기로 일본의 향후 행보에 영향을 미칠 선거로 전망하였다. 그동안 아베 정권이 추진해 온 헌법개정을 위해 아베 전 총리는 '자위대 보유 명기를 위한 헌법 개정'과 '적 기지 공격 능력 보유 공식화'를 내걸고 개헌 발의가 가능한 의석 확보를 위해 전국의 유세장을 누비고 다녔다.

일본 참의원은 임기 6년으로 의원의 반수를, 3년에 한 번씩 실시되는 선거를 통해서 신임을 묻는 방식이다. 선거 결과는 자민당이 124석의 과반수 63석을 확보하여 헌법 개정에 동조하는 보수 정당과 연합하면 개헌 발의에 필요한 참의원 전체의 3분의 2 이상을 확보하였다. 위기에 처한 공산당을 비롯한 야당은 헌법 개정을 반대하기에 혈안이 되어 좌파가 장악하고 있는 모든 매스미디어를 통해 일본의 보수당에 비판적인 공세를 하였다. 보수계인 자민당 특히 자민당 내 최대 파벌인 아베파와 적대적인 관계를 견지해 온 그들로서 아베의 죽음이 절호의 기회가 된 것이다.

문학평론가 오가와 에이타로小川榮太郎 씨는 자신의 엑스에서 가정교회 공격 전환이 이상하다고 지적하였다. "저널리스트도 아닌 극좌 활동가 아리타 요시후가 출연하여 가정연합을 때리고 일본 공산당이 태연하게 컬트라고 부르며 교단이 나쁘다고 강조한 후에 방송에서 나란히 아베 씨와 교단을 물렁물렁하게 표현하면서 실태와 전혀 비뚤어진 인상을 조작한다"는 것이다. "우파라 하면 피해자라도 두들기고 두드려도 용서 받을 수 있는 것이 일본의 언론 공간"이라고 지적하였다. "우파 정치가와 우파 종교 단체가 악의 기축이기에 피해를 받아 당연하다는 문맥을 시청자에게 주입한다"고 비판한 것이다. 그는 "종교를 아편이라 말한 레닌이지만 공산주의는 아편보다 더 나쁜 극약이며 간판을 바꿔 걸은 리버럴은 더 나쁜 파괴 병기"라며 일본의 비뚤어진 매스미디어를 비판하였다.

가정연합 비판자들은 좌파의 신념을 절대시하여 우파를 반사회적 활동으로 낙인 찍고 대중을 선동하여 컨트롤하려 한다. 프랑스 혁명 이후 '정의'라는 단어는 여러 면에서 악용되어 왔는데, 현재는 공산주의자가 간판을 바꿔 걸은 리버럴의 상용어로 전락되었다.

1980년대, 공산당은 국회에서 우익의 교과서 문제제기의 논거를 제공한 단체의 하나로 승공연합을 지적하였다. '시사주간지 시사in 544호'의 보도에 의하면 "1974년 5월 7일 제국 호텔에서 거행된 '희망의 날 만찬회' 행사의 명예실행위원장으로 기시 노부스케岸信介가 맡을 정도로 1970년대 승공연합의 위세는 대단했다"고 지적했다.

1972년부터 1974년까지 문선명 총재는 미국 50개주를 순회하며 정치인과 종교인을 비롯한 미국의 지도층 인사를 대상으로 희망의 날 만찬회와 강연회를 개최하여 많은 미국인이 문 총재를 받아들였다. 이 날 후쿠다 다케오 장관 福田赳夫 大藏大臣은 "아시아에 위대한 지도자가 나타났는데 그 이름이 문선명 선생이다"라고 증언하였다.

1959년 일본 선교를 시작한 가정연합은 1968년에 승공연합을 창설하여 불과 6년 만에 일본 권력의 심장부에 도달하는 성장을 이뤄냈다. 슈칸겐다이 週刊現代, 99.2.27호는 승공연합과 관련 있는 국회의원 128명의 명단을 보도하기도 하였다. 시사서널 1709호는 "가정연합이 일본에서 성장할 수 있도록 아낌없는 조력을 해준 이가 기시 노부스케 전 총리였다"고 한다. "문선명 총재가 미국에서 투옥됐을 때 그의 석방을 탄원하는 의견서를 당시 레이건 미국 대통령에게 보내기도 했으며, 일본 정치인들의 밀착 관계는 일부 일본 언론과 일본 가정연합이 부인하지만 그 정황 증거가 차고 넘친다"고 보도했다.

슈칸 아사히 週刊朝日 2015년 10월 23일자는 "아베 정권은 극우적인 신토정치연맹, 일본회의, 그리고 가정연합이 지원하고 있다"고 보도한바 있다. 승공연합은 나카소네 中曽根康弘와 후쿠다 福田赳夫 전 수상 등 일본 정치의 중추인 자민당 거물 정치인들과 밀월 관계를 유지하였다. 나카소네 전 총리는 문선명 총재의 방일을 성사시키는 데 결정적인 역할을 하였고 단독 회담을 통해 가르침을 받았다고 한다.

그러나 정치인과의 교류가 선교에 어떠한 영향을 끼쳤는가에 대해서는 의견이 분분하다. 자민당의 거물 정치인이 승공연합과 연결되어 있다는 것과 일본인이 가정연합에 입교하여 신앙 생활을 하는 것과는 다르다는 것이다. 가정연합은 정치인과의 관계를 공연시하지 않고 승공연합을 통해 한일 안보와 공산당의 활동을 저지하는데 주력하여 왔다. 가정연합과 자민당과의 깊은 밀월 관계가 아베 전 총리 저격 사선을 계기로 세상에 밝혀시게 된 것도 그런 연유나.

오늘날 가정연합에 대한 공격은 일본의 좌경화를 막고 한미일 3개국의 안보 체제 확립을 위해 고군분투한 가정연합을 적대시하던 공산당을 비롯한 좌파의 합작이라고 할 수 있다. 일본의 좌경화를 우려해 공산당과 전면 투쟁을 해 온 가정연합은 우호 정치단체인 승공연합을 통해 자민당과 협력하여 스파이 방지법 제정, 반LGBT 활동, 동성혼 반대, 청소년 건전 육성과 선택적 부부 별성 반대로 건강한 가정 운동을 전개해왔다.

가정연합은 미일 보수 정치가의 연결고리 역할을 하였는데 트럼프 대통령과 아베 총리의 관계가 대표적이다. 또한 미국을 중심으로 한 글로벌 네트워크로 세계 정치가와 일본 정치가를 연결하여 한일 안전보장과 태평양 연안 국가를 중국의 패권주의의 위협에서 막는데 힘써 왔다고 한다. 이 같은 가정연합의 활동에 대해 좌파와 일본 공산당 그리고 리버럴 기독교 목사들이 결합하여 신자를 납치 감금하여 강제 개종하는 폭력을 행사했다. 이는 민주주의의 기반이 되는 신앙의 자유를 파괴하는 반사회적 폭거이다. 여기에다 좌파 언론인들이 국민을 선동하여 가정연합을 사악한 컬트 집단으로 몰아가는 나팔수 역할을 해온 것이다.

극렬한 기독교계의 반대와 한일 양국 정부의 도움 없이 세계 가정연합 신자의 헌금으로 미국 워싱턴 타임즈를 창설 운영하였다. 워싱턴 타임즈는 가정연합의 선교 도구가 아니라 한미일을 비롯한 자유 진영을 지키기 위한 최후의 보루였다. 워싱턴 타임즈는 미국 정계에 막대한 영향력을 행사하며 소연방의 해체와 자유 민주주의의 가치를 지켜왔다는 평가를 받아왔다.

흥남 탈환 작전의 일선 지휘관이었던 알렉산더 헤이그Alexander Meigs Haig, Jr. 미국무장관은 "6.25 때 나는 미 육군 대위로 유엔군의 일원으로 참전하여 문선명 총재가 북한 공산당의 투옥으로 흥남 감옥에서 사지에 처해 있을 때 제가 그분을 구출하는 작전을 수행했다는 것을 뒤늦게 깨닫고 오늘 이 자리에 나와 그 분의 면전에서 이런 증언을 하게 되다니 너무나 감개무량입니다. 그런데 그때는 우리 미국이 그분을 구출했는데 이제는 문선명 총재가 온갖 사상적 혼란과 도덕적인 퇴폐로 허물어져가고 있는 우리 미국을 인도하고 구출해주고 계시니 이 얼마나 오묘한 하나님의 섭리입니까?"라며 미국을 구한 문선명 총재를 증언하였다.

1980년에 소련 정보원 유리 코즐로프Yuri N. Kozlov가 자위대 소련 정보 전문가였던 미야나가宮永幸久를 포섭하여 정보를 갈취한 스파이 행위가 드러나자 보수 정치인들은 위기 의식을 느끼게 되었다.

특히 1985년 8월에 미국으로 망명한 소련 정보원 비탈리 유르첸코 Vitaly Yurchenko는 "일본은 스파이 방지법이 없는 스파이들의 천국"이라고 증언하였다. 이를 계기로 일본은 정기 국회에서 '국가 기밀과 관련된 스파이 행위 등의 방지에 관한 법률안'을 의원 입법하였으나 야당의 반대로 폐안 처리되었다.

승공연합은 기시 노부스케, 아베 신타로, 아베 신조에 이르는 3대에 걸쳐 스파이 방지법을 위해 공동 보조를 취하였다. 1957년 노부스케가 총리에 취임하여 방미하였을 때도 미국으로부터 '비밀보호에 관한 신법제정'의 요청을 받았다. 1984년에 이르러 '스파이 방지를 위한 법률 제정 촉진의원·유식자 간담회'를 발족하여 회장에 하였다. 이미 승공연합은 1978년에 300만 명의 서명을 받아 이듬해에 '스파이 방지법 제정촉신 국민회의'를 발족하여 전국적으로 지방의회에 청원 운동을 전개하였으나 공산당을 중심으로 한 야당의 반대로 성립이 불발되었다. 그 후 국제적으로 냉전이 해체되고 소련이 붕괴되면서 스파이에 대한 의식이 약해졌다.

일본에서는 북한을 위해 활동하는 조직이나 북한의 지령을 받은 것으로 보이는 개인들이 법적 제약 없이 자유롭게 활동하고 있다. 북한의 핵개발과 미사일 발사의 위협이 계속되는 상황에서 일본 헌법 9조를 개정해 '스파이 방지법'은 물론 '북한 제재법'을 만들어 법률을 통해 이런 활동을 금지시켜야 한다는 목소리를 높여 왔다.

그 결과 2013년 12월 5일 참의원에서 연립 정권은 야당이 반대하는 가운데 특정 비밀보호법을 통과시켰다. 2014년 10월 14일, 아베 총리는 안전보장에 관한 정보 중 특히, 은닉하는 것이 필요한 것의 보호에 관하여 필요한 사항을 정하는 특정 비밀보호법의 관계 정령을 각의 결정하였다.

특정 비밀 보호법안은 방위와 외교, 안보 위협스파이 활동 방지, 테러방지활동 등 4개 분야에서 기밀성이 높은 정보를 '특정비밀'로 지정하고 이를 유출하거나, 부정 입수할 경우 최고 10년의 형을 선고할 수 있도록 하고 있다.

특정 비밀보호법안은 국민의 알권리와 외교·안보 사안에 대한 언론의 감시와 견제가 크게 약화되어 언론의 자유를 크게 위협할 수 있다고 우려하는 목소리도 있다. 법안 자체가 너무 자의적이고 편의적으로 운영될 수 있어 정부에 불리한 정보는 비밀로 지정해 통제할 개연성이 크다는 것이다.

보수는 진보라고 정당화하는 좌익 세력 앞에 무기력하다. 공산당과 좌익 세력 그리고 반대 변호사들은 가정연합을 컬트 집단, 반사회적인 단체라는 오명을 뒤집어씌워 자민당과 격리시켜 헌법 개정을 저지하고 '가정연합 파괴'라는 목표로 공동전선을 형성하여 종교 박해를 하는 것으로 보인다.

### 종교 탄압 국가로 나가는 문이 열리다

야마가미 데쓰야山上徹也 용의자의 어머니가 교회에 1억 엔을 헌금한 것이 문제라면 천만 엔이나 백만 엔은 괜찮은가 라는 말이 회자되었다. 헌금액을 정치가나 타인이 결정하는 것이 좋은 것인가? 라는 의문의 목소리가 높다. 일본 헌법에도 '사상과 양심의 자유' '신앙의 자유'를 보장하고 있지만 일본인은 신자의 헌금에 대한 인식이 매우 부정적이다.

야쿠오지의 정월 풍경(동전을 쓸어 모으고 있다)

일본의 신사나 사찰을 가면 여기저기에 동전이 쌓여 있는 것을 볼 수 있다. 필자가 정월에 처갓집 근처의 야쿠오지藥王寺에 가 본 적이 있다. 불당으로 올라가는 계단에는 1엔짜리 동전이 깔려 있었다. 액을 떨치기 위해 한 걸음 옮길 때마다 계단에 1엔짜리 동전을 떨어트린 것이다. 절에서는 빗자루로 동전을 쓸어 모아 은행에서 교환한다. 일본인은 절이나 신사에 가서 주로 5엔짜리 동전을 던지면서 기도하는데 일본어로 5엔五円과 연御緣이 같은 발음 '고엔'인데 신부쓰의 가호로 좋은 인연이 맺어지는 것을 바라는 마음의 표현이다.

필자는 신사나 절에 가서 천엔 이상 헌금하는 모습을 본적이 없다. 일본인은 동전을 던지는 가벼운 마음으로 종교와 헌금을 생각한다. 물론 정식으로 참배를 원할 경우에는 5천 엔에서 2만 엔 정도의 돈을 준비해야 한다. 정식 참배는 미코巫女들의 가구라와 구지의 오하라이お祓い 그리고 다마쿠시玉串를 바치는 의식 등으로 진행된

다. 필자도 현장 답사를 하면서 몇 번인가 정식 참배에 동행하였다.

종교 시설의 주요 수입은 신년의 오마이리ぉ参り가 대표적이며 출산과 관혼상제다. 그 이외에 출산과 아이의 성장기에 맞춘 753세 살, 다섯 살, 일곱 살과 액을 맞이하는 연령에 맞추어 액을 물리치는 의식이 대표적이다. 일본 종교에는 기독교의 십일조와 같은 헌금이 없다. 그래서 일본인은 십일조나 특별한 헌금에 대해서 매우 부정적인 의식을 갖고 있다. 현장 답사에 함께한 회원들을 통해서 일부 사찰이나 신사에서 마음 약한 아줌마에게 수 백만 엔을 수리비 명목 등으로 요구하는 경우가 있다고 한다. 그러나 수리를 필요로 할 때에는 소속 단카나 우지코의 총의에 따라 모금을 하는데 일반적으로 1만 엔 이하의 기부가 대부분이다. 기부한 사람의 이름은 돌에 이름과 금액을 새겨서 사찰과 신사에 세우는 것이 전통이다.

신흥 종교에서 다액의 헌금을 요구하는 경우가 있어 사회적 문제로 제시되고 있는데 공산당에서 이를 마인드컨트롤이라 명명하여 민중을 선동한다. 여기에 좌파 매스컴이 편승하여 여론을 이끌어가는 짓이다. 이들은 교리에 대한 교육도 마인드컨트롤의 과정이라고 비판한다. 일본에서는 종교에 대한 교육이 거의 없다고 볼 수 있다. 승려나 목사가 되기 위한 성직자의 코스도 각양각색으로 승려가 되기 위한 100일 간의 수련회, 며칠 간의 목사 양성 강좌로 목사가 되어 관혼상제의 주례를 한다. 외국인 목사를 선호하는 젊은이들을 위해 원어민 교사가 결혼식을 주례하는 아르바이트 목사가 성행하고 있다.

이 같은 일본인의 종교 의식 때문에 외래 종교의 교리 학습과 실천 활동에 충격을 받고 놀라워 한다. 일본인은 '종교는 돈이 필요하다'는 고정 관념이 형성되어 있다. 헌금을 신에게 바치는 선한 행위라고 생각하기보다 약한 인간에게 공포심을 주어 돈을 착취하는 악한 행위라는 의식이 뿌리 깊게 자리하고 있다.

공산주의자들은 이 같은 일본인의 마음을 이용하여 영감상법이라는 용어를 만들어 대중을 선동하였다. 공산주의는 하나님신을 부정하는 무신론으로 하늘나라영계의 개념이나 영혼을 인정하지 않는다. 그러나 신사와 절에서는 죽은 자를 위한 기도와 제례를 행하고 성물聖物과 부적お守り과 같은 물건을 판매하는 것도 그들의 논리에 의하면 영감상법에 해당할 것이다. 일본 공산주의자들은 처음부터 모든 종교를 적으로 삼지 않고 외국에서 들어온 신흥 종교 특히 반공과 승공을 주장하는 가정연합을 전략적으로 선택하여 공격하는 것이다.

가정연합에 의하면 일본의 납치 개종 전문가반대 목사와 변호사 세력들은 4,300여 명의 신자들을 강제로 납치·감금하여 개종시켰다고 한다. 지금도 이들에 의해 가정이 파괴당하는 만행이 진행 중에 있다. 공산당은 신자들의 가족을 공갈로 설득하여 원리피해자 갱생회라는 명목으로 신자들을 불법으로 납치하여 정신 병원에 감금하는 일본판 수용소 군도를 운영하였다.

개종 전문가들은 강제로 신자를 납치하기 위한 착수금으로 가족에게 300만 엔을 요구한다. 강제 개종 작업을 위해 외부와 단절된 상태에서 세뇌 공작을 하는데 공산당과 반대 목사 그리고 반대 변호사로 구성된 불법 납치 전문 장사꾼이 교대로 신앙을 버릴 때까지 세뇌를 한다. 전문 개종인들은 감금된 신자들이 배교하였다는 것을 증명하는 최후의 단계로 가정연합에 대해서 신앙으로 인한 손해

배상을 청구하도록 하는데 이들을 '원리 피해자'라 부른다.

가족이 개입하여 일어난 가정 문제에 공권력이 개입할 수 없다는 법리를 교묘히 이용하여 개종 전문가들이 정신 병원이나 맨션에 감금하는 강제 개종임에도 가족에 의한 설득이라고 주장하는 것이다.

가정연합이 한국에서 탄생하지 않고 서양에서 출발한 종교라면, 공산당을 없애려는 승공 운동을 전개하지 않았다면, 누구보다도 일본을 더 사랑하라는 가르침없이 다만 고리야쿠적인 신앙 단체라면 이런 불법적인 만행이 계속될 수 있을까 하는 의구심이 든다.

모든 좌파 미디어는 반대자들을 등장시켜 일제히 가정연합의 신자들을 마인드컨트롤에 의해 세뇌 당한 악의 화신으로 묘사한다. 납치 전문가들은 마치 자신들 스스로가 선과 정의의 사도인양 행세하면서 신자들을 구해야 한다고 선동한다. 좌파 언론에 의해 생산된 정보를 모든 언론이 필터를 거치지 않고 확대 재생산되고 있다. 이것이 섬나라 일본인의 의식의 한계다. 반대자들은 지난 35년간 가정연합이 영감상법으로 약 3만 명의 피해자들로부터 약 1237억 엔을 거둬들였다고 주장한다. 한국의 언론도 일방적인 반대자들이 주장을 사실 확인도 없이 보도하였다.

문부과학성의 조사에 의하면 1994년 이후 반대 변호사가 탈회자들을 대상으로 일으킨 민사 재판에서 가정연합의 책임이 인정된 것은 22건으로 파악되며 가정연합에 상세하게 질문하여 확인하였다고 발표하였다. 반대 변호사가 납치한 신자 등을 대상으로 벌어진 민사 재판에서 가정연합이 패소한 건은 소수란 것을 알 수 있다.

가정연합이 신자라는 신분을 밝히지 않고 상품 판매를 매개로 인연을 맺어 입교와 헌금을 강요하였다는 것인데 일본에서는 이 같은 신앙 권유는 불법으로 재판에서 패하게 되는 사유가 된다. 일본에서는 선교를 위해서는 반드시 먼저 교회에서 왔다는 신분을 밝혀야 한다. 그런 사회적 환경에서도 한국산 가정연합이 100만 신도를 확보한 것은 기적일 수밖에 없다. 이 같은 사실로 볼 때 지난 30년간 반대 변호사들이 주장하는 피해자가 22명인데 3만 명이라고 주장하는 그들의 주장과 금액은 일방적인 거짓 주장에 불과하다.

야마가미 용의자의 어머니는 계속되는 가족의 불행한 사건을 계기로 고민하다 신앙을 통해 마음의 평정을 얻고 독실한 신자가 되었다고 한다. 남편이 죽자 남편이 경영하던 회사를 정리하였고 그중에서 1억엔을 헌금하였다. 그러나 자녀의 자립 문제를 염려한 교회에서 5천만 엔을 돌려주었다. 야마가미 용의자도 어린 시절 어머니의 인도로 교회와 인연을 맺었다. 그러다 가정연합 분파의 영향으로 반대파들과 관계를 가지면서 범행을 실행하게 되었다.

반대자들은 가정연합이 그동안 해온 모든 활동이 마인드컨트롤을 통해 조정하려 했다면서 일본을 구하기 위해 걸어온 가정연합을 반일反日의 화신으로 조작해 버렸다. 그리고 일부 우파가 좌파의 프레임에 영향을 받아 이에 동조하는 웃지 못할 사태가 벌어진 것이 현실이다.

우파의 가정연합에 대한 반일 프레임은 교리서인 '원리강론'에서 인용하고 있다. 원리강론에서는 식민지 시대의 일본에 대해서 천조대신을 숭배하는 전체주의 국가로서 신사 참배의 강요와 기독교인 박해를 논하고 있는데 이를 반일이라고 선동하는 것이다. 이는 과거 군국주의의 침략 전쟁을 합리화하는 신토국교화에 뿌리를 둔 소위 일본의 우파 집단 지성이라고 주장하는 이들의 국가관에서 비롯된다.

미디어가 가정연합을 십자가에 내어 거는 행동을 통하여 마치 무라카미 하루키가 '1Q84'에서 말한 새로운 세계로 통하는 문이 열리게 되었다. 그들이 꿈꾸는 새로운 세계는 보다 강력한 시스템에 의한 통치에 연결되어가는 모습과도 같다. 오랫동안 인류가 많은 희생을 치뤄가며 확보한 민주주의 국가의 최고 덕목인 자유롭던 종교 행태가 종교를 부정하는 공산주의자들이 요구하는 방향으로 나아가게 되었다.

가정연합에 대한 일본 정부의 탄압을 계기로 시작된 종교법인에 대한 법 정비 작업은 타종교법인에 대한 탄압의 길을 열어 놓을 것으로 보인다. 세상의 모든 종교는 각자가 신념 하는 진리와 신성을 가지며 자신만의 방식으로 종교적 영역을 추구한다. 이는 민주주의 사회 구성의 가장 기초적인 원리로 종교의 자유는 헌법적인 최고의 가치로 설명하고 있다.

### 아베 전 총리 총격 사건은 음모인가?

"일본 전체가 가정연합과 관련된 정치가를 대상으로 두들겨 패는 것을 보면서 무엇인가 이상하다고 생각했다." 나가사키현 히라도시長崎縣平戶市의 구로다 나루히코黑田成彦 시장은 나가사키 신문으로부터 가정연합과 관계를 묻는 앙케트가 왔다고 밝혔다. 마치 에도 시대 기리시탄 탄압의 후미에와 같다며 가쿠레 기리시탄의 후예로서 유전자적으로 이 같은 후미에와 같은 행위가 기분이 나쁘다고 엑스x를 통해 지적하였다. "어딘가 이상하다고 생각했는데 이것이었다. 우리는 지금 매스컴 아니 사회로부터 후미에를 강요당하고 있다. 이것은 기분 나쁜 일이 아닌가."

교도 통신이 현직 국회의원 712명에게 가정연합과 관여를 물어본 결과 106명이 관련 단체의 이벤트에 출석하거나 선거 협력을 받은 사실을 인정했다고 한다. 기시다 수상은 내각 개편 전에 전임 각료와 신임 각료 모두에게 가정연합과 관여가 있었는지 점검하여 엄정하게 대처하겠다고 약속했다. 그러나 자민당 국회의원인 수상 자신도 그간 가정연합의 후원을 받으며 교류해왔다는 것은 부정할 수 없다. 이런 조치를 하는 것은 관여한 의원 모두를 면하려는 것인지, 아니면 관여한 모든 의원에 대해서 책임을 물을 것인지 그것도 아니면 국회를 해산하고 다시 선거를 할 것인지? 그러나 이에 대해서 추궁하는 정치가도 매스컴도 없다.

아베 전 총리 총격 사건을 계기로 좌파가 주도권을 잡고 보수 우파를 공격하는 대결 구도가 형성되면서 우파가 시행하려 했던 헌법 개정이 암초에 부딪혔다. 정치인 암살 사건에는 음모론이 제기되곤 한다. 음모론의 중심에는 정치적 동지이거나 반대 정치 세력 때로는 적대국 등 다양하다.

사건 발생 후부터 단독 범행을 의심하는 목소리가 끊이지 않았는데 최근 슈칸분슌과 월간Hanada의 연재를 통해 음모설이 다시 제기되었다. 또한 독자적인 취재를 하여 야마가미 용의자가 아닌 진짜 범인이 존재하는 조직적인 범죄라고 결론을 내린 삿포로 의과대학 명예교수 다카다 준高田純 씨는 '고쿠시 나라의 변国史奈良の変'이라는 책을 출간하였다.

아베 전 총리 저격 사건을 놓고 음모론이 제기되는 배경에는 이를 뒷받침하는 근거가 있다. 가정연합의 우호 정치 단체인 승공연합은 헌법 개정과 스파이 방지법을 줄기차게 주장해 왔다. 참의원 선거 후의 일본 정계는 헌법 개정을 놓고 한판 승부를 눈앞에 두고 있었다. 헌법 개정은 아베 전 총리의 꿈이었다. 헌법 개정과 스파이 방지법은 국내적으로는 좌파 정치인과 북한을 비롯한 중국이나 러시아가 반대하는 주요 정치 안건이다. 일본에서 가장 인기있고 촉망받던 정치인의 암살사건에 대한 배후 조사와 수사가 미진한 것이 불가사이다. 모든 언론이 가정연합 때리기로 왜곡되는 현실에 침묵하고 있다.

배후론을 말하는 이들은 야마가미 용의자의 배후 세력 또는 실제 범인이 따로 존재하며 이를 자민당 내 반아베파 세력과 좌파 정치인 그리고 중국과 러시아 등으로 거론하고 있다. 여기에 반가정연합 세력과 좌파 정치인 그리고 개종 전문 집단을 연결고리로 하여 가정연합에 원한을 가진 사람이 이용되었다는 주장도 있다. 만약에 음모론이 사실이라면 암살범의 배후 세력은 헌법 개정을 추진하려는 아베 전 총리와 가정연합을 동시에 제거하는 효과를 얻을 수 있다.

야마가미 용의자는 요네모토 가즈히로米本和広가 운영하는 블로그를 접속하면서 사건을 실행하였다고 한다. 그리고 실행전에 반가정연합 좌파 저널리스트 스즈키 에이트鈴木エイト와 연락을 취하였다고 한다. 요네모토 블로그에는 가정연합을 비판하는 글이 주를 이루고 스즈키 에이트는 아베 전총리 암살사건을 계기로 가정연합 때리기의 선봉에 서있다.

사쿠라다 쥰코桜田淳子를 비롯한 유명인이 참가한 1992년도의 축복결혼식은 일본 사회에 커다란 충격을 주었다. 당시 92년부터 약 4

년간에 걸친 일본에서의 가정연합 때리기는 전후 가장 얻어맞았던 창가학회의 25년분에 필적한다고 하면서 일본의 "이 같은 보도로 가정연합이 사악한 집단이라는 이미지가 사회에 정착하였다"고 요네모토는 말하고 있다.

일본 방송의 행태를 보면 대부분 좌파 세력이 자리를 잡아서 방송을 좌지우지하거나 보수 우익이 한 부분을 차지하는데 가정연합에 대해 객관적인 발언을 하면 다음 방송에서 배제되며 다른 방송도 출연하지 못하고 집단이지메를 당한다.

가정연합에 대한 언론의 집단이지메에 일본지성은 침묵하고 있다. 신앙의 자유는 인권의 척도로 민주주의 국가인가를 판단하는 가장 중요한 요소지만 일본은 진정한 민주주의 국가라 할 수 없다. 한국에서 전래된 종교에 대한 '집단이지메와 일본인의 짐묵'은 언제라도 전체주의 국가로 변환될 수 있는 '일본인의 집단 의식'이라 할 수 있다.

아베 전 총리의 암살 사건을 모든 미디어가 한 목소리로 합창하면서 가정연합의 문제로 변형되면서 갑자기 이슈의 중심이 되었다. 평화 헌법 개정과 스파이 방지법 제정을 촉진하는 세력을 부수기 위해서 이데올로기의 색깔이 강한 정치 투쟁이 가정연합 때리기로 변질된 것이다.

아베 전 총리의 암살 사건을 계기로 공산당의 프로파간다에 일본 정부가 움직이는 초유의 사태가 일어났다. 그동안 가정연합과 공산당의 치열한 투쟁이 계속되어 왔기에 일본 정부는 가정연합이 일본에 도움을 주는 종교로 인정해 왔다. 그러나 이번 사건을 계기로 기시다 총리의 애매모호한 처세와 우유부단한 결정으로 공산당의 공세에 말려든 것이다. 공산당과 반대파 변호사회들은 조작된 여론으로 가정연합을 공격하며 국회를 압박하자 기시다 내각이 이에 굴복한 것이다.

매일같이 공산당과 좌파 언론이 한패가 되어 가정연합에 대한 편향된 거짓 정보를 도배하여 가정연합이 나쁘다는 의식을 국민에게 주입하였다. 이에 가정연합을 해산해야 한다는 국민 여론이 높아지자 기시다 총리는 차기 선거에 불안을 느꼈다. 지금까지 가정연합과 깊은 관계를 맺어 온 자민당 최대 규모인 보수 성향의 세이와카이淸和會 아베파와 대립하던 리버럴 성향의 고치카이宏池會의 대표를 맡고 있는 기시다 총리는 하룻밤에 입장을 번복하는 우를 범하였다.

그동안 가정연합과 자민당은 떼려야 뗄 수 없는 관계를 유지하면서 공조의 길을 걸어왔다. 기시다 내각에 기용된 인사들이 가정연합과 깊은 관계가 있다는 보도로 각료가 줄줄이 사임하면서 관저와 자민당의 의사 소통 결여와 국회 운영의 기능 약화 사이에서 우유부단한 기시다 총리의 전략적 사고 결여가 백일하에 드러났다고 지적하는 소리가 있다.

당내의 보수파 의원은 물론 공명당에서도 기시다 정권은 관저에도 국회 대책에도 아마추어밖에 없다고 탄식하는 의원이 많다고 한다. 아베 정권의 장기화로 인재가 고갈되었다는 탄식의 소리도 높다. 국회에 여당 의원 수가 압도적으로 많은데도 불구하고 국회 운영의 주도권을 야당에게 내주었고 일본인 특유의 '정의에 침묵'하면서 종교 박해의 악행을 반복해온 일본이 가정연합의 해산 명령을 청구하는 어처구니 없는 상황이 벌어진 것이다.

이바라키현茨城県의 도리데시取手市의 시의원 선거에서 가정연합에 대한 해산 청구가 부당하다는 공약을 내걸은 호소야 노리오細谷典男 씨가 2위 당선되었다. 호소야 의원은 공산당이 시의회에 제출한 '가정연합 오염 조사에 관한 청원'에 대한 반대 토론을 주도적으로 이끌어 18대 4로 불채택되는데 기여하기도 하였다. 이를 계기로 승공연합은 도리데 방식을 전국에 확산시켜 나갈 것으로 보인다.

약체의 기시다 내각이 국민 여론과 선거를 이유로 지금까지 자민당 정권의 승리를 위해 유일하게 좌파·공산당과 싸워온 가정연합을 팔았다. 기시다 내각이 야당과 언론에 야합하여 가정연합에 대한 해산 명령을 청구하여 한국의 대법원격인 최고 재판소에서 결론을 기다리는 상황이 되었다. 이에 대해서 가정연합은 기시다 총리의 결정에 안타까움을 표하면서 정부의 요구에 협조하겠다고 하였다. 그러나 신자들 사이에서 "과거의 종교 역사를 돌이켜볼 때에 국가적인 박해 뒤에 국가가 굴복하였듯이 일본 국가가 가정연합을 인정하고 받아들일 수밖에 없는 결과가 돌아올 것"이라는 소리가 높아가고 있다.

전 자민당 국회의원 와카사 마사루若狹勝 변호사도 가정연합에 대한 해산 명령에 위법성이 있다고 지적하고 있다. "종교법인의 해산 요건은 형사법에 위반되었을 경우에 한하며, 공공의 복지에 현저하게 해를 끼치는 민법의 위반이 많이 있다고 해도 해산할 수 없다"는 것이다.

종교법인법 제81조에 정해진 재판소에 의한 해산명령은, 종교법인이 형사 범죄를 범해, 해산 사유가 사실상 공개된 경우로 한정돼 있다. 그에 반하여 기시다 수상은 해산 명령 이유에 민사도 포함되도록 한 것은 종교법인법 제81조의 정신에 반하고 있는 것이다. 종교법인법 81조는 종교법인을 쉽게 해산하지 못하도록 하기 위한 것이다.

우파 정치 단체 '일본회의' 창설의 모태가 되는 생장의 집生長の家 다니구치 마사노부谷口雅宣 총재도 "정부와 자민당의 움직임이 이상하다"고 주장하였다. 그는 "자민당은 가정연합에서 절대적인 지원을 받았다. 양자의 관계는 어제 오늘의 일이 아니다. 정치가는 불리한 일이 일어나면 관료가 나쁘다, 관청이 나쁘다고 말하는데 이번에는 종교 단체가 나쁘다고 하면서 관계를 끊어 버린다. 위장 전도와 선조의 인연으로 심각한 불이익을 겪을 것이라고 하면서 불안을 조성하여 거액의 헌금을 강요한다고 지적하나 위장 전도는 하지 않았으며 종교에 구원을 바라는 사람은 불안을 느끼는 사람이기에 심각한 불이익이 무엇인지 주관적이다" 고 지적하고 있다.

가정연합 해산을 신청한 원고 모리야마 마사히토盛山正仁 문부과학성 대신의 행위가 의문시되고 있다. 그동안 승공연합은 모리야마 대신의 당선을 위해 선거 때마다 지원 활동을 해왔나. 승공연합과 모리야마 대신은 다른 자민당 의원들보다 깊은 인연을 맺어온 것은 관사이 지방에서 널리 알려진 사실이다.

그동안 기시다 내각은 가정연합과의 관계를 기회가 있을 때마다 강하게 부정해 왔다. 그러나 승공연합은 세계적인 기반을 중심으로 일본의 안보와 안전을 위해 전국의 조직을 활성화하면서 집권 여당이며 보수 정권인 자민당 의원의 당선을 위해 헌신해 왔다. 기시다 정권의 가정연합 해산이라는 강수로 위기에 몰린 승공연합의 일부 강경 회원들이 그동안 깊은 관계를 맺어온 사실을 폭로할 경우 기시다 정권은 극심한 혼란에 빠질 것이다.

무엇보다도 정치적 혈맹 관계로 일본의 안보를 위해 함께 동고동락한 자민당이 정권 유지를 위해 과거를 부정하고 배신자로 돌아서서 동지인 승공연합의 모체인 가정연합을 피고로 몰아붙인 행위의 정당성과 법리적 이해 관계가 의문시되고 있다.

어떠한 명목이라도 종교를 박해하는 것은 피해야 하는데 섬나라 특유의 역사적 한계를 넘지 못한 자민당내 리버럴 계파 수장 기시다 수상의 정권유지를 위한 행동은 외래 종교를 박해한 일본의 정체성에 대한 역사적 실패의 전철을 밟게 되었다. 반공으로 널리 알려진 가정연합에 대해 반일단체로 몰아 파괴하려는 세력들에 의해 언론을 왜곡하여 심판하는 악몽 현실화 스토리가 전개되고 있다.

# IX

# 슬픈 일본을 품에 안고

화와 분노
진정한 사과와 용서
로마에 가면 로마법을 따르라
무사의 잔영, 일본 문화
한국인의 치(恥)와 일본인의 치, 해한과 승원
세계의 중심은?
일본의 위기는 세계 평화의 위협
아시아 태평양 시대 도래
나를 밝고 지나가라, 현대판 후미에(踏み絵)
평화를 위한 새로운 패러다임
평화 세계의 동반자로
슬픈 일본을 품에 안고

### 화와 분노

일본에서 한국 뉴스를 접하면 이명박, 박근혜 정부 시절 매스컴에 자주 등장하는 대통령의 모습은 '분노하는 대통령'이었다. 정치 성향을 가진 기자와 데스크가 분노하는 대통령의 모습으로 그리는 편향된 보도가 난무했다. 일본에서 한국 뉴스를 보면 마치 대통령의 직무가 분노하는 것인가 하는 느낌이 들 정도였다.

분노는 인간의 감정 표현의 하나로 자신의 욕구 실현이 방해 받을 때에 나타나는 현상이라고 한다. 일반적으로 억눌려진 감정으로 인해 발생된다고 한다. 분노는 종교에서 최악의 행위로 다루고 있는데 인간의 핵심적인 정서 중의 하나로 이에 대한 올바른 이해가 필요하다. 분노는 자신의 양심적 가치에 반하는 불합리한 행동을 대할 때 일어난다. 공분이나 의분 등 사회적 행동에 따라 다른 형태로 나타나고 있다. 자신의 욕구가 저지당하거나 또는 자신의 의지에 반해 무리하게 강요당할 때에 이에 저항하기 위해 생기는 부정적인 정서 불평, 불만 상태를 의미한다.

화와 분노는 자신의 상처에 소금을 뿌려 더욱 고통스럽게 만든다. 이 같은 화와 분노에 대한 이해가 한국과 일본이 서로 다르다. 외부로부터의 자극에 대해 한국과 일본은 배출하는 표현방식이 서로 다르기 때문이다. 예를 들어 서양으로부터 전래된 서학천주교와 과학문물에 대해서 조선은 푸는 방식으로 일본은 맺는 방식으로 나타났다. 이를 보면 조선과 일본의 문화 양식을 풀고解 맺는結 문제라고 할 수 있다. 이는 반도와 열도의 차이라고 볼 수도 있겠다.

한반도에 대한 일본인의 분노의 뿌리를 백제의 패망과 관계가 있다는 시각이 있다. 백제가 멸망하여 일본에 망명해 온 도래인과 당시 일본 지배층의 분노에서 시작되었다고 이해하는 것이다. 그에 반하여 한국인은 불의의 상대국에 대해 인간의 도리를 알지 못하는 오랑캐로 분리하여 민족적인 분노로 발전되지 않았다.

인간은 자신의 화나 분노를 정당화하려는 경향이 있는데 의사 소통을 파괴하고 관계를 끊을 수 있으며 건강을 파괴하기도 한다. 적절하게 화와 분노를 다루는 것이 삶의 기술이라고 할 수 있다. 정도의 차이는 있지만 화와 분노로 인해 힘들어 하고 그로 인해 신체적 불편을 겪기도 하는데 그 결과 질환을 유발하기도 한다. 화와 분노로 인한 적대감에서 파생된 스트레스는 심혈관계 질환에도 영향을 미친다는 것이다.

분노는 자기 방어를 위한 것이 아니라 다른 사람이나 원칙을 보호하려는 것이어야 한다. 상대의 분노를 해석하는 과정을 거쳐 종국에는 수용과 용서의 자리에까지 가야 하는 것이다. 분노를 자기 성찰과 반성을 통해 건강하게 표출하기 위해 종교에서는 회개와 감사를 강조한다. 이를 통해 인간의 실천 역량도덕적, 이성적에 따른 윤리적 실존의 가능성을 보여주기를 요구한다.

인류 한 가족 시대라 불리는 20세기는 인류의 대립과 갈등, 분열과 투쟁을 극복하여 화합과 통일을 이루어 나가는 시대라고 한다. 인류 한 가족을 향한 대립과 갈등의 순간으로 새로운 세계로 전진하기 위한 몸부림의 기간이라는 것이다. 이를 위해서는 현대사에서 일어난 상처에 대해서 책임 있는 자세사과와 용서가 요구되고 있다.

최근의 사건으로 2022년 1월 21일, 오후 조계사에서 '종교 편향·불교 왜곡 근절과 한국 불교 자주권 수호를 위한 전국승려대회' 불교계 분노가 끓고 있다는 보도가 있었다. 이는 문재인 정부에서 잇달아 불거진 종교 편향 사례들이 도화선이 됐다고 보도하였다. 불교에서는 분노를 진瞋이라고 하는데 이는 자기의 마음에 맞지 않는 것에 대하여 자신을 지키기 위해 저항하면서 마음과 몸이 갈등하며 표출되는 상태를 말한다. 분노는 인간의 커다란 괴로움번뇌으로 탐진치貪瞋痴 삼독三毒의 하나로 보았다. 따라서 수행을 통해 인내하여 성실함을 드러내도록 가르치고 있다.

공자는 인간의 도리를 이루기 위한 학업과 분을 연결시켜 생각하였다. 학업을 통해 분노를 넘어가는, 분노의 힘을 학업을 위한 저력으로 바꾸어 생각하였다. 공자는 분노를 인간의 도리를 행하는 윤리적 인간으로 변화시키는 힘의 원천으로 보았던 것이다. 학문을 통해 도를 깨닫고 윤리적으로 이상적인 국가관을 구현하려는 공자의 학문에 대한 열정과 헌신의 힘이 분노를 조절하는 진정한 인격자의 모습이라 하였다. 또한 공자는 분노에 대해서 "화가 나면 어려움을 생각하라忿思難"고도 하였다. 나중에 뒷수습할 어려움을 생각하라는 것이다. 그러나 공자 이후 2000년이 지나고 민주주의가 발전된 현대에도 정치인의 분노를 정치 보복으로 표현하는 경향이 있는데 가장 경계해야 할 부분이다.

이집트에서 노예와 같은 고역을 하던 유대인을 구원해 준 이스라엘의 하나님 여호와는 광야에서 나를 격노하게 하던 일을 잊지 말고 기억하라고 말한다 신명기 9장 7절. 하나님도 진노시편 7:11; 막 3:5하며 성도들도 분을 내야 하는에베소서 4:26 경우가 있다고 한다. 오경의 여호와는 분노의 하나님이다. 성서에 나타난 하나님의 분노를 보면서 유대인의 고민을 바라보게 된다. 성서는 경건한 태도로 분노를 다루는 방법과 분노의 죄를 극복하는 방법도 지적하고 있다.

기독교에서는 교만을 분노의 원인으로 본다. 인간의 죄는 교만을 잘못 다룬 것에서 오는데 이를 죄라고 인정하고 받아들일 때잠언 28:13; 요한일서 19 분노를 다스릴 수 있다고 한다. 광화문 주변에서 매일같이 일어나는 여러 종교 단체의 행동이 국민의 눈살을 찌푸리게 하고 있다는 보도를 접하고 있다. 악을 선으로 갚고로마서 12:21 분노를 사랑으로 전환시키는 예수의 신비를 통해 구원이 이루어진다고 가르치고 있다. 그러나 슬프게도 종교인이라 자처하는 이들도 상대를 쓰러뜨리기 위해 분노의 길을 휘두르는 모습에 안타까움을 금할 수 없다. 여기에 신앙의 탈을 쓴 정치인들의 모습을 보면서, 진정한 종교인, 정치인의 모습을 생각하게 된다.

### 진정한 사과와 용서

메이지 정부가 번藩을 폐지하고 지방 영주에게 번 수입의 1할을 약속하여 도쿄에 살도록 강제하였다. 이를 본떠서 1910년 총독부가 양반과 유생에게 은사금을 지급하며 회유하였다. 김창숙에 의하면

"온 나라의 양반들이 뛸 듯이 좋아하며 따랐다"고 회고한다. 3.1 운동에서 민족 대표 33인은 500년 조선의 핵심 정치 세력이었던 유림을 제외한 개신교와 천도교 그리고 불교의 지도자였다. 유림과 가톨릭의 사제는 일제의 회유에 동조하여 식민지 지배에 협력하면서 이권을 챙겼다. 필자는 기자 시절, 일제 시대에 발간된 천주교회 공식 기관지였던 '경향신문'을 열람하기 위해 명동에 있는 가톨릭 회관을 자주 방문하였다.

가톨릭이 일제의 식민 지배를 어떤 관점에서 보았는지 살펴보기 위해 경향신문에 보도된 기사의 열람과 한국 교회사 연구소가 주최하는 세미나 등에 참석하였다. 물론 외국인 사제들이 중심이던 시절이라는 한계가 있었겠지만 안중근 의사와 사촌 동생 안명근 의사에 대한 당시의 보도를 접하면서 한국 가톨릭의 실상을 이해할 수 있었다.

십자군 전쟁과 이단이라는 미명 아래 마녀사냥을 했던 가톨릭교회가 이토 히로부미를 암살한 의병장 안중근 의사를 살인자로 규정하고 비난하면서 출교 조치하였다. 총독부를 찾아가 안중근 의사가 가톨릭 신자인 것을 사죄하고 수녀들이 만들어준 조화를 들고 히로부미의 장례식에 참석하였던 민덕효Gustave Charles Marie Mutel주교의 모습에서 억장이 무너지던 아픔을 경험하였다.

의병 모집을 위한 군자금 조달 활동을 상담한 안명근 의사를 총독부에 밀고하여 얻은 땅이 명동 성당에 이르는 언덕길이라는 사실을 알게 되었다. 이를 계기로 발각된 105인 사건을 시작으로 1919년 기미독립운동이 일어나기까지 국내의 독립운동을 봉쇄한 피의 대가라는 사실을 알았기 때문이다. 어린 나이였지만 종교란 무엇인가? 라는 질문을 던지지 않을 수 없었다. 명동성당에 갈 때마다 골고다의 언덕길이 떠올라 눈물을 머금던 기억이 있다. 민족을 배반하고 피의 대가로 받은 땅이 민주화의 성지로 둔갑하여 경찰과 대치하며 싸우는 현장을 취재하면서 명동에서 한 시절을 보냈다. 강화도 성당의 추수감사 미사에 참석하였을 때에 신부가 돼지머리 제단에 절하는 모습을 보면서 과연 이것이 가톨릭의 토착화였던가? 하는 회의가 들었다.

안중근, 안명근 형제의 의거는 국내 독립운동사의 전환을 일으키는 역사적 사건이었다. 가톨릭과 유림이 일제에 굴복하고 일제 식민지 정책의 앞잡이가 되었을 때에 불교, 천도교, 개신교는 일제의 폭력에 비폭력 만세 운동으로 맞서면서 인류 정신사의 성숙을 촉진화시켰다.

진정성 있는 사과는 얼크러진 관계를 회복할 수 있는 기회인데 반해 가벼운 사과는 상처를 자극하여 분노를 유발하는 부작용을 낳을 수 있다. 사죄는 위기를 극복할 수 있는 기회이며 사죄를 통해서 얻을 것이 있기에 사죄는 성장을 위한 기회라고 할 수 있다. 사과에 대한 기독교적 언어는 구원과 해방이라는 희망을 전제로 죄의 고백, 용서, 탕감이라는 말을 사용한다. 기독교에서는 하나님과 인간 사이의 끊어진 관계를 회복하기 위해서 구세주를 중보로 세워 죄의 고백을 통한 회개를 요구한다. 그러나 한국 가톨릭은 과거의 잘못에 대한 사과에 매우 인색하였다.

필자는 가톨릭 평신도사도직단체협의회 박정훈 회장을 인터뷰한 적이 있다. 당시 가톨릭에서 활발하게 전개되던 '내 탓이오' 운동을 취재하기 위해서 명동의 사무실에서 만났다. 가톨릭교회의 기도문

중에 '전능하신 하느님과 형제들에게 고백하오니 생각과 말과 행위로 죄를 많이 지었으며 자주 의무를 소홀히 하였나이다' 는 사실을 고백하고 가슴을 치며 제 탓이요, 제 탓이요, 저의 큰 탓이옵니다? 라는 데서 유래한 '내 탓이오' 운동이 시작되었다. 처음에는 평신도협의회에서 신뢰회복운동의 일환으로 시작된 운동이 당시의 시대 상황과 맞물려 사회 운동으로 발전하였다.

사회에서 불신감이 팽배해지고 윤리와 도덕이 땅에 떨어져 모든 잘못을 남의 탓이 아니라 자신의 탓으로 돌림으로서 사회 문제를 해결한다는 의미로 받아 드려지는 반면, 타락한 정치가들이 혼탁한 정쟁을 호도하기 위해 종교 운동을 국민적인 사회 운동으로 확산시키려 하지 않았나 하는 의심의 눈초리도 있었다. 결국 흐지부지하게 사라져 버린 운동의 하나나.

무엇보다도 "전능하신 하느님과 형제들에게 고백하오니 생각과 말과 행위로 죄를 많이 지었으며 자주 의무를 소홀히 하였나이다" 라는 진정한 회개와 사과를 안중근 형제와 민족 앞에 제대로 하지 못한 채 100년이라는 역사가 지나갔다.

보다 나은 삶을 추구하는 인간의 욕망을 실현하기 위해서는 폭력과 억압에서 벗어나 자유와 평등이 보장된 평화의 세상이 필요하다. 윤리와 도덕이 바로 서고 성숙한 문화와 지속적인 경제 성장이 요구된다. 평화가 실현된 이상향의 세계는 불가능하다는 패배주의적 시각이 지배적인 현대이지만 종교나 정치는 이를 실현하려고 많은 노력을 기울여야 한다.

일본에 '백 마리 원숭이 현상 百匹目の猿現象'이라는 가설이 있다. 자연 과학 분야의 한 가설이지만 사람들의 의식 속에는 진실인양

자리잡고 있다. 미야자키현 고지마串間市幸島라는 무인도에서 어느 날 한 마리의 원숭이가 감자를 물에 씻어 먹기 시작한 행동이 다른 원숭이에게 퍼져 100번째의 원숭이에 이르자 오이타현의 다카사키야마大分縣高崎山에 서식하는 원숭이도 닦아 먹게 되었다는 가설이다. 이 가설은 어떤 행동이 하나의 임계점에 도달하면 세상이 바뀔 수 있다는 것으로 비약되어 사람들이 모여 마음을 모으면 집단의식으로 도약하여 세상을 바꿀 수 있다는 주장으로 변화되었다.

19세기를 돌아보면 1920년대 전후로 원숭이 가설과 같이 인간 본성을 회복하려는 세계적인 풍조가 전 세계를 뒤흔들었다. 미국의 28대 대통령 윌슨Thomas Woodrow Wilson이 제창한 윌슨주의는 인간 존엄성의 가치를 중시하는 민족 자결과 자본주의에 바탕을 둔 자유민주주의의 세계적 확산을 통해 세계를 바꾸어 놓았다. 2차 세계 대전 후의 세계는 식민지 국가의 해방과 국제연합이 창설되어 모든 국가가 지배와 피지배자의 관계가 아닌 서로 돕는 형제 국가가 되었다.

평화 세계는 하나의 민족이나 국가의 문제가 아니라 세계의 모든 나라가 함께 이루어 나가야 한다는 과제가 있다. 따라서 우선적으로 잘못된 과거사에 대해 세계인이 공감할 수 있는 사과와 용서를 통해 인간의 감정이나 정서가 하나가 되어야 함은 말할 필요가 없다.

### 로마에 가면 로마법을 따르라

필자가 일본에 정착한 며칠 후에 나가사키의 운젠 후겐다케雲仙普賢岳에서 화산쇄설류火山碎屑流로 대형 재해가 발생하였다. 쇄설류가 흘러 내려오는 보다 리얼한 근접 보도 사진을 촬영하기 위해 기자들이 정점定点 부근에 진을 치고 있었다. 만약의 사태를 대비하여 대절한 택시가 시동을 걸고 기다리던 6월 3일 오후 4시 8분경에 대량의 쇄설류가 발생하여 그들을 덮쳤다. 일본어 학원에서 공부를 마치고 집에 와서 텔레비전을 보는 것이 일과였던 필자는 이 사건을 생생하게 기억하고 있다. 이 사고로 보도 관계자를 중심으로 43명이 희생되었고 9명의 부상자를 낸 전후 최대의 화산 참사였다.

그 후 30년간 일본은 크고 작은 자연 재해가 끊임없이 발생하는 재난의 국가임을 보아 왔다. 자연 재난은 일본의 숙명적 현실이다. 일본인은 오랜 세월 재난이 발생하는 사회에서 어떻게 대처할 것인가? 를 학습하며 대비하여 왔다. 재난속에서 얻은 교훈을 매뉴얼화 하여 재난에 강한 일본이 되었다.

화산 폭발이나 지진으로 인한 쓰나미 등 자연재해가 할퀴고 간 참혹한 폐허 속에서도 일본인이 남을 배려하고 질서를 지키는 것에 대해서 세계인이 감동하며 찬사를 보내고 있다. 일본인은 재해대책본부나 관공서의 지시에 따르는 것이 효율적이라는 것을 체득하였다. 질서를 파괴하거나 환경을 어지럽히는 행위가 결국은 자신에게 커다란 피해로 되돌아온다는 사실을 깨달은 것이다.

재난 발생시에 배려하는 마음의 배경에는 질서를 지키는 것이 효율적이라는 것과 국가를 비롯한 지방 행정 기관 그리고 일본 사회가 모든 사람에게 물자를 넉넉하게 보급해 줄 것이라는 확실한 믿음이 마음속에 자리잡고 있다. 다른 나라에서는 자연재해가 발생하면 절도와 약탈 그리고 심지어는 살인까지 일어나는 모습을 뉴스로 접하게 된다. 그러나 일본에서는 이 같은 현상이 일어나지 않는다.

남에게 피해를 주지 않는다는 '메이와쿠'라는 사회 현상, 혹자는 이를 조상들로부터 이어받은 유전자의 발로라고 극찬하기도 한다. 오랜 전쟁과 잦은 자연재해에 시달려야 했던 일본인들은 죽음이나 고통 앞에서 통곡하기보다는 체념을 통해 마음의 안정을 얻으면서 또 다른 내일을 살아왔다고 볼 수 있다.

　그러다 보니 어떤 학자는 '메이와쿠'에서 개인의 자유의지는 철저히 박탈당하고 일상의 독재적 경직성을 엿볼 수 있다는 부정적인 견해를 밝히기도 하였다. 그래서 일본의 '시민성'은 서구의 '시빌리티'와는 본질적으로 차이가 난다고 말하기도 한다. 일각에서는 '메이와쿠'는 '이지메苛め'와 일맥상통한다는 주장도 있다. 집단 성향이 유난히 강한 일본인은 나와 다른 모습을 인정하기 싫어한다. 남을 있는 그대로 인정하는 것이 아니라 자신들과 같은 모습으로 살아가길 강요한다. 그래서 나보다는 남을 먼저 의식하고 행동할 수밖에 없다. 그렇지 않으면 주류에 끼지 못하고 철저히 따돌림 당하며 처절할 정도로 배제되기 마련이다. 남에게 조금의 불편이나 불쾌감을 주지 않는다는 의식이 일본인을 지배하고 있는 것이다.

　필자가 장모와 처음 만난 날 "로마에 가면 로마법을 따르라郷に入っては郷に従う"는 말이 첫마디였다. 일본에 와서 살려면 자기의 가치관과 다르다 하여도 일본의 습관과 풍습에 따라서 '메이와쿠'를 끼치는 사람이 아니라 일본에 동화되어 살라는 부탁을 한 것이다.

　일본어에 미즈히키水引라는 말이 있다. 한반도에서 벼농사가 전래되면서 물을 관리하기 위해 저수지와 수로를 건설하였다. 농민에게 제일 중요한 일은 물을 확보하여 자신의 논에 물을 대는 것인데 이를 미즈히키라고 한다. 농사는 공동체 의식이 매우 강하게 요구되는 것으로 마을에서 공동으로 물을 관리하고 모내기와 수확 작업은 서로 도와주는 것이 매우 중요하다. 따라서 마을 공동체에서 소외되어 자신의 논에 물을 대지 못하는 것은 죽음을 의미한다.

미즈히키에서 소외되는 사람을 무라하치부村八分라고 한다. 무라하치부가 되면 마을에서 살 수가 없으며, 역사적으로 미즈히키를 두고 마을간 싸움이 격하게 일어나 정부가 관여하는 사건이 빈번하게 일어났고 현재도 미즈히키를 두고 종종 갈등이 일어나고 있다. 따라서 무라하치부가 되지 않기 위해서 주변에 메이와쿠를 끼치면 안되는 섬나라 일본인에게는 공동체의식이 매우 중요하다.

일본의 '메이와쿠'라는 사회 현상에 대해서 혹자는 인류의 정신이 신화한다고 표현하기도 한다. 재난 뉴스를 접하다 보면 한국 특파원이 "일본을 미워해도 일본인들의 시민의식을 본받아야 한다"고 강조하면서 "우리 국민도 의식의 후진성을 극복해야 한다"고 힘주어 말하는 모습을 보곤 한다. 필자가 일본에서 우리 국민들을 만날 때 어김없이 듣게 되는 말도 이와 다르지 않다.

오랜 기간 전쟁으로 인한 분노가 지진으로 인한 절망에서 그 분출구를 조작하여 가장 힘이 없는 조선인에게 폭발되었던 동경대지진 조선인 학살 사건이 있었다. 그러기에 극한 상황이 일어날 경우 섬나라 특유의 현상이 폭동으로 발전될 수 있는 것도 간과할 수 없다. 아직도 일본은 선한 일본인이 폭동을 일으켜 조선인을 학살한 사건이 일어날 수 없었다는 논리로 100년이 지난 지금도 공식적인 조사와 반성을 하지 않고 있다. 이러한 움직임은 혐오주의자들과 그들을 이용하는 정치인들이 없어지지 않는 한 시한폭탄과 같이 현재도 계속되어지고 있다. 한일간에 불편한 사건이 일어날 때마다 불안해 하는 재일동포들이 있다는 것을 잊어서는 안된다.

### 무사의 잔영, 일본 문화

일본은 섬나라 특유의 파멸을 초래하는 상대와의 절대적인 대립을 피하고 어느 쪽이나 취할 수 있는 모호함을 삶의 지혜로 한다. 섬이라고 하는 고립된 공간에서 상대가 멸망할 때까지 죽이는 전쟁을 피하고 타협하여 공존하는 길을 찾은 것이다.

그러다 보니 언어에서도 섬나라라는 특별한 상황에서 평화를 유지하기 위해 우호적이고 합리적인 말을 구사하게 되었다. 신화나 설화를 보면 싸움에서도 서로를 멸망하게 하는 대립을 피하고 있다는 것을 볼 수 있다.

반역하거나 정치적으로 패배하게 되면 일족이 멸망하게 되는 역사적인 사실이 그것을 보여주고 있다. 따라서 상대의 언어와 자신의 언어를 엄격하게 검토하여 오해가 없도록 합리직이고 치밀한 언어가 요구되었다. 이로 인하여 애매한 태도가 인간 관계를 원만하게 한다는 사실이 정착되었고 성질이 급한 사람들은 답답함을 참지 못하여 퇴출되었다. 반면에 섬나라의 특수성에서 오는 야만성과 호전성 그리고 타인에 대한 차별과 폐쇄성을 낳게 되었는데 이를 일본인의 특징이라 지적할 수 있다.

일본 문화를 칼의 문화라고 하는데 무사에 의해 정권이 수립된 가마쿠라 시대와 관계된 무사도의 잔영이라고 할 수 있다. 필자가 한국에서 제일 먼저 접한 일본 영화는 쇼군將軍이었다. 일본 문화가 개방되기 전이라 일본인이 가져온 비디오테이프로 보았다. 장군 행렬 때 엎드려 있던 어떤 사람이 고개를 들자 단칼에 목을 치는 영상이 너무 충격적이어서 인상 깊게 남아있다.

일본인은 무사도에 대해 대단한 자부심을 가지고 있다. 필자가 일본인과 문文과 무武에 대해서 밤새워 이야기한 적이 있다. 평화로운 세상을 놓고 붓의 문화 선비 정신과 칼의 문화 무사도에 대하여 토론을 하였다. 일본에 온지 3년정도 되었기에 충분한 소통이 불가능한 시절이었다. 상대가 일본인에 대한 자긍심이 강한 전문의였기에 물러서지 않고 평행선을 유지한채 아침이 되어서도 결론을 내지 못한 기억이 있다.

센고쿠 시대의 무사 대부분은 세이와 천황淸和天皇,850~881의 후손이라고 주장한다. 필자도 처음에는 이 주상에 위압감을 느꼈으나 일본의 철저한 도제제도徒弟制度를 이해하면서 납득이 되었다. 일본 무사단의 원조를 미나모토 미쓰나카에 두고 있다. 미나모토 미쓰나카는 자신의 아버지 미나모토 쓰네모토源経基가 세이와 천황의 6번째 아들인 사다즈미 친왕貞純親王이라고 하는데 가계에 대한 당시의 문헌에는 기록이 없다.

미나모토 미쓰나카는 후지와라藤原攝關家 가문을 섬기던 자로 셋츠국攝津国에서 무사단을 형성하였다. 무사단은 신라의 화랑 제도에 뿌리를 둔 것으로 화랑도를 토대로 무사의 도리를 정하였다. 뒤를 이어 미쓰나가의 세 아들이 무사단을 형성하면서 무사시대를 열었고 후손 미나모토 요리토모源頼朝가 가마쿠라 바쿠후 시대를 열었다.

여호와의 증인이 총을 들지 않는 극단적 비폭력 행동을 '적극적 평화주의'라고 하는 반면 칼을 든 무사만이 평화를 유지할 수가 있다는 일본인의 주장은 '소극적 평화주의'라고 할 수 있다. 과거 칼을 든 무사 일본이 세계 평화를 위협하는 존재로 등장하였다. 일본은 침략 전쟁을 서양의 제국주의로부터 동양을 보호하기 위한 정당한 행위라고 주장한다. 천손인 천황을 중심으로 동양의 새로운 질서를 세우기 위해 진출하였다는 것이다. 그렇기 때문에 천황 중심의 질서에 반항하는 불령선인不逞鮮人을 제거하는 것이 절대선이었다고 강조하였다.

무용가 김묘선 선생을 일본에 초대하여 한국 전통 무용 교실을 시작하였다. 무용 교실의 고문으로 후일 선생의 부군이 되는 오구리 고우에이大栗弘榮 주지의 초대로 요정에 간 적이 있다. 처음 간 요정에서 게이샤藝者의 춤을 보고 깜짝 놀랐다. 눈앞에 펼쳐지는 춤사위가 병사들의 총검술과 같은 움직이었다. 망나니의 칼춤과 같은 일본의 전통 춤은 마치 여자들로 분장한 무사들이 칼을 들고 추는 느낌이었다. 한국의 전통 춤이 부드러운 반면에 일본의 춤은 군인들의 제식 훈련이나 총검술같이 절도가 있있다.

가마쿠라 시대를 배경으로 하는 대표적인 가부키 18번의 간진초勸進帳가 노能의 아타카安宅의 영향을 받아 만들어진 것 같이 일본의 전통 문화 대부분이 가마쿠라, 무로마치 시대室町時代를 배경으로 하고 있다. 전국을 돌면서 일본의 전통 춤이 가마쿠라 시대 무사 문화의 잔영殘影이라는 것을 깨닫게 되었다.

## 한국인의 치(恥)와 일본인의 치, 해한과 승원

메이와쿠迷惑란 일본 독특의 다른 사람들에게 민폐를 끼치는 것을 극도로 꺼리고 혐오하는 경향을 말한다. 어떤 행위에 있어 부담을 느끼게 하거나 불쾌한 마음을 들게 하거나 타인의 불행이나 불운에 마음을 아파하는 기분 등 미안함을 담아 사용되는 표현이다. 메이와쿠는 수치심이나 혐오감 등과 관련하여 쓰이며 메이와쿠 행위는 다른 사람에게 수치심을 느끼게 하거나 혐오감을 갖게 한다.

일본에서 수치심은 스스로가 부끄러움을 느끼는 마음이다. 부끄러움恥은 '덮어서 감춘다'라는 옛말에서 파생했는데 '자신을 덮어서 감추는 것'이 부끄러움의 자연적인 표현이다. 수치심은 대인 관계에서 자신의 잘못으로 부끄러운 마음이 들어 굴욕감을 느끼는 감정이며 자아와 자존심의 연장에 있는 개념으로 수치가 되는 행동을 할 경우 느끼게 된다. 대인 관계에서 어떤 실태의 결과나 실태 장면의 상상에 의해 생기는 대인 불안의 하나다. 이를 사회 규범에 적응하여 같은 행동을 촉구하지만 반면에 지나치게 느낄 경우에는 행동의 위축 등 문제를 낳게 된다.

우리말에 염치廉恥라는 말이 있다. 염치는 염조廉操와 지치知恥의 약자로 '청렴하면서 지조를 지키고 수치심을 아는 것'이다. 체면을 차릴 줄 알고 부끄러움을 아는 마음을 이른다. 남에게 신세를 지거나 폐를 끼칠 때 부끄럽고 미안한 마음을 갖고 반드시 되갚는 것이 사람의 도리다. 선비들은 청렴하고 부끄러워할 줄 아는 것을 덕목으로 여겼다고 한다.

일본어의 염치는 마음이 결백하고 정직하여 부끄러움을 아는 마음이 강한 것이나 일반적으로는 쓰이지 않는다. 그래서 법치보다 중요한 것이 스스로 다스릴 줄 아는 염치이고, 옛 성현들은 '수치심을 아는 것知恥'에서 인간의 도리가 비롯된다'고 말하고 있다. 염치가 있어야 용기가 생기고 용기가 있어야 자기 잘못을 스스로 바로잡을 수 있다는 얘기다.

일본인이 자랑하는 무사도에서는 무사로서 명예롭게 사는 것은 수치를 당하지 않는 것이라고 가르친다. 그래서 명예를 수치스럽지 않은 것이며 수치스럽다는 것은 곧 불명예에 떨어진다는 것이다. 그래서 수치스러움을 당한 무사는 배를 가르는 셋푸쿠切腹를 한다. 이 도덕률에 의해 무사도의 기본은 죽을 각오를 하는 것에서 출발한다. '염치가 있어야 용기가 생기고 용기가 있어야 잘못을 바로 잡을 수'있다는 것이 무사에 적용되어 부끄러움을 아는 마음이 무사들을 용감하게 만들고 명예를 지키기 위해 죽음을 불사하는 투쟁심에 불을 붙였다. 이 정신을 악용하여 군국주의에서 일반화 시킨 것이 왜곡된 야마토다마시다.

필사의 아버지가 6.25 때 내전 방면의 전신을 구축한다는 구실로 인민군에 끌려갔다. 도중에 이대로 가면 죽을 것이라 직감한 아버지는 인민군의 눈을 피해 도망하여 마을이 수복될 때까지 숨어 지냈다고 한다.

일제 시대에는 강제 징용으로 6.25 때는 전선의 참호 건설을 위해 잡혀갔으니 자녀들을 홀로 키워야 했던 어머니의 심정은 어떠했을까? 모든 정보가 차단된 상황에서 어머니로서 할 수 있는 유일한 방법은 기도밖에 없었다고 한다. 기도에서 영감을 얻어 정화수에 비친 달을 보고 전선의 상황을 알았다고 한다. 어머니의 이야기에 의하면

"정화수에 비친 달의 색이 파란색과 빨강색으로 나뉘어 보였다"고 한다. 달의 색깔 변화로 전선 상황을 이해하였고 전쟁이 끝나 아버지가 돌아올 것을 알았다는 것이다.

그래서인지 모르지만 어린 시절 필자는 어머니가 기도하러 절에 가거나 무당을 불러 굿을 하는 모습을 보며 자랐다. 매년 정월에는 음식을 준비하여 산과 길에 나가 제사를 드리는 일에 동행하였다. 어린 시절 필자는 이런 행동을 해서 과연 무엇을 얻을 수 있을까? 하는 의문을 가지곤 했다.

20년 전에 일시 귀국하여 3개월 정도 고향에서 휴식을 취하면서 답사하던 중에 백월산을 찾았다. 백월산은 용봉산, 오서산과 함께 서해안의 명산으로 산의 기운이 강하여 산신제를 지내는 곳으로 유명하다. 전국에서 무속인이 몰려와 상기간 머물면서 신내림을 받기 위해 제를 지내기도 한다.

홍성은 최영 장군이 성장한 지역이라서 장군신으로 모시기도 하는데 백월산 주변의 주민들은 주로 홍가신을 받들고 있다. 홍가신은 살아서는 홍주 목사로 주민들을 구했고 죽은 후에는 백월산의 산신이 되어 홍성인의 정신을 한데 모아 고난을 극복해 가는 구심점 역할을 해 왔다고 전한다. 주민들에 의해 1618년에 그의 뜻을 기리고자 사당이 세워졌다고 하는데 매우 영험한 곳으로 무속 세계에 알려져 있다. 사당 근처에 무속인과 신도들이 찾아와 며칠씩 묵으면서 제물을 차려 놓고 제를 지내는 모습을 볼 수 있었다.

무당의 사명은 죽은 자의 원한을 풀어서 저승으로 보내주는 것이요, 살아 있는 자의 병과 살煞을 예방하며 풀어주는 것이다. 원한을 풀어주거나 살을 풀기 위해서는 무당 자신이 원한의 체험을 가져야 한다고 한다. 무당이 되는 사람은 불행한 삶에 떨어지고 이 과정에서 원한이 쌓이게 되는데 자신의 원한과 무신의 원한이 결합되는 입무식 과정을 통과하여 무당이 된다고 한다.

역사적으로 한은 권력에서 소외되었거나 경제적으로 가난한 민중들의 것이었다. 환란의 역사 속에 한으로 점철된 역사를 가진 민중의 가슴속에 맺힌 응어리를 풀기 위해 무속과 민중 예술이 성행하였다. 사람들이 무속과 민중 예술을 통해 스스로 한을 풀어 나온 것이 한민족 문화의 한 축을 이루고 있다.

민간 신앙에서 죽은 자의 원한을 풀어 저승으로 보내주는 것을 씻김굿이라 하는데 죽은 자의 저승길을 인도하는 것을 한풀이라 한다. 이 과정에서 무당이 액을 풀고 나쁜 기운을 떼어 내기 위해 신명나는 춤을 추는데 여기에서 살풀이 춤이 형성되었다고 한다. 무당의 신명나는 춤과 더불어 민중이 하나되어 마음속에 쌓인 한을 승화시키는 것이다.

한민족은 외세의 침략과 국정 문란으로 백성의 삶이 고달팠다. 그러나 백성들은 이 같은 역경과 고난을 이겨내는 삶의 지혜를 체득하였다. 이 과정에서 한민족 고유의 노래로 한을 달래고 신명나는 춤으로 흥을 냈다. 한을 해학으로 소화하여 흥으로 승화시켰으며 한민족 특유의 문화를 생성하였다. 우리 민족의 한을 풀어내는 대표적인 노래와 춤은 아리랑과 살풀이요 흥을 돋구는 민요와 춤이 있다. 지방마다 아리랑과 민요로 한을 승화시켜 흥을 내 온 우리 민족의 문화가 오늘날 세계인에게 감동을 주는 한류로 나타나고 있다.

일본을 이해하는 키워드 중에 한恨과 원怨, 다테마에建前와 혼네本音라는 말이 있다. 한국이 한恨의 문화라면 일본은 원怨의 문화

다. 일본어는 한과 원을 우라미恨·怨라고 하는데, 같은 뜻이나 일반적으로 우라미怨み를 쓴다.

우라미의 사전적 의미는 "상대방의 처사를 미워하거나 불평하거나 불만을 느끼는 기분"이다. 엔콘怨恨은 그 정도가 심히 깊은 것으로 정의된다. 일본에서는 우라미의 원인이 되는 불평이나 불만을 느끼게 하는 경우를 만들지 않는 것이 삶의 지혜다. 이를 위해 다테마에와 혼네라는 일본식 처세술이 형성되었다. 물론 한국 사회에서도 자신의 본마음을 드러내는 것을 금하고 있지만 일본에서는 이 처세술이 일반화 되었기에 한국의 절제된 처세술과 차이가 있다고 할 수 있다.

한과 원에 대해서 한을 우리 말로 응어리라 하는데 '응어리가 맺혔다'와 '응어리가 풀렸다'는 맺힘과 풀림의 관계인데 반해 일본에서는 '맺힘과 갚음'의 관계다. 일본은 오랫동안 지배해 온 무사 정권에서 형성된 가타키우치敵討라는 말이 있다. 가타키우치나 아다우치仇討ち는 당한 것은 반드시 되갚아야 한다는 것이다. 오늘 날에도 이 의식은 사회 전반에 걸쳐 일본인의 정신을 지배하고 있다.

과거 일본에서는 주군이나 존비속을 살해한 자에 대하여 사적인 복수를 허용하여 왔고 효자로서 당연한 행위라고 칭찬하는 사회적 분위기였다. 이는 무사를 중심으로 한 중세기의 관행인데 에도 시대에는 경찰권의 범위에서 제도화되었던 것이 1873년에 금지되었다.

주군이나 존속이 비합리적인 피해를 당할 때에 느끼는 감정이 원怨인데 이를 해결하는 최종 수단은 칼을 통한 복수였다. 한국은 한풀이를 해한解恨이라 하는데 반해 일본은 칼을 통한 복수를 승원勝怨이라 한다.

해한은 한이 맺히게 되는 원인과 풀어가는 과정 그리고 화해하는 결과의 과정을 거친다. 원한이 발생되는 마음에는 맺힘과 맺음으로 분리한다. 맺힘은 상대방에 의한 것이고 맺음은 자신에 의한 것이다. 따라서 과정인 푸는 것에도 상대방에 의한 풀림과 자신이 푸는 풂이 있다.

원한怨恨은 억울하고 원통한 일을 당하여 응어리진 마음으로 피해자가 받은 상처가 깊을 때 성립한다. 집착심으로 응어리에 아픔이라는 상처가 발생하는데 상처의 깊이에 따라 아픔의 정도가 다르다. 경우에 따라서는 여기에서 발생되는 힘이 삶의 동기를 주는 경우가 있는데 원한을 원동력으로 하여 개인이나 사회가 변화되는 경우도 있다.

## 세계의 중심은?

항해술 발달과 신항로 개척으로 유럽인이 동양에 들어왔다. 포르투길은 16세기 초에 말레이 빈도의 믈리가Melaka에 이이 멍니리의 마카오를 손에 넣었다. 스페인은 마젤란Ferdinand Mageiian이 태평양 횡단에 성공하면서 17세기 초까지 아시아의 제해권을 장악하고 해상 무역을 독점하였다. 네덜란드는 동인도 회사를 통해 인도와 명나라 그리고 왜국과 교역하던 무역선의 난파로 조선에 의해 구출되는 사건이 발생하였다.

조선에 의해 구출된 대표적 인물 박연은 강제 귀화하였으나 하멜은 탈출하여 서방에 조선을 알렸다. 조선이 박연과 하멜을 통하여 서양에 대해 관심을 갖고 연구하지 않은 것에 대해서 누구나 안타

깝게 생각하는 부분일 것이다. 당시 대국인 청의 영향을 차치하더라도 왜국이 독자적으로 서양과 교류하는 사실을 인지하고도 사고의 전환을 못한 사실은 가슴 아픈 일이다.

유교의 예를 국본으로 하던 시절에 천하의 중심으로 생각한 명과 청에 종속되어 살던 조선인은 천주학과 서양에 무지하였다. 정학인 유교를 내세워 청국에 종속된 조선이 있듯이 사학인 천주학에 사로잡힌 서양을 야만인으로 생각했을지도 짐작해 볼만한 일이다.

텔레비전 방송에서 일본 한가운데ニッポンど真ん中!라는 방송을 본 적이 있다. 지리적으로 기후현岐阜縣이 가운데에 위치해 있는데 구조시郡上市에는 일본 만나까 센터日本真ん中センター라는 공공시설도 있다. 일본 총무성의 발표에 의하면 일본의 인구 분포를 일본 지도싱에 무게 중심으로 대표하여 나타낼 때 그 중심점人口重心이 기후의 구조시 일대라고 한다.

정치의 중심지는 도쿄, 문화의 중심지는 교토라고 하지만 지리적

**일본의 중심점 노토반도**

으로 일본땅의 중심 지역은 어디일 것인가? 이시가와현에서는 일본의 중심지가 노토반도能登半島의 최북단이라고 주장하는 사람도 있다. 노토반도의 최북단 스즈시에 롯코사키 등대珠洲市禄剛埼燈臺가 있는데 등대가 있는 곳을 일본의 중심이라고 한다. 노토는 지리적으로 교통도 불편하고 외진 지역이다. 지금은 공항이 있어 도쿄에 직항편이 있지만 전략적인 측면에서 만들었다고 사료된다.

일본의 중심은 천황이다. 특히 제국주의 시대 세계가 천황을 중심으로 하나의 집을 뜻하는 핫코이치우八紘一宇라는 슬로건을 내세웠다. 제국주의 일본의 침략 전쟁을 합리화하기 위한 천황중심한 파시즘의 핵심 사상이다.

민주주의 입장에서는 미국이 중심이고 기독교적 세계관에서 본다면 예루살렘이다. 인류는 서력을 사용하고 있는데 예수 탄생에 기원을 두며 인류 역사를 6천년으로 보는 것도 성서의 세계관이다. 예수와 성서 그리고 유대교를 바탕으로 한 기독교의 세계관이 세계를 지배해왔고 이를 기록한 것이 서양사다.

무역을 통해 세계 정세를 파악하여 미래를 준비한 일본과 비교하면 한국과 일본의 운명이 17세기 나가사키에서 갈렸다고 보는 시각도 있다. 명과 청의 속국으로 안주하려던 조선과 조선을 대륙 진출의 발판으로 삼으려는 왜국의 차이점에서 온 결과다.

왜인들의 의식 속에 잃어버린 왕국을 회복하려는 야심이 임진왜란과 제국주의 시대 대륙 침략으로 현실화되었다. 그러나 한국인들은 식민지 시대의 기억을 망각한 채 현재에 안주하는데 언제까지 지금의 상황이 계속될지 알 수 없다.

조선에는 왜관이 있었으나 왜국에는 조선이나 중국을 위한 시설이나 지역이 없었다. 반면에 화란 상단이 동양에 진출하자 왜국은 나가사키에 데지마島原藩出島라는 인공 섬을 제공하여 무역을 장려하였다.

오늘날 미래를 준비하는 지도자들이 없다. 대학에서 한국의 근현대사를 강의하는 평화정책연구소의 아사이 요시즈미浅井好純 교수는 한소수교와 6자회담 등 동북아 평화의 배후에 문선명 총재가 있었다고 강조한다. 한소수교와 소련 해체를 위해 고르바초프를 움직이게 한 문총재의 역할을 주제로한 소설 김진명의 '예언'이 발표되기도 하였다.

문선명 총재는 미국을 기반으로 자유 진영을 통합하고 소련과 중국을 움직여 북한을 대화의 자리에 불러냈고 1970년대부터 북미와 남미의 화해와 통합을 위해 카우사CAUSA를 창설하였다고 한다. 1991년 4월 27일 몬테비데오 국립극장에서 '카우사 창립10주년 기념 문선명 총재는 환영대회'에서 "본인은 지금까지 라틴아메리카의 꿈을 측면에서 지원해 나왔으며 중남미의 공산화를 막고 하나님주의 운동을 펴왔다"고 강조하였다.

1992년 4월 10일 잠실운동장에 중동 8개국에서 모인 모슬렘을 비롯하여 1267쌍의 세계 기성가정 합동 축복결혼식이 있었다. 서너 명의 부인들과 함께 살던 이슬람교 지도자들이 과거의 결혼 생활을 청산하고 한 명의 부인과 순결한 결혼 생활을 서약한 후에 축복결혼식에 참석하였다. 이미 1970년대부터 미국을 중심으로 중동 평화를 위한 활동을 실천해 온 결과라고 가정연합 관계자는 강조하였다. 그 결과 2000년 문선명 총재 팔순 잔치 축하를 위해 인도네시아의 와히드Abdurrahman Wahid 대통령이 방한하였다.

초종교 초국가 평화회의IIPC는 2003년 12월 22일 예루살렘에서 50개국의 평화대사와 기독교·이슬람교·유대교 등의 종교지도자 비정부기구 대표, 학자, 시민 등 2만 명이 종교·국가·인종간 갈등과 전쟁을 극복하기 위한 이스라엘 평화대행진을 실시하였다. 9.11 사태 직후에도 중동평화를 위한 초종교세미나와 이스라엘 평화 대행진 등 100여 차례 종교평화운동을 전개해 왔다고 한다.

한반도 평화실현을 위하여 "재일 동포 화합을 통한 한일 일체화로 남북통일의 문을 열고 한중일 평화구축과 세계 평화를 위하여 평화고속도로 건설에 천문학적인 자산을 투입하였다"고 평화통일연합은 문선명 총재를 소개하고 있다.

세계일보사 사장을 지낸 손대오 박사에 의하면 문선명 총재는 "이승만 건국 대통령이 1948년 8월 15일 건국한지 1년 10개월만에 김일성이 일으킨 6. 25 동란을 당하여 신생국의 대통령으로서 천신만고의 노력과 대미 외교력을 발휘하였다. 이래서 미국이 앞장서서 유엔 16개국 용사들을 이끌고 한국을 수호하기 위해 참전하게 하여 헤이그 상관의 산증과 같이 새팀 메시아의 생명을 구출하게 되있다는 것도 명심하여야 한다. 기독교와 통일교회도 한반도 통일의 때가 되면 기독교 정신으로 건국한 이승만 대통령의 이런 조건으로 하나 되는 일이 벌어질 것이다."라고 말씀하셨다. 손 박사는 유엔 16개 참전국의 기념비 건립과 리틀엔젤스를 대동하여 16개국 순방을 하면서 순회 보은 공연을 개최하였다.

인류의 다음 시대는 한국을 중심으로 일본과 중국이 함께하는 아시아 태평양시대의 도래를 말하고 있다. 문 총재는 "장차 한국과 일본과 중국이 사상적으로 하나 되어야 한다. 한국은 일본을 품지 않으면 안 된다. 천운이 그 길을 걸어오기 때문에 일본을 품어야 된다"고 가르치면서 일본을 품기 위한 프로젝트를 실천해 왔다고 한다. 문 총재는 "공산주의의 종식을 위해 소련 해체를 주도하였고 공산주의의 위협에서 일본을 구하였다. 가정연합은 6자회담을 지원하는 한편, 소련의 고르바초프 서기장과 북한의 김일성 주석을 만났다. 미국과 일본의 정계를 움직이면서 중국의 판다 프로젝트와 북한의 평화자동차를 운영하여 통일기반을 조성해 왔다. 한반도의 평화 구축을 위해 중국과 북한의 문을 열게 하였을 뿐만 아니라 중동 평화를 위해 이슬람과 교류하여 이스라엘에서 유대교와 이슬람교 그리고 기독교가 화해하는 평화 활동을 전개해왔다. 북미와 갈등하던 중남미를 화해시켜 공산주의의 위협에서 구한 평화의 아버지"라고 부른다. 가정연합은 세계 평화를 위해 중심적 역할을 한 문선명 총재의 고국 한국을 세계의 중심으로 보고 있다.

한반도는 종전이 아닌 휴전 상태로 남과 북이 휴전선을 사이로 대치하는 분쟁 지역이다. 한국인이 애써 이해하려 하지 않는 세계의 화약고 한반도가 민주와 공산을 하나로 만들어 새로운 아시아 태평양 시대를 주도하여 평화 세계 실현을 구현할 가장 역동적인 지역이라는 것이다.

## 일본의 위기는 세계 평화의 위협

1차 세계 대전 후 윌슨 대통령이 주창한 민족 자결주의로 새로운 세계 질서의 바람이 불었다. 1920년 전후 전 세계적으로 인권 해방 운동의 영향으로 여성 해방과 흑인 해방 등이 전개되었다. 2차 세계 대전이 끝날 때 미국을 중심으로 유엔의 창설과 브레튼 우즈체제 Bretton Woods system로 국제 통화 체제와 경제 부흥의 틀을 정했다. 전승국이 식민지를 지배하여 자원을 착취하는 것을 포기하고 모든 국가가 동등한 권리를 갖고 이익을 얻어 발전할 수 있는 권리를 보호하는 민주주의를 미국이 솔선하여 세계에 확산시켰다.

국제통화기금과 국제부흥개발은행이 설립되어 각 국의 통화 가치의 안정, 국제 무역의 확대와 진흥을 통해 고용과 소득을 증대 시키는 등 식민지에서 해방된 개발도상국을 지원하였다. 국제연합의 탄생과 더불어 대한민국이 건국되었다. 한국은 식민지에서 해방되어 혜택을 받고 선진국에 들어서는 대표적인 모델 국가가 되었다.

1919년 독립 만세 운동을 전후한 시기는 인권 운동의 고조와 인간 본성의 회복을 위한 움직임이 세계적으로 일어났다. 20세기의 인간 본성 회복을 위한 새시대의 거대한 쓰나미가 전 세계적으로 전개 되었다. 1922년 일본 최초의 인권 선언 '스이헤이샤 선언水平社宣言'은 부락민 차별철폐 운동의 큰 구심점이 되었다. 후일 이들은 이를 조직적인 민중 운동으로 발전시켰다.

냉전 체제 해소를 3차 세계 대전으로 보는 시각도 있다. 미소의 대립에서 스타워즈 계획으로 소련이 무너지면서 세계는 이념의 갈등과 투쟁이 끝이 났다고 보는 견해가 있다. 이념 대결 이후 거역할 수 없는 인류의 새로운 물결로 인류는 이념이나 민족 그리고 종교적 갈등을 넘어가는 시대를 맞이하게 되었다는 것이다.

동서간 이념 문제와 경제적 빈부인 남북 문제를 해결하여 인류 한 가족을 실현하려는 꿈을 이루기 위해 세계는 고민하고 있다. 그 동안 경제적 부를 창출한다는 명분 아래 파괴된 자연 환경을 회복하기 위해 세계적인 노력이 필요하다는 공감대를 넓혀가고 있다. 20세기 세계 대전을 통해 갈등을 경험한 한중일의 관계가 중요시되고 있다. 그동안의 역사는 아시아 태평양 문명을 열기 위한 길을 걸어왔다는 것이다.

현대 인류는 종교의 벽을 넘어 이타주의에 의한 평화 운동에서 희망을 보고 있다. 우크라이나 전쟁을 계기로 세상이 변하고 있다는 것을 세계인이 느끼기 시작했다. 이전에는 난민으로 인한 국론 분열과 민족 및 인종 차별이 커다란 국제 문제로 대두되었다. 그러나 작금의 우크라이나 난민에 대한 세계인의 의식이 새로운 양상을 드러내고 있다. 러시아의 우크라이나 침공으로 세계인의 의식이 변화되었다고 보는 의견에 세계인이 많은 공감을 하고 있다. 갑작스러운 러시아의 침공으로 사람들이 가족을 잃고 삶의 터전이 파괴되어 타국으로 피난하는 모습을 텔레비전의 생중계로 보면서 그들과 아픔을 나누며 함께 슬퍼하는 세계가 되었다. 이 슬픔이 많은 사람들의 의식을 깨운 것으로 보인다. 다른 사람들의 슬픔이 마음속의 사랑을 깨웠다. 국가와 민족 그리고 종교와 문화가 다름에도 불구하고 전혀 모르는 사람들을 돕기 위해 그들의 집을 개방하였다. 인류의 새로운 사랑 운동의 시작이라고 할 수 있다.

현대 사회의 특징 중 하나가 재난시에 자원봉사자가 몰린다는 것이다. 다른 말로 표현하면 타인의 아픔을 자신의 아픔으로 받아들이는 사회가 되었다. 20세기가 세계 대전으로 투쟁과 파괴의 세계였다면 새로운 21세기는 이타주의가 주를 이루는 심정적 주관성 회복 시대다. 지난 세기의 갈등을 넘어 치유와 통합을 이루어가는 새로운 패러다임이 펼쳐지고 있다. 이를 위해 자신을 희생하는 봉사를 통해 사랑을 실천하는 움직임이 일본을 비롯하여 세계적으로 나타나고 있다. 한국에서도 태안 원유 유출 사고와 팽목항에서 보인 자원봉사 활동에서 새로운 희망을 보았다고 말하는 사람들이 많다.

헤겔Georg Wilhelm Friedrich Hegel이 밝힌 윤리적 패러다임의 핵심 주장 중 하나로 주관이 양심das Gewissen에 따라 도덕적 결정을 내려야 한다는 말이 있다.

그는 선das Gute이 주관적 의지das subjektiver Wille를 통해서 현실성을 갖도록 하는 내면적인 규정이 양심이라며 "참된 양심은 선한 것을 의지하는 정신das Gesinnung"이라고 정의하였다. 선이라고 인식한 구체적인 내용에 대해 작용하는 것을 정신적인 이끌림이라고 표현하였는데, 인간의 양심적 규정의 일부인 정신은 선하다고 인식된 내용에 대해 지속적인 헌신과 습관화를 가능케 한다고 하였다.

헤겔의 윤리학에서 습관은 제2의 자연으로서 내적 자연과 자유 사이의 화해를, 나아가 자유와 의무 사이의 화해를 주도한다. 그리고 정신은 일반적으로 행위의 윤리적 가치를 더해준다고 지적하였다. 헤겔의 윤리학은 한국인이 역사를 통해 체휼體恤해 온 심정을 모든 인류가 이해할 수 있는 길을 열어 놓았다고 할 수 있다.

가정연합에서는 이상 세계를 실현해가는 근본적인 원동력인 심정을 희생과 봉사로 나타나는 "사랑을 통해서 기쁘고자 하는 정적인 충동"이라고 가르치고 있다. 천지 창조의 동기를 심정이라고 지적하면서 하나님의 심정의 대상으로 한민족을 길러 나왔다고 한다. 인간 본성에서 우러나는 평화로운 세상은 상대방을 위해 사는 심정과 사랑의 세계라고 한다. 인류 역사는 이상 세계 실현을 위하여 심정적 주관성을 회복해 왔으며 그 중심에 한국인의 심정이 있다는 것이다. 종교의 목적도 인간 타락으로 하나님과 끊어진 심정의 인연을 잇기 위한 것이 인류의 복귀역사로, 하나님과 인간 사이의 잃어버린 심정 인연을 회복하는 것이라고 한다. 종교의 핵심적인 가르침으로 사랑과 자비 등이 있는데 이 사랑과 자비의 근원이 심정이라는 것이다.

필자가 일본에 온 것은 거품 경제가 빠져가는 무렵이었다. 일본에서는 이 때를 '잃어버린 10년' 또는 '제2의 패전'이라고 한다. 장기 불황이 계속되면서 도덕성이 상실되고 그들이 금과옥조같이 여기던 '안전 신화'가 무너졌다. 정사원이 줄어들고 파트, 아르바이트가 증가하면서 중간층이 붕괴되었다. 입사 이래 임금 상승이 둔화되면서 일본의 미래를 불안해 하는 계층이 늘어나기 시작했다.

처음 일본에 온 필자에게 아는 선배가 "일본에서 살려면 천황에 대해 나쁜 말을 하지 말라"고 충고하였다. 일본은 천황의 나라이다. 수상에 대한 비난은 가능하나 천황에 대한 비난은 용서 받지 못하는 분위기다. 부라쿠나 공산당 등 천황제를 반대하는 사람이 있으나 소수 세력이다. 대놓고 천황을 비판하려면 든든한 뒷배가 없이는 불가능하다고 할 수 있다.

여기에 대통령제에 익숙한 우리가 아이돌 같은 인기를 누리는 천황의 모습을 비아냥식으로 폄하하기 쉬운 경우가 종종 발생한다. 특히나 일본에 반항적인 성격이 강한 사람은 더욱 그렇다. 천황을 비하하거나 비난하면 일본인과 함께 살 수 없고 언제 위험한 사태가 일어날지 모른다.

일본인은 일본 역사와 함께 지켜온 천황 신앙 전통에 상처를 입히는 행위를 용서하지 않는다. 군국주의 시절에는 황궁 앞에 엎드려

병이 낫게 해달라고 기도하던 사람이 많았을 정도다. 일본인이 자랑스럽게 지키려고 하는 것 중에 대표적인 것이 천황제의 유지다. 이 전통의 변화를 두려워하는 세력이 곳곳에 널려 있다. 특히 한일 간의 갈등과 대립을 부추기는 이들이 우호적인 관계로 변화되는 것을 두려워하며 무조건적인 반대를 조장하기도 한다. 일본 역사와 함께 땀을 흘려 얻은 승리나 패배의 감정을 공유하면서 형성된 끈끈한 공동체 의식과 민족 정신의 중심에 천황이 있기 때문이다. 천황제는 일본 민족만의 집단 지성에 의한 집단의식의 발로라고 할 수 있다.

일본의 위기가 계속될수록 동북아의 균형이 깨져버릴 수 있다. 일본의 위기가 동북아의 긴장을 유발시켜 언제든지 평화를 위협하는 국가로 변화될 수 있다는 것이다. 이 때에 천황은 과거의 역사와 같이 위협의 중심으로 다시 등장할 수 있다. 한반도의 영향 아래 종교와 문화를 통해 형성되어 온 역사와 현실을 바로 이해하면서 일본과 함께 평화를 위한 공생의 길을 모색하는 것이 요구되는 이유다.

### 아시아 태평양 시대 도래

한반도 통일을 실현하려면 주변국들과 평화적인 관계를 맺어야 한다. 혐오와 갈등 관계에 있는 일본, 중국과 화해하고 미국과 러시아가 도와줄 때 아시아 태평양 문명 시대를 열매 맺을 수 있다. 현재의 한반도 정세가 위중하지만 한국인은 전혀 무서워하지 않고 있다. 온갖 고난을 이겨내면서 현재의 번영을 이뤄낸 한민족의 DNA의 영향인지도 모른다.

한반도 중심의 동양 역사를 메이지 유신의 출발인 1868년부터 시대를 구분하는 시각이 있다. 일본은 메이지 유신의 성공으로 동양의 지배자가 되었다. 1868년부터 1988년까지 120년간 일본은 강대국으로 성장하였다. 그 후, 한국은 치열하게 남북이 대치하는 환경에서도 서울올림픽을 계기로 일본을 넘어서는 강대국으로 성장한 반면, 일본은 추락하면서 절망의 늪에서 헤어나지 못하고 있다.

일본이 한반도의 그늘에서 벗어나 세계열강의 반열에 등장하게 된 것은 러일전쟁에서 승리한 후다. 서구 열강으로부터 불평등 조약을 강요당하면서 위기에 빠진 바쿠후가 통치권을 반려한 타이세이호칸大政奉還후 36년이 지나서다. 일본은 메이지 유신이라는 개혁의 바람을 타고 동양의 용이 되었다. 한국이 식민지로 전락되었고 만주국을 기반으로 중일 전쟁에서 승리하였다. 인도차이나를 거쳐 태평양의 섬나라를 차례로 정복하면서 거대한 제국이 되었다.

일본이 세계 제일의 자리에 나가는데 결정적 역할을 한 나라가 영국과 미국이다. 1885년 대영제국이 불법으로 거문도를 점령하는 사건이 있었다. 러시아와 청국의 태평양 진출을 봉쇄하려는 세계 전략의 일환이었다. 영국은 러시아가 대양으로 진출하려는 야망을 저지하기 위해 러시아와 기나긴 전쟁을 하고 있었다. 대서양 진출을 막기 위한 크림전쟁1853~1856년과 인도양 진출을 막기위해 인도를 점령하고 아프가니스탄을 통합하여 세 차례1839~1842년,1878~1880년,1919년에 걸쳐 아프가니스탄에서 치열한 전투를 벌였다. 러시아는 크림 전쟁과 제1차 아프가니스탄 전쟁으로 국고가 바닥이 나자 영국이 알래스카를 공격할지 모른다는 불안감에 미국에 헐값으로 매각하였다.

1860년에서 40년간 러시아는 태평양 진출을 위해 청과 조선 그리고 일본 연안의 부동항을 획득하기 위해 각축전을 벌인 결과 블라디보스토크를 손에 넣었다. 당시 한반도를 차지하기 위한 열강들의 각축 속에 대한 제국의 운명은 풍전등화의 위기에 떨어졌다. 왜란과 호란 속에서도 그칠 줄 모르는 당파싸움으로 백성들의 생활은 도탄에 떨어졌다. 조세징수가 곤란해지자 매관매직이 성행하였다. 가장 치명적인 사건은 일본이 명성황후를 시해한 것에 생명의 위협을 느낀 고종이 러시아 영사관에 피신한 아관파천이다. 이는 국제 정세를 파악하지 못하고 자신의 안위만을 생각한 고종의 실책이었다.

이와쿠라 사절단의 영향으로 일찍 서구에 눈을 뜬 일본은 영일동맹을 맺으면서 제국주의 정책을 상호 지원하고 보완하였다. 영국을 대신한 러일전쟁에서 승리한 일본과 패배한 러시아의 전후 회담을 중재한 미국이 세계 무대에 발을 들여 놓은 것이1905년이다. 그 후 미국과 일본이 가쓰라-태프트 밀약을 맺으면서 일본이 한반도를 보호령으로 삼아 통치하는 것을 용인하였다.

오늘날 평화 세계를 구축하는데 한반도와 일본 열도의 지정학적인 관계가 자유 민주 진영의 최전선으로 중요시 되고 있다. 러시아와 중국의 대양 진출을 방어하기 위한 자유 민주 진영의 연대 가운데 한반도와 일본 열도의 역할이 중요하다는 것이다. 그렇기 때문에 한일 간의 갈등을 악화시키려는 대륙 세력과 협력을 강화하려는 해양 세력이 첨예하게 대립하고 있다.

크림반도와 아프가니스탄 그리고 한반도의 긴장 관계가 계속되면서 세계 평화를 위협하고 있다. 제2차 세계 대전의 결과로 국제연합이 창설되었고 식민지 국가가 독립하였다. 중동의 각국이 독립되어 석유 강국으로 등장하여 제3 세력이 되었다. 특히 유엔의 감시하에 한국과 이스라엘이 독립하여 건국되면서 강대국이 되었다. 세계의 정세를 살펴보면 보이지 않는 손에 의해 역사가 움직이지 않았나 하는 것을 깨달을 수 있다.

## 나를 밟고 지나가라, 현대판 후미에(踏み絵)

    1982년 3월, 광주를 방문한 전두환 전 대통령 부부가 담양의 한 마을에서 숙박하였다고 한다. 이를 기념하여 마을 주민들이 '전두환 각하 내외분 민박 마을'이라는 기념비를 마을 입구에 세워 놓았는데 5.18 피해자 유족들이 강제로 훼손하였다고 한다. 당시 전남일보의 기자가 이를 수습하여 망월동 광주 국립 5.18민주묘지로 가는 길바닥에 묻었다고 한다. 안내문에는 '영령들의 원혼을 달래는 마음으로 이 비석을 짓밟아 달라'고 쓰여 있다.

    가나자와시에 시영 노다야마 묘지 野田山墓地가 있다. 이 곳에는 군국주의 시대에 희생된 가나자와 출신의 전몰자 묘지와 육군묘지가 있다. 가나자와에 호쿠리쿠 출신 장병들로 구성된 일본군 제9 사단 사령부가 있었다. 1932년 4월 29일, 상하이의 홍커우 공원 虹口公園에서 열린 천황 탄생일 天長節을 축하하는 식장에 윤봉길 의사가 폭탄을 투척하는 의거를 하였다. 이 의거로 상하이 파견군 사령관 시라카와 요시노리 白川義則 대장이 즉사하고 상하이 주둔 제 9 사단장 우에다 겐키치 上田謙吉는 다리가 절단되는 부상을 입는 등 관계 요인들이 크게 다쳤다.

    현장에서 체포된 윤 의사는 가나자와로 호송되어 순국하셨다. 윤

**윤봉길 의사 암장지 유적**

의사의 호송은 철저하게 비밀리에 진행되었다. 일본군은 만약의 사태에 대비하여 이른 새벽에 가나자와역이 아닌 노노이치野々市역에서 하차시켜 군부대로 호송하여 몰래 처형한 후에 암매장하였다.

윤 의사의 유해는 육군 묘지로 올라가는 길에 매장되어 전몰자와 유족들이 밟고 지나가도록 하였다. 윤 의사의 의기에 영향 받은 재일 한국인의 움직임을 두려워 한 일본군은 이 모든 작전을 비밀리에 진행하였다고 한다. 얼마나 원한이 사무쳤으면 이 같은 일이 있었을까 하는 마음을 금할 수 없었다.

지금은 암매장되었던 장소에 기념묘와 순국 기념비가 세워져 있다. 호쿠리쿠에 있을 때 종종 시간을 내어 헌화와 분향을 하곤 하였다. 그러던 어느 날 현장 답사 회원이 연극 티켓을 가지고 필자를 찾아 왔다. 가나자와 시민 호토보리熱り 상연 실행위원회가 주최하는 「윤봉길, 꺼지지 않는 불꽃尹奉吉, 消えない花火 」의 초대장이었다.

그동안 사회성이 짙은 작품을 무대에 올려 인정을 받아 온 연출가 히라이시 고이치平石耕一씨의 기획으로 윤의사의 기일인 12월 19일, 현립 음악당에서 열린다고 하였다. 연극은 윤 의사의 일대기와 윤 의사를 가슴에 품고 살아가는 재일 동포 가족의 복잡한 심리를 그린 내용이었다.

일본에서는 안중근 의사나 윤봉길 의사를 테러리스트라고 한다. 그러나 일부 양심적인 사람들에 의해 평화주의자로 존경의 대상이 되고 있으며 이를 일본 사회에 알리는 활동을 펼치고 있다. 우익 단체의 협박에도 불구하고 히라이시씨가 일본 사회에 던진 화두는 연극을 관람하던 필자의 가슴속에서 폭탄이 되어 터져 번지는 것을 느낄 수 있었다.

에도 시대에 기리시탄을 가려내기 위해 후미에십자가에 달린 예수의 그림 등를 밟고 지나가는 에부미絵踏み라는 행위가 있었다. 기리시탄이라 의심되는 사람에게 후미에를 밟고 지나가라는 명령을 내렸다. 밟고 지나가면 살 수 있지만 거부하면 죽을 수밖에 없었다. 공포 정치 아래서 생사가 갈리는 극단적인 선택으로 무자비한 폭력이 횡행하는 살벌한 시대였다.

대통령 후보로 확정된 어느 정치인이 환하게 웃으면서 훼손된 전두환 전 대통령의 기념비를 당당하게 밟고 지나가며 상대 후보를 자극하는 발언을 하는 영상을 일본에서 보게 되었다. 정치는 협치와 타협이고 대통령은 국민을 통합하는 존재라고 이해하는 것이 상식적인데 충격을 받았다. 내 편과 네 편으로 갈려 살벌한 난장판을 만들어가는 모습을 바라보며 민주주의의 한계를 또 한번 느끼게 되었다.

광주와 가나자와의 밟고 지나가는 묘지 현장을 보면서 "시간이 걸리더라도 한·일 양국이 역사에 대한 시각 차를 좁힐 수 있기를 바란다"는 히라이시 씨의 인터뷰 기사는 많은 것을 생각하게 하였다. 고 이병철 회장이 "정치는 4류"라는 말을 하였다고 한다. 음모와 조작이 판을 치고 진실과 상식이 몰이해 당하는 비인간적이고 저질스런 언동으로 대립과 갈등을 부추기는 것을 민주주의라고 하는 시대는 필연적으로 사라져야 할 것이다.

여담이지만 하루는 현장 답사를 마치고 제9 사단 사령부 청사였던 가나자와 카이코샤金澤偕行社 앞을 지날 때의 일이다. 일순 차내의 분위기에 깜짝 놀랐다. 청사와 얽힌 가족과의 추억을 나누는 회원들의 다소 상기된 분위기에 필자는 이방인이었다. 이들의 정서와 하나되는 것은 그리 간단하지 않는다는 사실을 피부로 느낄 수 있었다. 그들에게는 부모 세대가 참전하여 많은 추억을 가진 역사적인 자리이다. 차 안에 있던 회원들의 부모가 청사에 근무하던 어린 시절의 기억이 새록새록 피어났을 것이다. 그런 분위기를 바꾸기 위해 큰기침을 하자 무인하였는지 금새 미인하다며 필자에게 사과를 하였다.

### 평화를 위한 새로운 패러다임

인류 역사에서 종교 간 갈등으로 인한 살육이 제일 많다는 자성에서 타종교의 이해와 화합을 위한 시도가 시작되었다. 모든 종교가 사랑과 평화를 주장하면서도 갈등과 전쟁으로 평화를 해쳐왔다. 현재도 종교 간 갈등은 인류 평화를 방해하는 심각한 일들을 자행하고 있다.

　종교 지도자들보다 희생과 봉사를 통해 사랑과 평화를 실천하는 보통 사람들이 더 많은 세상이 되었다. 인류의 지성과 인성이 평준화되면서 종교는 죄를 지은 사람들의 도피처이거나 덜 떨어진 사람들을 등쳐먹는 사기 집단으로 비판 당하는 경지로 전락되고 말았다. 여기에 문화 공산주의의 등장으로 그동안 인류가 쌓아 놓은 지혜가 위협 당하게 되었다.

　급변하는 현대 사회 특히, 신을 부정하는 공산주의의 출현에 대해서 기성의 고등 종교가 한계에 부딪혔다. 개인주의와 이기주의가 팽배한 현대 사회에서 본질에서 이탈한 한국의 고등 종교가 일본의 고리야쿠 신앙보다 타락되어 기복 신앙으로 변형된 나머지 혐오의 대상이 되고 있다.

　기독교의 반성과 쇄신 운동이 개신교를 중심으로 세계교회협의회WCC를 결성하고 가톨릭은 제2차 바티칸 공의회를 통해 교회 개혁 운동을 전개하였다. 1948년 개신교회를 중심으로 하는 교회일치운동Ecumenism이 동기가 되어 세계적인 교회 일치 운동을 벌였으나 결국은 문화 공산주의의 침투로 변질되었고 한국에서는 좌파와 보수가 갈라져 사회적 갈등을 초래하였다.

　가톨릭은 과학과 세속 권력이 점차 기존의 신권을 압도해가는 상황에서 전통을 고수할 것이냐 회개와 개혁을 할 것인가를 놓고 고민하던 가운데 1960년대에 들어 제2차 바티칸 공의회를 소집하였다. 공의회 결과 1054년 이래 분리되었던 정교회와 화해하였고 종교 개혁으로 싸움을 해 왔던 개신교를 분리된 형제라 고백하게 되었다. 무엇보다도 예수의 죽음을 놓고 책임을 추궁하던 반유대주의를 극복하였다. 종교 자유에 관한 선언으로 인간의 존엄성을 인정하면서 하나님을 모르는 선한 사람의 구원 가능성을 인정하였다. 그리고 권위주의 정권의 반대편에 서는 변화를 하였으나 해방 신학의 탄생과 총을 들고 투쟁하는 한편 좌경화의 길을 열었다.

교회 개혁 운동이 좌파에 점령되면서 전통적인 윤리관이 무너지고 타락한 물질 문명이 범람하면서 개인의 윤리가 상실되고 가정이 파괴되었다는 시각도 있다. 기독교의 회개와 개혁은 2차 세계대전 후에 전 세계적으로 일어난 재림 운동으로 보는 시각이 있다.

코로나와 우크라이나 전쟁을 계기로 인류가 처한 위기를 극복하기 위한 각성과 지혜를 모아 새로운 세상의 틀을 모색하려 노력하고 있다. 종교도 화해와 용서로 통합을 이뤄 인간의 이성인 상식과 공정을 통해 평화 세계를 실현해야 한다는 당연한 진리를 깨닫게 되었다.

오늘날 민주와 공산이라는 이념적 한계를 드러내면서 자국민 중심주의의 병폐가 극심하게 대립하여 심각한 진영논리가 표출되고 있다. 진영논리에 의한 정치 투쟁은 인간의 밑바닥을 드러내는 진흙탕 싸움의 양상으로 드러났다.

현대 한국 사회에 불공평의 대명사가 된 하나의 사안에 대해 이중 잣대를 들이대어 상대를 공격하는 진영논리라는 말이 크게 회자되고 있다. 국민은 편가르기를 통해 진영간 갈등을 조장하는 파국적인 국면에서 심한 고통을 당하고 있다. 진영논리는 한국 정치를 후퇴시켰을 뿐만 아니라 한국의 이미지를 다운 시켰고 정치인을 선출한 국민의 양심을 더럽혔다.

나라의 지도자는 국민 통합을 이뤄 평화 세계를 지향해야 한다는 당위성이 요구되고 있다. 좋은 정치는 어떤 문제에 대해 갈등을 키우기보다는 따뜻하게 풀어 해결하는 방향으로 나가는 것이라고 한다. 새로운 세계를 맞이하기 위한 시점에서 평화 세계를 저해하는 세력이 마지막 발악을 하는 것처럼 보인다.

인류 역사는 크게 상반되는 대립적 관계가 서로 투쟁하면서 변화와 발전을 했다고 보는 시각이 있다. 학창 시절에 변증법적인 시각이 천하의 보도인양 모든 분야에 적용되는 것을 보면서 위압감을 느꼈다. 대립적 관계를 갖지 않으면 발전과 성장이 실현되지 않는가? 가족 관계도 대립적 관계로 투쟁해야만 행복한 가정을 만들 수 있는가? 하는 유치할 정도의 생각으로 교수와 논쟁을 했던 기억이 있다. 변증법에 입각한 계속적인 대립과 투쟁이 평화로운 관계를 형성한다면 우리가 해야 할 일이 무엇일까? 를 놓고 많은 토론을 하였다. 그러나 헤겔의 변증법이 인류의 '지식의 문'을 열어주는 새로운 차원의 패러다임이라는 사실을 마주하면서 눈이 밝아졌을 때의 감동은 잊을 수가 없다. 마르크스의 변증법적인 사고와 논리가 문제이지 사랑이 전제된 상호 간의 관계에서 자녀가 태어나듯이 선한 목적을 놓고 주고 받는 곳에 진정한 행복과 평화가 실현된다는 진리를 깨닫게 하는데 도움이 되었다.

글로벌 시대를 맞이하여 국가 간 문제 특히, 한일간 문제도 민족주의나 이념에 의한 대립과 갈등을 넘어 가야할 과제가 가로 놓여 있다. 한국과 일본은 아시아 태평양 시대를 맞아 평화 세계 실현이라는 새로운 패러다임을 제시하여 인류의 새로운 지평을 열어 나가는 주도적 역할이 요구되고 있다.

## 평화 세계의 동반자로

일본에서는 교회당과 기독교인을 찾아보기 힘들다. 예로 천주교가 처음 일본에 들어온 것은 한국보다 200년 빠른 1549년으로 470년이 지나는 동안 한국과 비슷한 고난의 길을 거쳤지만 2022년 통계로 냉담자를 포함한 신자가 한국 신자의 10분의 1 수준인 40만 명이라고 한다.

침략주의 국가 일본을 변화시켜 평화 세계의 동반자로 세우기 위해서는 새로운 가치관이 요구되고 있다. 윤리 도덕의 붕괴로 인해 피폐에 빠진 일본을 다시 세우려는 역사를 돌이켜볼 때 과거의 신토나 불교 그리고 기독교의 가치관이 한계에 달하였다는 지적이 있다. 가정연합은 일본에 새로운 가치관으로 등장한 것이 '참가정운동을 통한 평화 세계 실현'이라고 말한다.

가정연합은 그동안 다방면에 걸쳐 평화 운동을 전개해 왔다. 1992년 인기 연예인들이 합동결혼식에 참가하여 공산당과 좌파 언론인의 집요한 공격에도 불구하고 다수의 정치인과 유식자들이 교육을 받고 동참해 왔다. 폐쇄적인 섬나라의 한계 극복을 위하여 국제적 교류를 통해 세계 정세에 능동적으로 동참하는 기회를 제공하여 100명이 넘는 국회의원과 1000명이 넘는 지방의원들이 평화 운동에 동참해 왔다고 한다. 기시 노부스케, 나카소네 야스히로中曽根康弘 총리를 비롯하여 수십 명의 전임 총리와 각료들이 가정연합 관련 단체와 함께 세계적인 평화 운동에 동참해 온 것이 아베 전 총리 저격 사건으로 세상에 알려져 일본 사회를 비롯한 세계에 충격을 주었다. 일본이 적대국인 아닌 평화 세계 실현을 위한 동반자가 된 것이다.

 필자는 30년간 세 명의 군 출신 대통령의 통치 시절에 성장하였는데 노태우 대통령 재임시에 일본으로 왔다. 박정희 대통령 재임 시절 학교 새마을 운동이라며 어린 학생들이 동원되었다. 우리 마을에 있는 산을 일구어 꽃동산을 만들고 매일같이 새벽 일찍 일어나서 어린 학생들이 도로 청소와 보수 작업을 하였다. 해마다 송충이 구제 작업과 농사 지원 활동은 고등학교 졸업 때까지 계속되었다.

 초등학교 담임선생님이 풍금을 연주하며 건전 노래를 가르쳐 주시곤 하였다. 대표적인 노래가 '10.17 유신은 김유신과 같아서 삼국통일 하듯이 남북통일 되고요. 근대화에 목말라 바가지에 물 떠서 목마른 자 물주는 바가지 믿어요' 라는 노래를 등하굣길에 목이 터져라 부르곤 하였다. 다음 해에 중학교에 들어가서야 이 노래의 의미를 알게 되었다. 당시 중학교 입시 제도가 폐지되고 무시험 추첨제로 변하면서 뺑뺑이를 돌려 나오는 숫자 번호에 따라 중학교가 결정되었다. 명맥만 유지하던 시골 사립 학교가 무시험 제도로 바뀌면서 우수한 학생들이 들어오게 되자 난리가 났다. 학교의 가장 시급한 난문제가 정교사를 충원하고 학교 시설을 정비하는 것이었다. 그러나 학교에서 조금 실력이 있는 선생들은 신설된 공립 여자 중학교로 전근하여 1학년때만 해도 담임선생님이 세 번, 영어선생님이 두 번, 국어선생님이 두 번 바뀌었다. 수학과 한문 두 과목을 한 분의 선생님이 담당하였고 농업과 기술은 농전 출신의 관리 직원이 담당하였다.

 기술과 농업 수업 시간의 대부분이 교내 정비를 위한 작업 시간이 되었고 비 오는 날에만 교실에서 수업을 받았다. 폭력과 욕설이 끊이지 않았는데 작업 성과가 부실하다는 이유로 갑자기 뒤통수를 때리거나 삽자루로 폭력을 휘둘러서 학생들은 별과장 또는 삽자루라고 불렀다. 학교의 공터에 밭을 만들고 콩, 옥수수, 깨 등 농작물을 가꾸었고 이사장이 경영하는 읍내의 병원 공터에도 밭을 만들어 선생님들에게 판매도 하였다. 심지어는 이사장의 산을 개간하여 과수원을 만들었고 매일 수업이 끝나면 학교 운동장을 넓히는 작업을 하였는데 목표를 달성해야만 귀가할 수 있었다. 이 모든 작업을 별과장님의 지시 아래 진행되었다.

학생들이 뺑뺑이를 잘못 돌린 죄밖에 없는데 학교의 부당한 처사를 감당할 수밖에 없었다. 조금이라도 반항하면 선생님들의 폭력이 난무하니 작금의 학생에 대한 교사 폭력 사건은 문제도 안되는 것이었다. 봉 걸레 자루를 잘라 만든 몽둥이로 머리를 사정없이 때리던 국어 선생님, 대나무 뿌리를 잘라 만든 봉으로 손등을 마구 때리던 영어 선생님, 탁구채로 볼과 맨살의 엉덩이를 때리던 한문 선생님, 오늘날에 이 같은 선생님이 있다면 폭력과 성희롱으로 심각한 문제가 될 것이다.

같은 읍내의 공립 학교에는 원어민 교사도 있었고 모든 것을 고교 입시를 위해 준비된 전통 있는 학교였지만 우리 학교는 폭력과 폭언 그리고 작업 노르마를 달성해야만 집에 갈 수 있는 학교 생활이었다. 모든 학문의 기본이 되는 기초를 닦아야 하는 중학 시절이 강제 노동에 휩쓸려 아무것도 할 수 없었다. 시내에 사는 아이들은 과외를 하면서 기초를 닦을 수 있었지만 원거리 통학을 하면서 농사일을 돕던 아이들에게는 그런 여유도 없었다.

꿈을 키워야 하는 중학 생활 시절이지만 교육 현장의 모순을 체험하면서 한국의 현실을 보게 되었고 유신 독재를 알게 되었다. 그러나 중고등학교 생활을 통해 현실을 변화시킬 수 없다는 커다란 좌절로 인생의 꿈을 접어야만 했다.

남미를 여행하면서 어린 시절의 한국 농촌을 보는 듯한 착각에 빠졌다. 독재와 부정부패로 얼룩진 사회 환경이 60년대 한국의 모습과 교차되었다. 유신독재 아래에서 부정부패로 얼룩진 사회 환경과 일그러진 교육 환경 가운데서 신음하며 군부 독재에 몸부림쳤던 그 시절이 무엇이었던가?

북한에 가서 여러 곳을 둘러보았다. 전후 북한보다 낙후되어 있던 우리나라가 적대적 관계에 있던 북한을 제치고 뉴욕타임스가 보도 하였듯이 아시아의 호랑이가 되었다. 요즘 일본에 살면서 귀국할 때마다 변화되는 한국 사회를 보면서 한국인의 힘의 원천이 무엇인가를 생각하곤 한다.

한국에서 살던 30년간 군인들에 의한 독재 정치와 노동 현장의 심각한 갈등 그리고 북한의 침략 위협에도 불구하고 세계 경제를 이끌어가는 현실을 어떻게 이해할 수 있을까? 한민족의 저력과 그 힘의 근원 그리고 이를 지탱케 하는 것이 무엇인가? 애국가에서는 '하느님이 보우하사 우리나라 만세'라고 하는데 정말로 천운이 함께 하는 대한민국을 생각하면서 희망을 생각한다.

이제 주변국인 일본, 중국, 러시아와 어떤 관계를 맺을 것인가가 중요한 과제로 등장하였다. 강요된 사회 시스템으로 구속된 압박감에서 본심을 억누르고 살아야 했던 일본인들이기에 본심의 소리를 찾으려는 양심적인 일본인들이 의외로 많이 있다. 일본에 대해 혐오의 언어와 정치적 선동을 지양하고 도덕적 양식과 문화적 자부심을 갖고 양심적인 일본인과 함께 세계 경제를 이끌 평화의 동반자적 관계를 형성하는 책임적 자리가 요구되고 있다.

## 슬픈 일본을 품에 안고

인종과 민족이라는 차별적 개념의 언어를 만들어 유색 인종에 대한 편견이 지배하였던 시절이 있었다. 과거의 역사는 신분, 피부색, 종교, 인종과 민족에 따라 같은 사람으로 생각하지 않고 도구로 보았다. 특히 종교적 적대감은 눈에 잘 띄는 특성 혐오의 대상이 되었다. 인류 역사가 무지에서 지를 향해서, 지배와 억압에서 자유와 해방을 지향해 오면서 과거사로 인한 원한의 역사를 치유하여 평화로운 세계를 실현하는 것은 오늘을 살아가는 우리에게 주어진 과제다.

인간은 누구나 잘못을 저지를 수 있는 불완전한 존재다. 그렇기 때문에 잘못된 행동으로 사회적으로 비난 받는 결과를 초래할 수 있다. 그러나 잘못한 후에 어떻게 사과하느냐가 그 자신과 조직의 운명을 가르는 경우가 많다. 하지만 언제부터 우리 사회에서 진정한 사과가 사라지는 것 같다. 특히 국가 간 잘못은 의도적으로 계획된 공작이 지배적인 것으로 과거 제국주의의 그릇된 욕망은 세계를 참혹한 전쟁의 소용돌이로 몰아갔다. 평화로운 세계를 지향하는 과정에서 국가 간 사죄가 커다란 과제라고 할 수 있다. 사죄는 사죄하는 사람의 사회적 지위나 영향력에 따라 국가 간 풍습과 문화 그리고 가치관에 따라 다른 형태로 나타난다.

한국과 일본이 관계 회복을 하는데 반드시 대두되는 말이 과거사에 대한 사죄와 용서다. 일본인들은 사죄에 대해서 어떻게 생각할까? 일본인들은 어떤 것을 원하고 있을까? 한마디로 망각이라고 할 수 있다. 현재의 일본은 스스로의 잘못을 깨닫거나 또는 받아들이고 용서를 구하려 하지 않는다. 과거의 역사를 은폐하고 문서를 날조하여 잘못을 인정하거나 진정한 용서를 구하려 하지 않는다.

사과의 진정한 의미는 단순하게 잘못했다는 말로 해결되는 것이 아니라 가해자로부터 입은 상처를 치유하는 과정의 첫 단계이며 그 상처가 완전히 치유되어 정상적으로 회복할 때까지 계속되어야 한다. 지나가는 말하듯이 하는 잘못된 사과는 상처로 인하여 고통받은 분들의 피해를 보듬기 보다 깊은 상처에 소금을 뿌리는 행위로 받아들인다.

사과나 사죄에 대한 예로 국제 관계에서 독일과 일본의 사과가 비유되곤 한다. 독일인은 유대인 학살에 대해 반성하고 사죄하는 행위에 대해 언제까지 사죄를 해야 하는가를 놓고 국제적인 문제로 비화되지 않는다. 반면에 일본에서는 언제까지 주변국에 사죄해야 하는가에 대하여 불만의 소리가 높다. 일본은 1951년에 체결된 샌프란시스코 강화 조약에 따라 국가 간 배상 문제를 일괄처리 했다고 주장하면서 자신들은 독일과 다르다고 항변한다. 독일에 대하여는 동서로 분단되어 일본과 같이 국가간 배상을 일괄처리하지 못하여 결과적으로 나치의 범죄에 의한 희생자에 개인 배상을 하게 되었다고 주장한다. 그런데 여기에서도 말장난을 하는데 전쟁 범죄와 나치의 범죄를 교묘하게 나뉘어 말한다는 점이다.

일본인은 '전쟁 범죄'와 '나치스의 범죄'는 다르다는 해괴한 논리로 자신들을 정당화하려 한다. 독일에서는 이 두 가지가 어느 정도 명확히 분리되어 사용된다는 것이다. 나치 범죄는 특별하여 전쟁 범죄와는 다르다고 강변한다. 현재 독일에서 정치인이 사죄할 때에 전쟁범죄와 나치범죄를 서로 다르다고 나누어 말하지 않는다. 과거에 일어난 전쟁 범죄에 대해서 독일의 이름으로 용서를 구하고 사죄하고 있다.

패전 70년 담화2015년 8월 14일에서 아베 총리는 이렇게 말하였다. "그 전쟁과는 아무런 상관이 없는 우리 아이들과 손자, 그리고 그 다음 세대의 아이들에게 계속 사죄의 숙명을 짊어지게 해서는 안 된다"고 하였다. 그들은 '진심 어린 사죄'라 강변하면서도 전쟁의 책임에 대해서 일부 군인의 독주를 허용한 것이 비참한 전쟁의 원인이었다고 변명한다. 이에 대해서 아사히 신문은 '도대체 무엇을 위한 누구를 위한 담화인가'라는 사설에서 "일본이 침략을 하고 식민지 지배를 했다는 내용의 주어가 애매모호하다. 반성과 사죄는 역대 내각이 표명했다고 하면서 간접적으로 표현되었다" 고 지적하면서 "이번 담화는 발표할 필요가 없었다. 아니, 발표하지 말았어야 했다. 다시 한 번 그렇다고 절실히 느낀다" 고 비판했다. 그리고 일본의 대륙 침략에 대해 "침략이라고 하지 않았지만 '침략적 사실을 부정할 수 없다' 고 인정해 온 무라야마 담화 이전의 자민당 총리의 표현과 비교해 봐도 후퇴한 표현이다" 라고 지적했다.

"침략의 객관적 사실을 인정하는 일은 자학 사관이 아니며 일본을 폄하하는 것도 아니다. 오히려 국제 사회의 신뢰를 높여 '역사수정주의' 라는 일부의 의구심을 불식하게 될 것이다" 는 지적도 있다. 일본에 있어서는 누가 무엇을 했는지, 누가 책임자였는지 하는 주체가 매우 애매하다. 이 애매함은 전쟁 수행에 있어서도 의사 결정 현장의 공기에 의해 모든 것이 결정되었다는 것이다. 독일의 경우 '나치가 결정하고 나치가 행하였다' 고 결정할 증거가 있다는 것이다. 이 두 가지의 차이가 일본에서 사죄와 책임의 추궁을 어렵게 하는 이유라고 한다.

겐자부로는 일본인의 사과에 대해서 "일본인은 몇 번이나 사과해야 하느냐는 불만을 터뜨리는데 침략 전쟁이 잘못됐다는 태도를 계속 유지하고 있어야 한다" 고 꼬집는다. 그는 일본 국민에게 적극적인 행동을 요구하였다. "일본인이 주체적으로 동아시아에서 살아가기 위해서는 군국주의에 대한 반성을 지켜 나가야 한다는 것을 정부에 얘기해야 한다"는 것이다. 그리고 "정치가의 모순된 말을 부끄럽게 여겨 분노해야 하며 일본이 말한 것을 지키지 않는 것에 대해 항의해야 한다"는 것이다. 이를 통해서 "일본인도 미래를 위해 책임지는 사람들이라고 인정받아야 한다"고 힘주어 말했다. 이런 점에서 하토야마 유키오鳩山由紀夫 전 총리의 사과는 의미가 있다. 그는 "피해자가 그만하면 됐다고 할 때까지 더 사과해야 한다" 고 주장했다.

겐자부로의 지적과 같이 세계에서 일본은 유해한 나라가 아닌 필요한 나라로 인정 받아야 한다. 한국과 중국 등 주변국과 더불어 살아갈 수 있는 나라가 되는 게 유일한 길이다. 일본이 윤리적으로나 도덕적으로 자립하기 위해서는 아시아와 화해해야 한다. 그러나 이를 위해서는 일본의 정치가와 국민이 진정한 사과를 할 수 있는 환경을 만들어 주어야 한다.

정치가는 현란한 언어로 위기를 모면하거나 피하려고 한다. 존 케이도John Kador는 "사과는 자신감 넘치는 리더십의 표상이다" 라는 말을 했다. 정치인의 사과와 용서에 있어서 빌리 브란트 전 서독 총리와 만델라 남아프리카 전 대통령이 높이 평가되고 있다. 나치의 반인륜적 범죄에 대해 무릎을 꿇고 참회하는 모습은 많은 사람을 감동시켰다. 메르켈 총리도 아우슈비츠 강제수용소를 찾아 유대인 학살에 대해 "범죄에 대한 기억은 끝나지 않은 우리의 책임"이라고 사죄했다. 이는 독일 국민의 높은 도덕성을 단적으로 말해주고 있다.

일본인이 이해하는 재생은 새로 태어나는 것이기에 과거의 죄와 단절을 의미한다. 이런 의식의 결과로 잘못을 사과하는 의식을 거치면 과거의 죄가 모두 사라진다고 생각하는 것이다. 홋카이도에서 거행된 어느 종교 단체의 위령제에 참석한 적이 있다. 과거 일본이 일으켰던 전쟁 중에 희생된 한국인조선인과 중국인을 위한 위령제였다. 행사가 끝날 즈음에 주최자인 교주의 설법을 듣고 깜짝 놀랐다.

교주는 "오늘의 위령제로 강물이 흘러 가듯이 희생자들이 모든 것을 용서하고 잊었다"는 것이다. 이렇게 간단하게 모든 것을 잊어버릴 수가 있을까 하는 의문이 들었다. 그러나 이것이 일본 종교의 제례 의식의 상식이며 일본인의 의식인 것이다.

일본의 사과도 이와 비슷하다고 볼 수 있다. 한번 사과하면 용서받았다고 생각하는 것이 일반적이다. 따라서 반복적인 사과에 대해서 부정적인 것도 사실이다. 마치 정치인의 사과와 비슷하다고 할 수 있다.

일본의 진정한 위기는 역사적으로 늘 그래 왔던 것처럼 위기에 대처하는 일본의 집단주의적 사고와 소수 세력이라 해도 대중 전체를 외곬으로 몰아가는 일본 특유의 그 공기분위기에 있다고 지적하는 목소리가 있다. 일본의 몰락이 진행되면서 우경화 현상이 두드러지게 나타나고 있는데 보수층에서는 사죄 자체를 자학적인 태도라며 비판하고 있다. 변화를 두려워하는 세력이 무조건적인 반대를 통해서 분노를 극대화 시키면서 분열을 획책하는 것이다.

일본의 혼돈과 몰락이 청소년들에게 '자학의 역사'와 '사죄의 역사'를 가르쳐온 교육의 잘못으로 돌리고 있다는 것을 읽을 수 있다. '새 역사 교과서를 만드는 모임'을 통해 이제는 자기 나라의 역사에 긍지심을 가질 수 있는 새 역사 교과서를 만들어 널리 채택해야 한다는 운동을 벌이고 있는 것이다.

일본은 선주민인 아이누족을 밀어내고 한반도에서 건너온 도래인이 세운 나라다. 이래 한반도를 통해 새로운 사상과 문물을 받아들이면서 하나의 동일된 국가를 형성하여 천황을 정점으로 하는 입헌군주국이 되었다. 일본인은 한반도에서 건너 온 역사를 회피하려고 한다. 한국과의 관계를 부정하고 중국과의 관계를 강조하려고 한다. 그렇다고 일본에 대해서 함께 대립하고 싸우는 것은 매우 우려되는 결과를 초래하게 된다. 고양이도 쥐의 퇴로를 확인하고 쫓는다는 비유가 있다.

아시아의 미래를 생각하면서 일본을 이해하고 새로운 아시아 태평양 시대를 생각해야 한다. 겐자부로는 "한국에는 오래된 문화가 인간 속에 생생하게 살아 움직이고 있는데 이 문화가 역사보다 강하다"고 지적하였다. "생활 속에 살아 움직이는 문화를 중심으로 남북이 함께 살아 갈 수 있다"고 하면서 한반도 통일에 대한 기대를 걸기도 하였다.

고등 종교로 알려진 불교, 유교, 기독교가 일본에서는 꽃을 피우지 못했다. 반면에 한국은 외래 종교를 흡수하여 꽃을 피우며 세계와 통할 수 있는 국민 의식을 만들어 냈지만 일본은 침략 전쟁을 일으켰고 독선적이며 폐쇄적인 국민성을 만들어냈다. 이러한 일본에 대해 과거사에 대한 사죄와 용서를 요구하면서 일본과 똑같은 방식으로 맞서면 진정한 관계를 맺어갈 수 없다. 한민족의 높은 도덕적 양식으로 대범하게 일본을 품고 나갈 때 일본의 마음을 열 수 있게 되며 진정한 사과와 협력을 이끌어낼 수 있다.

중국은 1949년 공산화되어 그릇된 사상으로 70년이 지났다. 잘못된 전체주의 이념에 의해 세워진 국가는 무너질 수밖에 없다. 한때 세계에서 제일 넓은 영토를 건설했던 일본도 77년만에 무너졌다. 중국의 공산주의도 2025년부터 2029년 사이에 무너지며 한반도 통일이 실현될 것으로 예상된다.

한국이 슬픈 일본을 품고 하나 되어 중국을 열어 사상적으로 하나 되어야 한다. 그 터전 위에 새로운 아시아 태평양 시대를 열매 맺을 수 있다. 한국과 일본이 혐오와 극단적 대립을 넘어 하나 되는 새로운 사상으로 신문명을 탄생시킬 수 있다. 이것이 인류의 새로운 희망이다.

# 참고문헌

한 마디 사과가 백 마디 설득을 이긴다 존 케이도 이현우 옮김 서울문화사 2013
한국민속과 문학연구. 김열규 일조각 1982
평화를 사랑하는 세계인으로 문선명 김영사 2009
원리강론 세계기독교통일신령협회 성화출판사 2012
심산유고 편저자 김창숙 간행인 김황. 허선도 국사편찬위원회간 1973
내가 기억하는 한국전쟁 문선명 선생과 리틀엔젤스 주우철 맵시터 2019
벽옹일대기 김창숙 태을출판사 1965
한국사의 재발견 천관우 일조각 1993
한국사강좌(고대편), 이기백 일조각, 1990
堤上의 미사흔 구출 과정을 통해 본 신라의 對倭관계 채미하 신라사학보25, 2012
아시아 미래위해 화해를 조용준 시사저널 1995년 2월
오에 겐자부로 홍석현 대담 중앙일보
한-일작가 황석영-오에 겐자부로, 문학과 동아시아를 말하다 2005년 8월 15일 네이트 뉴스
일본 화엄사상의 원류는 신라불교 불교신문 2572호, 11월 7일
문선명 어록 "아베계파, 13명이었는데 내가 88명으로 키워줬다" 시사저널 2022년 7월 1709호
외할아버지 꼭 닮은 아베의 '반공놀이' 시사IN 2018년 2월 544호
한글은 단군이 만들었다 정연종 죠이정 인터내셔날 1996
平和の母 韓鶴子 光言社 2020年 3月 24日

'1Q84' 村上春樹 新潮文庫 新潮社 2012年04月
新修 大阪市史第１巻 新修大阪市史編纂委員会 大阪市 昭和63年
日本神話論 三品 彰英 平凡社 1792
日本書紀 塗り替えられた古代史の謎 関裕二 実業之日本社 2005
ニギハヤヒ『先代旧事本紀』から探る物部氏の祖神 戸矢学 河出書房新社 2011
失われた十部族の足跡 Dr.Avigdor Shachan NPO法人 神戸平和研究所 2013
加耶と倭 韓半島と日本列島の考古学 講談社選書 朴天秀 2007
古事記の世界 西郷信綱 岩波新書 1967
日本古代史と朝鮮 金達寿 講談社学術文庫 1985/9/5
日本の中の朝鮮文化9 阿波・土佐・伊予・讃岐 金達寿 講談社 1992
朝鮮通信使の道 嶋村初吉 東方出版 2021
古事記に書かれた阿波「粟の信仰と海人族の足音」谷川健一氏
お諏訪さま 鈴鹿千代乃・西沢形一著 勉誠出版(株)
日本の神々 中公新書 中央公論社 1974
日本の神々 信濃編 谷川健一 白水社
日本の神々9巻「諏訪の神と大和王権」谷川健一 編 白水社
海の向こうから見た倭国 髙田貫太 講談社 2017
御社宮神(社宮司)をたづねて 旧宮川村史編纂会研究其の八 昭和35年
宮川村 原始信仰 古代信仰「旧宮川村史編纂会研究其の十一」昭和37年
姫路城刑部姫伝説の成立と展開 埴岡真弓
母権制とはいかなる概念か 平山満紀 江戸川大学紀要『情報と社会』9号 1999
室津とキリスト教 —小西立佐・行長との関係を中心に− 鳥津亮二
風土記上下 中村啓信 角川ソフィア文庫
砲弾を潜りて 川田功 博文館 1925
坂の上の雲 司馬 遼太郎 文春文庫 2010
George Alexander Ballard 『The Influence of the Sea on the Political History of Japan』 1921
神武と応神「祟り王」の秘密 小学館新書 関裕二 2013
和辻哲郎全集第十三巻 岩波文庫 2011

昭和二万日の全記録 (第3巻) 非常時日本—昭和7年~9年—1989/9/1 講談社
日本思想史の名著30 ちくま新書 苅部 直 2018
超国家主義の論理と心理 他八篇 岩波文庫 丸山眞男 2015
日本の思想 岩波新書 丸山眞男 1961
霊の真柱 岩波文庫 平田篤胤 1998
神道史 日本思想史研究〈第1巻〉創文社 村岡典嗣 1956
一年有半 古典新訳文庫 2016 中江兆民(著)鶴ヶ谷真一(翻訳)
古代の鍵 対馬 長留久恵 大和書房 1975
阿波古事記研究会 海の向こうから見た倭国 講談社 高田貫太 2017
矢野の古墳発掘調査報告書 徳島市教育委員会・徳島市史跡調査整備委員会 2004
あいまいな日本の私 大江健三郎 岩波新書 1995
波臣の涙 —紀州藩儒学者 李眞栄・梅渓父子一代記— 李相熙 李眞栄・梅渓顕彰会 2000
幾山河 瀬島龍三回想録 産経新聞ニュースサービス 1995
日本・イスラエル比較文化研究(2) —日本列島は誰が創った?— 大 塚 清 恵
邪馬壹(やまと)国は阿波から始まる 原田印刷出版株式会社 1976
記・紀の説話は阿波に実在した 高木隆弘 たま出版 2006
郷土研究発表会紀要 第9号 徳島県立図書館内 阿波学会事務局 昭和38年
徳島古事記研究会 高天原をゆく
谷川健一全集〈第10巻〉民俗2—女の風土記・埋もれた日本地図(抄録)・黒潮の民俗学(抄録)
昭和 二万日の全記録 (第3巻) 非常時日本—昭和7年~9年—1989/9/1 講談社
邪馬臺国(やまと国)は阿波から『古事記に書かれた阿波』
記・紀の説話は阿波に実在した 高木隆弘 たま出版 2006
郷土研究発表会紀要 第9号 徳島県立図書館内 阿波学会事務局 昭和38年
企業と人権・同和問題をめぐる近時の動向—「部落地名総鑑」事件から40年 全国銀行協会(2015年 7月 30日)
部落差別の実態に係る調査 結果報告書 法務省人権擁護局 令和2年
米国務省「国務省の信仰の自由に関する国際報告書」

法律第六十号(昭四四・七・一⊠)同和対策事業特別措置法
法律第二十二号(昭六二・三・三一)地域改善対策特定事業に係る国の財政上の特別措置に関する法律
「鬼島津」が遺したもの ―文禄・慶長の役と島津義弘― 佐賀県立名護屋城博物館
播磨風土記 姫路市 - ひーぽーです
論文:自由意志なき性的な身体
戦前期日本の公娼制問題における「子ども」論の欠如 元森絵里子
週刊ポスト2015年5月15日号 安倍官邸と大メディア弾圧と癒着の全記録
第3次安倍改造政権支える宗教 週刊朝日 2015年 10月 23日号
「勝共連合・統一教会」関係度リスト 週刊現代 99年2月 27日号
読売新聞 2015年7月2日 平城京跡木簡に「皇」「太子」
旧統一教会との接点、全国会議員712人に聞いてみた 共同通信 2022年8月31日
東京新聞 TOKYO Web. 2023.10.13
朝日新聞 2019年5月18日号
朝日新聞社長, 安倍首相と"詫び入れ"会食の噂…主筆退任で紙面も擁護論調? Business Journal(2013年1月29日)
日本経済新聞 Web. 2020年7月2日
全国から91人の女性信者が旅館に集められ... 統一教会「政治秘書養成」秘録 2022年9月14日 Newsweek 日本版
自民党本部元関係者らが証言 統一協会との深い関係 しんぶん赤旗日曜版 2023年1月29日号
다국어 성경http://www.holybible.or.kr
호우총과 은령총, 국립박물관, 을유문화사 1948년 03월29일
https://www.museum.go.kr/site/main/archive/report/archive_5655
이영훈의 한국경제사 3000년 (11) 고려의 사회와 문화
https://www.hankyung.com/life/article/2018072776381
日本とユダヤのハーモニー&古代史の研究
https://www.historyjp.com/profile/

FACTA 0nline 幻に終わった緒方貞子「朝日新聞会長」構想 2019年12月号 DEEP
https://facta.co.jp/article/201912043.html
日蓮大聖人池田大作
https://gmate.org/gs/lib/gs041ex.cgi?sno=SKC070000&dan=1&ori=&K=
長崎県にゆかりの韓国・朝鮮人
http://satomi-rose.ciao.jp/homepage2/index.html
http://yosihide.sakura.ne.jp › shikama
昭和天皇をめぐるきれぎれの回想
https://maruyamabunko.twcu.ac.jp/archives/index.html
阿波学会研究紀要 阿波郷土会 森勘一郎
https://library.bunmori.tokushima.jp/digital/webkiyou/09/0906.htm
神戸・兵庫の郷土史web研究館
http://kdskenkyu.saloon.jp/tale67ken.htm
日本伝承大鑑
https://japanmystery.com
古樹紀之房間
http://wwr2.ucom.ne.jp/hetoyc15/index.html
古代日本まとめ 日本書紀・日本語訳「第十巻：応神天皇」
https://kodainippon.com/2019/08/06/日本書紀・日本語訳「第十巻：応神天皇」/
古代日本とユダヤ人
http://www.millnm.net/cgi-bin/page.cgi?url=../qanda3/kasetsu.htm
全国 拉致監禁・強制改宗被害者の会
https://kidnapping.jp/paper/12.html

### 슬픈 일본

| 인　쇄 | 2024년 8월 28일 |
|---|---|
| 발　행 | 2024년 9월 3일 |

| 지은이 | 임종석 |
|---|---|
| 펴낸이 | 이중목 |
| 펴낸곳 | 엠인터내셔널 |
| 출판신고 | 제 2004 - 000045 호 |

ISBN　　978-89-87321-03-5  03910

가　격　　18,000원